smart is sexy

Orbi.kr

오르비학원은

모든 시스템이 수험생 중심으로 더 강화됩니다.

모든 시설이 최고의 결과가 나올 수 있도록 설계됩니다.

집중을 위해 오르비학원이 수험생 옆으로 다가갑니다.

오르비학원과 시작하면

원하는 대학문이 가장 빠르게 열립니다.

전화 : 02-522-0207   문자 전용 : 010-9124-0207   주소 : 강남구 삼성로 61길 15 (은마사거리 도보 3분)

출발의 습관은 수능날까지 계속됩니다.
형식적인 상담이나
관리하고 있다는 모습만 보이거나
학습에 전혀 도움이 되지 않는
보여주기식의 모든 것을 배척합니다.

쓸모없는 강좌와 할 수 없는 계획을 강요하거나
무모한 혹은 무리한 스케줄로
1년의 출발을 무의미하게 하지 않습니다.
형식은 모방해도 내용은 모방할 수 없습니다.

smart is sexy
Orbi.kr

개인의 능력을 극대화 시킬 모든 계획이 오르비학원에 있습니다.

수 능 대 비

생명과학I

실전개념 디올 유전편

Prologue

생명과학1 디올 입니다

1. 과학"탐구" 과목의 출제 경향이 반영되었습니다.

최근 트렌드의 생명과학 시험에서 변별력을 가지는 문항은 순수 교과 지식만으로 해결하기 어렵습니다. 이는 교과 지식뿐만 아니라 논리를 바탕으로 한 자료 해석과 수리 추론을 요구하기 때문입니다. 따라서 본 교재는 수능 과학탐구 영역의 추론형 문항을 체계적으로 정복할 수 있도록 도움을 주는 것을 목표로 집필되었습니다.

[Algo]는 추론형 문항에서 핵심 유형을 관통하는 문제 해결 절차(Algorithm)에 대해 제시한 것이고, [Schema]는 특정 유형의 발전 양상부터 지금까지 출제된 배경 지식과 실전 개념, 미출제 Point까지 모든 것을 정리한 집합입니다. [Remark]는 실전개념에 대한 저자의 insight를 구어체로 서술한 것이며, [Comment]는 문항에 대한 저자의 insight를 구어체로 서술한 것입니다. 본 교재에서 제시하는 이러한 내용들을 충분히 반복, 체화하신다면 수능에서 훌륭한 결과를 거두실 수 있을 거라 자부합니다.

2. 기본 개념과 실전 개념을 모두 제시합니다.

본 교재는 PSAT의 자료 해석 영역, 그리고 수능 생명과학 기출 문항의 자료를 기반으로 출제되는 문제를 쉽고 빠르게 해제하도록 돕습니다. 그러나 결국 추론과 해석은 교과 지식이 바탕이 되어야 합니다. 따라서 교과 개념도 실전 개념과 시너지를 이룰 수 있도록 상세히 수록하였습니다.

3. 필요하다면 충분히 Deep하게

교과서 상 할당된 분량이 적을지라도 이해에 도움이 된다고 판단된다면 충분히 자세히 서술하였습니다. 세포생물학, 유전학, 동물생리학, 분자생물학 등 전공 지식이 개념의 심층적 이해나 새로운 관점, Shortcut에 도움이 된다고 판단되면 수록하였으며 교과 외 내용인 것을 인지할 수 있도록 교육과정 외 내용은 Common Sense로 표시하였습니다.

4. 진화된 전달 방식

올해로 디올 교재는 현강에서 <u>5년차</u>를 맞이하였으며 그에 따라 여러 번 수정하고 퇴고된 바 있습니다.

그리고 얻은 결론은 "조금 더 Light해질 필요가 있다."

"생명과학 외의 <u>타 과목도 디올이 있었으면</u> 좋겠다."

"지면 상 서술의 한계를 넘어서면 조금 더 좋을 것 같다."

"중요도가 있었으면 좋겠다."

"출제 Point와 미출제 Point의 전수 제시는 좋지만 중요도가 추가되면 좋을 것 같다."

와 같은 피드백이 있었고, 실전개념 디올은 이를 모두 반영한 영상 해설과 실전 강의, New 과목(국어, 수학, 화학), 추가 자료를 제시합니다. (QR 코드 스캔)

생명과학1은 교과 개념을 기반으로 한 자료 해석을 요구하는 문항들이 출제됩니다.

디올의 Insight가 여러분의 앞날을 비추는 등불과 같은 존재가 되기를 기원합니다.

전 범위를 독학서 형태로 <u>페이지 상</u> 가능한 분량을 <u>슬림하게 다듬은 교재</u>입니다.

학습 질문은 디올클래스 내 1:1 문의를 활용해주세요.

디올클래스

Contents

Contents

Theme 6 형질 교배

Contents

Theme 12   세포 분열 돌연변이

Theme 13   심화 돌연변이

Contents

2
Chapter

유전

1

Theme

염색체와 유전 물질

염색체와 유전 물질

유전
어버이의 성격, 체질, 형상 따위의 형질이 자손에게 전해짐

형질
형태와 성질
동식물의 모양, 크기, 성질 따위의 고유한 특징

DNA의 염기
아데닌(A), 타이민(T), 구아닌(G), 사이토신(C) 4종류로 구성된다.

1. DNA

유전 정보를 저장하고 있는 유전 물질
폴리뉴클레오타이드 두 가닥이 나선 모양으로 꼬인 구조
유전 정보는 염기에 저장되고, 당과 인산은 염기를 보호하기 위해 DNA 바깥쪽에서 골격을 형성함

인산, 당, 염기가 ㉮ 결합하여 뉴클레오타이드를 형성하고
여러 뉴클레오타이드가 ㉯ 결합하여 폴리뉴클레오타이드를 형성하며
두 뉴클레오타이드가 역방향으로 ㉰ 결합하면 DNA가 형성된다.

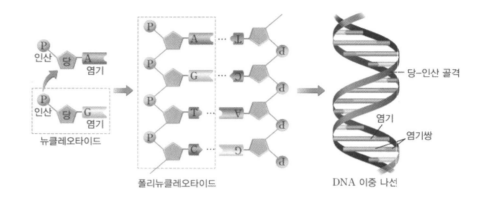

[Remark 1] ㉮와 ㉯는 공유 결합이고
㉰는 수소 결합이나 생명과학1 범위에서 중요하지는 않다.
다만 (㉮, ㉯)의 결합과 ㉰의 결합이 서로 다르다는 것은 알고 있도록 하자.

2. 유전자

유전의 기본 단위

세포가 생명을 영위하는 데 필요한 정보가 담겨 있으며, 생식을 통해 자손에게 유전된다.
개체의 유전 형질에 대한 정보가 저장된 DNA의 특정 부위이다.

3. 염색체

유전 정보가 저장된 물질
DNA 가닥과 단백질로 구성된 DNA와 단백질 복합체

분열하는 세포에서 막대 모양으로 관찰되며 분열하지 않는 세포에서는 정보를 쉽게 꺼내 사용할 수 있도록 염색체가 가는 실 모양의 염색사로 풀어져 핵 안에 퍼져 있다.

DNA와 히스톤 단백질이 뉴클레오솜을
뉴클레오솜 여러 개가 염색사를
염색사가 분열기에 응축되어 염색체를 구성한다.

[Remark 1] 세포가 분열하는 시기에 유전 정보의 이동과 분리가 쉽도록
염색사가 응축되어 두꺼운 막대 모양의 염색체가 된다.

4. 유전체

한 생물이 가지고 있는 모든 정보를 포함하는 유전 물질 전체

[Remark 1] 유전체는 생명 현상을 결정하기 때문에 유전체를 생명의 설계도라고도 한다.

[Remark 2] 한 생명체에 있는 모든 세포는 유전자 발현의 차이에 따라 다른 형질을 발현할 수는 있지만 서로 동일한 유전 정보를 가지므로 세포 1개의 유전체를 분석하여도 그 생명체의 전체 유전 정보를 알 수 있다.

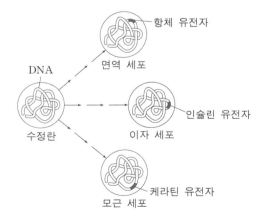

예를 들어 위 그림에서 수정란, 면역 세포, 이자 세포, 모근 세포 내 발현되는 유전자는 서로 다르지만 세포 내 유전체는 모두 동일하다.

유전자 발현
DNA의 유전자로부터 단백질이 합성되어 형질이 나타나는 것

염색체와 유전 물질

5. 유전학의 발전

염색체와 유전자의 이동에 대한 논쟁은 유전학의 역사에 걸쳐 지속되어왔다.

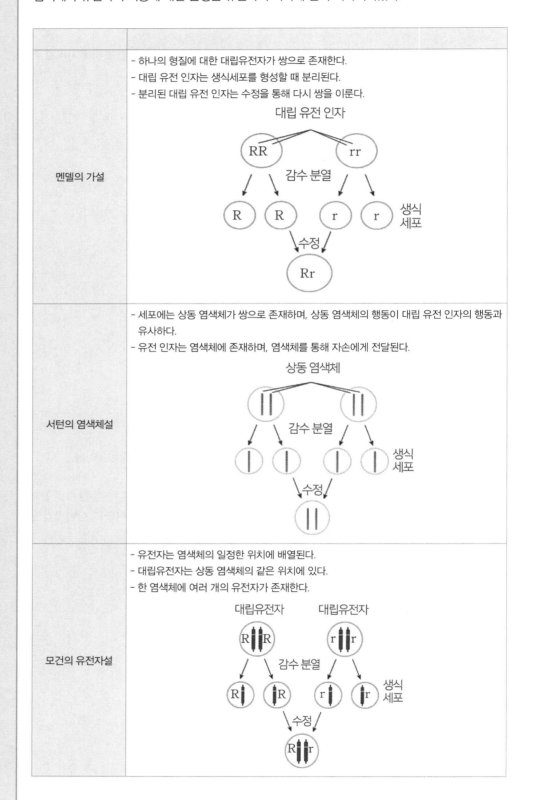

멘델의 가설	- 하나의 형질에 대한 대립유전자가 쌍으로 존재한다. - 대립 유전 인자는 생식세포를 형성할 때 분리된다. - 분리된 대립 유전 인자는 수정을 통해 다시 쌍을 이룬다.
서턴의 염색체설	- 세포에는 상동 염색체가 쌍으로 존재하며, 상동 염색체의 행동이 대립 유전 인자의 행동과 유사하다. - 유전 인자는 염색체에 존재하며, 염색체를 통해 자손에게 전달된다.
모건의 유전자설	- 유전자는 염색체의 일정한 위치에 배열된다. - 대립유전자는 상동 염색체의 같은 위치에 있다. - 한 염색체에 여러 개의 유전자가 존재한다.

6. 염색체와 유전자의 관계

유전 인자는 염색체 위에 있으며, 염색체를 통해 자손에게 전달된다.

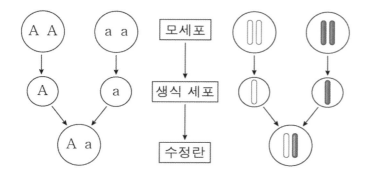

① 한 개체에는 하나의 형질에 대한 유전 인자가 쌍으로 존재한다.

⇒ 하나의 체세포에는 상동 염색체가 쌍으로 존재한다.

② 쌍으로 존재하는 유전 인자는 생식세포가 형성될 때 분리되므로, 각 생식세포에는 유전 인자 쌍 중 하나만 있다.

⇒ 상동 염색체는 생식세포가 형성될 때 분리되므로, 각 생식세포에는 상동 염색체 쌍 중 하나만 있다.

③ 생식세포의 유전 인자는 수정을 통해 다시 유전 인자 쌍을 이룬다.

⇒ 생식세포의 염색체는 수정을 통해 다시 상동 염색체 쌍을 이룬다.

유전 인자(因子)

생물체 각각의 유전 형질을 발현시키는 원인이 되는 인자

= 유전 현상의 원인이 되는 물질
= 유전자

[Remark 1] 상동 염색체를 바이킹

상동 염색체 위 유전 인자를 바이킹에 탑승한 사람이라고 생각하자.

바이킹에는 여러 사람이 탈 수 있듯이
한 상동 염색체 위에도 여러 유전 인자가 올 수 있으며

바이킹이 움직일 때
바이킹에 탑승한 사람들도 같이 움직이게 된다.

염색체와 유전 물질

유전 물질

생명체에 필요한 물질의 합성 정보인 유전 정보를 담고 있는 물질
📖 DNA

7. 염색체의 구조

유전 물질인 DNA와 DNA를 고정하는 히스톤 단백질의 복합체
분열하는 세포에서 막대 모양으로 관찰됨

DNA와 히스톤 단백질이 뉴클레오솜을
뉴클레오솜 여러 개가 염색사를
염색사가 분열기에 응축되어 염색체를 구성한다.

1) 핵산
유전 정보가 있는 물질로 DNA와 RNA를 함께 지칭
핵산의 기본 단위는 인산, 당, 염기로 구성된 뉴클레오타이드

2) DNA
유전 정보를 저장하고 있는 유전 물질
폴리뉴클레오타이드 두 가닥이 나선 모양으로 꼬인 구조
유전 정보는 염기에 저장되고, 당과 인산은 염기를 보호하기 위해 DNA 바깥쪽에서 골격을 형성함

인산, 당, 염기가 공유 결합하여 뉴클레오타이드를 형성하고
여러 뉴클레오타이드가 공유 결합하여 폴리뉴클레오타이드를 형성하며
두 폴리뉴클레오타이드가 역방향으로 수소 결합하면 DNA가 형성된다.

히스톤 단백질

진핵세포의 핵 속 DNA와 결합하고 있는 염기성 단백질로, 여러 아미노산이 펩타이드 결합을 통해 연결되어 있다.

형질

① "형태"와 "성질"을 모두 포함하는 용어

② 유전자에 의해 나타난 생명체가 갖는 모양이나 속성

유전자 발현

유전자로부터 유전 형질이 나타나기까지의 과정

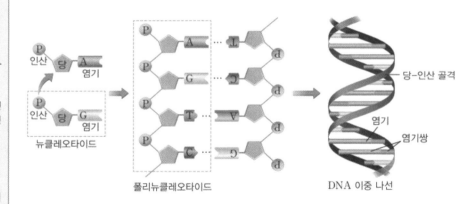

[Remark 1] DNA의 단위체인 뉴클레오타이드 중 인산과 당은 1종류로 동일하여 유전 정보를 저장할 수 없다. "4종류의 염기의 연속체인 염기 서열"이 어떻게 달라지느냐에 따라 담고 있는 유전 정보가 달라지며 유전자 간 발현되는 형질이 달라진다.

3) 뉴클레오솜

DNA가 히스톤 단백질을 휘감고 있는 구조물

여러 뉴클레오솜이 모이면 염색사가 되고

염색사가 분열기에 응축되면 염색체가 된다.

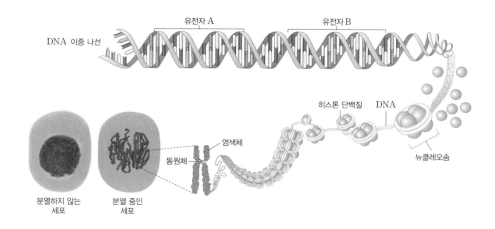

4) 유전자

유전 형질에 대한 정보가 저장되어 있는 DNA의 특정 부위

특정한 단백질이나 RNA를 만들 수 있는 유전 정보의 단위로

사람은 약 25000~30000개의 유전자를 가진다.

5) 염색체

분열기(M)기에 관찰되며 염색이 잘 되는 물질

뉴클레오솜으로 구성된 염색사가 응축되어 있는 형태이다.

6) 동원체

세포 분열 시 방추사가 부착되는 곳

[Remark 2] 평가원 문항에서 "동원체"가 무엇인지 그림 상 판단할 수 있는지에 대한 묻는 문제가 출제된 바 있다.

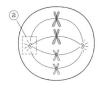

[질문]

ⓐ에 동원체가 있다.

체세포 분열 시 방추사가 형성되는 곳은 "중심체"이고

체세포 분열 시 방추사가 부착되는 곳은 "동원체"이다.

방추사

체세포 분열 시 중심체로부터 형성되는 가는 실 모양의 단백질

염색체와 유전 물질

7) 유전체

한 개체가 가진 모든 염색체를 구성하는 DNA에 저장된 유전 정보 전체

[여자의 염색체 구성]

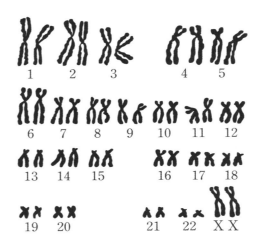

[남자의 염색체 구성]

[Remark 3] 문제에서 "1번 염색체 그림"을 점선 ㉠으로 지칭한 후 "㉠은 유전체이다" 라고 하면 틀린 선지이다. 유전체는 "모든" 염색체를 구성하는 DNA에 저장된 유전 정보 전체이기 때문이다.

[Remark 4] 모든 과학탐구 과목에서 정의가 중요하지만, 특히나 생명과학은 단어 하나하나의 의미를 제대로 알고 시험장에 가는 게 맞다. 또한 충분한 모의고사 연습을 통해 다양한 상황을 접하고, 위와 같은 상황에 어떻게 대처할지 행동 강령을 정립해두도록 하자.

8. 염색체의 종류

성 결정 관여 여부에 따라 성염색체와 상염색체로 분류할 수 있다.

(1) 상염색체

암수 공통으로 갖는 염색체

사람은 1번부터 22번까지 22쌍의 상염색체를 가짐

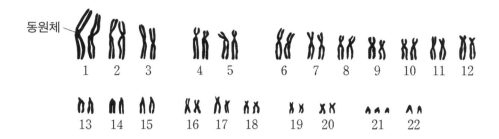

동원체

1 2 3   4 5   6 7 8 9 10 11 12

13 14 15   16 17 18   19 20   21 22

핵형 분석 결과 쌍으로 관찰되는 염색체를 상동 염색체라 하며

상동 염색체는 같은 염색체 번호를 나타낸다.

(2) 성염색체

성 결정에 관여하는 염색체

사람은 1쌍의 염색체를 가지며, 종이나 암수, 돌연변이 여부에 따라 구성이 다름

X X   X Y   X X Y
여성   남성   유전병 (클라인펠터 증후군)

[Remark 1] 특수한 염색체쌍은 XX이다. 성염색체를 통해 남(男) vs 여(女) 성을 판별해야 하는 문항의 경우, XX를 먼저 고려하는 게 유리할 가능성이 높다.

X염색체와 Y 염색체는 서로 상동 염색체 관계에 있으나 모양과 크기가 달라 대립유전자 구성이 다를 수 있지만, XX는 상염색체와 유사하게 돌연변이가 일어나지 않는다면 대립유전자 구성이 동일하기 때문이다.

[Remark 2] 이와 동일한 논리로 상염색체 위 대립유전자 구성이 동형 접합(AA)과 이형 접합성(Aa)이 있다면 동형 접합(AA)성이 더 특수하다.

예를 들어 자손의 유전자형이 이형 접합성(Aa)이면 부계(아버지)-모계(어머니)에게 각각 어떤 생식세포를 받았는지 대응해야하는 반면, 자손의 유전자형이 동형 접합(AA)이면 부모 모두에게 대립유전자 A를 가진 생식세포를 받았음이 결정된다.

수 이상 돌연변이

사람은 돌연변이가 일어나지 않는다면 항상 2쌍의 상동 염색체를 갖는다.

클라인펠터 증후군을 발현시키는 염색체에서는 성염색체가 2쌍이 아닌 3쌍으로 수 이상 돌연변이가 관찰되는 것을 볼 수 있다.

염색체와 유전 물질

9. 핵형
관찰할 수 있는 염색체의 형태적 특징
염색체의 크기, 모양, 수를 모두 고려하며 하나라도 다르면 "핵형이 다르다"라고 판단한다.

성별이 다른 같은 종
돌연변이나 교차가 일어나지 않았다면 체세포 내 상염색체의 핵형은 동일하지만 성염색체의 핵형은 다르다.

(1) 핵형이 동일하다
한 세포 내 염색체의 수, 모양, 크기가 서로 동일.
⇒ 같은 종의 생물이면서 성별이 동일

(2) 염색체 수
한 세포 내 염색체의 수가 동일하지만, 염색체의 크기와 모양이 달라 종이 다를 수 있다.

	개	닭	침팬지	감자	사람
체세포 1개 당 염색체 수	78	78	48	48	46
생식세포 1개 당 염색체 수	39	39	24	44	23

(3) 핵형 분석
체세포 분열 중기 세포의 염색체 사진을 이용하여 분석
성별, 염색체 돌연변이 여부를 알 수 있음.

[정상 핵형]

정상 여성   정상 남성

돌연변이
형질을 결정하는 유전자 또는 유전자가 존재하는 염색체에 이상이 생겨 유전 정보가 변하는 것.

돌연변이가 발생하면 흔히 볼 수 없는 새로운 표현형이 나타날 수 있어 유전적 변이의 원천이 된다.

크기와 모양이 같은 염색체에 같은 번호를 매겼을 때
사람의 상염색체는 총 22쌍, 성염색체가 1쌍 나타난다.

[Remark 1] X염색체와 Y 염색체는 서로 상동 염색체 관계에 있으나 모양과 크기가 다르기 때문에 같은 인간일지라도 남성의 체세포와 여성의 체세포 핵형은 다르다.

[Remark 2] 같은 종, 같은 성별이더라도 어떤 세포에 염색체 수 이상 돌연변이나 구조 이상 돌연변이와 같은 염색체 돌연변이가 일어나면 정상 세포와 돌연변이 세포 간 핵형이 다를 수 있다.

[Remark 3] 절대적인 염색체 수가 많다고 종이 우등한 것은 아니다.

10. 상동 염색체와 염색 분체

체세포 분열 과정에서 상동 염색체, 염색 분체의 형태가 나타난다.

1) 상동 염색체

핵형 분석 결과 쌍으로 관찰되는 염색체로
하나는 모계로부터, 다른 하나는 부계로부터 전달받는다.
상동 염색체에 있는 대립유전자는 서로 같을 수도, 서로 다를 수도 있다.

사람은 22쌍의 상염색체와 1쌍의 성염색체로 총 23쌍의 상동 염색체를 가진다.

2) 대립유전자

같은 형질을 결정하는 유전자로 상동 염색체의 같은 위치에 존재한다.

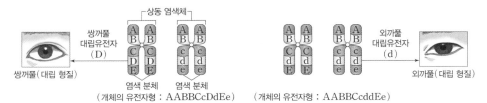

3) 염색 분체

세포가 분열할 때 나타나는 X자 모양의 염색체에서 하나의 염색체를 이루는 두 가닥을 의미

체세포 분열이 일어날 때 두 염색 분체는 분리되어 서로 다른 딸세포로 이동하며, 이 과정에서 복제된
DNA가 두 딸세포로 나뉘어 들어간다.

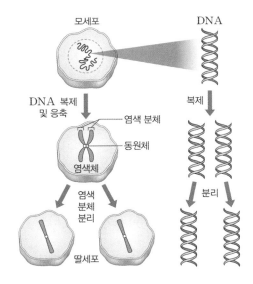

염색 분체의 분리가 일어나기 전, 염색 분체의 형성 과정을 나타내면 다음과 같다.

① (분열 전) DNA 복제
② 세포 분열이 시작되면 염색체가 응축됨
③ DNA가 복제된 후 응축된 염색체는 2개의 염색 분체가 함께 하나의 염색체를 이룸

사람의 성염색체
X염색체와 Y 염색체는 감
수 분열 시 쌍을 이루므로
크기와 모양이 다르지만 상
동 염색체로 간주한다.

염색체와 유전 물질

DNA 복제가 일어나면 한 염색체 내 염색 분체 수는 2배로 증가한다.

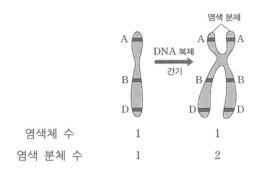

| 염색체 수 | 1 | 1 |
| 염색 분체 수 | 1 | 2 |

[Remark 1] 염색 분체는 두 개로 갈라진 각각의 염색체를 의미하는 용어로 같은 유전 정보를 지닌 DNA로 구성되므로 대립유전자쌍이 서로 동일하다.

예를 들어 유전자형이 Aa인 사람이어도 염색 분체 간 나타나는 대립유전자는 AA나 aa로 동일하게 나타난다.

[Remark 2] 세포 주기 중 S기에서 DNA의 복제가 나타나고 세포 주기 중 분열기에서 염색사의 염색체로의 응축이 일어난다.

염색체 그림을 그릴 때 표기의 편의상 간기의 염색사를 염색체 형태로 나타내곤 한다.

11. 염색체 수 판단

한 세포 내에서 염색체의 절대적 수치는 동원체의 수와 동일하며
상대적 수치는 핵상을 통해 나타낸다.

1) 핵상

한 세포에 들어 있는 염색체의 구성 상태
상대적인 수로 표시한다.

대부분의 생물의 경우 체세포는 2개씩 쌍을 형성하므로 $2n$으로 표시하며
생식세포는 상동 염색체 중 1개씩 존재하므로 n으로 표시한다.

상동 염색체

체세포($2n=8$)   생식세포($n=4$)

생물 종	체세포 내 염색체 수	생식세포 내 염색체 수
사람	46	23
침팬지	48	24
감자	48	24

침팬지와 감자의 체세포를 비교하면 다음과 같다.

① 핵상은 $2n$으로 동일하다.
② 체세포 내 염색체 수는 48개로 동일하다.
③ 핵형은 서로 다르다.

[Remark 1] 인간이 아닌 생물로 넘어갔을 때, $3n$이나 $4n$의 핵상을 갖는 세포도 있다.
이러한 핵상의 판단 기준은 "염색체의 Set"이다.

$3n$

세포의 핵상이 $2n$이면 염색체가 종류별로 2세트씩 있는 세포이고
세포의 핵상이 $3n$이면 염색체가 종류별로 3세트씩 있는 세포이다.

[Remark 2] 사람의 유전에서 이수성 돌연변이 여부와 관계없이
생식세포의 핵상은 항상 n, 체세포의 핵상은 항상 $2n$이다.

염색체와 유전 물질

12. 유전자
생물체의 개개의 유전 형질을 발현시키는 원인이 되는 인자

1) 대립유전자
부모에게 받는 2개의 유전자
염색체 위의 같은 유전자 자리에 위치하는 한 쌍의 유전자

같은 대립 형질을 나타내며 보통 우성과 열성 관계에 있다.

2) 유전자형
사람이 갖는 대립유전자를 기호로 나타낸 것
AA나 aa와 같이 같은 종류의 대립유전자를 갖는 것을 동형 접합성
Aa와 같이 다른 종류의 대립유전자를 갖는 것을 이형 접합성이라고 한다.

[Remark 1] 상동 염색체의 같은 위치에 있는 A와 a는 대립유전자이지만
염색 분체의 같은 위치에 있는 두 유전자는 대립유전자라고 명명하지 않는다.

대립유전자의 정의가 부모로부터 물려받는 1쌍의 유전자임을 이해하자.

[Remark 2] X염색체와 Y 염색체는 서로 상동 염색체 관계에 있지만
X염색체 위에 있는 유전자와 Y 염색체 위에 있는 유전자는
대립유전자 관계에 있지 않다.

13. 유전자 간 관계

사람의 염색체는 총 23쌍만큼 있지만 유전자는 약 25000~30000개를 갖는다.

이에 따라 어떤 두 유전자는 서로 같은 염색체에 있을 수도, 다른 염색체에 있을 수도 있다.

서로 다른 염색체 위에 두 유전자가 따로 있을 때 두 유전자는 서로 독립이라고 하며

같은 염색체 위에 서로 다른 두 유전자가 함께 있을 때 두 유전자는 서로 연관되어 있다고 한다.

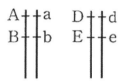

예를 들어 A와 D는 서로 독립이고, A와 B는 서로 연관이다.

1) 연관군

연관된 유전자들의 무리를 연관군이라 하며, 한 연관군의 유전자들은 돌연변이나 교차가 일어나지 않는다면 세포 분열 시 같은 딸세포로 이동한다.

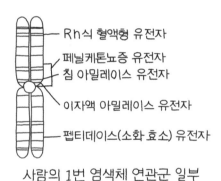

Rh식 혈액형 유전자
페닐케톤뇨증 유전자
침 아밀레이스 유전자
이자액 아밀레이스 유전자
펩티데이스(소화 효소) 유전자

사람의 1번 염색체 연관군 일부

[Remark 1] 가계도에서 연관은 유전자의 종속 조건이다.

연관 상태를 제시하여 추가 조건 없이 유전자의 이동을 표현할 수 있다.

독립

두 유전자의 관계를 설명할 때 두 유전자가 서로 다른 염색체 에 있다.

연관

두 유전자의 관계를 설명할 때 두 유전자가 서로 같은 염색체 에 있다.

염색체와 유전 물질

2) 연관의 종류

두 유전자가 연관되어 있을 때 연관 상태는 크게 두 가지로 분류한다.

유전자형이 AaBb와 같이 모두 이형 접합성인 개체에서 대문자로 표시되는 대립유전자가 서로 같은 상동 염색체에 들어 있으면 상인 연관, 대문자로 표시되는 대립유전자가 서로 다른 상동 염색체에 들어 있으면 상반 연관이라고 정의한다.

	상인 연관	상반 연관
염색체	A┼┼a B┼┼b	A┼┼a b┼┼B

그 이외의 유전자형(한 Set 이상의 대립유전자 쌍이 동형 접합성)은
유전자 간 관계가 독립인지 연관인지만 질문한다.

[Remark 1] 연관 추론의 방식은 제시와 추론이 있다. 개정 교육과정 학습 목표에 직접적인 연관의
언급은 없으나 이미 개정 교육과정 평가원 시험들에서 연관 추론에 대한 방향성이 충분
히 제시되어 있고 출판된 8종 교과서 모두 연관을 의미하는 하나의 염색체에 여러 유전
자가 있는 그림이 제시되어 있다.

다음과 같이 연관 추론을 요구한다.

[연관 제시형 - 22학년도 6평]
- (가)는 서로 다른 2개의 상염색체에 있는 3쌍의 대립유전자
  A와 a, B와 b, D와 d에 의해 결정되며, A, a, B, b는 7번
  염색체에 있다.

[연관 추론형 - 22학년도 수능]
- (가)~(다)의 유전자는 서로 다른 2개의 상염색체에 있다.
- (가)는 대립유전자 A와 a에 의해, (나)는 대립유전자 B와 b에
  의해, (다)는 대립유전자 D와 d에 의해 결정된다.

[Remark 2] 염색체 내 유전자 조합이 대소대소인 경우에만
상인 연관, 상반 연관이라는 용어를 활용한다.

동형 접합(대대, 소소)이 있을 경우 Just 연관

3) 성염색체에서 유전자 간 관계

성염색체에는 X염색체와 Y 염색체가 있다.

X염색체와 Y 염색체 중 두 유전자가 한 염색체에만 들어 있는 경우 반드시 연관이며
여자와 남자에서 유전자 조합이 다소 다르게 나타난다.

[성염색체 위 대립유전자]

	여자			남자	
성염색체	XX			XY	
염색체 모양	D—D 정상	D—d 정상	d—d 유전병	D 정상	d 유전병

[Remark 1] 성염색체 위에 유전자 A/a, B/b가 오는 경우 크게 다음으로 분류된다.

    1) 모두 X염색체 위에 있다. (연관)
    2) 모두 Y 염색체 위에 있다. (연관)
    3) X염색체 위에 하나, Y 염색체 위에 하나 있다. (독립)

    그에 따라 성염색체 위에 두 쌍의 대립유전자가 온다고 제시될 경우
    1), 2), 3)을 모두 고려하여 생각하여야 한다.

염색체와 유전 물질

14. 염색체 이상

염색체 돌연변이는 염색체 구조 이상과 염색체 수 이상으로 구분할 수 있다.

1) 구조 이상 돌연변이

염색체 구조에 이상이 생기면 유전자가 없어지거나 유전자 발현에 영향을 주어 표현형이 바뀔 수 있다.

① 분류

정상 생식세포

(전좌) 염색체 이상 생식세포

염색체의 일부가 떨어진 후 상동 염색체가 아닌 다른 염색체에 붙은 것

(결실) 염색체 이상 생식세포

염색체의 일부가 떨어져 없어진 것

(중복) 염색체 이상 생식세포

염색체의 같은 부분이 반복하여 나타나는 것

(역위) 염색체 이상 생식세포

염색체의 일부가 떨어진 후 반대 방향으로 원래의 염색체에 다시 붙은 것

유전자 발현

유전 정보로부터 기능을 나타내는 유전자 산물을 만들어내는 과정

② 유전병 예시

고양이 울음 증후군은 5번 염색체의 특정 부분이 결실되어 나타나는 유전병이다.
머리가 작고, 지적 장애를 보이며, 고양이 울음소리와 비슷한 소리를 내는 특징이 있다.
대개 유아기나 아동기 초기에 사망한다.

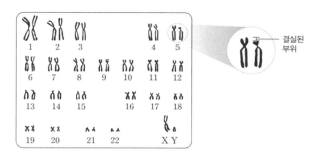

고양이 울음 증후군

③ 문항 출제 예시

ㅇ 아버지의 생식세포 형성 과정에서 ㉠이 1회 일어나 형성된
정자 P와 어머니의 생식세포 형성 과정에서 ㉡이 1회
일어나 형성된 난자 Q가 수정되어 자녀 ⓐ가 태어났다. ㉠과
㉡은 염색체 비분리와 염색체 결실을 순서 없이 나타낸
것이다.

ㅇ 그림은 ⓐ의 체세포 1개당 H*, R,
T, T*의 DNA 상대량을 나타낸
것이다.

22학년도 6월 평가원

[Remark 1] 22학년도 평가원에서 염색체 결실과 비분리(수 이상 돌연변이)의 구분이
23학년도 평가원에서 염색체 전좌와 염색체 비분리가 출제되었다.

그에 따라 중복 돌연변이나 역위 돌연변이 또한
언제든 등장할 수 있다는 점을 염두에 두도록 하고 훈련하자.

염색체와 유전 물질

염색체 비분리
분리 법칙의 예외 현상
유전 현상 단원 이후에 다시
구체적으로 언급된다.

2) 수 이상 돌연변이

염색체 수에 이상이 있으면 유전자 수의 변화로 인해 유전병이 나타날 수 있다.
대부분 감수 분열 과정에서 일어나는 염색체 비분리에 의해 나타난다.

염색체 비분리가 일어나면 염색체 수가 정상보다 많거나 적은 생식세포가 형성될 수 있다.
염색체 수가 비정상인 생식세포가 정상 생식세포와 수정되어 아이가 태어나면, 이 아이에게서 염색체
수 이상이 나타난다.

① 분류

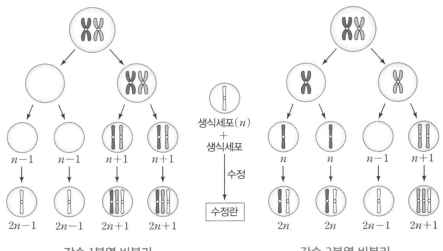

감수 1분열 비분리   감수 2분열 비분리

㉮ 감수 1분열 비분리

상동 염색체가 한쪽으로 몰려 분리된다.
형질 ㉠에 대한 유전자형이 Aa인 경우 Aa 또는 O의 양상이 나타난다.

㉯ 감수 2분열 비분리

염색 분체가 한쪽으로 몰려 분리된다.
형질 ㉠에 대한 유전자형이 Aa인 경우 AA 또는 aa의 양상이 나타난다.

[Remark 1] 염색체 비분리가 일어나 대문자 수가 극단적으로 많거나 적어질 경우
　　　　　감수 2분열 비분리가 일어났을 가능성이 높다.

　　　　　독립일 경우
　　　　　감수 1분열 비분리는 1개에서 1개가 되는 양상이나
　　　　　감수 2분열 비분리는 1개에서 2개 또는 0개가 되는 양상이기 때문이다.

　　　　　연관일 경우 그 차이는 더욱 커져
　　　　　감수 2분열 비분리가 일어났을 때 대문자 수가 2개인 상인 연관인 경우
　　　　　4개(ABAB) 또는 0개(abab)가 되는 양상이 나타나기도 한다.

상인 연관

② 유전병 예시

염색체 수 이상에 의한 유전병에는 다운 증후군, 터너 증후군, 클라인펠터 증후군이 있다.
각각의 유전병의 성염색체 구성은 암기 후 실전에서 활용할 수 있어야 한다.

	염색체 구성	특징
다운 증후군	45+XX 45+XY	- 21번 염색체가 3개이다. - 특이한 안면 표정, 지적 장애, 심장 기형, 조기 노화가 나타나며 양 눈 사이가 멀다.
터너 증후군	44+X	- 성염색체가 X이다. - 외관 상 여자이나 난소의 발달이 불완전하다.
클라인펠터 증후군	44+XXY	- 성염색체가 XXY이다. - 외관 상 남자이나 정소의 발달이 불완전하며, 유방 발달과 같은 여자의 신체적 특징이 나타난다.

상염색체 수 이상 (다운 증후군)   성염색체 수 이상 (클라인펠터 증후군)

[Remark 2] 다운 증후군의 경우 1) 엄마가 X, 아빠가 O / 2) 엄마가 O, 아빠가 X
클라인펠터 증후군의 경우 1) 엄마가 X, 아빠가 XY, 2) 엄마가 XX, 아빠가 Y

각각 두 가지 경우 중 어떻게 비분리가 일어나 생식세포가 형성되었는지
추론시키는 문항이 종종 출제되며 성염색체 양상은 암기 대상이다.

염색체와 유전 물질

15. 유전자 이상

유전자를 구성하는 DNA의 염기 서열이 변해 나타나는 돌연변이. DNA 복제 과정에서 자연적으로 발생한 오류나 발암 물질, 방사선 노출 등으로 인해 DNA의 염기 서열이 변해 나타나며 DNA의 염기 서열에 변화가 생겨 유전자의 유전 정보가 바뀌면 단백질이 생성되지 않거나 비정상 단백질이 생성될 수 있으며, 이로 인해 유전병이 나타날 수 있다.

유전자 돌연변이(염기 치환, 삽입, 결실 등)는 염색체의 구조나 수에는 영향을 주지 않기 때문에 핵형 분석으로 확인하기 어려우며, 유전자 분석이나 선천적 대사 이상 검사와 같은 생화학적 분석을 통해 알아낼 수 있다.

1) 유전병의 예

	특징
낫모양 적혈구 빈혈증	- 헤모글로빈 유전자의 염기 하나가 바뀜으로써 헤모글로빈을 구성하는 아미노산 중 하나가 달라진 비정상 헤모글로빈이 생성된다. - 혈액의 산소 농도가 낮을 때 비정상 헤모글로빈들은 서로 결합하여 긴 사슬 구조를 형성하는데 이 때문에 적혈구가 낫 모양으로 변한다. - 이러한 낫 모양 적혈구는 정상 적혈구보다 약하고 파열되기 쉬우며, 산소 운반 능력이 떨어져 심한 빈혈을 일으킨다. 또 모세 혈관을 자유롭게 통과하기 어려우므로 혈액 순환 장애를 일으켜 조직으로 산소가 정상적으로 공급되지 못해 조직 손상을 초래한다. 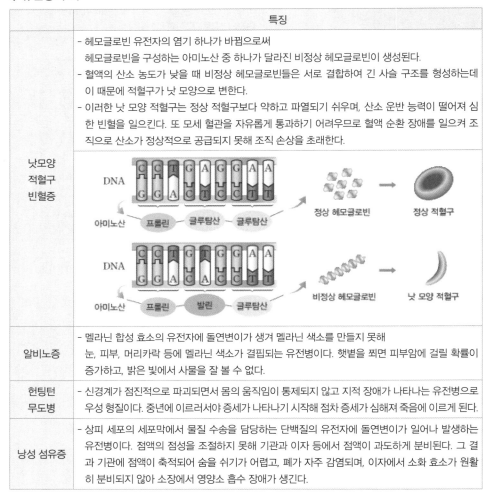
알비노증	- 멜라닌 합성 효소의 유전자에 돌연변이가 생겨 멜라닌 색소를 만들지 못해 눈, 피부, 머리카락 등에 멜라닌 색소가 결핍되는 유전병이다. 햇볕을 쬐면 피부암에 걸릴 확률이 증가하고, 밝은 빛에서 사물을 잘 볼 수 없다.
헌팅턴 무도병	- 신경계가 점진적으로 파괴되면서 몸의 움직임이 통제되지 않고 지적 장애가 나타나는 유전병으로 우성 형질이다. 중년에 이르러서야 증세가 나타나기 시작해 점차 증세가 심해져 죽음에 이르게 된다.
낭성 섬유증	- 상피 세포의 세포막에서 물질 수송을 담당하는 단백질의 유전자에 돌연변이가 일어나 발생하는 유전병이다. 점액의 점성을 조절하지 못해 기관과 이자 등에서 점액이 과도하게 분비된다. 그 결과 기관에 점액이 축적되어 숨을 쉬기가 어렵고, 폐가 자주 감염되며, 이자에서 소화 효소가 원활히 분비되지 않아 소장에서 영양소 흡수 장애가 생긴다.

[Remark 1] 하나의 염색체에는 여러 개의 유전자가 존재하므로 염색체 돌연변이는 여러 유전자들을 변화시켜 많은 형질의 변화를 일으킬 수 있다. 그에 따라 염색체 돌연변이는 유전자 돌연변이에 비해 심각한 영향을 주는 경우가 많다.

[Remark 2] 염색체 돌연변이 여부는 경우에 따라 핵형 분석을 통해 알아낼 수 있지만 유전자 돌연변이 여부는 핵형 분석을 통해 알아내기 어렵다.

2
Theme

세포 주기와 분열

세포 주기와 분열

1. 세포 분열

세포 분열은 크게 체세포 분열과 감수 분열로 나뉜다.

1) 분류

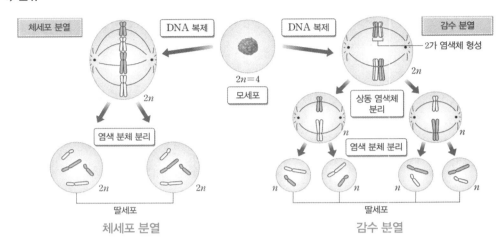

Ⓐ 체세포 분열

하나의 체세포가 둘로 나누어지는 과정

생물의 발생과 생장, 조직 재생, 무성 생식 과정에서 일어난다.

[Remark 1] 체세포 분열의 의의는 '유전적으로 동일한 딸세포'가 나타난다는 것이며

이를 위해 세포 분열 전 DNA가 복제되고 분열 시 딸세포로 분배된다.

ⓑ 감수 분열

생식세포를 형성하기 위해 일어나는 세포 분열

체세포 분열과 달리 연속 2회의 분열이 일어나므로 감수 1분열과 감수 2분열로 구분되며, 딸세포 하나가 가지는 유전 물질의 양은 모세포 하나가 가지는 양의 절반이다.

감수 1분열에서는 상동 염색체가
감수 2분열에서는 염색 분체가 분리된다.

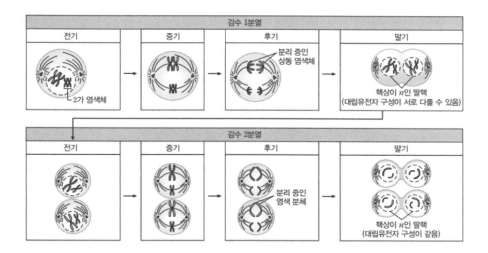

[Common Sense - 세포 분열의 핵심 역할]

세포가 존재하려면 반드시 먼저 존재하는 세포가 있어야만 한다. 이는 생명의 연속성은
세포의 생식. 세포 분열에 기초한다는 것을 의미하는데 이러한 세포 분열은 생물체의 일생에서
여러 가지 중요한 역할을 담당한다.

대장균과 같은 원핵세포는 세포 분열을 통해 새로운 개체(세포)를 만들어내 그 자체로 번식할
수 있으며 사람과 같은 다세포 진핵생물에서는 세포 분열이 각각의 개체가 수정란과 같은
하나의 세포로부터 발생하는 것을 가능하게 해준다.

또한 개체가 완전히 성장한 후에도 세포 분열은 정상적으로 수명이 다해 죽은 세포나 사고로
죽은 세포들을 대신할 세포를 제공함으로써 재생과 회복 등의 기능을 담당하게 된다.

세포 주기와 분열

2. 세포 분열의 필요성
발생과 생장, 그리고 개체를 유지하는 데 있어 개체는 세포 분열을 필요로 한다.

[정의]
모세포(parent cell)가 두 개 또는 그 이상의 딸세포로 나뉘는 과정

3. 세포 주기
분열을 마친 딸세포가 생장하여 다시 분열을 마칠 때까지의 기간
분열을 준비하는 시기(간기)와 분열기(M기)로 분류된다.

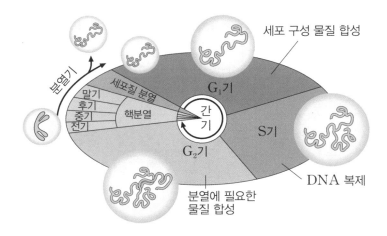

시기		주요 현상
간기	G_1 기 (Gap 1)	세포의 구성 물질을 합성하고 세포 소기관의 수가 늘어나면서 세포가 가장 많이 생장한다.
	S 기	DNA를 복제하므로 S기가 끝나면 세포당 DNA양이 2배가 된다
	G_2 기 (Gap 2)	방추사를 구성하는 단백질을 합성하고 세포가 생장하면서 세포 분열을 준비한다.
분열기(M기)		핵분열(DNA 분리)과 세포질 분열이 일어난다.

[Remark 1] 그림 상 구간 길이의 상대량 또한 기억해야 한다.

위 자료와 같이 방향성을 제시해주면 자료 해석이 쉬우나
"방향성을 감추고" "구간 길이"만 제시하여도 풀어낼 수 있어야 한다.

[Remark 2] 돌연변이나 교차와 같은 유전 현상들을 고려하지 않을 때
S기 이후 염색체의 DNA 상대량은 정확하게 2배가 된다.

대립유전자의 구성은 변하지 않으므로 문제를 풀 때 곱상수 ×2를 설정해서 상황을 판단해도 무방하며 S기를 간기의 분류 기준으로 잡고 판단할 수 있다.

이렇게 2배가 된 DNA는 염색 분체가 분리되는 분열기를 거쳐 모세포와 동일한 유전적 구성을 갖는 2개의 딸세포로 분리되어 들어간다.

[Common Sense - 다양한 세포 주기]
세포 주기는 세포 별로 다양한 양상을 나타낸다.

대부분의 체세포 : 세포 주기에 따라 분열한다.
피부 세포, 간세포 : 손상되거나 소실 되면 분열하지 않는다.
형질 세포나 뉴런, 적혈구 : 발생 과정에서 운명이 결정된 세포들은 세포 분열을 하지 않는다.
신경 세포나 근육 세포 : 분화가 끝난 세포로 S기로 진행되지 않고 G_0기에 멈춰있다.
발생 초기의 세포(수정란) : G_1기와 G_2기가 거의 없이 S기와 M기가 반복

세포 분화
세포의 구조와 기능이 특수화되는 현상

[Common Sense - 운명의 결정]
세포 분화가 일어나는 첫 단계로 어떤 세포가 될 것인지에 대한 운명이 정해지는 것을 결정이라고 한다. 결정이 일어났다는 것은 세포 내부의 상태에 안정적인 변화가 일어났다는 것을 의미하며 그에 따라 유전자 활동 양상이 변화해 세포에서 생산되는 단백질에 변화를 초래한다는 것이다. 또한 결정은 세포의 구조나 기능상의 변화가 일어나기 전에 일어나고, 한번 결정이 일어나고 나면 비가역적으로 어떤 세포로 분화할지 운명이 정해진다.

세포 주기와 분열

4. 세포 기간 분석 실험

세포 주기에서 각 기간의 시간은 세포 수에 비례한다.

[세포 수 분석 실험]

시기 별 세포는 DNA 상대량이 서로 다르다.

그에 따라 세포 당 DNA 상대량을 통해 어떤 시기의 세포인지 구분할 수 있다.

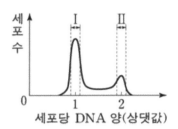

G_1기에는 DNA 복제가 일어나지 않았으므로 DNA 상대량이 1 (구간 Ⅰ)

G_2기에는 DNA 복제가 완료되었으므로 DNA 상대량이 2 (구간 Ⅱ)

S기에는 DNA 복제가 진행 중이므로 DNA 상대량이 1.xx (구간 Ⅰ과 Ⅱ 사이)

M기에는 DNA 복제가 완료된 세포와 분열이 일어나고 있는 세포가 공존한다. (구간 Ⅱ)

[정리]

시기		그래프 상 시기
간기	G_1 기	구간 Ⅰ
	S 기	구간 Ⅰ과 Ⅱ 사이
	G_2 기	구간 Ⅱ
분열기(M기)		구간 Ⅱ

이렇게 세포 수를 관찰하면 각 세포 주기 별 시간의 상대량을 알 수 있고

일부 인간 세포는 24시간에 한 번 정도 분열을 하는데

이에 맞춰 세포 2400개를 세포 수 분석 실험을 통해 관찰하면 관측되는 세포 수는 다음과 같은 경향을 나타낸다.

시기		세포 수(상댓값)	시간(24h)
간기	G_1 기	1200	12
	S 기	600	6
	G_2 기	400	4
분열기(M기)		200	2

세포 수(상댓값)와 시간

세포 주기 그림

5. 체세포 분열

하나의 체세포가 둘로 나누어지는 과정으로, 생물의 발생과 생장, 조직 재생, 무성 생식 과정에서 일어난다.

체세포 분열은 다음 의의를 갖는다.

1) 의의
① 발생 : 수정란이 어린 개체로 된다.
② 생장 : 몸의 조직을 구성하는 세포 수가 증가한다.
③ 재생 : 손상된 부위가 다시 생겨난다.
④ 생식 : 단세포 생물과 일부 다세포 생물은 체세포 분열을 통해 생식(무성 생식)을 한다

2) 간기

시기		주요 현상	
간기	G₁ 기	세포의 구성 물질을 합성하고 세포 소기관의 수가 늘어나면서 세포가 가장 많이 생장한다.	
	S 기	DNA를 복제하므로 S기가 끝나면 세포당 DNA양이 2배가 된다.	
	G₂ 기	방추사를 구성하는 단백질을 합성하고 세포가 생장하면서 세포 분열을 준비한다.	

[Remark 1] 간기의 세 시기 모두에서 물질대사와 세포의 성장이 활발하게 일어나며, 실제로 간기의 세 시기 모두에서 단백질과 미토콘드리아 및 소포체와 같은 세포질 내 소기관을 만들어 세포가 성장한다. 그에 따라 다음을 정확하게 파악할 필요가 있다.

세포 분열을 위해 필수적인 DNA의 복제는 S기에서만 일어나고 "방추사를 구성하는" 단백질은 G₂기에서 합성된다.

[Remark 2] 간기의 양상을 한 문단으로 정리하면

세포가 성장하고 (G₁기)
염색체를 복제하며 계속 성장하며 (S기)
세포 분열을 위한 준비를 끝내가며 더더욱 성장한다. (G₂기)

세포 주기와 분열

적도판
세포의 중앙에서 세포를 둘
로 나누는 평면

인
단백질과 RNA로 구성되어
있는 핵 안의 알갱이로 리보
솜을 합성한다.

인이 사라진다
= 단백질 합성이 중단된다.

3) 분열 모식도

	간기		세포가 성장하고 (G₁기) 염색체를 복제하며 계속 성장하며 (S기) 세포 분열을 위한 준비를 끝내가며 더더욱 성장한다. (G₂기)	
분열기 (M기)	핵분열	전기	1) 핵막과 인이 사라진다. 2) 염색체가 응축하며, 각 염색체는 2개의 염색 분체로 구성된다. 3) 방추사가 동원체 부위에 부착한다.	핵막 소실
		중기	방추사가 부착된 염색체가 세포 중앙(적도판)에 배열한다.	방추사
		후기	방추사의 작용으로 염색 분체가 분리되어 세포의 양극으로 이동한다.	염색 분체 분리
		말기	응축된 염색체가 풀어지고, 핵막이 나타나며, 세포질 분열이 시작된다.	형성 중인 핵막
	세포질 분열		세포질 분열이 시작되며 두 개의 딸세포로 나뉘어진다.	

[Remark 1] 체세포 분열 과정에서 상동 염색체는 분리되지 않고, 염색 분체만 분리되므로 체세포 분열 결과 형성된 두 딸세포는 대립유전자 구성이 정확하게 동일하다,

[Remark 2] 염색사 상태에서는 풀어져 있어 제대로 세포 분열이 일어나기 어려우며
염색체 상태에서는 꽁꽁 싸여있어 세포 내에서 유전자를 활용하기 어렵다.
그에 따라 염색체의 응축과 풀림은 핵분열의 가장 처음과 끝인 전기와 말기에 일어난다.

[Common Sense - 동물 세포와 식물 세포의 세포질 분열]
세포질이 분열될 때 동물 세포는 적도면 부위에서 세포막이 안쪽으로 들어가 세포질이 분리되고 (세포질 만입) 식물 세포는 세포의 적도면 중앙에 세포판이 나타난 후(세포판 형성) 세포 가장자리 쪽으로 자라 세포질이 분리된다. 형성된 세포판은 이후 세포벽이 된다.

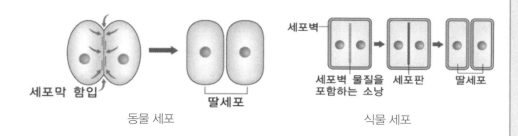

3) DNA 상대량 그래프
간기와 분열기의 핵 1개당 DNA 상대량을 고려하여 그림으로 나타내면 다음과 같다.

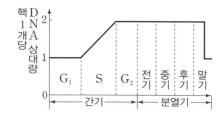

[Remark 1] 체세포 분열은 감수 분열과 엮어 출제되는 경우가 많으며
　　　　　이러한 경우 특정 세포의 핵상이 n인지 $2n$인지 모두 고려해야 한다.

　　　　　체세포 분열에서는

　　　　　1) 상동 염색체의 분리가 일어나지 않으며
　　　　　2) 2가 염색체가 나타나지 않고
　　　　　3) DNA 상대량이 변화할 뿐
　　　　　4) 핵상은 2n으로 변하지 않는다.

세포 주기와 분열

6. 감수 분열

염색체 수가 체세포의 절반인 생식세포를 형성하는 분열
세포 분열을 통하여 생식세포를 만드는 과정이다.

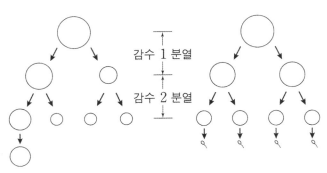

여성의 생식세포 형성 과정　　　　남성의 생식세포 형성 과정

[Common Sense - 여성과 남성의 생식세포 형성]

남성의 생식세포 형성 과정에서는 형성된 4개의 딸세포(정세포) 모두 정자가 되지만
여성의 생식세포 형성 과정에서는 4개의 딸세포 중 하나만 난세포가 되고, 하나의 난세포가
성숙하여 난자가 된다.

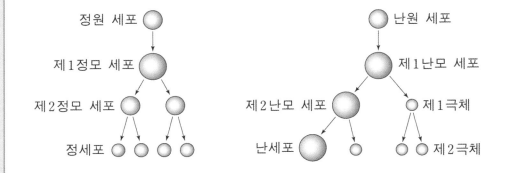

이때 정세포와 정자의 유전 정보는 동일하고
난세포와 난자의 유전 정보 또한 동일하므로
문제에서 정세포나 난세포를 지칭할 때 각각 정자와 난자로 생각하고 판단하도록 하자.

1) 감수 분열의 의의

① 종의 염색체 수 유지

염색체 수가 반감된 생식세포가 수정을 통해 수정란을 형성하므로 세대를 거듭하더라도 종의 염색체 수는 일정하게 유지된다

② 유전자 조합이 다양한 자손의 형성

감수 1분열 중기에 상동 염색체가 무작위로 배열된 후 분리되므로 유전적으로 다양한 생식세포가 형성되고, 이들의 수정을 통하여 유전자 조합이 다양한 자손이 태어난다. 또한, 감수 1분열 시 교차가 일어나므로 자손의 유전적 다양성은 더욱 증가한다.

예를 들어 여성의 경우 23쌍의 상동 염색체가 감수 1분열 중기에 적도면에 무작위로 배열되었다가 분리된다. 교차를 고려하지 않았을 때, 이를 통해 만들어질 수 있는 생식세포 염색체 구성의 종류는 2^{23}으로 유전적 다양성을 확보되고, 교차가 일어나면 자손의 유전적 다양성은 더욱 증가한다

2) 유전적 다양성

같은 생물종이라도 한 형질에 대해 개체마다 대립유전자 조합이 달라 표현형이 다양하게 나타나기 때문에 유전적 다양성이 증가한다. 유전적 다양성이 높은 종은 다양한 형질의 개체들이 존재하므로 환경이 변했을 때 유리한 형질을 가진 개체가 존재할 가능성이 높아 쉽게 멸종되지 않으며, 환경 변화에 대한 적응력이 높다.

[유전적 다양성을 야기하는 요인]

감수 분열 시 상동 염색체의 무작위적인 분리
⇒ 염색체 조합(대립유전자 조합)이 다양한 생식세포가 형성됨

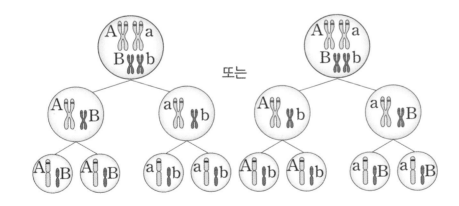

이때 한 상동 염색체 쌍의 분리는 다른 상동 염색체 쌍의 분리와 독립적으로 일어난다.

교차
감수 1분열 전기에 상동 염색체 사이에서 염색 분체의 일부가 교환되어 유전자가 재조합되는 현상

고등 교육과정 내에서 모든 문제는 교차를 고려하지 않는다고 제한하여 출제된다.

3) 과정

간기(S기)에 DNA를 복제한 후 연속 2회의 분열이 일어나므로
염색체 수가 체세포(2n)의 절반인 생식세포(n)가 형성된다.

[감수 1분열]

상동 염색체가 분리되어 핵상이 2n에서 n으로 변하고, 염색체 수가 절반으로 감소한다.

간기	세포가 생장하고, DNA를 복제한다.	
감수 1분열 / 전기	염색사가 염색체로 응축되고, 핵막과 인이 사라진다. 상동 염색체끼리 접합해 2가 염색체가 형성되며, 방추사가 2가 염색체에 부착한다. 상동 염색체의 염색 분체 사이에서 유전자의 교환(교차)이 일어나기도 한다.	2가 염색체
감수 1분열 / 중기	2가 염색체가 세포 중앙(적도판)에 배열한다.	
감수 1분열 / 후기	상동 염색체가 서로 분리되고, 방추사가 짧아지면서 분리된 상동 염색체가 각각 세포의 양극으로 이동한다.	
감수 1분열 / 말기	핵막과 인이 나타나고 방추사가 사라진다.	

[Remark 1] 2가 염색체가 형성되는 시기는 감수 1분열 전기이고
2가 염색체가 존재하는 시기는 감수 1분열 전기와 중기이다.
즉, 체세포 분열에서는 2가 염색체가 나타나지 않는다.

[Remark 2] 감수 1분열, 체세포 분열, 다음 페이지에 등장할 감수 2분열 중
핵상이 변화하는 시기는 감수 1분열이 유일하다.
즉, 후기 중 상동 염색체가 분리되는 시기는 감수 1분열뿐이다

[감수 2분열]

감수 1분열 이후 DNA가 복제되지 않고 감수 2분열이 일어난다. (=간기 없이)

감수 2분열에서는 염색 분체가 서로 분리되어 DNA 양은 절반으로 줄지만 염색체 수는 변하지 않는다. 그에 따라 핵상은 n에서 n으로 유지된다.

감수 2분열	전기	방추사가 염색체에 부착한다.	
	중기	염색체가 세포 중앙(적도판)에 배열한다.	
	후기	방추사의 작용으로 염색 분체가 분리되어 세포의 양극으로 이동한다.	
	말기	세포질 분열이 시작되며, 핵상이 n인 4개의 생식세포(딸세포)가 형성된다.	
	생식세포		

[Remark 1] 체세포 분열, 감수 1분열, 감수 2분열까지 공통적으로

"전기"에는 방추사가 염색체에 결합하며

"중기"에는 세포 "중앙 적도판"에 염색체가 배열되어 있고

"후기"에는 상동 염색체 또는 염색 분체가 분리되어 세포의 양극으로 이동하며

"말기"에는 세포질 분열이 시작되며 딸세포가 형성된다.

세포 주기와 분열

7. 감수 분열과 DNA 상대량

감수 분열에서 핵 1개당 DNA 상대량을 그래프로 나타내면 다음과 같다.

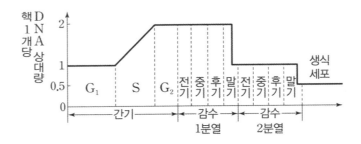

이때 세포 분열 모식도 그림에서 물어보는 지점은 다음으로 결정되어 있다.

간기	G₁기	세포가 생장하고	①
	S기	DNA가 복제된다.	
	G₂기	방추사 합성에 필요한 단백질이 합성되고 세포가 더더욱 생장한다.	
감수 1분열	전기	염색사가 염색체로 응축되고, 핵막과 인이 사라진다. 상동 염색체끼리 접합해 2가 염색체가 형성되며, 방추사가 2가 염색체에 부착한다. 상동 염색체의 염색 분체 사이에서 유전자의 교환(교차)이 일어나기도 한다.	
	중기	2가 염색체가 세포 중앙(적도판)에 배열한다.	②
	후기	상동 염색체가 서로 분리되고, 방추사가 짧아지면서 분리된 상동 염색체가 각각 세포의 양극으로 이동한다.	
	말기	핵막과 인이 나타나고 방추사가 사라진다.	

감수 2분열	전기	방추사가 염색체에 부착한다.	
	중기	염색체가 세포 중앙(적도판)에 배열한다.	③
	후기	방추사의 작용으로 염색 분체가 분리되어 세포의 양극으로 이동한다.	
	말기	세포질 분열이 시작되며, 핵상이 n인 4개의 생식세포(딸세포)가 형성된다.	
	생식세포		④

예를 들면 다음과 같다.

특징 세포	핵상	핵 1개당 DNA 상대량	예시	
			세포 그림	세포 1개당 A의 DNA 상대량
① : G_1기	2n	2		1
② : M_1 중기	2n	4		2
③ : M_2 중기	n	2		2
④ : 생식세포	n	1		1

[Remark 1] 핵 1개당 DNA 상대량

대립유전자 1개당 DNA 상대량

세포 1개당 DNA 상대량

은 각각 의미가 다소 다르다.

핵 1개당 DNA 상대량으로 제시되어 있으므로
상염색체와 성염색체의 구분 없이 DNA 상대량 값 자체에 집중하여 풀이하면 된다.

[Remark 2] ①의 세포 그림을 염색체가 있는 것처럼 그려뒀지만
실제로는 간기 상태이므로 염색사로 풀어져 있다.

그에 따라 염색체 개수는 ①에서 질문할 수 없다.

세포 주기와 분열

8. 체세포 분열과 감수 분열의 비교
체세포 분열과 감수 분열은 공통점과 차이점이 존재한다.

[그림]

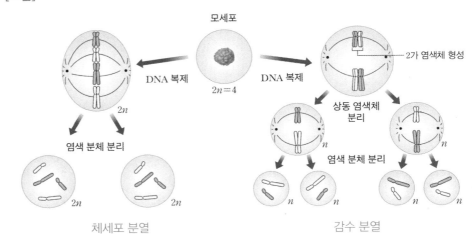

체세포 분열　　　　　　　　　　감수 분열

[표]

구분	체세포 분열	감수 분열
DNA 복제	간기 중 S기에 1회 일어난다	
핵분열 횟수	1회 일어나며, 염색 분체가 분리된다.	2회 일어나며, 상동 염색체가 분리된 후 염색 분체가 분리된다.
2가 염색체의 형성	일어나지 않는다.	감수 1분열 전기에 형성되고 감수 1분열 중기에 적도판에 배열된다..
상동 염색체의 분리	일어나지 않는다.	감수 1분열 후기에 분리된다.
염색 분체의 분리	분열기 후기에 분리된다.	감수 2분열 후기에 분리된다.
핵 1개당 DNA 상대량 그래프		

3
Theme

세포 그림 추론

[중요도 ★★★★]

- 염색체 그림을 통해 바로 핵상을 판단할 수 있다.

- 핵상은 "상동 염색체 존재 여부"를 통해 파악할 수 있다.

- 핵상이 2n인 세포와 n인 세포의 관찰 목적이 다소 다르다.
  핵상이 2n인 세포를 먼저 단독 해석하고, n인 세포를 비교 해석하자.

세포 그림 내에서 판단해야할 요소는 다음과 같다.
"종, 핵상, 성별, 개체, 대립유전자"

이때 핵상은 "상동 염색체 존재 여부"를 통해 파악할 수 있다.

동일한 염색체가 1쌍이라도 set로 있으면 핵상이 2n
그렇지 않으면 핵상이 n이다.

앞으로 그림에 표기할 사항을 정리하자.

[표기법]

핵상 = 염색체 수

A (개체)   XY (성염색체 조합)

Ⅰ (종)

이때 핵상 자체는 성염색체 조합으로 대체할 수 있으나
염색체 수 기입은 배수 관계, 세포 정보 판단에 유용하며

다음과 같은 경우에 표기하면 유용할 수 있다.

1) 성염색체 조합이 결정되지 않을 때 (존재하는 성염색체가 X인지 Y인지 알 수 없을 때)
2) 일부 염색체를 제외한 경우
3) 수 이상 돌연변이

[중요도 ★★★★]

- 핵상이 2n인 세포는 성염색체 조합을 단독 해석할 수 있다.

- 핵상이 2n인 세포 내 모든 상동 염색체가 같으면 성염색체로 XX를 갖는 암컷이며
  핵상이 2n인 세포 내 한 쌍의 상동 염색체만 다른 경우 성염색체로 XY를 갖는 수컷이다.

- 성염색체 조합을 오른쪽 아래에 표기해두면 하위 범주 (개체, 성별 등)를 파악하는 데 활용하기
  용이하다.

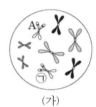
(가)

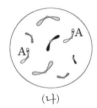
(나)

(다)

- 염색체 그림 내에서 상동 염색체 유무를 통해 핵상을 판단할 수 있지만
  염색 분체의 존재 여부도 가시적으로 판단할 수 있다.

세포 \ 특징	핵상	세포 1개당 DNA 상대량	염색 분체 수 (상대량)	세포 그림 예시
⊙ : G_1기	$2n$	2	2	
ⓒ : M_1 중기	$2n$	4	4	
ⓒ : M_2 중기	n	2	2	
ⓔ : 생식세포	n	1	1	

세포 그림 추론

세포 그림 추론
Schema 3

비교 해석

[중요도 ★★★★]

- 핵상이 n인 세포는 성염색체 조합을 단독 해석할 수 없다.
- 핵상이 2n인 세포를 단독 해석한 후 핵상이 n인 세포를 적절히 같은 종의 다른 세포와 비교 해석할 수 있다.
- 핵상이 n인 세포는 핵상이 2n인 세포의 부분집합이라는 것을 활용할 수 있다.
  이때 핵상이 n인 세포는 같은 개체의 핵상이 2n인 세포의 염색체 수와 <u>배수 관계</u>여야 한다.

- 수컷이 갖는 성염색체 중 암컷이 갖는 성염색체는 X 염색체
  같은 종의 2n인 세포에 없는 염색체가 같은 종 내 세포에서 발견되면 Y 염색체
  같은 종인 두 개의 n 세포에서 서로 다른 염색체는 각각 X 염색체와 Y 염색체이다.

종 판단

[중요도 ★★★★]

- 발문에서 서로 같은 종의 개체들인지, 다른 종의 개체들인지 우선으로 파악하자.
- 서로 같은 종인 개체의 세포는 모든 염색체가 동일하거나 한 쌍의 염색체(성염색체)가 다르다.

- 발문에서 종의 정보를 감출 수 있다. 이때 핵형을 통해 직접적으로 다른 종임을 구분할 수 있으며, 염색체 수가 달라도 다른 종임을 규명할 수 있다.

- 핵형을 통해 종을 구분할 때 다음 3가지를 확인할 수 있다

  염색체의 크기
  염색체의 색
  동원체의 위치

- 그림 상에서 서로 다른 두 세포 간 2쌍 이상의 상동 염색체가 다르면 다른 종의 세포라고 간주할 수 있으며, ㉠ 두 세포가 서로 다른 종임이 규명되면 ㉠은 서로 다른 개체의 세포이다.

세포 그림 추론

염색체 수

[중요도 ★★★]

- 자료 해석 중 전체 염색체 수가 배수 관계에 있지 않은 두 세포는 서로 다른 종의 세포이다.

- 핵상이 2n인 종의 세포들일 때 같은 종의 세포에서 상염색체 수는 항상 전체 상염색체 수이거나 그의 절반과 동일하다.

- 일부 염색체를 제외하고 세포 그림이 주어진 경우, 실제 세포의 염색체 수를 위에 기입해두면 해석하기에 유리하다.

- 염색체 수를 질문하는 선지의 경우, 염색체의 종류는 무엇인지, 세포 주기 중 체세포 분열인지, 감수 분열 중 언제인지를 정확히 파악해야 한다.

- 핵상이 $2n=k$인 세포의 경우 염색체 수는 다음과 같다.

① 체세포 분열 중기의 세포 1개당 염색체 수
k

② 체세포 분열 중기의 세포 1개당 염색 분체 수
$2k$

③ 체세포 분열 중기의 세포 1개당 상염색체의 염색체 수
$k-2$

④ 체세포 분열 중기의 세포 1개당 상염색체의 염색체 수
$2(k-2)$

⑤ 감수 1분열 중기의 세포 1개당 염색 분체 수
$2k$

⑥ 감수 1분열 중기의 세포 1개당 2가 염색체 수
$\dfrac{k}{2}$

⑦ 감수 2분열 중기의 세포 1개당 염색 분체 수
k

⑧ 생식세포 1개 당 염색 분체 수
$\dfrac{k}{2}$

원 문자 염색체

[중요도 ★★★]

- 원 문자로 상염색체와 성염색체를 감춘 문항에서 상염색체에는 1, 2, 3, …
  성염색체에는 X, Y를 각각 대응하며 풀이하면 유리하다. (인덱싱)

- 남녀에 모두 있는 원 문자가 성염색체임이 규명되면 X염색체
  여자에는 없고 남자에만 있는 성염색체는 Y 염색체이다.

- 원 문자를 통해 서로 다른 성염색체가 2종류 있음이 규명되면
  해당 세포는 핵상이 2n이며 성염색체 조합은 XY이다.

세포 그림 추론

유전자형

[중요도 ★★]

- 핵상이 2n인 세포의 유전자 구성은 개체의 유전자형과 동일하다.

- 핵상이 n인 세포는 일부 유전자형을 알 수 있고, 비교 해석이 필요하다.

- 동형 접합성 유전자형을 갖는 세포에 없는 유전자를 갖는 세포는 서로 다른 개체이다.

- ㉠ X염색체 위에 있는 대립유전자는 암컷은 ㉠을 1쌍 갖지만, 수컷은 ㉠을 1개만 갖는다.

교배 양상

[중요도 ★★★★]

- 개체 간 교배가 일어나는 경우 유전자 이동을 고려하여 개체 내 정보를 판단해야 한다.

- 부계 세포는 수컷 자손에게 Y 염색체를 전달하고
  모계 세포는 자손에게 좌우 X 염색체 중 하나를 전달한다.

- 부모 세포는 독립적으로 유전자 조성을 가질 수 있지만
  자손 세포는 반드시 부모가 갖는 유전자 조성을 갖는다.

세포 그림 추론

일부 염색체

[중요도 ★★★★]
- 일부 염색체를 감춘 후 개체를 구분하는 문항이 출제된다.

1) X염색체 제외

	암컷
	염색체 수
2n 세포	2*k* - 2
n 세포	*k* - 1

	수컷
	염색체 수
2n 세포	2*k* - 1
n 세포 (X)	*k* - 1
n 세포 (Y)	*k*

핵상이 2*n*인 세포가 염색체 수가 짝수라면
X염색체를 제외한 상황이다.

이때 세포 위에 핵상이 2*n*이라면 2*k*를
핵상이 *n*이라면 *k*를 적어두면 도움이 된다.

같은 종의 세포라면 염색체 수는 서로
배수 관계에 있어야 한다.

핵상이 2*n*인 세포가 염색체 수가 홀수라면
수컷의 세포이고

염색체 수가 홀수일 때
상동 염색체가 있으면 2*n* 세포
상동 염색체가 없으면 *n* 세포 (X)이다.

이때 세포 위에 핵상이 2*n*이라면 2*k*를
핵상이 *n*이라면 *k*를 적어두면 도움이 된다.

2) Y 염색체 제외

	암컷
	염색체 수
2n 세포	2*k*
n 세포	*k*

	수컷
	염색체 수
2n 세포	2*k* - 1
n 세포 (X)	*k*
n 세포 (Y)	*k* - 1

핵상이 2*n*인 세포가 염색체 수가 짝수라면
암컷의 세포이다,

이때 세포 위에 핵상이 2*n*이라면 2*k*를
핵상이 *n*이라면 *k*를 적어두면 도움이 된다.

같은 종의 세포라면 염색체 수는 서로
배수 관계에 있어야 한다.

핵상이 2*n*인 세포가 염색체 수가 홀수라면
수컷의 세포이고

염색체 수가 홀수일 때
상동 염색체가 있으면 2*n* 세포
상동 염색체가 없으면 *n* 세포 (X)이다.

이때 세포 위에 핵상이 2*n*이라면 2*k*를
핵상이 *n*이라면 *k*를 적어두면 도움이 된다.

[중요도 ★★★★]
– 일부 염색체를 감춘 후 개체를 구분하는 문항이 출제된다.

3) 일부 염색체 제외

상염색체인지 성염색체인지를 포괄하지 않고 일부 염색체를 제외하는 경우가 출제될 수 있다.
이때는 주어진 염색체가 상염색체인지 성염색체인지 구분하기 어렵다.

다만 염색체 수가 전체 염색체 수의 반절을 초과하면 핵상이 2n,
추가 조건을 통해 성염색체가 한 쌍이 있음을 안다면 핵상이 2n임을 알 수 있다.

여러 개의 염색체가 제외된 경우, 같은 종의 세포이면 염색체 모양이 동일해야 하며 염색체 수가
배수 관계에 있음을 이용할 수 있다.

세포 그림 추론
Schema 10

염색체 크기

[중요도 ★★★]

- 일반적으로 X 염색체는 Y 염색체보다 크기가 크며
  상염색체의 경우 일반적으로 번호가 작아질수록 크기가 작아진다.

  동물의 세포가 출제될 경우 문제에 따라 다소 달라질 수 있지만
  사람의 세포가 출제될 경우 이는 알고 활용해야 하는 정보이다.

[핵형 분석 결과]

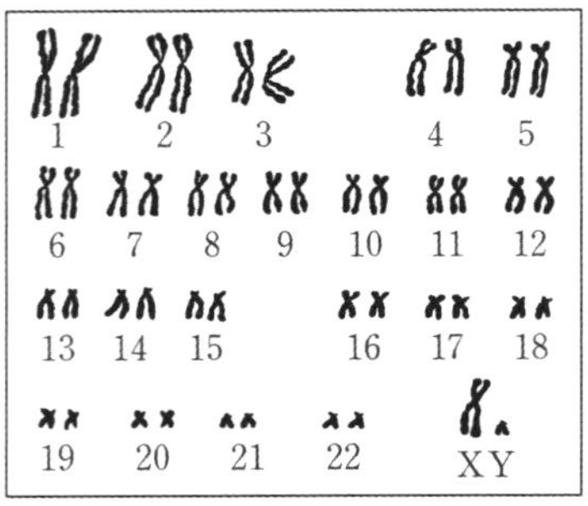

세포 그림 돌연변이

[중요도 ★★]

- 염색체 비분리(수 이상 돌연변이)가 일어난 경우나 중복, 결실, 역위, 전좌가 일어나 구조 이상 돌연변이가 일어난 경우가 출제될 수 있다.

15. 그림은 어떤 동물(2n=12) I의 세포 (가)~(다)에 들어 있는 모든 염색체를 나타낸 것이다. (가)로부터 감수 분열을 통해 (나)와 (다)가 형성되었으며, (나)의 형성 과정에서 1회의, (다)의 형성 과정에서 2회의 염색체 돌연변이가 일어났다. I의 성염색체는 XY이다.

(가)   (나)   (다)

이에 대한 설명으로 옳은 것만을 <보기>에서 있는 대로 고른 것은? (단, 제시된 돌연변이 이외의 돌연변이는 고려하지 않는다.)

─── <보 기> ───
ㄱ. (나)가 형성되는 과정의 감수 1분열에서 염색체 비분리가 일어났다.
ㄴ. (다)에는 염색체 구조 이상이 일어난 염색체가 있다.
ㄷ. (나)의 성염색체 수+(다)의 상염색체 수=7이다.

① ㄱ   ② ㄷ   ③ ㄱ, ㄴ   ④ ㄴ, ㄷ   ⑤ ㄱ, ㄴ, ㄷ

25학년도 주간 디올

17. 그림은 어떤 가족의 자녀 1과 자녀 2의 체세포에 들어 있는 21번 염색체, 성염색체, 유전자를 나타낸 것이다. 어머니로부터 염색체 구조 이상이 1회 일어나 형성된 난자 ⓐ와 아버지로부터 형성된 정상 정자가 수정되어 자녀 1이 태어났다. 아버지의 특정 형질에 대한 유전자형은 AaBb이며, A와 a, B와 b, D와 d는 각각 대립유전자이다.

A ⓐ A   B   D
b D   b   D
21번 염색체 성염색체

a ⓐ ?   ?
b ?   d   D

〈자녀 1〉   〈자녀 2〉

이에 대한 설명으로 옳은 것만을 <보기>에서 있는 대로 고른 것은? (단, 제시된 돌연변이 이외의 돌연변이와 교차는 고려하지 않는다.)

─── <보 기> ───
ㄱ. ⓐ가 형성될 때 일어난 염색체 구조 이상은 전좌이다.
ㄴ. ㉠은 아버지로부터 물려받은 염색체이다.
ㄷ. 자녀 1에서 고양이 울음 증후군의 유전병이 나타난다.

① ㄱ   ② ㄴ   ③ ㄷ   ④ ㄱ, ㄴ   ⑤ ㄴ, ㄷ

25학년도 주간 디올

- 정상 세포에서 Schema 1~10의 내용을 적절히 활용하고 특이 Point가 나타나는 세포에서 돌연변이 지식을 적절히 가미하여 해제하도록 하자.

4
Theme

DNA 상대량 추론

DNA 상대량 추론

핵상 판단

[중요도 ★★★★]

- 어떤 대립유전자에 대해 DNA 상대량 0과 0이 아닌 줄이 동시에 존재한다면
  DNA 상대량이 0인 세포의 핵상은 n이다.

  이때 대전제는 같은 개체의 세포 내이다.
  다른 개체의 세포가 제시된다면 적절히 구분 후 판단해야 한다.

  (Schema 1~10은 '같은 개체 세포 내'에서 활용 가능한 Schema들이다.)
  (또한 앞으로 등장할 DNA 상대량 Schema에서 돌연변이는 고려하지 않는다.)

- 대립유전자 한 쌍을 모두 갖고 있는 세포의 핵상은 $2n$이다.
  핵상이 2n임이 규명된 세포의 유전자 구성을 통해 유전자형을 알 수 있다.

[핵상이 n인 세포]

세포 \ 특징	핵상	핵 1개당 DNA 상대량	유전자형	DNA 상대량		
				A	a	b
㉠ : G_1기	$2n$	2	Aa	1	1	2
㉡ : M_1 중기	$2n$	4	Aa (× 2)	2	2	4
㉢ : M_2 중기	n	2	AA 또는 aa	0	2	2
㉣ : 생식세포	n	1	A 또는 a	0	1	1

DNA 상대량 0과 DNA 상대량이 0이 아닌 세포가 같은 줄에 동시에 나타난다면
DNA 상대량이 0인 세포는 핵상이 n이다.

[핵상이 2n인 세포]

세포 \ 특징	핵상	핵 1개당 DNA 상대량	유전자형	DNA 상대량		
				A	a	b
㉠ : G_1기	$2n$	2	Aa	1	1	2
㉡ : M_1 중기	$2n$	4	Aa (× 2)	2	2	4
㉢ : M_2 중기	n	2	AA 또는 aa	0	2	2
㉣ : 생식세포	n	1	A 또는 a	0	1	1

대립유전자 한 쌍을 모두 갖고 있는 세포의 핵상은 $2n$이다.

중기 세포

[중요도 ★★★★]

- 중기 세포 내 DNA 상대량은 모두 짝수이다.
- '홀수는 중기 세포에 올 수 없다'라는 역명제가 많이 활용된다.
- 중기 세포와 양극단 세포는 A와 A의 여사건 관계이다.

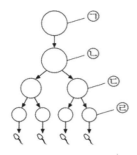

ⓒ과 ⓒ은 중기 세포, ⊙과 ⓔ은 양극단 세포이다.

- DNA 상대량 1은 중기 세포에 올 수 없고, 양극단 세포에만 올 수 있다.
- 어떤 대립유전자 T의 상대량이 4인 칸이 나오면 G_1기 세포의 유전자형은 TT(동형 접합)이고 이 칸에 대응되는 세포는 M_1기 중기이며, 대립쌍 유전자의 DNA 상대량은 0이다.

DNA 상대량 추론

DNA 상대량 추론
Schema 3

양극단 세포

[중요도 ★★★★]

- 대립유전자 상대량이 1과 2가 동시에 나올 수 있는 세포는 G_1기 세포가 유일하다.
  이때 대전제는 돌연변이가 일어나지 않은 세포이다.
- DNA 상대량 1은 중기 세포에 올 수 없고, 양극단 세포에만 올 수 있다.
- 염색체 비분리가 일어나지 않았다면, DNA 상대량 2는 생식세포에 올 수 없다.
- 유전자 구성에 있어 왼쪽 생식세포와 오른쪽 생식세포의 합은 G_1기 세포의 유전자 구성과 동
  일하다.

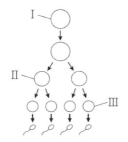

즉, DNA 상대량을 고려하지 않고 <u>유전자 종류만 고려할 때</u> Ⅱ + Ⅲ = Ⅰ 이다.
(∵ Ⅱ와 Ⅱ의 하위 세포의 유전자 종류는 동일하다.)

단독 해석

[중요도 ★★★★]

- 어떤 유전자의 DNA 상대량으로 가능한 값들은 0, 1, 2, 4 중 하나이고 각각은 단독적으로 해석할 때 다음과 같은 의미를 갖는다.

[단독 해석]

정보 DNA 상대량	특징
0	해당 세포가 갖고 있지 않은 유전자이다. 세포의 핵상을 구분하는 데 자주 활용된다. 서로 다른 두 개체를 구분하는 데 활용할 수 있다.
1	M_1기, M_2기가 될 수 없다. 즉, 염색 분체가 복제된 시기가 아니다. = G_1기 세포 또는 생식세포 (양극단 세포) 이다.
2	생식세포가 아니다.
3	비분리가 일어났을 때 등장할 수 있다. 동형 접합성 유전자형에 비분리가 2번 일어난 생식세포이다.
4	M_1기이고 동형 접합성이다. 만약 비분리가 일어났다면 G_1기 세포가 될 수 없다. 또한 DNA 상대량이 4인 유전자의 대립유전자는 반드시 DNA 상대량이 0이다.

DNA 상대량 추론
Schema 5

정체성 부여

[중요도 ★★★]

– 각 세포를 다음과 같이 약어로 표기할 수 있다.

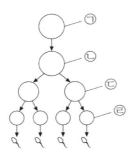 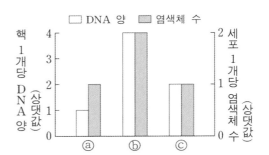

[각 세포의 상태]

1) ㉠ : 2n, 2
2) ㉡ : 2n, 4
3) ㉢ : n, 2
4) ㉣ : n, 1

세포 각각 2, 4, 2, 1을 넘버링한 근거는 <u>DNA 상대량 비를 정수 비로 나타낸 것이다.</u>
필자는 분수나 소수 할당을 좋아하지 않는다.

핵상을 먼저 규명한 후 (2n vs n) 추가적으로 핵상 내에서 상태를 판단하도록 하자.

⇒ ㉠의 핵상 : 2n
⇒ ㉠의 상태 : 2n, 2

[중요도 ★★★★]

- 두 칸 이상의 DNA 상대량을 서로 비교하여 정보를 추출할 수 있다.
  이때 비교 해석의 전제는 같은 개체의 세포 내에서 행해야 한다는 것이다.

  (만약 두 개체 이상의 세포가 주어질 경우, 같은 개체의 세포끼리 묶은 후
  비교 해석을 행해야 한다.)

[비교 해석]

1) 같은 개체 내 한 세포에서 DNA 상대량이 0이 아닌 유전자가 다른 어떤 세포에서 DNA 상대
   량이 0이라면, DNA 상대량이 0인 세포는 핵상이 n이다.

   (= n인 핵상 판단)

세포＼대립유전자	A	a	B	b	D	d	E	e	F	f
㉠ : G_1기	1	1	2	0	1	0	0	1	1	0
㉡ : M_1기	2	2	4	0	2	0	0	2	2	0
㉢ : M_2기 - X	2	0	2	0	2	0	0	2	0	0
㉢ : M_2기 - Y	0	2	2	0	0	0	0	0	2	0
㉣ : 생식 세포 - X	1	0	1	0	1	0	0	1	0	0
㉣ : 생식 세포 - Y	0	1	1	0	0	0	0	0	1	0

   (∵ 그 개체가 갖는 어떤 대립유전자라도 ㉮세포 내에 없다면 ㉮의 핵상은 n이다.)

2) 대립유전자가 2종류 모두 있으면, 세포의 핵상은 $2n$이다.
   (= 2n인 핵상 판단)

세포＼특징	A	a	B	b	D	d	E	e	F	f
㉠ : G_1기	1	1	2	0	1	0	0	1	1	0
㉡ : M_1기	2	2	4	0	2	0	0	2	2	0
㉢ : M_2기 - X	2	0	2	0	2	0	0	2	0	0
㉢ : M_2기 - Y	0	2	2	0	0	0	0	0	2	0
㉣ : 생식 세포 - X	1	0	1	0	1	0	0	1	0	0
㉣ : 생식 세포 - Y	0	1	1	0	0	0	0	0	1	0

DNA 상대량 추론

DNA 상대량 추론
Schema 6

비교 해석

[비교 해석]

3) 같은 대립유전자 줄 내에서 상위 세포의 DNA 상대량이 0이면 하위 세포의 DNA 상대량은 모두 0이다. (상하 해석)

세포 \ 대립유전자	A	a	B	b	D	d	E	e	F	f
㉠ : G_1기	1	1	2	0	1	0	0	1	1	0
㉡ : M_1기	2	2	4	0	2	0	0	2	2	0
㉢ : M_2기 - X	2	0	2	0	2	0	0	2	0	0
㉣ : M_2기 - Y	0	2	2	0	0	0	0	0	2	0
㉤ : 생식 세포 - X	1	0	1	0	1	0	0	1	0	0
㉥ : 생식 세포 - Y	0	1	1	0	0	0	0	0	1	0

2n, 2 세포에서 DNA 상대량이 0이면 하위 세포들에서 모두 DNA 상대량이 0이다.

4) 같은 대립유전자 줄 내에서 상위 세포의 DNA 상대량이 최댓값이면 하위 세포의 DNA 상대량은 모두 최댓값이다.

세포 \ 특징	A	a	B	b	D	d	E	e	F	f
㉠ : G_1기	1	1	2	0	1	0	0	1	1	0
㉡ : M_1기	2	2	4	0	2	0	0	2	2	0
㉢ : M_2기 - X	2	0	2	0	2	0	0	2	0	0
㉣ : M_2기 - Y	0	2	2	0	0	0	0	0	2	0
㉤ : 생식 세포 - X	1	0	1	0	1	0	0	1	0	0
㉥ : 생식 세포 - Y	0	1	1	0	0	0	0	0	1	0

2n, 2 세포에서 DNA 상대량이 최댓값이면 하위 세포들에서 모두 DNA 상대량이 최댓값이다.

[Mindset - 해석 순서 판단]

DNA 상대량 자료를 해석할 때 순서는 다음과 같다.

① 정보 위상이 높은 자료 (결정되어 있거나 특수한 정보들)
② 유전자 쌍의 정보가 함께 있는 자료

종합 해석

[중요도 ★★]

- 한 가로줄, 여러 가로줄을 종합적으로 해석할 수 있다.
  한 개체의 세포들에 대하여 전체 관점을 활용하여 유전자형을 추론할 수 있다.

- 한 세포에서 0이 아닌 DNA 상대량이 절반을 초과하면 그 세포의 핵상은 $2n$이다.
- 한 세포에서 0이 아닌 DNA 상대량이 절반 미만이면 그 세포의 핵상은 n이다.

- 한 대립유전자 쌍에서 2와 1이 공존할 수 없고
  한 대립유전자 쌍에서 4의 대립유전자 상대량은 0이다.

[종합 해석 – 23학년도 6월 평가원]

어떤 동물 종($2n$)의 유전 형질 (가)는 대립유전자 A와 a에 의해, (나)는 대립유전자 B와 b에 의해, (다)는 대립유전자 D와 d에 의해 결정된다. 표는 이 동물 종의 개체 ㉠과 ㉡의 세포 I~IV 각각에 들어 있는 A, a, B, b, D, d의 DNA 상대량을 나타낸 것이다. I~IV 중 2개는 ㉠의 세포이고, 나머지 2개는 ㉡의 세포이다. ㉠은 암컷이고 성염색체가 XX이며, ㉡은 수컷이고 성염색체가 XY이다.

세포	DNA 상대량					
	A	a	B	b	D	d
I	0	?	2	?	4	0
II	0	2	0	2	?	2
III	?	1	1	1	2	?
IV	?	0	1	?	1	0

이에 대한 설명으로 옳은 것만을 <보기>에서 있는 대로 고른 것은? (단, 돌연변이와 교차는 고려하지 않으며, A, a, B, b, D, d 각각의 1개당 DNA 상대량은 1이다.) [3점]

─────〈보 기〉─────
ㄱ. IV의 핵상은 $2n$이다.
ㄴ. (가)의 유전자는 X 염색체에 있다.
ㄷ. ㉠의 (나)와 (다)에 대한 유전자형은 BbDd이다.
─────────────────

① ㄱ 　② ㄴ 　③ ㄱ, ㄷ 　④ ㄴ, ㄷ 　⑤ ㄱ, ㄴ, ㄷ

세포 I 에는 D의 DNA 상대량이 4이므로 핵상은 2n이다. I 에는 d가 없는데, 세포 II 에는 d가 있으므로 I 과 II 는 서로 다른 개체의 세포이다. 세포 III 은 B와 b의 DNA 상대량이 모두 1이므로 핵상이 2n인 G₁기의 세포이고, D의 DNA 상대량이 2이기 때문에 d가 없으므로 II 와 III 은 서로 다른 개체의 세포이다.

∴ I 과 III 은 같은 개체의 세포이다.

DNA 상대량 추론

DNA 상대량 추론
Schema 7

종합 해석

Ⅰ의 A의 DNA 상대량이 0이므로, Ⅲ의 DNA 상대량도 0이 된다. Ⅲ에서 (가)의 유전자형이 a인 것으로 보아 (가)의 유전자는 X 염색체에 있고, Ⅰ과 Ⅲ은 ⓒ(수컷)의 세포라는 것을 알 수 있다.

[전체 관점]
Ⅳ는 A, B, D를 갖고 Ⅱ는 a, b, d를 가지므로
㉠의 유전자형은 AaBbDd임을 알 수 있다.

성염색체

[중요도 ★★★★]

- 세포 ㉠의 대립유전자쌍 DNA 상대량 합이 2와 1이 공존하면

  합이 2인 대립유전자 쌍은 상염색체 or 여자의 X 염색체 위에 있는 대립유전자쌍

  합이 1인 대립유전자 쌍은 성염색체에 있는 대립유전자쌍이며

  세포 ㉠은 남자의 세포이다.

- 성별과 관계없이 대립유전자 쌍 내 DNA 상대량이 (0, 0)이면 그 세포의 핵상은 n이고

  해당 대립유전자 쌍은 ㉮ 성염색체 위에 있다.

  이때 이 대립유전자가 여자의 세포에서 나타나면 ㉮는 X 염색체이고

  여자한테 없고 다른 남자의 세포에서만 나타나면 ㉮는 Y 염색체이다.

- 성염색체에 있는 대립유전자 쌍 내 DNA 상대량이 (1, 1)이면

  해당 대립유전자 쌍은 X염색체 위에 있고, 개체의 성별은 여성이며 세포는 G_1기 세포이다.

- 여자의 대립유전자 쌍 내 DNA 상대량이 (0, 0)이면 Y 염색체에 있는 대립유전자이다.

- 남자의 대립유전자 쌍 내 DNA 상대량이 (0, 0)이면 해당 대립유전자 쌍은 여자의 대립유전자

  쌍이고 성염색체(X 또는 Y)에 있는 대립유전자쌍이다.

- 두 종류의 대립유전자 쌍이 성염색체 위에 있다면 X염색체 위에 두 대립유전자 쌍이 연관되어

  있는 경우가 가장 보편적으로 출제되어 왔지만

  전수로는 다음과 같이 3가지 Case로 출제가 가능하다.

  1) X염색체에 2쌍의 유전자가 함께 있는 경우
  2) Y 염색체에 2쌍의 유전자가 함께 있는 경우
  3) X염색체에 1쌍의 유전자가 있고, Y 염색체에 1쌍의 유전자가 있는 경우

  3번째 Case는 남자의 두 종류 핵상이 n인 세포에 존재하는 유전자로 판단할 수 있다.

  이러한 성염색체 연관 추론은 같은 개체의 핵상이 n인 두 세포를 통해 할 수 있다.

DNA 상대량 추론

포함 관계

[중요도 ★★★]

- 상위 세포(2n)는 하위 세포(n)의 대립유전자 구성을 포함한다.

  즉, 상위 세포의 ㉮ 어떤 DNA 상대량은 하위 세포의 ㉮ 이상이다.

- 하위 두 세포의 대립유전자 구성의 합은 상위 세포의 대립유전자 구성과 동일하다.

즉, 어떤 DNA 상대량에 대해 ⓐ = ⓑ + ⓒ이다.

㉠ : 1행 = 개체의 유전자형이 드러남	
㉡ : 2행 = ㉠의 DNA 상대량 × 2 = 3행 세포들의 대립유전자 구성의 합 = 4행 세포들의 대립유전자 구성의 합	
㉢, ㉣ : 3행 ㉡ = ㉢ + ㉣	
㉤, ㉥, ㉦, ㉧ : 4행 ㉡ = ㉤ + ㉥ + ㉦ + ㉧ ㉢ = ㉤ + ㉥ ㉣ = ㉦ + ㉧	

상하 관계

[중요도 ★★★]

- 하위 세포가 대립유전자를 가지면, 상위 세포도 갖고
  상위 세포가 대립유전자를 갖지 않으면, 하위 세포도 갖지 않는다.

- 상위 세포가 최댓값을 가지면 하위 세포도 최댓값을 갖는다.

특징 세포	핵상	핵 1개당 DNA 상대량	유전자형	DNA 상대량			
				A	a	B	b
⊙ : G$_1$기	2n	2	Aa	1	1	0	2
ⓒ : M$_1$중기	2n	4	Aa (× 2)	2	2	0	4
ⓒ : M$_2$중기	n	2	AA 또는 aa	0	2	0	2
ⓔ : 생식세포	n	1	A 또는 a	0	1	0	1

- ㉮ 어떤 대립유전자에 대해 동형 접합성인 개체에서 DNA 상대량은
  ⊙, ⓒ, ⓒ, ⓔ 순서대로 2, 4, 2, 1이다.

  즉, DNA 상대량으로 0이 등장하지 않는다.

DNA 상대량 추론

DNA 상대량 추론
Schema 11

배반 관계

[중요도 ★★]

- 왼쪽에 있는 생식세포와 오른쪽에 있는 생식세포는 서로 여집합의 관계이다.

- 상동 염색체가 분리될 때
  동형 접합의 경우 두 영역에 모두 같은 대립유전자가 전달되지만
  이형 접합성인 경우 두 영역의 대립유전자 구성이 다르게 나타난다.

- 왼쪽 생식 조성과 오른쪽 생식 조성이 크로스로 나타나면 유전자형은 이형 접합성이고
  왼쪽 생식 조성과 오른쪽 생식 조성이 일자로 나타나면 유전자형은 동형 접합성이다.

- 한 세포 분열에서 나타날 수 있는 세포 구성은 AB와 ab 또는 Ab와 aB와 같이 배반 관계를 지
  켜서 나타난다. 이는 한 개체의 세포 내에서 "연관"된 것과 같은 움직임을 나타낸다.

[DNA 상대량]

특징 세포	핵상	핵 1개당 DNA 상대량	유전자형	DNA 상대량			
				A	a	B	b
㉠ : G₁기	2n	2	Aa	1	1	0	2
㉡ : M₁ 중기	2n	4	Aa (× 2)	2	2	0	4
㉢ : M₂ 중기	n	2	AA 또는 aa	0	2	0	2
㉣ : M₂ 중기	n	2	aa 또는 AA	2	0	0	2
㉤ : 생식세포	n	1	A 또는 a	0	1	0	1

[중요도 ★★★]
- 세포 그림 좌우에 존재하는 유전자를 적어주면 관계 판단에 유리하다.
  이때 적어주는 장소는 각각 왼쪽 n, 2의 왼쪽과 오른쪽 n, 2의 오른쪽이다.

- 이때 좌우 중 A vs A^C의 설정은 자유로우며 (문제에 따라 다르다)
  S는 유전자형이 되어 3개 중 2개를 알면 나머지를 여사건으로 알 수 있다는 특징을 갖는다.

AaBB

I

II

III   AB   aB   IV

DNA 상대량 추론

2개의 세포 분열

[중요도 ★★]

- 두 개의 세포 분열에 대해 구분할 수 있는지 질문하는 문항이 출제된다.

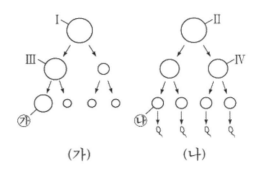

(가)   (나)

- 이는 '여사건'의 관점이 유용하게 활용된다.

  한 개체의 세포 분열에서는 유전자형(S), 왼쪽 생식 조성, 오른쪽 생식 조성 중 2개의 정보를
  알면 나머지 하나는 자동 결정되어 그 관계에 부합하지 않는 세포가 다른 세포 분열 양상이다.

개체 간 구분

[중요도 ★★★]

- 핵상이 2n이면서 DNA 상대량이 0인 칸이 중요한 개체 구분의 단서이다.
  즉, 서로 다른 두 개체를 구분할 때, AA는 A*을 갖지 않는다는 논리로 구분시키는 자료가 자주
  출제된다.

- 위와 유사하게 성염색체 조합이 XX인 세포는 Y를 갖지 않고
  Y를 갖는 개체는 핵상이 2n인 세포의 성염색체 조합은 반드시 XY이다.

- 귀납적으로 표를 그려가며 풀 때는 개체 수만큼의 표를 그려 풀어야 한다.

- 비교 해석은 개체 간 구분이 끝난 후 같은 개체의 세포 간 행해야 한다.

DNA 상대량 추론

수정 과정

[중요도 ★★]

- 두 개체의 세포가 등장했을 때 전체 줄에서 비교 해석을 통한 핵상 판단이 불가했던 것처럼 정
  자, 난자, 수정란의 세 사람 이상의 세포가 등장하므로 함부로 핵상을 판단할 수 없다.

- 정자의 유전자 구성과 난자의 유전자 구성이 합쳐져 수정란의 유전자형이 되는
  유전의 원리를 적절히 활용하여 주어진 조건을 해석하도록 하자. 구성원 중 자식은 아버지의
  유전자와 어머니의 유전자를 각각 절반씩 받아 태어난다.

- 정자, 난자, 수정란 중 2개의 정보를 알면 나머지 하나의 정보를 알 수 있다.
  이때 연역적으로 풀어가든 귀납적으로 풀어가든, 정자 난자 수정란에 대한 표를 새로 그리면
  유용한 경우가 많다.

- 발문에 정자라는 표현이 사용되면 모세포와 그 세포는 아버지의 세포,
  난자라는 표현이 사용되면 모세포와 그 세포는 어머니의 세포이다.

- 4개의 줄 중 3개의 줄에 DNA 상대량 1이 나타나면 주로 양극단 세포와 수정란이 포함되고,
  나머지 1개의 줄이 중기 세포로 결정되는 논리가 사용되곤 한다.

- ㉠ 수정란에 없는 대립유전자는 생식세포(난자 또는 정자)에도 없고,
  생식세포의 상위 세포에도 ㉠가 없다. 단, 생식세포의 상위 세포 중 핵상이 2n인 세포와
  반대 계열 세포는 알 수 없다.

- 유전자형이 결정되어 있는 문항의 경우 유전자형으로부터
  쭉 상대량을 예측한 후 표와 비교하는 게 더 빠를 수도 있다. (S 관점)

- 2n, 2 세포가 2n, 4 세포로 갈 때 유전적 구성은 변하지 않고, DNA 상대량만 2배가 되며
  n, 2 세포가 n, 1 세포로 갈 때 유전적 구성은 변하지 않고, DNA 상대량만 반감된다.

  즉, 생식세포 형성 과정에서 쭉 분열되는 과정이라면
  (예 - (가)에서 (나)가 형성되고, (나)에서 (다)가 형성되고, (다)에서 (라)가 형성되는)

  2n, 2에서 2n 4로 되거나 n, 2에서 하위 n, 1 세포로 가는 경우
  DNA 상대량이 일렬로 나타나므로 2n이 n이 되는
  감수 1분열 과정에서 유전자 이동만 판단해주면 된다.

  쭉 분열되는 과정과 난자(정자) 형성 과정이라고 주어지는 경우를 구분해서 해제하도록 하자.
  (전자는 감수 1분열 과정만 변수, 후자는 감수 1분열과 좌우 영역 모두 변수)

- 태어난 개체의 체세포는 수정란 취급해서 풀어주면 된다.
  이때 수정란의 상태는 2n, 2 또는 2n, 4이다.

기족 구성원

[중요도 ★★]

- 수정 과정과 유사하게 자식의 세포를 활용하여 DNA 상대량을 구성하는 문제가 출제될 수 있
 다. 이때 자식의 체세포는 수정란의 유전적 구성과 정확하게 동일하다.

 즉, 수정 과정에 있는 내용을 동일하게 가져와서 풀면 되며
 핵심은 연역적으로 푼다면 같은 개체끼리의 비교 해석
 귀납적으로 푼다면 개체 별 표의 작성이다.

DNA 상대량 추론

DNA 상대량 추론
Schema 17
연관 추론

[중요도 ★★]

- 연관 현상은 기본적으로 유전자가 종속된 상태로 유전자가 독립적으로 움직일 때에 비해 제한을 받는다.

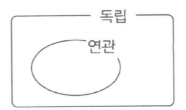

- 연관 상태에서 서로 다른 대립유전자 쌍의 대립유전자를 제시하여 핵상을 판단시키기도 한다. 이때는 대립유전자 한 쌍이 아닌 여러 쌍의 대립유전자를 활용하여 왼쪽 염색체와 오른쪽 염색체가 모두 있으면 핵상이 2n, 왼쪽 염색체와 오른쪽 염색체 중 하나만 있으면 핵상이 n이라고 판단하도록 하자.

예를 들어 유전자형이 AaBb인 개체의 어떤 세포 P가 있을 때
두 유전자가 독립이라면 개체 내에서 AB, Ab, aB, ab인 세포들이 모두 등장할 수 있지만

두 유전자가 상인 연관되어 있다면 개체 내에서 AB, ab인 세포만
두 유전자가 상반 연관되어 있다면 개체 내에서 Ab, aB인 세포들만 등장할 수 있다.

두 유전자가 연관되어 있을 때
핵상이 2n인 세포로는 연관 상태를 알 수 없고
핵상이 n인 세포의 유전자 구성을 통해 연관 상태를 파악할 수 있다.

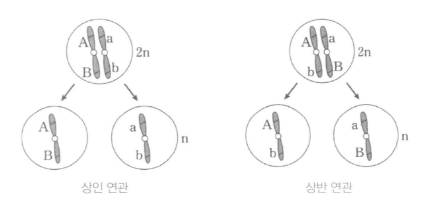

상인 연관   상반 연관

- 두 유전자가 모두 X염색체 위에 있음을 조건 내에서 판단시켜
연관임을 간접적으로 제시하기도 한다.

미매칭 대립유전자

[중요도 ★★]

- DNA 상대량은 주어져 있으나 대립유전자의 정체성이 결정되어 있지 않은 문제가 출제된다.

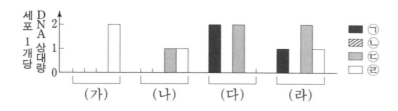

(단, 돌연변이는 고려하지 않는다.)

- **인덱싱**

  대립유전자에 순서대로 1, 2, 3...을 대응한다.
  이때 같은 대립유전자 쌍이면 동일한 상수를 부여하고
  쌍을 이루지 않는 대립유전자이면 서로 다른 상수를 부여한다.

- **상태 판단**

  1)
  DNA 상대량이 자연수인 유전자가 절반보다 많고 DNA 상대량 1이 있는 세포는 2n, 2
  DNA 상대량이 자연수인 유전자가 절반보다 많고 DNA 상대량 1이 없는 세포는 2n, 4이다.

  2)
  DNA 상대량이 자연수인 유전자가 절반보다 적고 DNA 상대량 1이 있는 세포는 n, 1
  DNA 상대량이 자연수인 유전자가 절반보다 적고 DNA 상대량 1이 없는 세포는 n, 2이다.

  3)
  DNA 상대량이 자연수인 유전자가 절반이면 모두 동형 접합인 2n 세포이거나
  n 세포이므로 추가적인 해석이 가능하다.

- **비교 해석**

  1)
  같은 사람의 세포라는 전제 하에 ㉮ DNA 상대량이 0인 세포와 0이 아닌 세포가 공존하면 0
  인 세포는 핵상이 n이다. 이때 ㉮에 DNA 상대량 1이 있으면 n, 1이고 ㉮에 DNA 상대량이 2가
  있으면 n, 2이다.

  2)
  같은 대립유전자 쌍에서 DNA 상대량 합은 3 또는 6일 수 없다.
  즉, 2n, 2 세포에서 DNA 상대량이 2인 유전자와 1인 유전자는 서로 대립유전자가 아니고 2n,
  4 세포에서 DNA 상대량이 4인 유전자와 2인 유전자는 서로 대립유전자가 아니다.

DNA 상대량 추론

DNA 상대량 추론
Schema 18

미매칭 대립유전자

- 성별 판단

1)
㉯ DNA 상대량이 자연수인 유전자가 절반보다 적은 세포는 남성의 세포이고
㉯는 상염색체 위에 있다.

2)
2n, 2인 세포에서 X염색체 위 대립유전자 쌍 DNA 상대량 합이 2인 세포와
2n, 4인 세포에서 X염색체 위 대립유전자 쌍 DNA 상대량 합이 4인 세포는 여성의 세포이다.

3)
여성의 대립유전자 쌍이 (0, 0)이면 Y 염색체 위 대립유전자이고
남성의 대립유전자 쌍이 (0, 0)이면 X염색체 또는 Y 염색체 위 대립유전자이다.

- 포함 관계

1)
같은 사람의 세포에서 하위 세포에서 자연수인 유전자는 상위 세포에서도 자연수이고
상위 세포에서 DNA 상대량이 0인 유전자는 하위 세포에서도 DNA 상대량이 0이다.

2)
n, 1 세포에서 상염색체 또는 여성의 X염색체 위 대립유전자 쌍은 (1, 0)으로
n, 2 세포에서 상염색체 또는 여성의 X염색체 위 대립유전자 쌍은 (2, 0)으로 나타난다.

상대량의 합

[중요도 ★★★]

- DNA 상대량의 합을 제시한 문항이 출제되곤 한다.

(단, 돌연변이는 고려하지 않는다.)

1)

ⓛ과 ⓒ을 구성하는 DNA 상대량 값은 0, 2, 4 중 하나이다.

따라서 M_1 중기 세포나 M_2 중기 세포의 DNA 상대량 합은 항상 짝수이다.

2)

ⓛ이나 ⓒ의 DNA 상대량 합은 항상 짝수이고

㉠이나 ⓜ에서 DNA 상대량 합으로 홀수가 가능하므로

DNA 상대량의 합이 홀수이면 G_1기 세포 또는 생식세포이다.

이때 두 대립유전자의 DNA 상대량 합이 3이라면

2+1의 꼴이므로 G_1기 세포임을 알 수 있다.

3) 상위 하위 관계에 있는 세포에 한해

2 × (㉠에서 DNA 상대량 합) = ⓛ에서 DNA 상대량 합

2 × (ⓜ에서 DNA 상대량 합) = ⓒ에서 DNA 상대량 합이 성립한다.

4)

ⓛ이 ⓒ과 @이 될 때 ⓛ, ⓒ, @ 모두 짝수이므로

ⓛ에서 DNA 상대량의 합 = ⓒ에서 DNA 상대량의 합 + @에서 DNA 상대량의 합이고 세 가지 항 모두 짝수이다.

5)

상위 한 세포와 하위 두 세포에 한해 포함 관계가 성립한다.

즉, ⓛ의 DNA 상대량 합 = ⓒ의 DNA 상대량 합 + @의 DNA 상대량 합 이고

(M_1=왼쪽 M_2+오른쪽 M_2)

ⓒ의 DNA 상대량 합 = ⓜ의 DNA 상대량 합 + ⓗ의 DNA 상대량 합 이다.

(M_2= 같은 구역 생식세포 DNA 상대량의 합)

특징 세포	핵상	핵 1개당 DNA 상대량	유전자형	DNA 상대량			
				A	a	B	b
㉠ : G_1기	2n	2	Aa	1	1	0	2
ⓛ : M_1 중기	2n	4	Aa (× 2)	2	2	0	4
ⓒ : M_2 중기	n	2	AA 또는 aa	0	2	0	2
@ : M_2 중기	n	2	aa 또는 AA	2	0	0	2
ⓜ : 생식세포	n	1	A 또는 a	0	1	0	1
ⓗ : 생식세포	n	1	A 또는 a	0	1	0	1

DNA 상대량 추론

상대량의 합

6)

M₁기 중기의 세포 DNA 상대량 합은

2 × (㉠에서 DNA 상대량 합) = ㉡에서 DNA 상대량 합

이 성립하고 모든 세포에서 나타나는 DNA 상대량 합 중 가장 크다.

7)

좌우 생식세포의 DNA 상대량 합은 ㉠의 DNA 상대량 합과 같다.

⇒ ㉤에서 DNA 상대량 합 + ㉥에서 DNA 상대량 합 = ㉠에서 DNA 상대량 합

⇒ G₁기 세포의 DNA 상대량 합은 서로 다른 염색체를 가진 생식세포의 DNA 상대량 합과 같다.

특징 세포	핵상	핵 1개당 DNA 상대량	유전자형	DNA 상대량			
				A	a	B	b
㉠ : G₁기	2n	2	Aa	1	1	0	2
㉡ : M₁ 중기	2n	4	Aa (× 2)	2	2	0	4
㉢ : M₂ 중기	n	2	AA 또는 aa	0	2	0	2
㉣ : M₂ 중기	n	2	aa 또는 AA	2	0	0	2
㉤ : 생식세포 (좌)	n	1	A 또는 a	0	1	0	1
㉥ : 생식세포 (우)	n	1	a 또는 A	1	0	0	1

8)

합으로 제시한 유전자 개수를 N이라 했을 때 각각의 세포는 다음 관계를 갖는다.

즉, 2N보다 큰 숫자가 나온다면 세포는 ㉡으로 대응된다.

특징 세포	제시한 유전자 개수(N)에 따른 관계	핵 1개당 DNA 상대량
㉠ : G₁기	2N과 같거나 작다.	2
㉡ : M₁ 중기	4N과 같거나 작다.	4
㉢ : M₂ 중기	2N과 같거나 작다.	2
㉤ : 생식세포	N과 같거나 작다.	1

9)

유전자의 합의 양상에 따라 2n인 세포의 복제 양상과 동형 접합 여부를 알 수 있다.

특징 유전자의 합	제시한 유전자 개수(N)에 따른 관계	핵 1개당 DNA 상대량
4N	M₁기, 모든 유전자 동형 접합	4
4N-2	M₁기, 일부 유전자 동형 접합	4
2N-1	G1기, 일부 유전자 동형 접합	2

미매칭 대립유전자의 합

[중요도 ★★★]

- 원 문자의 합의 합으로 주어지는 경우 ㉠과 ㉡에 대한 정보도 대응되지 않았기 때문에 특수한
상대량 값의 중요성이 더욱 두드러진다. 6, 0과 같은 특수한 수치부터 단독 해석, 비교 해석하
도록 하자.

[대립유전자 쌍이 H, h, T, t 2쌍인 경우]

1) ⓐ+ⓑ와 ⓑ+ⓒ 값이 모두 3인 세포

유전자형이 ⓐⓒⓑⓑ이고 ⓐ와 ⓒ는 서로 대립유전자이다.

2) ⓐ+ⓑ와 ⓑ+ⓒ 값이 모두 6인 세포

유전자형이 ⓐⓒⓑⓑ이고 ⓐ와 ⓒ는 서로 대립유전자이다.

3) ⓐ+ⓑ 값이 2인 생식세포

ⓐ와 ⓑ를 모두 갖고 ⓐ와 ⓑ는 서로 대립유전자가 아니다.

4) ⓐ+ⓑ 값이 4인 M2기 중기 세포

ⓐ와 ⓑ를 모두 갖고 ⓐ와 ⓑ는 서로 대립유전자가 아니다.

(단, 돌연변이는 고려하지 않는다.)

DNA 상대량 추론

상대량 종류

[중요도 ★★★]

- 한 세포의 가로 줄 내에서 어떤 대립유전자에 대한 DNA 상대량이 2종류가 등장하면 가능한 경우의 수는 다음과 같다.

  [0, 1] : 2n, 2 또는 n, 1
  [0, 2] : n, 1이 아님
  [0, 4] : 2n, 4
  [1, 2] : 2n, 2
  [1, 4] : 불가능
  [2, 4] : 2n, 4

  ([,] : 대괄호는 <u>같은 세포 내</u>, (,) 소괄호는 <u>한 대립유전자 쌍 내</u>로 정의하자.)
  예를 들어 [2, 4]는 등장 가능하지만, (2, 4)는 불가능하다.

- 한 세포의 가로 줄 내에서 어떤 대립유전자에 대한 DNA 상대량이 3종류 등장하면 핵상은 $2n$ 이다. 이때 등장할 수 있는 조합은 다음 두 가지가 있다.

  1) <u>0, 2, 4</u>
  2) <u>0, 1, 2</u>

  만약 같은 개체의 핵상이 2n인 두 세포가 등장한다면 서로 다른 상태의 1)과 2)를 제시할 것이다. 이때 공통으로 등장하는 상대량은 0과 2이고, 여사건은 1과 4이다.

분열 과정의 일부

[중요도 ★★★]

- 분열 과정의 일부를 제시한 후, 어떤 분열 과정인지 추론시킬 수 있다.
  이때 경우의 수는 3가지로 나뉜다.

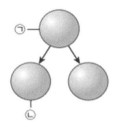

1) 체세포 분열 과정인 경우

㉠과 ㉡의 핵상은 모두 $2n$이다.

이때 ㉠이 DNA가 복제되지 않은 상태인지, 복제된 상태인지는 발문이나 조건을 통해 알아내야 하며 ㉡은 염색 분체가 분리되어 형성된 세포이다.

2) 감수 1분열 과정 일부인 경우

㉠의 핵상은 $2n$이고, ㉡의 핵상은 n이다.

이때 ㉠과 ㉡은 모두 DNA가 복제된 중기 세포이므로 DNA 상대량이 짝수 또는 0으로 나타나야 하며, ㉠을 통해 개체의 유전자형을 알 수 있다.

3) 감수 2분열 과정 일부인 경우

㉠과 ㉡의 핵상은 모두 n이다.

이때 ㉠은 DNA가 복제된 중기 세포이므로 DNA 상대량이 짝수 또는 0이고

㉡은 생식세포이므로 DNA 상대량이 홀수일 수 있다.

따라서 감수 분열의 일부인데 ㉡에 홀수가 나타난다면

해당 분열 과정은 감수 2분열 과정의 일부이다.

DNA 상대량 추론

미매칭 DNA 상대량

[중요도 ★★★]

- 원 문자로 DNA 상대량이 감춰져 출제될 수 있다.

- "순서 없이" 조건은 존재성, 여사건, 합/차/변화로 해석할 수 있다.

- 같은 대립유전자 쌍의 합은 3이 될 수 없다.

- 원 문자 4개 중 3개가 동시에 나타나는 가로 줄의 세포 핵상은 2n이고
  (0, 1, 2) ⑤~ⓒ이 동시에 나타나는 가로 줄의 세포는 2n, 2이다.

- 4는 2n, 4 하나의 행에서만 나타날 수 있는 DNA 상대량이며
  대립쌍의 상대량은 0이어야 한다.

  이때 대립쌍의 상대량 0은 개체 구분의 Key로 작용할 수 있다.

- (A, a)와 같이 대립유전자 간 조합에서 나타날 수 있는 숫자 조합은 다음과 같다.
  (0, 1) : 2n, 2일 경우, 성염색체 위
  (0, 2) : 정보 모호
  (0, 4) : 동형 접합 있음, M_1기 세포
  (0, 0), (1, 1), (2, 2) 가능

  따라서 (A, a)와 같이 대립유전자 간 조합에서 숫자가 다를 경우
  공통으로 오는 DNA 상대량은 0이다.

유전 현상 복합형

[중요도 ★★]

- DNA 상대량과 유전 현상 (완전 우성 유전, 중간 유전, 복대립 유전, 다인자 유전)이 엮여 출제
  될 수 있다.

- 복대립 유전이 출제될 경우 G_1기 세포 기준 E, F, G의 합이 2이면
  상염색체 유전 또는 여자의 X 염색체 위 유전이고
  E, F, G의 합이 1이면 성염색체 유전이고 남자의 세포이다.

- 사람의 체세포 핵상은 2n이므로 E, F, G 중 하나는 반드시 없다.
  E, F, G 중 2개의 대립유전자를 가지고 다른 Schema들을 활용하면 된다.

- 다인자 유전이 출제될 경우 DNA 상대량 Schema들과 추후 공부할
  다인자 유전 Schema를 적절히 활용하여 해제하도록 하자.

DNA 상대량 추론
Schema 25

돌연변이 복합형

[중요도 ★★★]

- DNA 상대량과 돌연변이(구조 이상 or 수 이상)이 엮여 출제될 수 있다.

- 감수 1분열 비분리가 일어나면 좌우 중 한 군데로 상대량이 몰려 이동하며
  감수 2분열 비분리가 일어나면 생식세포 줄에 2와 1이 동시에 등장할 수 있다.

- 감수 1분열 비분리가 일어나면 n, 1에서 (1, 1)이 나타날 수 있고
  감수 2분열 비분리가 일어나면 2n, 2 (1, 1)일 때, n, 1에서 (2, 0)이 나타날 수 있다.

- 그 외 DNA 상대량과 돌연변이에 대한 심층적인 내용은 '돌연변이' 주제에서 다루도록 하자.

5
Theme

유무 추론

유무 추론

핵상 판단

[중요도 ★★★]
유전자 유무를 통해 핵상을 판단할 수 있다.

[공통]
- 어떤 세포에서 유전자 유무 여부가 'O'가 절반보다 많으면 핵상은 $2n$이다.
- 비교 해석 시 유무 여부가 '×'가 하나라도 있으면 핵상은 n이다.

[X염색체 Only 전제]
- 유전자 유무 여부가 'O'가 대립유전자 쌍으로 있으면 핵상은 $2n$이다.
- 유전자 유무 여부가 'O'가 절반보다 적으면 핵상은 n이다.

[유전자형이 Aabb인 암컷 개체]

세포 \ 특징	핵상	핵 1개당 DNA 상대량	유전자형	유전자 유무 A	a	B	b
㉠ : G_1기	2n	2	Aa	O	O	×	O
㉡ : M_1중기	2n	4	Aa (× 2)	O	O	×	O
㉢ : M_2중기	n	2	AA 또는 aa	×	O	×	O
㉣ : M_2중기	n	2	aa 또는 AA	O	×	×	O
㉤ : 생식세포	n	1	A 또는 a	×	O	×	O

전체 유전자 중 절반보다 많은 유전자를 갖고 있는 세포는 핵상이 $2n$인 세포이다.
이는 적어도 한 쌍의 대립유전자를 갖고 있다는 방증이기 때문이다.

상동 염색체가 쌍으로 있으면 $2n$인 세포
개체가 갖는 유전자 중 하나라도 없으면 n인 세포이다.

[유전자형이 AaX^bY인 수컷 개체]

세포 \ 특징	핵상	핵 1개당 DNA 상대량	유전자형	상염색체 위 A	a	X염색체 위 B	b	Y
㉠ : G_1기	2n	2	Aa	O	O	×	O	O
㉡ : M_1중기	2n	4	Aa (× 2)	O	O	×	O	O
㉢ : M_2중기	n	2	AA 또는 aa	×	O	×	O	×
㉣ : M_2중기	n	2	aa 또는 AA	O	×	×	×	O
㉤ : 생식세포	n	1	A 또는 a	×	O	×	×	O

2n 세포가 제시된 대립유전자를 모두 갖고 있지 않은 경우
Aabb와 같이 동형 접합성이 있거나, AabY와 같이 성염색체 위 유전자가 있기 때문이다.

핵상 판단

특징 / 세포	핵상	핵 1개당 DNA 상대량	유전자형	상염색체 위		성염색체 위		
				A	a	B	b	Y
⊙ : G₁기	2n	2	Aa	○	○	×	○	○
○ : M₁중기	2n	4	Aa (× 2)	○	○	×	○	○
© : M₂중기	n	2	AA 또는 aa	×	○	×	○	×
@ : M₂중기	n	2	aa 또는 AA	○	×	×	×	○
@ : 생식세포	n	1	A 또는 a	×	○	×	×	○

전체 유전자 중 절반보다 적은 유전자를 갖고 있는 세포는

핵상이 n인 세포이면서 ○가 있는 대립유전자는 상염색체 위 대립유전자이다.

또한 ⊙ 성염색체 위 유전자가 세포에 존재하고

남녀에서 모두 ⊙이 있다면 핵상이 n일 때

Y 염색체가 있어야 ××가 나타나므로 세포를 갖는 개체의 성별은 남성이다.

즉, 절반 미만인 세포에서 "남녀가 모두 있는 대립유전자라면" 다음을 파악할 수 있다.

1) ○가 있는 대립유전자는 상염색체 위 대립유전자

2) ×가 있는 대립유전자 중 성염색체 위 대립유전자 있음

3) 핵상은 n

4) Y 염색체가 있는 세포

유무 추론

단독 해석

[중요도 ★★★]

- A와 a가 각각 대립유전자 관계에 있을 때, 핵상이 2n인 세포에서 상염색체 유전일 때 A가 '○' 이면 AA 또는 Aa이고 A가 '×'이면 aa이다. '×'가 담고 있는 정보가 다소 단정적이다.

- '○'는 특정 유전자가 있다는 뜻으로 완전 우성 유전에서 대문자 유무와 형질의 유무는 1:1 관계 에 있다.

- '×'는 개체 간 구분에 활용될 수 있다. 예를 들어 AA는 a가 '×'이므로 a가 있는 개체와 다른 개체 이다.

- 핵상이 2n인 세포에서 상염색체 유전에서 '×'는 동형 접합의 표지이고 성염색체 유전 & 남성의 핵상이 2n인 세포에서 '○'와 '×'는 유전자형과 1:1 대응된다.

- 핵상이 n인 세포에서 상염색체 유전일 때, 대립유전자 쌍은 반드시 (○, ×)이다. 성염색체 유전일 때는 (○, ×) 또는 (×, ×)이다.

[중요도 ★★★★]

- 상염색체 유전이나 X염색체 유전 여자에서 동형 접합, 이형 접합성과 관계 없이
  핵상이 n이면 상동 염색체 쌍이 존재하지 않는다.

특징 / 세포	핵상	핵 1개당 DNA 상대량	유전자형	유전자 유무			
				A	a	B	b
㉠ : G_1기	2n	2	Aa	○	○	×	○
㉡ : M_1 중기	2n	4	Aa (× 2)	○	○	×	○
㉢ : M_2 중기	n	2	AA 또는 aa	×	○	×	○
㉣ : M_2 중기	n	2	aa 또는 AA	○	×	×	○
㉤ : 생식세포	n	1	A 또는 a	×	○	×	○

- 한 대립유전자의 유무가 ×이면 다른 대립유전자의 유무는 ○이고
  한 대립유전자의 유무가 ○이면 다른 대립유전자의 유무는 ×이다.

  이는 X염색체만 있는 경우와 X염색체와 Y 염색체 모두 있는 경우에 공통적으로 성립한다. (단,
  Y 염색체만 있는 n에서는 성립하지 않는다.)

- 핵상이 n인 세포에서 존재하는 대립유전자 쌍이 (○, ○)이 나타날 수 없다.
  (○, ○)이 나타나면 돌연변이가 일어났다고 판단할 수 있다.

- 핵상이 n인 세포들에서 각각의 대립유전자에 인덱싱(1, 2, 3)을 할 수 있다.
  같은 대립유전자 쌍에는 동일한 번호를 대응하도록 하자.

[인덱싱 예시]

유전자	인덱싱	I 의 세포		
		(가)	(나)	(다)
㉠	1	○	○	○
㉡	2	○	○	×
㉢	2	○	×	○
㉣	1	×	×	×

유무 추론

유무 개수 제한

[중요도 ★★★]
- 문제에 주어진 상염색체 수와 성염색체 수에 따라 남자와 여자의 가질 수 있는 유전자 개수가
제한된다. 그에 따른 유전자 개수 범위를 압축해두면 성상 판단, 연관 추론에 유리하다.

유전자 개수 Case	수컷의 핵상		암컷의 핵상	
	2n	n	2n	n
1) 1, 2, 3	3, 4, 5, 6	3	3, 4, 5, 6	3
2) 1, 2, X	3, 4, 5	2, 3	3, 4, 5, 6	3
3) 1, X, X	3, 4	1, 3	3, 4, 5, 6	3
4) X, X, X	3	0, 3	3, 4, 5, 6	3
5) 1, 2, Y	3, 4, 5	2, 3	2, 3, 4	2
6) 1, X, Y	3, 4	2	2, 3, 4	2
7) 1, Y, Y	3, 4	1, 3	1, 2	1
8) Y, Y, Y	3	0, 3	0	0

1) 'O' 개수는 대립유전자 이형 접합성 개수에 영향을 받는다.
2) 대립유전자 분포에서 암컷의 n 세포에서 가능한 유무 개수는 단 1개이다.
3) Y 염색체가 관여하지 않는 유전에서 암컷의 n 세포의 'O' 개수는 3개이다.
4) Y 염색체가 관여하지 않는 유전에서 암컷의 2n 세포의 'O' 개수는 3~6개이다.
5) Y 염색체가 관여하지 않는 유전에서 수컷의 n 세포의 'O' 개수는 3개일 수 있고 X염색체
   유무에 따라 가능한 'O' 개수가 추가로 하나 더 생긴다. 이때 가능한 'O' 개수는 3-(X염색
   체에 있는 대립유전자 쌍 수)이다.

6) 수컷의 $2n$ 세포는 성염색체 유무와 관계없이 'O' 개수를 3개 이상 갖는다.
7) 수컷의 $2n$ 세포의 유무 개수는 X염색체 수에 영향을 받는다. 수컷의 $2n$ 세포의 유무 개수는
   4-(X염색체에 있는 대립유전자 쌍 수)이다.

8) 수컷의 $2n$ 세포의 'O' 개수는 3+(이형 접합성 개수)이다.
9) Y 염색체가 관여하지 않는 유전에서 남녀 구분 없이 $2n$ 세포의 'O' 개수는 3이면 3쌍의 대
   립유전자는 모두 동형 접합성이다.

유전자 정렬

[중요도 ★★★]

- 인덱싱한 대립유전자 정보를 가시적으로 보이도록 표에 정렬시킬 수 있다.

  이는 상염색체들로만 구성되지 않고 X염색체와 Y 염색체가 섞여 있는 경우에 유리하다

대립유전자	인덱싱	P의 세포			Q의 세포		
		(가)	(나)	(다)	(라)	(마)	(바)
		n	2n	n	2n	n	n
㉠	2 (X)	×	○	○	○	○	×
㉡	3 (X)	×	×	×	○	○	×
㉢	1	×	○	○	○	○	○
㉣	3 (X)	×	ⓐ(○)	○	○	×	○
㉤	1	○	○	×	×	×	×
㉥	2 (X)	×	×	×	○	×	○
'O' 개수		1	4	3	5	3	3

구분	대립	
X	㉠	㉥
X	㉡	㉣
상	㉤	㉢

유무 추론

유전자형

[중요도 ★★★]

- 유전자형이 동형 접합성이 있는 경우 세로줄로 쭉 'O'나 '×'가 일렬로 배치된 줄이 두 줄 이상 나타나야 한다.

- 유전자형이 이형 접합성이 있는 경우 2n인 세포에서는 쌍으로 쭉 'O'이 나타난다.

특징 세포	핵상	핵 1개당 DNA 상대량	유전자형	유전자 유무			
				A	a	B	b
㉠ : G₁기	2n	2	Aa	O	O	×	O
㉡ : M₁ 중기	2n	4	Aa (× 2)	O	O	×	O
㉢ : M₂ 중기	n	2	AA 또는 aa	×	O	×	O
㉣ : M₂ 중기	n	2	aa 또는 AA	O	×	×	O
㉤ : 생식세포	n	1	A 또는 a	×	O	×	O

- 유전자형이 이형 접합성이 있는 경우 n인 세포에서 일렬로 있는 세포는 일렬로 나타나고 서로 다른 좌우에 있는 경우 크로스되어 나타난다.

특징 세포	핵상	핵 1개당 DNA 상대량	유전자형	유전자 유무			
				A	a	B	b
㉠ : G₁기	2n	2	Aa	O	O	×	O
㉡ : M₁ 중기	2n	4	Aa (× 2)	O	O	×	O
㉢ : M₂ 중기	n	2	AA 또는 aa	×	O	×	O
㉣ : M₂ 중기	n	2	aa 또는 AA	O	×	×	O
㉤ : 생식세포	n	1	A 또는 a	×	O	×	O

- 상염색체 유전이거나 X염색체 유전 여자일 때 핵상이 n인 두 세포가 ㉮ 어떤 대립유전자에 대해 O, ×가 공존하면 그 개체는 ㉮에 대해 이형 접합성 유전자형을 갖는다.

특징 세포	핵상	핵 1개당 DNA 상대량	유전자형	유전자 유무			
				A	a	B	b
㉠ : G₁기	2n	2	Aa	O	O	×	O
㉡ : M₁ 중기	2n	4	Aa (× 2)	O	O	×	O
㉢ : M₂ 중기	n	2	AA 또는 aa	×	O	×	O
㉣ : M₂ 중기	n	2	aa 또는 AA	O	×	×	O
㉤ : 생식세포	n	1	A 또는 a	×	O	×	O

상하 대응

[중요도 ★★★]
- 핵상이 n인 세포에서 ○이면 핵상이 2n인 세포에서 ○이다.

특징 세포	핵상	핵 1개당 DNA 상대량	유전자형	유전자 유무			
				A	a	B	b
⑤ : G_1기	2n	2	Aa	○	○	×	○
⑥ : M_1 중기	2n	4	Aa (× 2)	○	○	×	○
⑥ : M_2 중기	n	2	AA 또는 aa	×	○	×	○
⑥ : M_2 중기	n	2	aa 또는 AA	○	×	×	○
⑩ : 생식세포	n	1	A 또는 a	×	○	×	○

- 핵상이 2n인 세포에서 ×이면 핵상이 n인 세포에서 ×이다.

특징 세포	핵상	핵 1개당 DNA 상대량	유전자형	유전자 유무			
				A	a	B	b
⑤ : G_1기	2n	2	Aa	○	○	×	○
⑥ : M_1 중기	2n	4	Aa (× 2)	○	○	×	○
⑥ : M_2 중기	n	2	AA 또는 aa	×	○	×	○
⑥ : M_2 중기	n	2	aa 또는 AA	○	×	×	○
⑩ : 생식세포	n	1	A 또는 a	×	○	×	○

유무 추론

성염색체

[중요도 ★★★]

- 남성의 세포에서 'O'가 쌍으로 있는 경우 'O'인 대립유전자는 상염색체 위 대립유전자이고, 이 세포의 핵상은 2n이다.

- 여성의 세포에서 '×'가 쌍으로 있는 경우 '×'인 대립유전자는 Y 염색체 위 대립유전자이다.

- 세포의 핵상이 2n인데 절반 미만의 유전자를 가지면, 여자의 세포이고, Y 염색체 위의 유전자를 갖는다. 또한 여자의 세포 핵상이 n인데 절반 미만의 유전자를 가지면 Y 염색체 위의 유전자를 갖는다.

- 염색체 위 유전자가 한 쌍으로 존재할 경우 X염색체 위 유전자이고 여성 개체의 핵상이 2n인 세포이다.

- ㉠ 성염색체 위 유전자가 있다고 전제되었을 때, 남녀 모두에게 나타나는 ㉠은 X염색체 유전이다.

- 핵상이 *n*인 남성의 세포에서 X염색체 위 대립유전자와 Y 염색체 위 대립유전자를 모두 고려해야 할 경우, 하나는 (O, ×)이고 나머지 하나는 (×, ×)이다. 즉, 핵상이 n인 두 세포의 대립유전자 분포가 각각 절반과 절반 미만이면 남자의 세포이다.

[중요도 ★★★]

- 한 개체의 세포들이라도 G_1기 세포 Ⅰ로부터 형성되었고, 나머지 1개는 G_1기 세포 Ⅱ로부터 형성되었다. 와 같이 분열 과정을 구분시킬 수 있다.

- 한 G_1기 세포로부터 형성된 세포들은 마치 연관된 것 같은 움직임을 보이며 배반 관계를 갖는다. 예를 들어 유전자형이 AaBb인 개체의 한 G_1기 세포로부터 형성된 왼쪽 세포에 Ab가 나타났다면 오른쪽 세포에는 반드시 aB가 나타나야 한다.

- 한 개체의 세포들이기 때문에 유전자형은 동일하게 나타나지만
  생성될 수 있는 세포는 AB, Ab, aB, ab와 같이 다양하게 나타날 수 있어 분열 과정 간 구분이
  가능하다.

유무 추론

개체 간 구분

[중요도 ★★★]

- 서로 다른 두 개체를 구분할 때, AA는 A*을 갖지 않는다는 논리로 구분시키는 자료가 자주 출제된다. 이때 단독 해석과 비교 해석, 성상 판단 등에 여러 Schema가 종합적으로 사용된다.

   즉, G_1기 세포(2n) 동형 접합과 특정 유전자 유무가 '×'인 세포 간 비교가 주로 활용된다.

- 성염색체 조합이 다름이 규명되면 서로 다른 개체이다.

- 귀납적으로 표를 그려가며 풀 때는 개체 수만큼의 표를 그려 풀어야 한다.

가족 구성원

[중요도 ★★]

- 두 사람의 세포가 등장했을 때 비교 해석을 통한 핵상 판단이 불가했던 것처럼 정자, 난자, 수정
  란의 세 사람 이상의 세포가 등장하므로 함부로 비교 해석을 통해 핵상을 판단할 수 없다.

- 정자의 유전자 구성과 난자의 유전자 구성이 합쳐져 수정란의 유전자형이 되는
  유전의 원리를 적절히 활용하여 주어진 조건을 해석하도록 하자. 구성원 중 자식은 아버지의
  유전자와 어머니의 유전자를 각각 절반씩 받아 태어난다.

- ㉮ 자식의 체세포에 없는 대립유전자는 생식세포(난자 또는 정자)에도 없으며
  생식세포의 상위 세포 n 세포에도 ㉮가 없다.

- 유전자형이 결정되어 있는 문항의 경우 유전자형으로부터
  쪽 상대량을 예측한 후 표와 비교하는 게 더 빠를 수도 있다.

- 수정란과 유사하게 자식의 세포를 활용하여 유전자 유무를 구성하는 문제가 출제되곤 한다.
  이때 자식의 체세포는 유전의 원리를 활용하여 풀어나가면 된다.

유무 추론

유전자 유무 추론
Schema 12

연관 추론

[중요도 ★★★]

- 연관 현상은 기본적으로 유전자가 종속된 상태로 유전자가 독립적으로 움직일 때에 비해 제한을 받는다.

- 연관 상태에서 서로 다른 대립유전자 쌍의 대립유전자를 제시하여 핵상을 판단시키기도 한다. 이때는 대립유전자 한 쌍이 아닌 여러 쌍의 대립유전자를 활용하여 왼쪽 염색체와 오른쪽 염색체가 모두 있으면 핵상이 2n, 왼쪽 염색체와 오른쪽 염색체 중 하나만 있으면 핵상이 n이라고 판단하도록 하자.

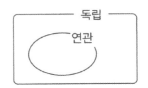

- 유전자형이 AaBb인 개체의 어떤 세포 P가 있을 때 두 유전자가 독립이라면 개체 내에서 AB, Ab, aB, ab인 세포들이 모두 등장할 수 있지만

두 유전자가 상인 연관되어 있다면 개체 내에서 AB, ab인 세포들만
두 유전자가 상반 연관되어 있다면 개체 내에서 Ab, aB인 세포들만 등장할 수 있다.

두 유전자가 연관되어 있을 때
핵상이 2n인 세포로는 연관 상태를 알 수 없고
핵상이 n인 세포의 유전자 구성을 통해 연관 상태를 파악할 수 있다.

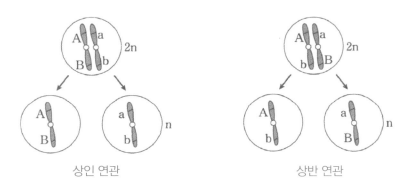

상인 연관   상반 연관

이때 두 유전자가 모두 X염색체 위에 있음을 조건 내에서 판단시켜
연관임을 간접적으로 제시하기도 한다.

- 성염색체, 상염색체의 여사건 논리를 활용하여 연관 여부를 추론시키기도 한다.
예를 들어 3개의 유전자 중 두 유전자는 같은 상염색체에, 나머지 한 유전자는 X 염색체에 있다고 할 때, (다)가 X 염색체에 있음이 규명되면 (가)와 (나)가 같은 상염색체에 있음이 밝혀진다.

[중요도 ★★]

- 분열 과정의 일부를 제시한 후, 어떤 분열 과정인지 추론시킬 수 있다.
  이때 경우의 수는 3가지로 나뉜다.

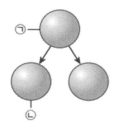

1) 체세포 분열 과정인 경우

㉠과 ㉡의 핵상은 모두 $2n$이다.

이때 ㉠이 DNA가 복제되지 않은 상태인지, 복제된 상태인지는 발문이나 조건을 통해 알아내야 하며 ㉡은 염색 분체가 분리되어 형성된 세포이다. 유전자 유무 여부는 정확하게 동일하게 나타난다.

2) 감수 1분열 과정 일부인 경우

㉠의 핵상은 $2n$이고, ㉡의 핵상은 n이다.

이때 유전자 유무 여부는 상동 염색체가 분리되는 상황이기 때문에
㉠에 있는 일부 유전자가 ㉡에는 일부 없도록 구성된다.

3) 감수 2분열 과정 일부인 경우

㉠과 ㉡의 핵상은 모두 n이다. 이때 유전자 유무 여부는 염색 분체가 분리되는 상황이기 때문에 두 세포가 정확하게 동일하게 나타난다.

유무 추론

염색체 유무 추론
Schema 1

핵상 판단

중요도 ★★★★]
- 핵상 판단이 중요한 요소로 작용한다.

[Only 상염색체]
- 어떤 세포에서 염색체 유무 여부가 'O'가 절반보다 많으면
  핵상은 2n이고 모든 유무 여부가 'O'이다.

- 어떤 세포에서 유무 여부가 '×'가 하나라도 있으면
  핵상은 n이고 전체의 절반만큼 'O'가 있다.

[성염색체가 있을 때]
- 어떤 세포에서 염색체 유무 여부가 'O'가 절반보다 많으면 핵상은 2n이다.

- '×'가 하나 있을 때는 핵상이 2n일 수 있지만 '×'가 두 개 이상 있을 때는 핵상이 n이다.

[중요도 ★★]

- 핵상이 2n인 세포에 'x'가 있으면 그 염색체는 Y 염색체이다.

- 염색체 크기와 모양에 있어 $2n = 2k$로 구성된 종의 개체에서 암컷은 k개의 크기와 모양이 다른 염색체를 갖고, 수컷은 $k+1$개의 크기와 모양이 다른 염색체를 갖는다.

  예) 2n=4 (k=2) (성염색체 X와 Y)
  암컷 개체는 상염색체와 X 염색체 2종류를 갖고
  수컷 개체는 상염색체, X 염색체, Y 염색체 3종류를 갖는다.

염색체 유무 추론
Schema 3

인덱싱

[중요도 ★★]

- 핵상이 n인 세포에는 상동 염색체 쌍 중 하나만 올 수 있기 때문에
  인덱싱을 할 수 있다.

  상염색체에는 순서대로 1, 2, 3을 대응해서 대립쌍을 찾고
  성염색체에는 v를 체크한 후, X염색체인지 Y 염색체인지 판단하자.

[중요도 ★★]

- 분열 과정의 일부를 제시한 후, 어떤 분열 과정인지 추론시킬 수 있다.

  이때 경우의 수는 3가지로 나뉜다.

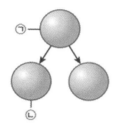

1) 체세포 분열 과정인 경우

㉠과 ㉡의 핵상은 모두 $2n$이다.

이때 상염색체만 있다면 ㉠과 ㉡에는 모든 염색체의 유무 여부가 '○'이어야 하고

성염색체가 함께 있다면 '×'가 하나 올 수 있고, 해당 세포는 여성의 세포이며 Y 염색체이다.

2) 감수 1분열 과정 일부인 경우

㉠의 핵상은 $2n$이고, ㉡의 핵상은 n이다.

이때 ㉠에는 모든 염색체의 유무 여부가 '○'이어야 하고

전체의 절반만큼 '○'가 있으면 세포의 핵상은 n이고 ㉡이다.

3) 감수 2분열 과정 일부인 경우

㉠과 ㉡의 핵상은 모두 n이고

돌연변이를 고려하지 않는다면 ㉠과 ㉡은 DNA 복제 여부만 다르고

염색체의 유무 여부가 동일해야 한다.

∴ ㉠과 ㉡의 염색체 유무가 다르면 감수 1분열 과정 일부이고

   '○'가 많은 쪽이 ㉠, 적은 쪽이 ㉡이다.

유무 추론

표의 연장

[중요도 ★★★]

- 문제에 전체 염색체 중 일부 염색체만 제시될 수 있다.

세포	염색체			
	㉠	㉡	㉢	㉣
(가)	○	○	○	×
(나)	○	○	○	○
(다)	×	×	○	○

(○: 있음 ×: 없음)

이와 같은 경우, 전체 염색체 수를 정확히 파악하기 위해 표를 확장해주도록 하자.

세포	염색체					
	㉠	㉡	㉢	㉣	㉤	㉥
(가)	○	○	○	×	?	?
(나)	○	○	○	○	?	?
(다)	×	×	○	○	?	?

(○: 있음 ×: 없음)

이때 ㉠~㉣은 문제에서 주어진 염색체이므로 각각의 정체성이 정확히 결정되어 있지만 ㉤과 ㉥은 각각 임의로 조건을 대응해도 일반성을 잃지 않는다.

[중요도 ★★★]

- 염색체 위에 유전자가 있다. 즉, 하나의 염색체 위에 여러 개의 유전자가 올 수도 있고
  하나의 염색체와 하나의 유전자가 1:1 대응될 수도 있다.

  이때 이형 접합성인 유전자는 어떤 염색체와 1:1로 대응되며
  동형 접합성은 구분되지 않지만 두 염색체에 모두 같은 유전자가 있음을 알 수 있고
  어떤 염색체와 1:1로 대응되지 않으면 동형 접합이다라고 생각할 수 있다.

- 염색체 유무와 유전자 유무가 1:1로 대응되면 이형 접합성이고 염색체 위에 있는 대립유전자
  가 염색체 유무와 유전자 유무가 1:1로 대응되지 않으면 동형 접합성이다.

[예시 – 22학년도 수능]

7. 사람의 유전 형질 (가)는 2쌍의 대립유전자 H와 h, R와 r에 의해
   결정되며, (가)의 유전자는 7번 염색체와 8번 염색체에 있다.
   그림은 어떤 사람의 7번 염색체와 8번 염색체를, 표는 이 사람의
   세포 Ⅰ~Ⅳ에서 염색체 ㉠~㉢의 유무와 H와 r의 DNA 상대량을
   나타낸 것이다. ㉠~㉢은 염색체 ⓐ~ⓒ를 순서 없이 나타낸 것이다.

세포	염색체 ㉠	염색체 ㉡	염색체 ㉢	DNA 상대량 H	DNA 상대량 r
Ⅰ	×	○	?	1	1
Ⅱ	?	○	○	?	1
Ⅲ	○	×	○	2	0
Ⅳ	○	○	×	?	2

(○: 있음, ×: 없음)

   이에 대한 설명으로 옳은 것만을 <보기>에서 있는 대로 고른
   것은? (단, 돌연변이와 교차는 고려하지 않으며, H, h, R, r 각각의
   1개당 DNA 상대량은 1이다.) [3점]

<보 기>

ㄱ. Ⅰ과 Ⅱ의 핵상은 같다.
ㄴ. ㉡과 ㉢은 모두 7번 염색체이다.
ㄷ. 이 사람의 유전자형은 HhRr이다.

Ⅰ, Ⅲ, Ⅳ는 일부 염색체를 갖지 않으므로 핵상이 n이다.
그에 따라 인덱싱을 해보면 ㉡과 ㉢이 쌍을 이룬다.

∴ 여사건인 ㉢가 ㉠이다.
∴ ㉡과 ㉢을 모두 갖는 Ⅱ의 핵상은 2n이다.
∴ 2n인 세포에서 상염색체 위 r의 DNA 상대량이 1이므로 일부 유전자형은 Rr이다.

Ⅲ과 Ⅳ에는 모두 ㉠이 있는데 r의 유무가 다르므로 ㉠ 위에는 H가 있다.
이때 Ⅰ은 ㉠이 없는데 H가 있으므로 ㉠의 상동 염색체 위에도 H가 있다.

따라서 일부 유전자형은 HH이다.

6

Theme

형질 교배

형질 교배

완전 우성 유전

[중요도 ★★★]
- 우열의 원리를 따르는 유전 현상을 완전 우성 유전이라고 한다.
- 유전자형이 Aa인 P를 자가 교배하였을 때 얻은 자손의 표현형 비는 3:1이다.

[완전 우성 유전의 형질 교배]

	표현형 가짓수	[A] : [a]	유전자형 가짓수	AA : Aa : aa	상댓값의 합
AA × AA	1	1 : 0	1	1 : 0 : 0	1
AA × aa	1	1 : 0	1	0 : 1 : 0	1
aa × aa	1	0 : 1	1	0 : 0 : 1	1
AA × Aa	1	1 : 0	2	1 : 1 : 0	2
Aa × aa	2	1 : 1	2	0 : 1 : 1	2
Aa × Aa	2	3 : 1	3	1 : 2 : 1	4

어떤 형질 (가)에 대해 AA로 동형 접합성인 유전자형을 갖는 부모는
(가)에 대한 생식세포의 종류가 A로 1종류이며

어떤 형질 (가)에 대해 Aa로 이형 접합성인 유전자형을 갖는 부모는
(가)에 대한 생식세포의 종류가 A와 a로 2종류이다.

이렇게 형성되는 생식세포의 종류에 따라 자손의 표현형 가짓수와
등장하는 유전자형 간 등장 비율이 달라진다,

[생식세포 종류와 자손의 가짓수]

생식세포 종류		자손의 가짓수	
P	Q	유전자형	표현형
1	1	1	1
1(우성 동형)	2	2	1
1(열성 동형)	2	2	2
2	2	3	2

우열의 원리

[중요도 ★★★]

- 대립유전자 사이의 우열 관계가 불완전하여, 서로 다른 대립 형질의 두 순종 개체 사이에서 어버이의 중간 형질을 갖는 자손이 나타나는 유전 현상을 의미한다.
- 유전자형이 Aa인 P를 자가 교배하였을 때 얻은 자손의 표현형 비는 1:2:1이다.

[중간 유전의 형질 교배]

	표현형 가짓수	AA : Aa : aa	상댓값의 합
AA × AA	1	1 : 0 : 0	1
AA × aa	1	0 : 1 : 0	1
aa × aa	1	0 : 0 : 1	1
AA × Aa	2	1 : 1 : 0	2
Aa × aa	2	0 : 1 : 1	2
Aa × Aa	3	1 : 2 : 1	4

↓

[생식세포 종류]

	생식세포 종류		자손의 가짓수	
	P	Q	유전자형	표현형
	1	1	1	1
	1	2	2	2
	2	2	3	3

⇒ 중간 유전에서 유전자형의 가짓수는 표현형의 가짓수와 동일하다.

형질 교배

형질 교배
Schema 3

일반 유전

[중요도 ★★★]
- 완전 우성 유전과 중간 유전을 엮어 일반 유전이라고 정의하자.
- 일반 유전에서 다음 명제들을 활용할 수 있다.

① 단위 표현형 가짓수가 3이면 부모가 모두 이형 접합성이고, 중간 유전이 포함된다.

② 자손의 표현형 가짓수가 2이면 부모 중 적어도 한 명의 유전자형은 이형 접합성이다.
이때 등장하는 표현형의 비 값은 3:1 또는 1:1이고
3:1은 Aa×Aa 완전 우성 유전으로 유일하다.

[완전 우성 유전의 형질 교배]

	표현형 가짓수	[A] : [a]	유전자형 가짓수	AA : Aa : aa	상댓값의 합
AA × AA	1	1 : 0	1	1 : 0 : 0	1
AA × aa	1	1 : 0	1	0 : 1 : 0	1
aa × aa	1	0 : 1	1	0 : 0 : 1	1
AA × Aa	1	1 : 0	2	1 : 1 : 0	2
Aa × aa	2	1 : 1	2	0 : 1 : 1	2
Aa × Aa	2	3 : 1	3	1 : 2 : 1	4

[중간 유전의 형질 교배]

	표현형 가짓수	AA : Aa : aa	상댓값의 합
AA × AA	1	1 : 0 : 0	1
AA × aa	1	0 : 1 : 0	1
aa × aa	1	0 : 0 : 1	1
AA × Aa	2	1 : 1 : 0	2
Aa × aa	2	0 : 1 : 1	2
Aa × Aa	3	1 : 2 : 1	4

③ 표현형 가짓수가 1이면 부모 중 한 명의 유전자형이 우성 동형 접합성이거나
부모가 모두 동형 접합성 (aa×aa)이다.

[완전 우성 유전의 형질 교배]

	표현형 가짓수	[A] : [a]	유전자형 가짓수	AA : Aa : aa	상댓값의 합
AA × AA	1	1 : 0	1	1 : 0 : 0	1
AA × aa	1	1 : 0	1	0 : 1 : 0	1
aa × aa	1	0 : 1	1	0 : 0 : 1	1
AA × Aa	1	1 : 0	2	1 : 1 : 0	2
Aa × aa	2	1 : 1	2	0 : 1 : 1	2
Aa × Aa	2	3 : 1	3	1 : 2 : 1	4

[중간 유전의 형질 교배]

	표현형 가짓수	AA : Aa : aa	상댓값의 합
AA × AA	1	1 : 0 : 0	1
AA × aa	1	0 : 1 : 0	1
aa × aa	1	0 : 0 : 1	1
AA × Aa	2	1 : 1 : 0	2
Aa × aa	2	0 : 1 : 1	2
Aa × Aa	3	1 : 2 : 1	4

④ 한 형질의 유전에서 일반 유전인 경우 등장할 수 있는 최대 표현형 가짓수는 3가지이다.
만약 단위 표현형 가짓수가 4가지가 등장한다면 중간 유전이 포함된 복대립 유전이다.

형질 교배

[중요도 ★★★]
- 이형 접합성 개체는 생식세포를 2종류 만들어낼 수 있다.
- 상댓값의 합으로 이형 접합성의 수를 역추론할 있다.

(전제 : 독립 유전)
① 상댓값의 합이 2의 2승이면 부모에 있는 이형 접합성의 개수는 2이다.

[완전 우성 유전의 형질 교배]

	표현형 가짓수	AA : Aa : aa	상댓값의 합
AA × AA	1	1 : 0 : 0	1
AA × aa	1	0 : 1 : 0	1
aa × aa	1	0 : 0 : 1	1
AA × Aa	2	1 : 1 : 0	2
Aa × aa	2	0 : 1 : 1	2
Aa × Aa	3	1 : 2 : 1	4

[중간 유전의 형질 교배]

	표현형 가짓수	AA : Aa : aa	상댓값의 합
AA × AA	1	1 : 0 : 0	1
AA × aa	1	0 : 1 : 0	1
aa × aa	1	0 : 0 : 1	1
AA × Aa	2	1 : 1 : 0	2
Aa × aa	2	0 : 1 : 1	2
Aa × Aa	3	1 : 2 : 1	4

② 상댓값의 합이 2의 1승이면 부모에 있는 이형 접합성의 개수는 1이다.
③ 상댓값의 합이 2의 0승이면 부모에 있는 이형 접합성의 개수는 0이다.

[중요도 ★★★]

- 약분을 고려하지 않을 때 단위 확률의 분자에 올 수 있는 값은 0, 1, 2, 3, 4
  단위 확률의 분모 값은 항상 4이다.

- 한 쌍의 상동 염색체가 교배할 때 등장하는 모든 경우의 수가 4이다.

한 쌍의 상동 염색체가 교배했을 때 등장할 수 있는 확률을 단위 확률이라 정의하자.
실제 문제에서는 두 가지 이상의 형질에 대해 다루는데
이 과정에서 단위 확률을 곱하는 행위를 시행한다.

약분을 고려하지 않을 때
단위 확률의 분자에 올 수 있는 값은 0, 1, 2, 3, 4
단위 확률의 분모 값은 항상 4이다.

이는 한 쌍의 상동 염색체가 교배할 때 등장하는 모든 경우의 수가 4이기 때문이다.

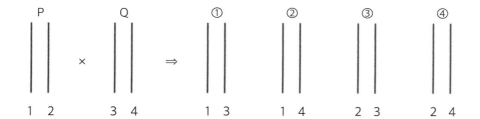

형질 교배
Schema 5

단위 확률

[완전 우성 유전의 단위 확률]

	표현형 가짓수	[A] : [a]	단위 확률	
			[A]	[a]
AA × AA	1	1 : 0	$\frac{4}{4}$	0
AA × aa	1	1 : 0	$\frac{4}{4}$	0
aa × aa	1	0 : 1	0	$\frac{4}{4}$
AA × Aa	1	1 : 0	$\frac{4}{4}$	0
Aa × aa	2	1 : 1	$\frac{2}{4}$	$\frac{2}{4}$
Aa × Aa	2	3 : 1	$\frac{3}{4}$	$\frac{1}{4}$

단위 확률로 0, $\frac{1}{4}$, $\frac{2}{4}$, $\frac{3}{4}$, $\frac{4}{4}$ 가 모두 가능하고

$\frac{3}{4}$ 은 Aa × Aa, 완전 우성 유전으로 한정되어 등장한다.

[중간 유전의 단위 확률]

	표현형 가짓수	AA : Aa : aa	[A]	[Aa]	[a]
AA × AA	1	1 : 0 : 0	$\frac{4}{4}$	0	0
AA × aa	1	0 : 1 : 0	0	$\frac{4}{4}$	0
aa × aa	1	0 : 0 : 1	0	0	$\frac{4}{4}$
AA × Aa	2	1 : 1 : 0	$\frac{2}{4}$	$\frac{2}{4}$	0
Aa × aa	2	0 : 1 : 1	0	$\frac{2}{4}$	$\frac{2}{4}$
Aa × Aa	3	1 : 2 : 1	$\frac{1}{4}$	$\frac{2}{4}$	$\frac{1}{4}$

단위 확률로 0, $\frac{1}{4}$, $\frac{2}{4}$, $\frac{4}{4}$ 가 모두 가능하다.

두 쌍 이상의 대립유전자가 관여하는 형질 교배에서
모두 다른 염색체에 존재한다면 각각의 염색체의 이동을 독립적으로 생각하여
염색체의 단위 확률끼리 곱하여 생각할 수 있다.

동시에 일어나는 사건은 곱해서
여러 경우의 합사건은 더해서 생각하도록 하자.

[Remark 1] 완전 우성 유전과 중간 유전 모두 부모의 유전자형이 서로 이형

접합성으로 같은 경우에만 자손의 단위 확률에서 $\dfrac{1}{4}$이 등장한다.

[Remark 2] 중간 유전에서 $\dfrac{3}{4}$는 등장하지 않는다.

[Remark 3] 상염색체 독립인 경우 완전 우성 유전과 중간 유전 모두

이형 접합성이 나올 확률은 0 or $\dfrac{1}{2}$ or 1이다.

이때 이형 접합성일 확률＋동형 접합성일 확률＝1이므로

동형 접합성이 나올 확률 또한 0 or $\dfrac{1}{2}$ or 1이다.

형질 교배

퍼넷 사각형

[중요도 ★★]
- 부모의 생식세포를 x, y축으로 나란히 배열하여 생식세포의 전달 상황, 그리고 자손의 유전자형을 나타내는 표이다.

- 분리 법칙에 의해 생식세포가 전달될 확률은 모두 동일하므로 한 칸의 비중이 모두 동일하고, "칸의 개수"로 "비중(차지하는 비율)"을 판단할 수 있다.

[퍼넷 사각형의 작성]
1) 부모 개체로부터 형성되는 생식세포의 종류 확인
2) 생식세포의 종류와 생성 비율을 각각 가로축과 세로축에 적기
3) 가로축과 세로축의 비를 곱해 표 안에 분리비와 표현형들 채우기

생식세포의 유전자형(Q) / 생식세포의 유전자형(P)	A	a
A	AA	Aa
a	Aa	aa

[중요도 ★★★]

- 독립 법칙에 의해 두 염색체의 교배 사건은 서로 영향을 미치지 않는다.
- 그에 따라 교배 양상을 적절히 다항식으로 표현할 수 있다.
- 교배 양상에서 분배법칙과 결합법칙이 성립한다.

유전자형이 Aa인 식물 개체 P의 교배를 다음과 같이 표현할 수 있다.

[A] : [a] = 3 : 1

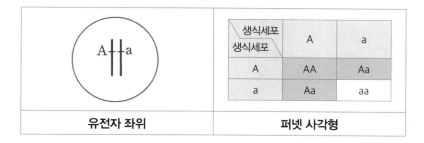

유전자 좌위	퍼넷 사각형		
	생식세포＼생식세포	A	a
	A	AA	Aa
	a	Aa	aa

이때 교배 양상을 (A + a)×(A + a)와 같이 더하기와 곱하기로 나타낼 수 있다.
이는 분리 법칙과 독립 법칙이 성립하기 때문이다.

또한 연산에서 분배법칙과 결합법칙이 성립하므로 교배의 순서는 자유롭다.

형질 교배

연산 법칙

유전자형이 AaBb인 식물 개체 P의 교배를 다음과 같이 표현할 수 있다.

A_B_ : A_bb : aaB_ : aabb = 9 : 3 : 3 : 1

생식세포 \ 생식세포	AB	Ab	aB	ab
AB	A_B_	A_B_	A_B_	A_B_
Ab	A_B_	A_bb	A_B_	A_bb
aB	A_B_	A_B_	aaB_	aaB_
ab	A_B_	A_bb	aaB_	aabb

유전자 좌위 | **퍼넷 사각형**

이때 교배 양상을 (A + a)×(A + a)×(B + b)×(B + b)와 같이 더하기와 곱하기로 나타낼 수 있다. 이는 분리 법칙과 독립 법칙이 성립하기 때문이다.

또한 연산에서 분배법칙과 결합법칙이 성립하므로 교배의 순서는 자유롭다.

따라서 다음과 같이 한 형질의 유전자형을 토대로 새로운 교배 표를 작성할 수 있다.

생식세포 \ 생식세포	BB	Bb	Bb	bb
AA	A_B_	A_B_	A_B_	A_bb
Aa	A_B_	A_B_	A_B_	A_bb
Aa	A_B_	A_B_	A_B_	A_bb
aa	aaB_	aaB_	aaB_	aabb

변형된 퍼넷

비중 \ 비중 유전자형 \ 유전자형	1 BB	2 Bb	1 bb
1 AA	A_B_	A_B_	A_bb
2 Aa	A_B_	A_B_	A_bb
1 aa	aaB_	aaB_	aabb

비중 표

변형된 퍼넷은 유전자형 분포가 정갈하다는 장점이 있고
비중 표는 변형된 퍼넷의 장점은 유지하면서 칸 수가 더 적다는 장점이 있다.

[중요도 ★★★★]
- 한 쌍의 염색체에 여러 개의 유전자가 올 수 있다.
- 연관된 형태의 기본 꼴은 다음과 같다.

[완전 우성 유전]

유전자형이 AaBb인 식물 개체 P에서 상인 연관된 개체를 자가 수분 시 등장하는
표현형과 비율 관계는 다음과 같다.

A_B_ : A_bb : aaB_ : aabb = 3 : 0 : 0 : 1

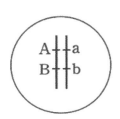

생식세포﹨생식세포	AB	ab
AB	A_B_	A_B_
ab	A_B_	aabb

연관 상태	퍼넷 사각형

유전자형이 AaBb인 식물 개체 P에서 상반 연관된 개체를 자가 수분 시 등장하는
표현형과 비율 관계는 다음과 같다.

A_B_ : A_bb : aaB_ : aabb = 2 : 1 : 1 : 0

생식세포﹨생식세포	Ab1	aB
Ab	A_bb	A_B_
aB	A_B_	aaB_

연관 상태	퍼넷 사각형

형질 교배

연관 유전

유전자형이 AaBb인 식물 개체 P와 Q에서 상인 연관된 개체와 상반 연관된 개체를
교배했을 때 등장하는 표현형과 비율 관계는 다음과 같다.

A_B_ : A_bb : aaB_ : aabb = 2 : 1 : 1 : 0

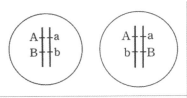

생식세포 생식세포	AB	ab
Ab	A_B_	A_bb
aB	A_B_	aaBb

연관 상태 | **퍼넷 사각형**

독립, 상인 연관, 상반 연관에서 각각 유전자형이 AaBb인 식물 개체 P에서 자가 수분 결과 등장하는 표현형과 비율 관계는 다음과 같다.

[자가 교배 시 형질 교배]

구분	개체의 유전자형		
	독립 유전	상인 연관	상반 연관
생식세포의 유전자형 비 (AB : Ab : aB : ab)	1 : 1 : 1 : 1	1 : 0 : 0 : 1	0 : 1 : 1 : 0
자가 교배 시 자손의 표현형 비 (A_B_:A_bb:aaB_:aabb)	9 : 3 : 3 : 1	3 : 0 : 0 : 1	2 : 1 : 1 : 0
등장하는 표현형 가짓수	4종류	2종류	3종류

유전자형이 AaBb인 식물 개체 P1과 P2의 교배에서 연관 상태에 따라 등장하는 자손의 표현형과 비율 관계는 다음과 같다.

[표현형 유무]

	[AB]	[Ab]	[aB]	[ab]
독립 유전	○	○	○	○
상인 연관	○	×	×	○
상반 연관	○	○	○	×
상인 × 상반	○	○	○	×

[Remark 1] [AB]는 세 경우에 모두 존재하므로 차이를 만들지 못한다,
　　　　　[Ab], [aB], [ab]는 상인과 상반에서 서로 배반성을 띄는 것을 알 수 있다.

[Remark 2] [Ab]나 [aB]가 존재하지 않으면 상인 연관
　　　　　[ab]가 존재하지 않으면 상반 연관이다.

[Remark 3] 형질 교배에서 표현형의 가짓수는 단위 표현형 종류의 조합으로 생각해야 한다.

　　　　　예를 들어 6은 2×3이고 12는 2×3×3 or 4×3×1이다.
　　　　　이때 이형 접합성 개체 간 교배(연관 유전)에서 단위 표현형 가짓수 4는
　　　　　등장하지 않는다.

형질 교배

형질 교배
Schema 8

연관 유전

[P1과 P2의 타가 교배]

	표현형과 비율 관계	자손의 표현형 가짓수
상인 × 상인	A_B_ : aabb = 3 : 1	2종류
상인 × 상반	A_B_ : A_bb : aaB_ : 2 : 1 : 1	3종류
상반 × 상반	A_B_ : A_bb : aaB_ : 2 : 1 : 1	3종류

∴ 유전자형이 이형 접합성인 개체의 교배에서 한 연관군에서 나올 수 있는
   자손의 표현형 가짓수는 2가지, 3가지뿐이다.

∴ 유전자형이 이형 접합성인 개체의 교배에서 한 연관군에서
   특정 표현형의 자손이 나올 확률은 $\frac{1}{4}$, $\frac{1}{2}$, $\frac{3}{4}$ 뿐이다.

연관 유전에서 등장할 수 있는 생식세포 종류와 교배 예시를 나타내면 다음과 같다.

[생식세포 종류 표]

	표현형 가짓수	유전자형 가짓수	특징
1 × 1	1	1	서로 같은 생식세포 1종류의 교배
2 × 1	1	2	생식세포 2종류 × 1종류
2 × 1	2	2	
2 × 2	2	3	같은 조합의 생식세포 2종류의 교배
2 × 2	3	3	
	1	4	다른 조합의 생식세포 2종류의 교배
	2	4	
	3	4	
	4	4	

[교배 예시 – 완전 우성 유전]

	표현형 가짓수	유전자형 가짓수	예시
1 × 1	1	1	AB/AB × AB/AB
2 × 1	1	2	AB/ab × AB/AB
	2	2	Ab/aB × ab/ab
2 × 2	2	3	AB/ab × AB/ab ⇒ 상인 × 상인
	3	3	Ab/aB × Ab/aB ⇒ 상반 × 상반
	1	4	AB/Ab × AB/aB
	2	4	AB/Ab × AB/ab
	3	4	AB/ab × Ab/aB AB/ab × Ab/ab Ab/aB × Ab/ab ⇒ [Case 1] 상인 × 상반 ⇒ [Case 2] 이형 3개, 열성 동형 1개
	4	4	Ab/ab × aB/ab

∴ 한 연관된 형태에서 유전자형 가짓수 ≤ 4, 표현형 가짓수 ≤ 4

∴ 자손의 유전자형이 항상 같으면 교배를 하는 두 개체의 유전자형이 모두 동형 접합

∴ 부모의 유전자형이 모두 이형 접합성인 경우 자손의 표현형 가짓수 2 or 3

형질 교배

연관 유전

[일반 유전, A>a, B=b]

유전자형이 AaBb인 식물 개체 P에서 상인 연관된 개체를 자가 수분 시 등장하는
표현형과 비율 관계는 다음과 같다.

A_BB : A_Bb : aabb = 1 : 2 : 1

생식세포 / 생식세포	AB	ab
AB	A_BB	A_Bb
ab	A_Bb	aabb

연관 상태	퍼넷 사각형

유전자형이 AaBb인 식물 개체 P에서 상반 연관된 개체를 자가 수분 시 등장하는
표현형과 비율 관계는 다음과 같다.

A_bb : A_Bb : aaBB = 1 : 2 : 1

생식세포 / 생식세포	Ab	aB
Ab	A_bb	A_Bb
aB	A_Bb	aaBB

연관 상태	퍼넷 사각형

유전자형이 AaBb인 식물 개체 P에서 상인 연관된 개체와 상반 연관된 개체를
타가 수분 시 등장하는 표현형과 비율 관계는 다음과 같다.

A_Bb : A_bb : A_BB : aaB_ = 1 : 1 : 1 : 1

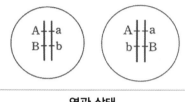

생식세포\생식세포	AB	ab
Ab	A_Bb	A_bb
aB	A_BB	aaBb

연관 상태   **퍼넷 사각형**

[표현형 유무]

	[A_BB]	[A_Bb]	[A_bb]	[aaBB]	[aaBb]	[aabb]
독립 유전	○	○	○	○	○	○
상인 자가	○	○	×	×	×	○
상반 자가	×	○	○	○	×	×
상인 × 상반	○	○	○	×	○	×

형질 교배

[중요도 ★★]

- 한 염색체에 3쌍의 대립유전자가 함께 오는 유전 양상이 출제될 수 있다.

  자손의 3가지 형질이 모두 우성인 경우를 다음과 같이 일반화할 수 있다.

형질 교배	㉠ × ㉠	㉠ × ㉡	연관 상태 같은 ㉡ × ㉡	연관 상태 다른 ㉡ × ㉡
자손의 모든 형질이 모두 우성일 확률	$\dfrac{3}{4}$	$\dfrac{1}{2}$	$\dfrac{1}{2}$	$\dfrac{1}{4}$

- 대문자로 표시되는 대립유전자를 1이라고
  소문자로 표시되는 대립유전자를 0이라고 하자.

  유전자형이 AaBbDd인 식물 개체 P의 유전자 좌위는 크게 다음으로 나눌 수 있다.

염색체 지도	1	0	1	0	1	0	1	0
	1	0	1	0	0	1	0	1
	1	0	0	1	0	1	1	0
연관의 종류	인인		인반		반인		반반	

[중요도 ★★]

- 연관 유전과 3연관 유전에서 유전자형이 모두 이형 접합성인 개체 간 교배를 기본 교배라 명명
하자.

- 기본 교배 양상은 암기 대상이다.

[기본 교배 – 연관 유전]

		표현형과 비율 관계	자손의 표현형 가짓수
Case 1	인×인	A_B_ : aabb = 3 : 1	2종류
Case 2	반×반	A_B_ : A_bb : aaB_ : 2 : 1 : 1	3종류
Case 3	인×반	A_B_ : A_bb : aaB_ : 2 : 1 : 1	3종류

[Case 1 – 상인×상인]

A_B_ : A_bb : aaB_ : aabb = 3 : 0 : 0 : 1

생식세포 생식세포	AB	ab
AB	A_B_	A_B_
ab	A_B_	aabb

연관 상태   **퍼넷 사각형**

[Case 2 – 상반×상반]

A_B_ : A_bb : aaB_ : aabb = 2 : 1 : 1 : 0

생식세포 생식세포	Ab	aB
Ab	A_bb	A_B_
aB	A_B_	aaB_

연관 상태   **퍼넷 사각형**

[Case 3 - 상인×상반]
A_B_ : A_bb : aaB_ : aabb = 2 : 1 : 1 : 0

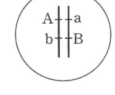

| P1 | P2 |

생식세포 \ 생식세포	Ab	aB
AB	A_B_	A_B_
ab	A_bb	aaB_

퍼넷 사각형

기본 교배

[기본 교배 – 3연관 유전]

		교배 양상					자손의 표현형 가짓수
Case 1	인인×인인	1	0		1	0	2종류
		1	0	×	1	0	
		1	0		1	0	
Case 2	인인×인반	1	0		1	0	3종류
		1	0	×	1	0	
		1	0		0	1	
Case 3	인반$_1$×인반$_1$	1	0		1	0	3종류
		1	0	×	1	0	
		0	1		0	1	
Case 4	인반$_1$×인반$_2$	1	0		1	0	4종류
		1	0	×	0	1	
		0	1		1	0	

이때 [Case 1~3]은 다음과 같이 생각하면 2연관과 정확히게 동일하게 해석할 수 있다.

		교배 양상					자손의 표현형 가짓수
Case 1	인인×인인	2	0		2	0	2종류
		1	0	×	1	0	
Case 2	인인×인반	2	0		2	0	3종류
		1	0	×	0	1	
Case 3	인반$_1$×인반$_1$	2	0		2	0	3종류
		0	1	×	0	1	

형질 교배

[중요도 ★★★]

- 표현형 가짓수가 4 이상의 숫자가 나왔을 경우 두 연관군의 이동 또는 두 형질 이상의 관여로 간주하여 표현형 가짓수를 단위 분해할 수 있다.

- 표현형 확률의 분모가 8 이상의 숫자가 나왔을 경우 두 연관군의 이동 또는 두 형질 이상의 관여로 간주하여 표현형의 확률을 단위 분해할 수 있다.

염색체 쌍의 수 = 단위 표현형 or 단위 확률의 갯수 이다.

예를 들어 표현형 가짓수가 6가지이고, 서로 다른 2개의 상염색체에 있으면
6가지는 3×2로 쪼개 연관 상태를 판단할 수 있고

(인수의 갯수 2개)

표현형 가짓수가 6가지이고, 서로 다른 3개의 상염색체에 있으면
6가지는 3×2×1로 쪼개 염색체 위 유전자 상태를 결정할 수 있다.

어떤 표현형이 등장할 확률이 $\dfrac{3}{16}$ 이고 서로 다른 2개의 상염색체에 있으면

$\dfrac{3}{16}$ 은 $\dfrac{3}{4} \times \dfrac{1}{4}$ 로 쪼개 염색체 위 유전자 상태를 결정할 수 있다.

[단위 분해 예시]

염색체 지도				단위 확률
P		Q		
1	0	0	1	
1	0	1	0	$\dfrac{1}{4}$
0	1	1	0	
1	0	1	0	$\dfrac{3}{4}$

단위 분해는 ㉮ 한 염색체 간 교배를 기준으로 한다.
이때 ㉮는 독립 염색체일수도, 연관 염색체일수도, 3연관 염색체일 수도 있다.

가로 표

[중요도 ★★★]

- 유전학에서 다뤄지는 표는 크게 1차원 표와 2차원 표가 있고
  1차원 표는 가로 표와 세로 표로 분류된다.

- 가로 표는 표현형 간 비율 관계, 표현형 종류, 비중 간 비율 관계 등을 나타내는 데 사용할 수
  있다.

[가로 표 예시 ① - 일반 유전 교배]

P2의 대문자 수	0	1	2	3	4
표현형 종류	2	3	2	2	1

[가로 표 예시 ② - 다인자 유전 교배]

유전자형에서 대문자로 표시되는 대립유전자 수	0	1	2	3	4
표현형 종류	1	4	6	4	1

형질 교배
Schema 13
세로 표

[중요도 ★★★]

세로 표는 표현형/유전자형 간 분포, 비중 간 비율 관계 등을 나타내는 데 사용할 수 있다.

[비중 표]

비중	비중	1	2	1
비중	유전자형 / 유전자형	BB	Bb	bb
1	AA	A_B_	A_B_	A_bb
2	Aa	A_B_	A_B_	A_bb
1	aa	aaB_	aaB_	aabb

유전자형 표

비중	비중	3	1
비중	유전자형 / 표현형	[B]	[b]
3	[A]	A_B_	A_bb
1	[a]	aaB_	aabb

표현형 표

[세로 표]

1번

1	AA
2	Aa
1	aa

$$\frac{3}{4}$$

2번

1	BB
2	Bb
1	bb

$$\frac{3}{4}$$

유전자형 표

1번

3	[A]
1	aa

$$\frac{3}{4}$$

2번

3	[B]
1	bb

$$\frac{3}{4}$$

표현형 표

[중요도 ★★★]

- 비중을 표현한 표를 활용해 교배 양상을 적절히 나타낼 수 있다.

이때 비중 표는 표현형에 대한 표와 유전자형에 대한 표로 분류된다.
이를 각각 표현형 표, 유전자형 표라고 명명하자.

전제) A, a와 B, b는 서로 독립 유전

[완전 우성 유전]

A, a와 B, b가 모두 완전 우성 유전일 때 AaBb의 자가 교배 결과 유전자형 표와 표현형 표는 다음과 같다.

비중 / 비중 (유전자형/유전자형)	1 BB	2 Bb	1 bb
1 AA	A_B_	A_B_	A_bb
2 Aa	A_B_	A_B_	A_bb
1 aa	aaB_	aaB_	aabb

유전자형 표

비중 / 비중 (유전자형/표현형)	3 [B]	1 [b]
3 [A]	A_B_	A_bb
1 [a]	aaB_	aabb

표현형 표

유전자형은 9종, 표현형은 4종이다.

[중간 유전]

A, a와 B, b가 모두 중간 유전일 때 AaBb의 자가 교배 결과 유전자형 표와 표현형 표는 다음과 같다.

비중 / 비중 (유전자형/유전자형)	1 BB	2 Bb	1 bb
1 AA	AABB	AABb	AAbb
2 Aa	AaBB	AaBb	Aabb
1 aa	aaBB	aaBb	aabb

유전자형 표

비중 / 비중 (유전자형/유전자형)	1 BB	2 Bb	1 bb
1 AA	AABB	AABb	AAbb
2 Aa	AaBB	AaBb	Aabb
1 aa	aaBB	aaBb	aabb

표현형 표

형질 교배

비중 표

[완전 우성 유전 & 중간 유전]

A, a는 완전 우성 유전, B, b는 중간 유전일 때 AaBb의 자가 교배 결과 유전자형 표와 표현형 표는 다음과 같다.

비중		1	2	1
비중	유전자형 \ 유전자형	BB	Bb	bb
1	AA	A_B_	A_B_	A_bb
2	Aa	A_B_	A_B_	A_bb
1	aa	aaB_	aaB_	aabb

유전자형 표

비중		3	1
비중	유전자형 \ 유전자형	[B]	[b]
1	AA	AAB_	A_bb
2	Aa	AaB_	A_bb
1	aa	aaB_	aabb

표현형 표

유전자형은 9종, 표현형은 6종이다.

[완전 우성 유전 & 복대립 유전]

A, a는 완전 우성 유전이고 E, F, G는 복대립 유전 (E=F>G),
AaEG와 AaFG의 타가 교배 결과 유전자형 표와 표현형 표는 다음과 같다.

비중		1	2	1
비중	유전자형 \ 유전자형	AA	Aa	aa
1	EF	A_EF	A_EF	aaEF
1	EG	A_EG	A_EG	aaEG
1	FG	A_FG	A_FG	aaFG
1	GG	A_GG	A_GG	aaGG

유전자형 표

비중		3	1
비중	표현형 \ 표현형	[A]	aa
1	EF	A_EF	aaEF
1	EG	A_EG	aaEG
1	FG	A_FG	aaFG
1	GG	A_GG	aaGG

표현형 표

유전자형은 12종, 표현형은 8종이다.

[완전 우성 유전 & 연관 유전 (상인)]

A, a, B, b는 완전 우성 유전, D, d는 중간 유전이고 B, b, D, d는 한 염색체에 있을 때 A/a, BD/bd의 자가 교배 결과 표현형 표는 다음과 같다.

확률의 비중	확률의 비중 → ①의 표현형	3	1
↓ 연관 염색체 표현형		[A]	[a]
1	[BDD]		
2	[BDd]		
1	[bdd]		

표현형은 6종이다.

[완전 우성 유전 & 연관 유전 (상반)]

A, a, B, b는 완전 우성 유전, D, d는 중간 유전이고 B, b, D, d는 한 염색체에 있을 때 A/a, Bd/bD의 자가 교배 결과 표현형 표는 다음과 같다.

확률의 비중	확률의 비중 → ①의 표현형	3	1
↓ 연관 염색체 표현형		[A]	[a]
1	[Bdd]		
2	[BDd]		
1	[bDd]		

표현형은 6종이다.

형질 교배

형질 교배
Schema 14

비중 표

[완전 우성 유전 & 연관 유전 (상인 × 상반)]

A, a, B, b는 완전 우성 유전, D, d는 중간 유전이고 B, b, D, d는 한 염색체에 있을 때 A/a, BD/bd
와 A/a, Bd/bD의 타가 교배 결과 표현형 표는 다음과 같다.

확률의 비중		확률의 비중 3	1
	⊙의 표현형	[A]	[a]
확률의 비중	연관 염색체 표현형		
1	[BDd]		
1	[BDD]		
1	[Bdd]		
1	[bDd]		

표현형은 8종이다.

[중요도 ★★★]

- 기본 교배 예외의 교배 상황을 일반 교배라고 한다.

  즉, 적어도 하나의 동형 접합성이 섞여 있는 경우를 의미한다.

  유전자형이 모두 이형 접합성인 개체를 기본 개체

  유전자형에 적어도 하나의 동형 접합성이 있는 개체를 일반 개체라고 정의하자.

- 일반 교배는 다시 다음 두 가지 경우로 나뉜다.

개체	P1		P2	
구분	기본		일반	
예시	1	0	1	1
	1	0	1	0
	1	0	0	0

Case 1 - 기본×일반

개체	P1		P2	
구분	일반		일반	
예시	1	0	1	1
	1	1	0	0
	0	0	0	1

Case 2 - 일반×일반

[Case 1]에 대해 주간 디올 5권의 내용을 요약하고 가로 표로 나타내면 다음과 같다.

			표현형 종류	자손의 표현형 가짓수
Type 1	기×0/0	인	1:0:1, 양극단 등장	2종류
		반	0 : 1+ 1 : 0, 양극단 등장 ×	
Type 2	기×1/0	인	둘 다 우성이 비중 2, 모두 열성 등장	3종류
		반	하나만 우성 중 하나가 비중 2, 모두 열성 등장 등장 ×	
Type 3	기×1/1		모두 우성, 하나만 우성 = 1 : 1 1 | 2 1 | 1	2종류
Type 4	기×2/1		모두 우성, 하나만 우성 = 1 : 3 1 | 2 1 | 3	2종류
Type 5	기×2/2		모두 우성	1종류

[가로 표 - 표현형 종류]

P2의 대문자 수	0	1	2	3	4
표현형 종류	2	3	2	2	1

형질 교배

일반 교배

2연관일 때 [Case 1]의 교배 양상을 P2의 대문자 개수에 따라 분류해서 교배해보면 다음과 같다.

1) P2의 대문자 수 0

개체	P1		P2	
구분	상인		일반	
예시	1	0	0	0
	1	0	0	0

개체	P1		P2	
구분	상반		일반	
예시	1	0	0	0
	0	1	0	0

상인 × 일반   **상반 × 일반**

[상인×일반]

우성 형질 수	0	1	2
상댓값	1	0	1
상댓값의 합	2		

[상번×일반]

우성 형질 수	0	1	2
상댓값	0	1 + 1	0
상댓값의 합	2		

∴ 기본 개체 × 0/0은 표현형 2종류가 등장한다.

2) P2의 대문자 수 1

개체	P1		P2	
구분	상인		일반	
예시	1	0	1	0
	1	0	0	0

상인 × 일반

개체	P1		P2	
구분	상반		일반	
예시	1	0	1	0
	0	1	0	0

상반 × 일반

[상인×일반]

우성 형질 수	0	1	2
상댓값	1	1	2
상댓값의 합	4		

[상반×일반]

우성 형질 수	0	1	2
상댓값	0	2 + 1	1
상댓값의 합	4		

∴ 기본 개체 × 1/0은 표현형 3종류가 등장한다.

형질 교배

일반 교배

3) P2의 대문자 수 2

개체	P1		P2	
구분	상인		일반	
예시	1	0	1	1
	1	0	0	0

상인 × 일반

개체	P1		P2	
구분	상반		일반	
예시	1	0	1	1
	0	1	0	0

상반 × 일반

[상인×일반]

우성 형질 수	0	1	2
상댓값	0	1	1
상댓값의 합	2		

[상반×일반]

우성 형질 수	0	1	2
상댓값	0	1	1
상댓값의 합	2		

∴ 기본 개체 × 1/1은 표현형 2종류가 등장한다.

일반 교배

4) P2의 대문자 수 3

개체	P1		P2	
구분	상인		일반	
예시	1 | 0		1 | 1	
	1 | 0		1 | 0	

상인 × 일반

개체	P1		P2	
구분	상반		일반	
예시	1 | 0		1 | 1	
	0 | 1		1 | 0	

상반 × 일반

[상인×일반]

우성 형질 수	0	1	2
상댓값	0	1	3
상댓값의 합	4		

[상반×일반]

우성 형질 수	0	1	2
상댓값	0	1	3
상댓값의 합	4		

∴ 기본 개체 × 2/1은 표현형 2종류가 등장한다.

형질 교배
Schema 15

일반 교배

5) P2의 대문자 수 4

개체	P1		P2	
구분	상인		일반	
예시	1	0	1	1
	1	0	1	1

상인 × 일반

개체	P1		P2	
구분	상반		일반	
예시	1	0	1	1
	0	1	1	1

상반 × 일반

[상인×일반]

우성 형질 수	0	1	2
상댓값	0	0	1+1
상댓값의 합		2	

[상반×일반]

우성 형질 수	0	1	2
상댓값	0	0	1+1
상댓값의 합		2	

∴ 기본 개체 × 2/2는 표현형 1종류가 등장한다.

[중요도 ★★★]

- [Case 2]의 경우 공통항을 밖으로 빼고 동형 접합인 항들을 공통항으로 묶어
  교배 양상을 판단할 수 있다.

  이 경우 Case가 굉장히 많아 일반화하는 것은 Page를 너무 많이 차지하고
  상황에 따라 <u>교배 양상을 이해하고 유제에 적용해보며 익히는</u> 게 유리하다.

- 중간 유전이 연관 유전 내에 하나 이상 관여한다면
  이 역시 암기보다는 직접 염색체 지도와 비중 표를 채워가며 단위 교배시키도록 하자.

형질 교배

유전자풀

[중요도 ★★★]

- [A]인 개체는 AA, Aa, Aa가 가능하다. 이러한 개체들을 생식세포의 관점으로 관찰할 수 있다.

전체집합 S의 두 사건 A, B에 대해 <u>A가 일어났을 때(전제)</u>, B가 일어날 확률을

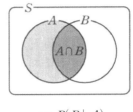

$$\Rightarrow P(B \mid A)$$
$$\Rightarrow \frac{P(A \cap B)}{P(A)}$$

라고 정의한다.

유전자형이 결정되지 않은 개체의 교배에 대한 확률(조건부확률)을 구할 경우 유전자풀
개념을 활용할 수 있다.

(전제 : Aa×Aa, 완전 우성에서 등장하는 자손의 비율은 [A] : [a] = 3:1)

Aa×Aa 자손 중 표현형이 A_ 인 개체와 Aa인 개체를 교배해서
[a]인 개체가 나올 확률을 구하는 상황을 가정하자.

Aa×Aa 자손 중에 [A]인 개체들로 전체집합을 축소하면 [A]인 개체들 중
유전자형이 AA인 개체가 $\frac{1}{3}$, 유전자형이 Aa인 개체가 $\frac{2}{3}$ 만큼 존재한다.

이때 개체를 "유전자"의 관점으로 바라보자.

유전자풀

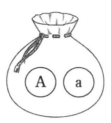

전체 유전자 개수 6개 중 (AA 1마리 Aa 2마리) 4개가 A, 2개가 a이므로

Aa×Aa 자손 중 표현형이 A_ 인 개체가 생식세포로 A를 전달할 확률을 $\frac{4}{6}$

Aa×Aa 자손 중 표현형이 A_ 인 개체가 생식세포로 a를 전달할 확률을 $\frac{2}{6}$ 라고 할 수 있다.

즉, 이형 접합성인 부모(Aa) 사이에서 태어난 우성 개체가 만드는 주머니 내에서
A : a = 2 : 1이다.

이를 독립 염색체 뿐만 아니라 연관 염색체에서도 행할 수 있어야 한다.

형질 교배

[중요도 ★★★]

사건 A와 B가 있을 때, 다음이 성립하면 A와 B는 독립이다.

$$P(B \mid A) = P(B)$$

1) 조건부를 포함한 확률은 '㉠인 개체 중 ㉡인 개체의 비율은?"과 같은 방식으로 제시된다. ㉠에
   해당하는 표의 칸 중 해당하는 칸의 비중을 계산한다.

2) 두 형질이 독립적으로 유전된다면, 특정 형질의 분리비는 다른 형질이 조건부로 포함되어도
   일정하다.

확률의 비중	확률의 비중	3	1
	독립 염색체 표현형	[D]	[d]
연관 염색체 표현형			
2	[AB]		
1	[Ab]		
1	[aB]		

[AB] : [Ab] : [aB]의 비율 관계를 확인해보자

전체 개체에서 비율 관계는 8:4:4=2:1:1

[B]인 개체들 중 비율 관계는 6:3:3=2:1:1

[b]인 개체들 중 비율 관계는, 2:1:1이다.

D를 조건부로 보아도 A와 B의 분리비는 변하지 않으므로 D는 A, B와 모두 독립이다.

확률 계산

[중요도 ★★★★]

- 마지막 확률 계산 과정에서 활용되는 연산 기호는 + (또는)와 ×(그리고)가 있고 도출하는 방식은 크게 직접과 여사건으로 나뉜다.

  이때 ① 이형 접합성 vs 동형 접합 / ② 우성 vs 열성 / ③ ~ 중 (조건부) / ④ 많은 쪽 vs 적은 쪽 등 적절히 판단하여 확률을 계산하여야 한다.

7
Theme

다인자 유전

다인자 유전

퍼넷 사각형

[중요도 ★★★]

- 퍼넷 사각형은 생식세포의 유전자를 x, y축으로 나란히 배열하여 생식세포의 전달 상황을 나타낼 수 있는 표로 한 칸의 비중이 모두 동일하다.

- "칸의 개수"가 "비중(차지하는 비율)"과 직결된다.

[퍼넷 사각형 : 3독립, AaBbDd인 부모의 교배]

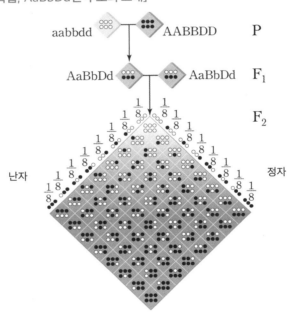

[퍼넷 사각형]

대문자 개수(P) \ 대문자 개수(Q)	3	2	2	2	1	1	1	0
3	6	5	5	5	4	4	4	3
2	5	4	4	4	3	3	3	2
2	5	4	4	4	3	3	3	2
2	5	4	4	4	3	3	3	2
1	4	3	3	3	2	2	2	1
1	4	3	3	3	2	2	2	1
1	4	3	3	3	2	2	2	1
0	3	2	2	2	1	1	1	0

비중 표

[중요도 ★★★★]

- 확률의 비중을 고려한 표인 비중 표를 활용하여 행렬 내 정보를 좀 더 효율적으로 판단할 수 있다.

- 생식세포 전달 양상을 직관적으로 확인할 수 있다는 장점은 유지한 채로 상황을 더욱 간단하게 파악할 수 있다는 장점이 있다.

- 교배의 순서는 자유롭다. 그에 따라 퍼넷 사각형과는 다르게 염색체 교배 순서를 임의로 바꿔 비중 표를 구성할 수 있다.

[비중 표 : ㄱ 카운팅]

확률의 비중		확률의 비중	1	3	3	1
		생식세포 대문자 수(Q)	3	2	1	0
	생식세포 대문자 수(P)					
1		3	6	5	4	3
3		2				2
3		1				1
1		0				0

다인자 유전

순수 다인자
Schema 3

상댓값의 합

[중요도 ★★★★]

- 각각을 보는 관점(A)도 중요하나 전체 상댓값의 합(S)도 중요하다>
  상댓값의 합을 통해 차이가 있는 염색체 쌍 수를 알 수 있다.

- 상댓값의 합은 2의 n승 꼴의 영향을 나타내며
  n은 상동 염색체 간 대문자 수의 차이가 있는 상동 염색체 쌍 수에 의해 결정된다.

- 연관된 염색체에서 대문자의 수 차이가 동일한 상동 염색체쌍은
  상댓값의 합에 영향을 주지 않는다.

$$
\begin{array}{c}
A \quad a \\
b \quad B
\end{array}
$$

= 유전자형의 관점에서 생식세포는 2종류이다. (Ab ≠ aB)
= 다인자 유전의 표현형의 관점에서 생식세포는 1종류이다. (Ab = aB)

[상인 × 상반]

	상인 연관		상반 연관
연관 상태	$\begin{array}{c}A \quad a\\B \quad b\end{array}$		$\begin{array}{c}A \quad a\\b \quad B\end{array}$
표기	2 / 0	×	1 / 1
대문자 수 차이	있음		없음
상댓값의 합에 주는 비중	2	×	1

상댓값의 합

[상인 × 상인 : 대문자 수 차이가 있는 상동 염색체 4쌍]

	상인 연관		상인 연관
연관 상태	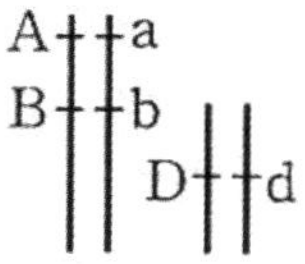 A┼┼a B┼┼b ┃┃ D┼┼d		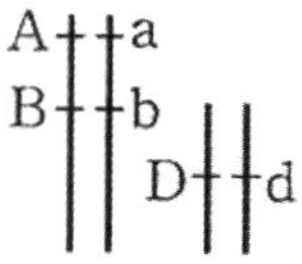 A┼┼a B┼┼b ┃┃ D┼┼d
표기	2 / 0		2 / 0
	차이 있음		차이 있음
	1 / 0		1 / 0
	차이 있음		차이 있음

∴ 상댓값의 합 16 (2의 4승)

[상댓값의 합 의미]

표현형 종류	7종류						
표현형 대문자 개수	0	1	2	3	4	5	6
표현형 간 비 (상댓값)	1	2	3	4	3	2	1
상댓값의 합	16						
의미	대문자 수 차이가 있는 상동 염색체 쌍 수가 4쌍						

다인자 유전

[중요도 ★★★★]
- 도수분포표와 퍼넷 사각형에서 모두 양극단의 표현형은 좌상단, 우하단 극단에서만 나타나는 것을 알 수 있다. 또한 양극단의 비(상댓값)은 항상 1이다.

[퍼넷 사각형 : 3성 다인자, 모든 유전자형 이형 접합성]

대문자 개수(P) \ 대문자 개수(Q)	3	2	2	2	1	1	1	0
3	6							
2								
2								
2								
1								
1								
1								
0								0

[도수분포표 : 표현형과 비율]

확률의 비중	확률의 비중	1	3	3	1
	생식세포 대문자 수(Q) \ 생식세포 대문자 수(P)	3	2	1	0
1	3	6 (1)	5 (3)	4 (3)	3 (1)
3	2	5 (3)	4 (9)	3 (9)	2 (3)
3	1	4 (3)	3 (9)	2 (9)	1 (3)
1	0	3 (1)	2 (3)	1 (3)	0 (1)

따라서 도수분포표에서 표현형과 비율 관계를 가로 표로(행으로) 표현할 때 양극단의 비(상댓값)는 항상 1이다.

표현형 종류	7종류						
표현형 대문자 개수	0	1	2	3	4	5	6
표현형 간 비 (대문자 수에 대응하는 비중의 합)	1	6	15	20	15	6	1
상댓값의 합	64						

대칭성

[중요도 ★★★★]

- 표현형 간 비(상댓값)은 표현형 가짓수가 홀수 개이면 중앙값을 기준으로 대칭성을 나타내고,
  표현형 가짓수가 짝수 개이면 평균 값을 기준으로 대칭성을 나타낸다.

[홀수 개 : 대칭성]

표현형 종류	7종류						
표현형 대문자 개수	0	1	2	3	4	5	6
표현형 간 비 (대문자 수에 대응하는 비중의 합)	1	6	15	20	15	6	1
상댓값의 합	64						

[홀수 개 : 일부 대칭성]

표현형 종류	7종류						
표현형 대문자 개수	0	1	2	3	4	5	6
표현형 간 비 (대문자 수에 대응하는 비중의 합)	1	6	15	20	15	6	1
상댓값의 합	64						

[짝수 개 : 일부 대칭성]

자손 최대 표현형 가짓수	4종류				
표현형 대문자 개수	1	2	3	4	5
표현형 간 비 (상댓값)	1	1	0	1	1
상댓값의 합	4				
내포된 의미 ①	대문자 수 차이가 있는 상동 염색체 쌍 수가 2쌍				
내포된 의미 ②	표현형이 갖는 최대 대문자 차이 4 그러나 중간에 대문자가 2가 4로 건너뛰어져 총 차이+1로 의미가 소실됨 이런 경우를 벌어진 비율 관계라고 하자.				

다인자 유전

최대 표현형 가짓수

[중요도 ★★★]

- n쌍의 대립유전자가 서로 독립적으로 유전될 때 자손이 가질 수 있는 최대 표현형 개수는 부모의 유전자형이 모두 이형 접합성일 때 2n + 1개로 나타난다.

- 동형 접합성이 하나 추가될 때 최대 표현형 가짓수는 하나씩 줄어든다.

- ① $2n + 1 -$ (부모의 동형 접합 개수)
  ② 부모의 이형 접합성 개수 + 1
  ③ 미결정 자리 + 1
  ④ 총 차이의 개수 + 1 (총 △ 수 + 1)

	아빠 (父)	유전자형	엄마 (母)
염색체	A┼┼a B┼┼b D┼┼d	염색체	A┼┼a B┼┼b D┼┼d
표기 (대문자 유/무)	1 / 0 1 / 0 1 / 0	표기 (대문자 유/무)	1 / 0 1 / 0 1 / 0

예를 들어 다음과 같이 3쌍의 대립유전자를 갖는 유전자형이 AaBbDd인 부모가 교배했을 때 나타나는 최대 표현형의 종류는 7종류이다.

	아빠 (父)	유전자형	엄마 (母)
염색체	A┼┼A B┼┼b	염색체	A┼┼a B┼┼b
표기	1 / 1 1 / 0	표기	1 / 0 1 / 0
수식	△1×1	수식	△1×2

순수 다인자
Schema 7

비율 관계

[중요도 ★★★★]

- 독립 다인자는 이항분포의 확률분포를 따르고 이는 결정된 비율 관계의 연속으로 이는 이해 그리고 <u>암기 후 활용</u>할 수 있다.

- 연관 다인자는 이항계수의 확률분포를 따르고 이는 추론해낼 수 있는 비율 관계의 연속으로 이는 <u>이해 후 끌어내서 활용</u>할 수 있다.

[파스칼의 삼각형]

이항계수의 합 (상댓값의 합)	이항계수 (표현형 간 비)																
2^0 ($n=0$)									1								
2^1 ($n=1$)								1		1							
2^2 ($n=2$)							1		2		1						
2^3 ($n=3$)						1		3		3		1					
2^4 ($n=4$)					1		4		6		4		1				
2^5 ($n=5$)				1		5		10		10		5		1			
2^6 ($n=6$)			1		6		15		20		15		6		1		
2^7 ($n=7$)		1		7		21		35		35		21		7		1	
2^8 ($n=8$)	1		8		28		56		70		56		28		8		1

[연관 다인자 - 비율 관계]

표현형 가짓수	가능한 상댓값 간 비율	가능한 경우
1	1	
2	1 : 1	
3	1 : 2 : 1	1 : 2 : 1 (2연관 인 × 인)
4	1 : 1 : 1 : 1 1 : 3 : 3 : 1	1 : 1 : 1 : 1 (3연관) 1 : 3 : 3 : 1 (3독립, 2연 2연, 3연 1독 등)
5	1 : 4 : 6 : 4 : 1 1 : 2 : 2 : 2 : 1	1 : 4 : 6 : 4 : 1 (3독립, 2연 1독 등) 1 : 2 : 2 : 2 : 1 (2연관 1독립 : 인×반, 3연 1독 등)
6	1:5:10:10:5:1 1:3:4:4:3:1 1:2:1:1:2:1 1:1:2:2:1:1	차이 양상에 따라 다양한 상황에서 등장할 수 있다. 첫 번째 비율은 n=5일 때 두 번째 비율은 n=4일 때 세 번째, 네 번째 비율은 n=3일 때 나타난다.
7	1 : 6 : 15 : 20 : 15 : 6 : 1 1 : 4 : 7 : 8 : 7 : 4 : 1 1 : 2 : 3 : 4 : 3 : 2 : 1 1 : 3 : 3 : 2 : 3 : 3 : 1 1 : 1 : 1 : 2 : 1 : 1 : 1	차이 양상에 따라 다양한 상황에서 등장할 수 있다. 첫 번째 비율은 n=6일 때 두 번째 비율은 n=5일 때 세 번째 비율은 n=4일 때 네 번째, 다섯 번째 비율은 n=3일 때 나타난다.
8	1:7:21:35:35:21:7:1 1:5:11:15:15:11:5:1 1:3:5:7:7:5:3:1 1:2:2:3:3:2:2:1 1:3:1:3:3:1:3:1 1:1:3:3:3:3:1:1	차이 양상에 따라 다양한 상황에서 등장할 수 있다. 첫 번째 비율은 n=7일 때 두 번째 비율은 n=6일 때 세 번째 비율은 n=5일 때 네 번째~여섯 번째 비율은 n=4일 때 나타난다.

다인자 유전

벌어진 비율 관계

[중요도 ★★]

- 대체로 표현형이 갖는 최대 대문자 차이는 대문자 수 차이가 있는 상동 염색체 쌍 수와 상관관계를 갖는다. 그러나 2연관, 3연관 Only와 같이 독립인 염색체가 대문자 수 차이를 보정해주지 못하는 경우 벌어진 비율 관계가 나타난다.

이때 대문자 수 차이가 있는 상동 염색체 쌍 수의 의미는 소실되지 않는다.

[상인 × 상인 : 대문자 수 차이가 있는 상동 염색체 2쌍]

	상인	상인
연관 상태	$\begin{matrix} A & a \\ B & b \end{matrix}$	$\begin{matrix} A & a \\ B & b \end{matrix}$
표기	2 / 0	2 / 0
	차이 있음 대문자 차이 2	차이 있음 대문자 차이 2

∴ 상댓값의 합 4 (2의 2승)

[표현형 종류 표]

자손 최대 표현형 가짓수	3종류				
표현형 대문자 개수	0	1	2	3	4
표현형 간 비 (상댓값)	1	0	2	0	1
상댓값의 합	4				
내포된 의미 ①	대문자 수 차이가 있는 상동 염색체 쌍 수가 2쌍				
내포된 의미 ②	최대 대문자 차이 4 그러나 중간에 대문자가 0이 2로 건너뛰어져 의미가 소실됨				
수식	△2×2				

벌어진 비율 관계

[상인상인 × 상인상반 : 대문자 수 차이가 있는 상동 염색체 2쌍]

연관 상태	상인상인		상인상반
	A┼┼a B┼┼b D┼┼d		A┼┼a B┼┼b d┼┼D
표기	3 / 0		2 / 1
	차이 있음 대문자 차이 3		차이 있음 대문자 차이 1

∴ 상댓값의 합 4 (2의 2승)

[표현형 종류 표]

자손 최대 표현형 가짓수	4종류				
표현형 대문자 개수	1	2	3	4	5
표현형 간 비 (상댓값)	1	1	0	1	1
상댓값의 합	4				
내포된 의미 ①	대문자 수 차이가 있는 상동 염색체 쌍 수가 2쌍				
내포된 의미 ②	표현형이 갖는 최대 대문자 차이 4 그러나 중간에 대문자가 2이 4로 건너뛰어져 의미가 소실됨				
수식	△3×1+△1×1				

[3쌍의 대립유전자 - 최대 표현형 가짓수 정리]

	3연관 (1쌍의 염색체)	2연관 1독립 (2쌍의 염색체)	모두 독립 (3쌍의 염색체)
상인×상인	3	7	
상인×상반	4	5	7
상반×상반	3	3	

다인자 유전

이항 계수

[중요도 ★★★★]

- 다인자 독립 상황에서 등장하는 비율 관계는 이항분포의 비율 관계를 따르는 것처럼
  다인자 연관 상황에서 등장하는 비율 관계는 x에 대한 이항 계수의 비율 관계를 따른다.

  이때 대문자 수와 x의 차수의 관계는 x의 차수 $= x^{대문자 수}$ 이다.

- 분리 법칙에서 각 항이 움직일 확률은 $\frac{1}{2}$ (1: 1)로 동일하므로

  2/0은 $x^2 + 1$로, 1/0은 $x + 1$로, 1/1은 $x + x$로 나타낼 수 있다.

[상인 × 상인 : 대문자 수 차이가 있는 염색체 4쌍]

	상인 연관		상인 연관
연관 상태			
표기	$x^2 + 1$		$x^2 + 1$
	차이 있음 대문자 차이 -2		차이 있음 대문자 차이 -2
	$x + 1$		$x + 1$
	차이 있음 대문자 차이 -1		차이 있음 대문자 차이 -1
다항식	$(x^2 + 1)(x^2 + 1)(x + 1)(x + 1)$		
수식	$\triangle 2 \times 2 + \triangle 1 \times 2$		

[표현형 종류 표]

자손 최대 표현형 가짓수	7종류						
표현형 대문자 개수	0	1	2	3	4	5	6
표현형 간 비 (상댓값)	1	2	3	4	3	2	1
상댓값의 합	16						
내포된 의미 ①	대문자 수 차이가 있는 상동 염색체 쌍 수가 4쌍						
내포된 의미 ②	표현형이 갖는 최대 대문자 차이 6 = 부모가 갖는 차이의 총합						

[중요도 ★★★]

- 문제에서 최대 표현형 가짓수가 등장하면 총 차이 = <u>표현형 종류 − 1 이상</u>으로 해석할 수 있다.

- 붙어있는 비율 관계이면 총 차이 = 표현형 종류 − 1이고 벌어진 비율 관계에서 총 차이는 표현형 종류 − 1보다 크다.

- 표현형 확률 조건이 주어지면 분자, 분모, 확률 값을 적절히 활용해서 해석할 수 있다.

[22학년도 6평]

다음은 사람의 유전 형질 (가)에 대한 자료이다.

○ (가)는 서로 다른 2개의 상염색체에 있는 3쌍의 대립유전자 A와 a, B와 b, D와 d에 의해 결정되며, A, a, B, b는 7번 염색체에 있다.
○ (가)의 표현형은 유전자형에서 대문자로 표시되는 대립유전자의 수에 의해서만 결정되며, 이 대립유전자의 수가 다르면 표현형이 다르다.
○ (가)의 표현형이 서로 같은 P와 Q 사이에서 ⓐ가 태어날 때, ⓐ에게서 나타날 수 있는 표현형은 최대 5가지이고, ⓐ의 표현형이 부모와 같을 확률은 $\frac{3}{8}$이며, ⓐ의 유전자형이 AABbDD일 확률은 $\frac{1}{8}$이다.

ⓐ가 유전자형이 AaBbDd인 사람과 동일한 표현형을 가질 확률은? (단, 돌연변이와 교차는 고려하지 않는다.)

ⓐ에게서 나타날 수 있는 표현형이 Max 5가지이므로
총 △의 범위는 4에서 6까지이다.

이때 표현형이 부모와 같을 확률이 3/8이므로 1/O 염색체가 존재하고
따라서 총 △는 4이다.

다인자 유전

[중요도 ★★★]

- 유전자형 조건 존재성 조건이 등장하면 해당 유전자형을 활용하여 적절히 염색체 지도를 채우고 시작할 수 있다.

- 유전자형에 대한 확률 조건이 등장하면 적절히 단위 확률을 분할해서 생각할 수 있다.

[22학년도 6평]

다음은 사람의 유전 형질 (가)에 대한 자료이다.

> ○ (가)는 서로 다른 2개의 상염색체에 있는 3쌍의 대립유전자 A와 a, B와 b, D와 d에 의해 결정되며, A, a, B, b는 7번 염색체에 있다.
> ○ (가)의 표현형은 유전자형에서 대문자로 표시되는 대립유전자의 수에 의해서만 결정되며, 이 대립유전자의 수가 다르면 표현형이 다르다.
> ○ (가)의 표현형이 서로 같은 P와 Q 사이에서 ⓐ가 태어날 때, ⓐ에게서 나타날 수 있는 표현형은 최대 5가지이고, ⓐ의 표현형이 부모와 같을 확률은 $\frac{3}{8}$이며, ⓐ의 유전자형이 AABbDD일 확률은 $\frac{1}{8}$이다.

ⓐ가 유전자형이 AaBbDd인 사람과 동일한 표현형을 가질 확률은? (단, 돌연변이와 교차는 고려하지 않는다.)

ⓐ의 유전자형이 AABbDD일 확률이 1/8이므로
부모의 독립 염색체는 각각 D를 갖구
부모의 연관 염색체는 각각 AB와 Ab를 갖는다.

이는 <u>일반성을 잃지 않으므로</u> 다음과 같이 나타낼 수 있다.

?의 염색체 지도   ?의 염색체 지도

중앙값

[중요도 ★★★]

- 독립 다인자인 경우 중앙에 오는 확률(중앙값)은 항상 극댓값이다. 또한 부모의 표현형이 같고, 어떤 자손의 ㉠ 표현형이 부모와 같을 확률을 질문할 때, ㉠은 중앙값이다.

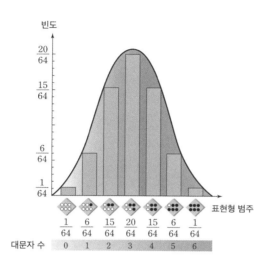

- 연관 다인자인 경우 부모의 표현형이 같을 때, ⓐ의 표현형 가짓수가 짝수로 등장하는 문항이 있을 수 있다. 이 경우에도 대칭성은 성립하므로 중앙값(확률)은 0이다.

	P	Q
연관 상태	A⊢⊣a B⊢⊣b D⊢⊣d	×	A⊢⊣a B⊢⊣b d⊢⊣D
표기	3 / 0	×	2 / 1
	차이 있음 대문자 차이 3	×	차이 있음 대문자 차이 1

[표현형 종류 표]

자손 최대 표현형 가짓수	4종류				
표현형 대문자 개수	1	2	3	4	5
표현형 간 비 (상댓값)	1	1	0	1	1
상댓값의 합	4				
내포된 의미 ①	대문자 수 차이가 있는 상동 염색체 쌍 수가 2쌍				

순수 다인자
Schema 13

종류 표

[중요도 ★★★]
- 가로 칸의 개수가 **표현형 종류**인 표를 설정하여 비율을 엮어갈 수 있다.

- 충분히 경험을 쌓은 후 실전에서는 보라색 틀 부분, 표현형 대문자 개수의 Min, Max, 중앙값의
  이해를 전제로 다음과 같이 나타낼 수 있다.

A	a
B	b

A	a
B	b

예 P와 Q의 교배

D	d

D	d

P의 염색체 지도   Q의 염색체 지도

1	2	1				
		2	4	2		
				1	2	1

차이 양상

[중요도 ★★]

- 비율 관계가 동일하다는 뜻은 상동 염색체 분리 양상이 동일하다는 말과 같으며 대문자 수 차이 양상이 동일하다는 것을 의미한다.

- 대문자 수 차이 양상이 동일하면 비율 관계가 동일하게 등장한다.

- 익숙하게 접하여 알고 있는 비율 관계가 있다면 차이 양상이 동일한 경우 그대로 활용할 수 있다.

연관 상태		×	
표기	2 / 1	×	2 / 1
차이 양상	대문자 1 차이		대문자 1 차이

연관 상태		×	
	1 / 1	×	1 / 1
	대문자 차이 없음		대문자 차이 없음
표기	1 / 0		1 / 0
	대문자 1 차이		대문자 1 차이

1/1와 같이 대문자 수 차이가 없는 상동 염색체쌍은 상댓값에 비중을 주지 않고 두 상황 모두 대문자 1 차이가 2개 나타나므로 대문자 수 차이 양상이 동일하다.

다인자 유전

[중요도 ★★]

- 몇몇 특수한 확률은 비율 관계를 결정짓는 역할을 한다. 자료에 주어질 수 있는 몇 개의 확률에 대해서는 알고 쓰도록 하자.

- 상댓값(경우의 수)을 분자, 상댓값의 합을 분모에 위치시킨 확률을 제시하고
  차이 양상에 따라 가능한 경우는 다양하게 나타나지만 상댓값 간 비율은 결정되어 있기 때문에
  조건에서 주어지는 확률 값을 통해 정보를 추출해낼 수 있다,

위상이 높은 확률	상댓값의 합	가능한 비율 관계
$\dfrac{3}{16}$	16	6종류 1:3:4:4:3:1 7종류 1:2:3:4:3:2:1 7종류 1:3:3:2:3:3:1
$\dfrac{3}{8}$	8(4종류) 또는 16(5종류)	4종류 1:3:3:1 5종류 1:4:6:4:1
$\dfrac{1}{16}$	16	5종류 : 1:4:6:4:1 6종류 : 1:3:4:4:3:1 7종류 : 1:2:3:4:3:2:1
$\dfrac{1}{8}$	8 또는 16	4종류 : 1:3:3:1 5종류 : 1:2:2:2:1 6종류 : 1:2:1:1:2:1 6종류 : 1:1:2:2:1:1 7종류 : 1:3:3:2:3:3:1 7종류 : 1:2:3:4:3:2:1 7종류 : 1:1:1:2:1:1:1 8종류 : 1:2:2:3:3:2:2:1

8
Theme

복대립 유전

복대립 유전

[중요도 ★★★]

- 한 형질에 대해 단일 인자 유전은 한 쌍의 유전자 자리를 완성하는 유형이다..
  그에 따라 적절히 퍼넷 사각형을 활용할 수 있다.

- 복대립 유전의 대표적인 예로 ABO식 혈액형이 있다. A, B, O와 같은 대립유전자(3개의 대립
  유전자)가 모여 하나의 형질, 즉 A형(AA, AO), B형(BB, BO), O형(OO), AB형(AB)이라는 형
  질을 나타낸다.

  (우열, 중간이 모두 포함될 수 있다.)

[AB × AD]

생식세포 대립유전자(Q) \ 생식세포 대립유전자(P)	A	D
A	AA	AD
B	AB	BD

[특정 표현형 ①] : [특정 표현형 ②] = 3 : 1로 주어진다면
퍼넷 사각형 내 대립유전자 양상에 의해 ①이 A에 의해 결정된다는 것을 알 수 있다.

생식세포 대립유전자(Q) \ 생식세포 대립유전자(P)	A	D
A	AA	AD
B	AB	BD

∴ A가 가장 우성 유전자, [A]=①

[특정 표현형 ①] : [특정 표현형 ②] : [특정 표현형 ③] = 2 : 1 : 1로 주어진다면
퍼넷 사각형 내 대립유전자 양상에 의해 ①이 가장 우성 표현형, 자손에서만 나타나는 표현형이
가장 열성인 것을 알 수 있다.

생식세포 대립유전자(Q) \ 생식세포 대립유전자(P)	A	D
A	AA	AD
B	AB	BD

∴ A가 가장 열성 유전자, [A]=③, B 또는 D가 최우성(1등) 유전자

표현형 비율

[중요도 ★★★]

- 1쌍의 대립유전자를 가진 부모의 교배에서 자손의 유전자형은 퍼넷 사각형에 의해 최대 4가지가 가능하다.

- 그에 따라 나타날 수 있는 비율은 5가지로 분류된다.
  4:0, 3:1, 2:1:1, 2:2, 1:1:1:1

생식세포 대립유전자 \ 생식세포 대립유전자	㉠	㉡
①	①㉠	①㉡
②	②㉠	②㉡

1) 4:0

우열이 분명한 대립유전자로 구성된 동형 접합이 섞인 경우 4:0의 특수한 비율이 나온다.

2) 3 : 1

부모의 표현형이 동일하고, 유전자형이 모두 우성 이형 접합성인 경우 3:1이 등장한다.

3) 2 : 2 (★)

여러 가지 교배 상황이 가능하다. 그에 따라 특수한 교배 양상 정리가 필요하다.

4) 2 : 1 : 1 (★)

여러 가지 교배 상황이 가능함 특수한 교배 양상 정리가 필요

생식세포 대립유전자 \ 생식세포 대립유전자	㉠	㉡	생식세포 대립유전자 \ 생식세포 대립유전자	㉠	㉡
①	①㉠	①㉡	①	①㉠	①㉡
②	②㉠	②㉡	②	②㉠	②㉡

5) 1 : 1 : 1 : 1 (★)

A = B>O와 같이 중간 유전이 포함된 복대립 유전인 경우로 한정된다.

복대립 유전

단위 표현형 종류

[중요도 ★★★]

- 자손의 단위 표현형 종류에 따라 교배 양상이 다르게 나타난다.
  가능한 단위 표현형 가짓수는 1가지, 2가지, 3가지, 4가지로 분류된다.

1) 단위 표현형 1가지
가능한 표현형 간 비율은 4:0 뿐이다. 단위 표현형 가짓수 1가지가 의미를 가질 때는 "부모 중 한 사람이 우성 동형 접합성"일 때이다.

2) 단위 표현형 2가지
가능한 표현형 간 비율은 3:1 또는 2:2이다.

3:1일 경우 부모 모두 우성 대립 유전자를 보유하고 있으므로 단위 표현형 확률로 $\dfrac{3}{4}$가 등장할 경우 3:1의 명제를 활용할 수 있다.

2:2일 경우 한 부모의 대립유전자 우성이 강하여
다른 부모의 유전자를 흡수해야 하며 단위 표현형 확률은 $\dfrac{1}{2}$만 등장한다.

3) 단위 표현형 3가지
가능한 표현형 간 비율은 2:1:1로 유일하고 등장할 수 있는 단위 확률은 $\dfrac{1}{2}$과 $\dfrac{1}{4}$이며 부모 모두 유전자형이 이형 접합성이어야 한다는 특징이 있다.

이때 단위 표현형 가짓수가 3가지이면 부모의 유전자형은 모두 이형 접합성이다.

4) 단위 표현형 4가지
가능한 표현형 간 비율은 1:1:1:1로 유일하고
가능한 단위 표현형 확률은 $\dfrac{1}{4}$로 유일하다.
이때 단위 표현형 가짓수가 4가지이면 부모의 유전자형은 모두 이형 접합성이다.

[중요도 ★★★]

- 부모에게 없는 표현형이 두 종류 이상 등장하면 복대립 유전은 중간 유전을 포함한다.

1) ㉠ × ㉠ ⇒ ㉠, ㉡, ㉢

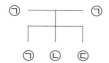

ㄴㄷ = ㉠이다. ㉠이 AB형일 때 다음과 같이 적절히 치환하여 생각할 수 있다.

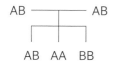

[1=1'>2, 11' × 11']

생식세포 대립유전자 ＼ 생식세포 대립유전자	1	1'
1	11	11'
1'	11'	1'1'

2) ㉠ × ㉡ ⇒ ㉠, ㉡, ㉢, ㉣

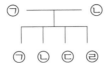

ㄱ = ㄴ 이다. 대표적인 케이스로 A = B>O가 있다.
다음과 같이 적절히 치환하여 생각할 수 있다.

[1=1'>2>3, 12 × 1'3]

생식세포 대립유전자 / 생식세포 대립유전자	1	2
1'	11'	1'2
3	13	23

우열 분명 복대립

[중요도 ★★★]

- 부모나 자손에서만 나타나는 표현형이 최열성 표현형이다.
- 우열 분명 복대립에서 이형 접합성 유전자형은 우성인 대립유전자에 의한 표현형이 나타난다.

- 최열성 표현형은 유전자형과 표현형이 1:1 대응되며 동형 접합성 유전자형을 갖는다.
  가장 열성인 표현형은 표현형이 곧 유전자형이고 동형 접합성이므로 유전자 이동을 쉽게 파악
  할 수 있어 자료 해석의 시작점이 될 가능성이 높다.

- 특수 교배 2:2와 2:1:1의 케이스는 연역적 지식으로 알고 있도록 하자.

표현형 종류	A > B > D > E			
표현형	[A]	[B]	[D]	[E]
유전자형	AA	BB	DD	EE
	AB	BD	DE	
	AD	BE		
	AE			
유전자형 가짓수	4개	3개	2개	1개

복대립 유전

순수 복대립
Schema 5

우열 분명 복대립

[특수 교배 (1) - 2:2]
[A] × [D] ⟹ [A] : [B] = 1 : 1

① 대립유전자 3가지
∴ DD는 [D]의 유일한 유전자형, 최열성 대립유전자는 D
∴ 대립유전자 우열 관계 A>B>D

생식세포 대립유전자　生식세포 대립유전자	A	B
D	AD	BD
D	AD	BD

② 대립유전자 4가지
∴ 대립유전자 우열 관계 A>B>D>E
∴ [A]인 부모의 유전자형은 AB
∴ [D]인 부모의 유전자형은 DD 또는 DE

생식세포 대립유전자　생식세포 대립유전자	A	B
D	AD	BD
D	AD	BD

생식세포 대립유전자　생식세포 대립유전자	A	B
D	AD	BD
E	AE	BE

우열 분명 복대립

[특수 교배 (2) - 2:1:1]

[A] × [B] ⇒ [A] : [B] : [D] = 2 : 1 : 1

① 대립유전자 3가지

∴ 부모의 유전자형 모두 이형 접합성

∴ 대립유전자 우열 관계 A>B>D

∴ 부모에 없는 표현형이 최열성

⇒ [D]는 최열성 표현형, [D]의 유전자형은 DD

∴ 상댓값이 2인 표현형이 최우성

AD × BD ⇒ [A] : {B} : [D] = 2 : 1 : 1

생식세포 대립유전자 생식세포 대립유전자	A	D
B	AB	BD
D	AD	DD

② 대립유전자 4가지

∴ 부모의 유전자형 모두 이형 접합성

∴ 대립유전자 우열 관계 A>B>D>E

∴ [A]인 부모의 유전자형은 AD 또는 AE

∴ [B]인 부모의 유전자형은 BE 또는 BD

∴ 상댓값이 2인 표현형이 최우성

생식세포 대립유전자 생식세포 대립유전자	A	D
B	AB	BD
E	AE	DE

생식세포 대립유전자 생식세포 대립유전자	A	E
B	AB	BE
D	AD	DE

발현되지 않은 [E]는 최열성 표현형,

[E]의 유전자형은 EE, [D]의 유전자형은 DE

복대립 유전

중간 포함 복대립

[중요도 ★★★]

- 부모나 자손에서만 나타나는 표현형이 최열성 표현형이다.
- 중간 유전 복대립에서 이형 접합성 유전자형은 유전자형이 그대로 표현형으로 나타난다.
- 최열성 표현형은 유전자형과 표현형이 1:1 대응되며 동형 접합성 유전자형을 갖는다.
- 특수 교배 2:2와 2:1:1, 1:1:1:1의 케이스는 연역적 지식으로 알고 있도록 하자.
- ABO 혈액형 교배 양상이 대표적인 예시이다.

우열	AA	AE	AD	AB	BB	BE	BD	DD	DE	EE	표현형 종류
A>B>D>E											4가지
A=B>D>E											5가지
A>B=D>E											5가지
A>B>D=E											5가지
A=B=D>E											7가지
A=B>D=E											6가지
A>B=D=E											7가지
A=B=D=E											10가지

중간 포함 복대립

[특수 교배 (1) – 2:2]

[ⓒ] × [ⓔ] ⇒ [㉠] : [ⓛ] = 1 : 1

① 대립유전자 3가지

∴ 표현형 우열 관계 ㉠=ⓛ>ⓒ, ⓔ은 [㉠ⓛ]

∴ 대립유전자 우열 관계 A=B>D

생식세포 대립유전자 생식세포 대립유전자	D	D
A	AD	AD
B	BD	BD

② 대립유전자 4가지

∴ 표현형 우열 관계 ㉠=ⓛ>ⓒ, ⓔ은 [㉠ⓛ]

∴ 대립유전자 우열 관계 두 가지 Case 가능

[Case 1]

A=B>D>E

생식세포 대립유전자 생식세포 대립유전자	A	B
D	AD	BD
E	AE	BE

[Case 2]

A>B=D>E

생식세포 대립유전자 생식세포 대립유전자	B	D
E	BE	DE
E	BE	DE

복대립 유전

중간 포함 복대립

[특수 교배 (2) – 2:1:1]
[㉠] × [㉡] ⇒ [㉠] : [㉢] : [㉣] = 2 : 1 : 1

대립유전자가 3가지이고 중간 유전이 포함된 경우는 등장하지 않는다.

① 대립유전자 4가지
∴ 대립유전자 우열 관계 A>B=D>E
∴ 표현형 우열 관계 두 가지 Case 가능

[Case 1]
㉠>㉢=㉣
⇒ [㉡]=[㉢㉣]

생식세포 대립유전자 / 생식세포 대립유전자	A	E
B	AB	BD
D	AD	DD

[Case 2]
㉠>㉡=㉢
⇒ [㉣]=[㉡㉢]

생식세포 대립유전자 / 생식세포 대립유전자	A	D
B	AB	BD
E	AE	DE

생식세포 대립유전자 / 생식세포 대립유전자	A	B
D	AD	BD
E	AE	DE

[중요도 ★★]

- 가장 우성인 대립유전자를 1 가장 열성인 대립유전자를 3으로 잡아
  표현형 또는 대립유전자 간 관계를 표현할 수 있다.
- 특수한 Case인 복대립 교배에서는 암기하고 있는 매개 상수를 활용하여 자료를 해석할 수 있다.
- 최우성 대립유전자 1은 부모와 자손에서 모두 발현된다.

[예시 : AB × AD]

생식세포 대립유전자(Q) / 생식세포 대립유전자(P)	A	D
A	AA	AD
B	AB	BD

[특정 표현형 ①] : [특정 표현형 ②] : [특정 표현형 ③] = 2 : 1 : 1

1>2>3에서 3은 [A]이고 1과 2를 각각 B와 D에 대응해야 하는 상황이다.

[예시 : AD × BE]

생식세포 대립유전자(Q) / 생식세포 대립유전자(P)	B	E
A	AB	AE
D	BD	DE

[A] : [B] : [D] = 2 : 1 : 1

퍼넷 사각형 내 대립유전자 양상에 의해 A가 1이며
부모와 자손 중 한 쪽에만 나타나는 표현형이 가장 열성이다.

복대립 유전

순수 복대립
Schema 8

매개 문자

[중요도 ★★★]

- 상수를 우열 위상을 매개하는 수단으로 활용할 수 있는 것처럼 연관 상태를 판단하는 수단으로 문자를 활용할 수 있다.

- 상인 연관과 상반 연관을 판단할 때 미지의 대립유전자쌍을 x, y로 잡아 염색체 위 연관 상태를 판단할 수 있다.

생식세포 대립유전자(Q) \ 생식세포 대립유전자(P)	AD	aF
Ax		
ay		

📖 22학년도 수능 - Youtube에 '수능 난이도 Top 1' 검색
[https://youtu.be/vMca9Fb417Q?si=fDd7Z2h251B0eXej]

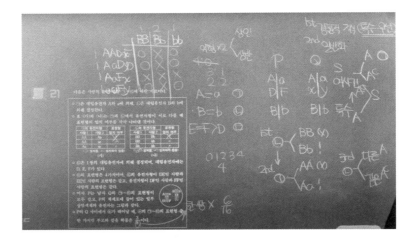

9
Theme

형질 교배 복합형

형질 교배 복합형

형질 교배 복합형
Schema 1

단일 인자 간 독립

[중요도 ★★★]

– 형질 교배에서 배운 Schema들을 적절히 활용하여 단일 인자 유전을 각각 해석한다.
이때 각각의 염색체 간 교배는 독립시행이므로 각각의 단위 확률을 곱해준다.

15. 다음은 사람의 유전 형질 (가)~(다)에 대한 자료이다.

○ (가)~(다)의 유전자는 서로 다른 3개의 상염색체에 있다.
○ (가)는 대립유전자 A와 a에 의해, (나)는 대립유전자 B와 b에 의해, (다)는 대립유전자 D와 d에 의해 결정된다. A, B, D는 a, b, d에 대해 각각 완전 우성이며, (가)~(다)는 모두 열성 형질이다.
○ 표는 남자 P와 여자 Q의 유전자형에서 B, D, d의 유무를 나타낸 것이고, 그림은 P와 Q 사이에서 태어난 자녀 I~III에서 체세포 1개당 A, B, D의 DNA 상대량을 더한 값(A+B+D)을 나타낸 것이다.

사람	대립유전자		
	B	D	d
P	×	×	○
Q	?	○	×

(○: 있음, ×: 없음)

○ (가)와 (나) 중 한 형질에 대해서만 P와 Q의 유전자형이 서로 같다.
○ 자녀 II와 III은 (가)~(다)의 표현형이 모두 같다.

23학년도 6평 -
완전 우성 3독립

17. 다음은 사람의 유전 형질 ㉠~㉢에 대한 자료이다.

○ ㉠~㉢의 유전자는 서로 다른 3개의 상염색체에 있다.
○ ㉠은 1쌍의 대립유전자에 의해 결정되며, 대립유전자에는 A, B, D가 있다. ㉠의 표현형은 4가지이며, ㉠의 유전자형이 AD인 사람과 AA인 사람의 표현형은 같고, 유전자형이 BD인 사람과 BB인 사람의 표현형은 같다.
○ ㉡은 대립유전자 E와 E*에 의해 결정되며, 유전자형이 다르면 표현형이 다르다.
○ ㉢은 대립유전자 F와 F*에 의해 결정되며, F는 F*에 대해 완전 우성이다.
○ 표는 사람 I~IV의 ㉠~㉢의 유전자형을 나타낸 것이다.

사람	I	II	III	IV
유전자형	ABEEFF*	ADE*E*FF	BDEE*FF	BDEE*F*F*

○ 남자 P와 여자 Q 사이에서 ⓐ가 태어날 때, ⓐ에게서 나타날 수 있는 ㉠~㉢의 표현형은 최대 12가지이다. P와 Q는 각각 I~IV 중 하나이다.

ⓐ의 ㉠~㉢의 표현형이 모두 I과 같을 확률은? (단, 돌연변이는 고려하지 않는다.)

23학년도 9평 -
완전 우성 + 중간 + 복대립 독립

단일 인자 간 연관 (제시)

[중요도 ★★★]

- 단일 인자 간 연관 상태를 제시해준 문항이 출제되곤 한다. 이때 일부 유전자가 함께 있는 염색체를 시작점으로 적절히 활용하여 풀이를 전개해나갈 수 있다.

다음은 사람의 유전 형질 ㉠~㉢에 대한 자료이다.

○ ㉠은 대립유전자 A와 a에 의해, ㉡은 대립유전자 B와 b에 의해 결정된다.

○ 표 (가)와 (나)는 ㉠과 ㉡에서 유전자형이 서로 다를 때 표현형의 일치 여부를 각각 나타낸 것이다.

㉠의 유전자형		표현형
사람1	사람2	일치 여부
AA	Aa	?
AA	aa	×
Aa	aa	×

(○: 일치함, ×: 일치하지 않음)
(가)

㉡의 유전자형		표현형
사람1	사람2	일치 여부
BB	Bb	?
BB	bb	×
Bb	bb	×

(○: 일치함, ×: 일치하지 않음)
(나)

○ ㉢은 1쌍의 대립유전자에 의해 결정되며, 대립유전자에는 D, E, F가 있다.

○ ㉢의 표현형은 4가지이며, ㉢의 유전자형이 DE인 사람과 EE인 사람의 표현형은 같고, 유전자형이 DF인 사람과 FF인 사람의 표현형은 같다.

○ 여자 P는 남자 Q와 ㉠~㉢의 표현형이 모두 같고, P의 체세포에 들어 있는 일부 상염색체와 유전자는 그림과 같다.

○ P와 Q 사이에서 ⓐ가 태어날 때, ⓐ의 ㉠~㉢의 표현형 중 한 가지만 부모와 같을 확률은 $\frac{3}{8}$이다.

22학년도 수능

형질 교배 복합형
Schema 3

단일 인자 간 연관 (추론)

[중요도 ★★★]

- 단일 인자 간 연관 상태를 추론하는 문항이 출제되곤 한다.

  이때 독립되어 있는 상황이 모순임을 밝혀 연관 여부를 추론할 수 있다.

---

17. 다음은 어떤 식물의 유전 형질 ㉠~㉣에 대한 자료이다.

○ ㉠은 대립 유전자 A와 a에 의해, ㉡은 대립 유전자 B와 b에 의해, ㉢은 대립 유전자 D와 d에 의해, ㉣은 대립 유전자 E와 e에 의해 결정된다.

○ ㉠~㉣ 중 3가지 형질은 각 형질을 결정하는 대립 유전자 사이의 우열 관계가 분명하다. ⓐ나머지 한 형질을 결정하는 대립 유전자 사이의 우열 관계는 분명하지 않고, 3가지 유전자형에 따른 표현형이 모두 다르다.

○ ⓑ유전자형이 AaBbDdEe인 개체를 자가 교배하여 자손(F_1)을 얻을 때, 이 자손이 ㉠~㉣ 중 적어도 3가지 형질에 대한 유전자형을 이형 접합으로 가질 확률은 $\frac{5}{16}$이다.

○ 유전자형이 AabbDdee인 개체와 AabbddEe인 개체를 교배하여 얻은 자손(F_1) 1600 개체의 표현형은 8가지이고, 유전자형이 aaBbddEe인 개체와 ⓒ AabbDDEe인 개체를 교배하여 얻은 자손(F_1) 1600 개체의 표현형은 12가지이다.

이에 대한 설명으로 옳은 것만을 <보기>에서 있는 대로 고른 것은? (단, 돌연변이와 교차는 고려하지 않는다.) [3점]

───────〈보 기〉───────

ㄱ. ⓐ는 ㉣이다.

ㄴ. ⓑ에서 A와 E는 서로 다른 염색체에 존재한다.

ㄷ. ⓑ와 ⓒ를 교배하여 자손(F_1)을 얻을 때, 이 자손의 표현형이 ⓑ와 같을 확률은 $\frac{3}{16}$이다.

① ㄱ ② ㄷ ③ ㄱ, ㄴ ④ ㄴ, ㄷ ⑤ ㄱ, ㄴ, ㄷ

19학년도 9평

---

13. 다음은 사람의 유전 형질 (가)~(다)에 대한 자료이다.

○ (가)~(다)의 유전자는 서로 다른 2개의 상염색체에 있다.

○ (가)는 대립유전자 A와 a에 의해 결정되며, A는 a에 대해 완전 우성이다.

○ (나)는 대립유전자 B와 b에 의해 결정되며, 유전자형이 다르면 표현형이 다르다.

○ (다)는 1쌍의 대립유전자에 의해 결정되며, 대립유전자에는 D, E, F가 있다. D는 E, F에 대해, E는 F에 대해 각각 완전 우성이다.

○ (가)와 (나)의 유전자형이 AaBb인 남자 P와 AaBB인 여자 Q 사이에서 ⓐ가 태어날 때, ⓐ에게서 나타날 수 있는 (가)와 (나)의 표현형은 최대 3가지이고, ⓐ가 가질 수 있는 (가)~(다)의 유전자형 중 AABBFF가 있다.

○ ⓐ의 (가)~(다)의 표현형이 모두 Q와 같을 확률은 $\frac{1}{8}$이다.

ⓐ의 (가)~(다)의 표현형이 모두 P와 같을 확률은? (단, 돌연변이와 교차는 고려하지 않는다.) [3점]

① $\frac{1}{16}$ ② $\frac{1}{8}$ ③ $\frac{3}{16}$ ④ $\frac{1}{4}$ ⑤ $\frac{3}{8}$

24학년도 9평

단일 인자-다인자 독립

[중요도 ★★★]

- 형질 교배에서 배운 일반 유전에 대한 Schema들과 다인자 유전에서 배운 Schema들을 적절히 활용하여 단일 인자 유전과 다인자 유전을 각각 해석한다.

- 이때 단일 인자 유전에 관여하는 유전자가 있는 염색체와 다인자 유전에 관여하는 유전자가 있는 염색체는 서로 다른 염색체 위에 있으므로 곱사건의 관계이다.

---

14. 다음은 사람의 유전 형질 (가)와 (나)에 대한 자료이다.

○ (가)를 결정하는 데 관여하는 3개의 유전자는 서로 다른 2개의 상염색체에 있으며, 3개의 유전자는 각각 대립유전자 A와 a, B와 b, D와 d를 갖는다.
○ (가)의 표현형은 유전자형에서 대문자로 표시되는 대립유전자의 수에 의해서만 결정되며, 이 대립 유전자의 수가 다르면 (가)의 표현형이 다르다.
○ (나)를 결정하는 유전자는 (가)를 결정하는 유전자와 서로 다른 상염색체에 존재한다. (나)는 1쌍의 대립 유전자에 의해 결정되며, 대립 유전자에는 E, F, G가 있다.
○ (나)의 표현형은 4가지이며, (나)의 유전자형이 EG인 사람과 EE인 사람의 표현형은 같고, 유전자형이 FG인 사람과 FF인 사람의 표현형은 같다.
○ (가)와 (나)의 유전자형이 각각 AaBbDdEF인 부모 사이에서 ㉠이 태어날 때, ㉠에게서 나타날 수 있는 표현형은 최대 9가지이다.

㉠에서 (가)와 (나)의 표현형이 부모와 같을 확률은? (단, 돌연변이와 교차는 고려하지 않는다.)

17학년도 수능 - 복대립 다인자 독립

---

15. 다음은 사람의 유전 형질 (가)와 (나)에 대한 자료이다.

○ (가)는 서로 다른 3개의 상염색체에 있는 3쌍의 대립유전자 A와 a, B와 b, D와 d에 의해 결정된다.
○ (가)의 표현형은 유전자형에서 대문자로 표시되는 대립유전자의 수에 의해서만 결정되며, 이 대립유전자의 수가 다르면 표현형이 다르다.
○ (나)는 대립유전자 E와 e에 의해 결정되며, 유전자형이 다르면 표현형이 다르다. (나)의 유전자는 (가)의 유전자와 서로 다른 상염색체에 있다.
○ P와 Q는 (가)의 표현형이 서로 같고, (나)의 표현형이 서로 다르다.
○ P와 Q 사이에서 ⓐ가 태어날 때, ⓐ의 표현형이 P와 같을 확률은 $\frac{3}{16}$이다.
○ ⓐ는 유전자형이 AABBDDEE인 사람과 같은 표현형을 가질 수 있다.

ⓐ에게서 나타날 수 있는 표현형의 최대 가짓수는? (단, 돌연변이는 고려하지 않는다.) [3점]

22학년도 9평 - 중간 유전 다인자 독립

형질 교배 복합형
Schema 5

중간-다인자 연관 (제시)

[중요도 ★★★]

- 중간 유전이 연관된 형질 교배 복합형 문항은 중간 유전 형질을 기준으로 Case 분류, 비중 표를
  작성하여 풀어갈 수 있다.

- 중간 유전이 연관된 염색체를 복합 염색체(㉠), 다인자 유전에 관여하는 유전자만 있는 염색체
  를 순수 염색체(㉡)라고 정의하자.

  이때 P와 Q의 ㉠의 교배 양상을 가로축에, ㉡의 교배 양상을 세로축에 적는다.

- 표현형은 [A]인 구간, [Aa]인 구간, [a]인 구간으로 분류된다

- 중간 유전을 기준으로 동형 접합인 유전자형(양극단 유전자형)은
  유전자형이 표현형을 나타낸다.

  그에 따라 ㉡의 교배 양상이 표현형 가짓수를 결정한다.
  예를 들어 세로줄이 3줄이면 표현형 종류는 3 + ? + 3 꼴이다.

- 중간 유전을 기준으로 이형 접합성인 유전자형은 연관된 다인자 유전에 관여하는 유전자에 따
  라 표현형 중복이 발생할 수 있다.

  이때 순수 다인자에서 공부한 △ 관련 수식을 활용하면 유연하게 상황을 해석할 수 있다.

- 자손의 표현형 가짓수를 통해 ㉡의 표현형 가짓수, ㉠의 상인-상반 여부를
  적절히 추적해나갈 수 있다.

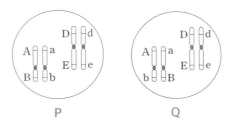

P   Q

[표현형 중복 ①]

확률의 비중		1	1	1	1
	㉠의 표현형	AA (1)	Aa (2)	Aa (0)	aa (2)
확률의 비중 / ㉡의 표현형					
1	4			Aa (4)	
2	2		Aa (4)	Aa (2)	
1	0		Aa (2)		

중간-다인자 연관 (제시)

17. 다음은 사람의 유전 형질 (가)와 (나)에 대한 자료이다.

○ (가)는 대립 유전자 A와 a에 의해 결정되며, 유전자형이 다르면 표현형이 다르다.
○ (나)를 결정하는 데 관여하는 3개의 유전자는 서로 다른 2개의 상염색체에 있으며, 3개의 유전자는 각각 대립 유전자 B와 b, D와 d, E와 e를 갖는다.
○ (나)의 표현형은 유전자형에서 대문자로 표시되는 대립 유전자의 수에 의해서만 결정되며, 이 대립 유전자의 수가 다르면 표현형이 다르다.
○ 그림은 어떤 남자 P의 체세포에 들어 있는 일부 염색체와 유전자를 나타낸 것이다.
○ 어떤 여자 Q에서 (가)와 (나)의 표현형은 P와 같다. P와 Q 사이에서 ⓐ가 태어날 때, ⓐ에서 나타날 수 있는 표현형은 최대 10가지이다.

이에 대한 설명으로 옳은 것만을 〈보기〉에서 있는 대로 고른 것은? (단, 돌연변이와 교차는 고려하지 않는다.) [3점]

─── 〈보기〉 ───
ㄱ. (나)의 유전은 다인자 유전이다.
ㄴ. Q는 A와 b가 연관된 염색체를 갖는다.
ㄷ. ⓐ에서 (가)와 (나)의 표현형이 부모와 같을 확률은 $\frac{3}{10}$이다.

① ㄱ ② ㄷ ③ ㄱ, ㄴ ④ ㄱ, ㄷ ⑤ ㄴ, ㄷ

18학년도 9평

다음은 사람의 유전 형질 ㉠과 ㉡에 대한 자료이다.

○ ㉠은 대립유전자 A와 a에 의해 결정되며, 유전자형이 다르면 표현형이 다르다.
○ ㉡을 결정하는 3개의 유전자는 각각 대립유전자 B와 b, D와 d, E와 e를 갖는다.
○ ㉡의 표현형은 유전자형에서 대문자로 표시되는 대립유전자의 수에 의해서만 결정되며, 이 대립유전자의 수가 다르면 표현형이 다르다.
○ 그림 (가)는 남자 P의, (나)는 여자 Q의 체세포에 들어 있는 일부 염색체와 유전자를 나타낸 것이다.

P와 Q 사이에서 아이가 태어날 때, 이 아이에게서 나타날 수 있는 표현형의 최대 가짓수는? (단, 돌연변이와 교차는 고려하지 않는다.)

① 5 ② 6 ③ 7 ④ 8 ⑤ 9

21학년도 6평

형질 교배 복합형

형질 교배 복합형
Schema 6

완전 우성-다인자 연관 (제시)

[중요도 ★★]

- 완전 우성 유전이 연관된 형질 교배 복합형 문항은 완전 우성 유전 형질을 기준으로 Case 분류,
  비중 표를 작성하여 풀어갈 수 있다.

- 완전 우성 유전이 연관된 염색체를 복합 염색체(㉠), 다인자 유전에 관여하는 유전자만 있는
  염색체를 순수 염색체(㉡)라고 정의하자.

  이때 P와 Q의 ㉠의 교배 양상을 가로축에, ㉡의 교배 양상을 세로축에 적는다.

- 표현형은 [A]인 구간, [a]인 구간으로 분류된다.

- 가장 오른쪽 교배 양상은 유전자형(aa)이 표현형([a])을 나타낸다.

  그에 따라 ㉡의 교배 양상이 표현형 가짓수를 결정한다.
  예를 들어 세로줄이 3줄이면 표현형 종류는 ? + 3 꼴이다.

- 완전 우성 유전을 기준으로 우성 형질에 대응되는 유전자형은 연관된 다인자 유전에 관여하는
  유전자에 따라 표현형 중복이 발생할 수 있다.
  이때 순수 다인자에서 공부한 △ 관련 수식을 활용하면 유연하게 상황을 해석할 수 있다.

- 자손의 표현형 가짓수를 통해 ㉡의 표현형 가짓수, ㉠의 상인-상반 여부를
  적절히 추적해나갈 수 있다.

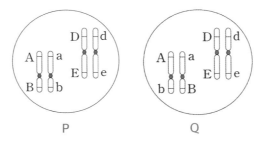

P   Q

[표현형 중복 ①]

확률의 비중	확률의 비중	1	1	1	1
확률의 비중	㉠의 표현형 ㉡의 표현형	[A] (2)	[A] (1)	[A] (0)	aa (2)
1	4			(4)	
2	2	(4)		(2)	
1	0	(2)			

완전 우성-다인자 연관 (제시)

14. 다음은 사람의 유전 형질 ㉠과 ㉡에 대한 자료이다.

> ○ ㉠을 결정하는 데 관여하는 3개의 유전자는 상염색체에 있으며, 3개의 유전자는 각각 대립 유전자 A와 a, B와 b, D와 d를 가진다.
>
> ○ ㉠의 표현형은 유전자형에서 대문자로 표시되는 대립 유전자의 수에 의해서만 결정되며, 이 대립 유전자의 수가 다르면 표현형이 다르다.
>
> ○ ㉡은 대립 유전자 E와 e에 의해 결정되며, E는 e에 대해 완전 우성이다.
>
> ○ ㉠과 ㉡의 유전자형이 AaBbDdEe인 부모 사이에서 ⓐ가 태어날 때, ⓐ에게서 나타날 수 있는 표현형은 최대 11가지이고, ⓐ가 가질 수 있는 유전자형 중 aabbddee가 있다.

ⓐ에서 ㉠과 ㉡의 표현형이 모두 부모와 같을 확률은? (단, 돌연변이와 교차는 고려하지 않는다.) [3점]

① $\frac{3}{11}$　② $\frac{1}{4}$　③ $\frac{1}{8}$　④ $\frac{3}{32}$　⑤ $\frac{1}{16}$

20학년도 9평

다음은 사람의 유전 형질 ㉠과 ㉡에 대한 자료이다.

> ○ ㉠은 대립유전자 A와 a에 의해 결정되며, 유전자형이 다르면 표현형이 다르다.
>
> ○ ㉡을 결정하는 3개의 유전자는 각각 대립유전자 B와 b, D와 d, E와 e를 갖는다.
>
> ○ ㉡의 표현형은 유전자형에서 대문자로 표시되는 대립유전자의 수에 의해서만 결정되며, 이 대립유전자의 수가 다르면 표현형이 다르다.
>
> ○ 그림 (가)는 남자 P의, (나)는 여자 Q의 체세포에 들어 있는 일부 염색체와 유전자를 나타낸 것이다.

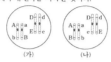

P와 Q 사이에서 아이가 태어날 때, 이 아이에게서 나타날 수 있는 표현형의 최대 가짓수는? (단, 돌연변이와 교차는 고려하지 않는다.)

① 5　② 6　③ 7　④ 8　⑤ 9

21학년도 6평

형질 교배 복합형

일반-다인자 연관 (제시)

[중요도 ★★]

- 일반 유전으로 분류되는 완전 우성 유전, 중간 유전 중 어떤 유전 현상인지 감춘 후 연관 상태를
  제시하는 문항이 출제될 수 있다.

- 일반 유전이 연관된 형질 교배 복합형 문항은 단일 인자 유전 형질을 기준으로
  Case 분류, 비중 표를 작성하여 풀어갈 수 있다.

- 일반 인자 유전이 연관된 염색체를 복합 염색체(㉠), 다인자 유전에 관여하는 유전자만 있는
  염색체를 순수 염색체(㉡)라고 정의하자.

  이때 P와 Q의 ㉠의 교배 양상을 가로축에, ㉡의 교배 양상을 세로축에 적는다.

- 표현형은 일반 유전 유전자형에 따라 분류된다.
  ㉡의 교배 양상이 표현형 가짓수를 결정한다.

- 일반 유전을 기준으로 한 형질에 대응되는 두 가지 이상의 유전자형은
  연관된 다인자 유전에 관여하는 유전자에 따라 표현형 중복이 발생할 수 있다.
  이때 순수 다인자에서 공부한 △ 관련 수식을 활용하면 유연하게 상황을 해석할 수 있다.

- 자손의 표현형 가짓수를 통해 ㉡의 표현형 가짓수, ㉠의 상인-상반 여부를
  적절히 추적해나갈 수 있다.

복대립-다인자 연관 (제시)

[중요도 ★★]

- 복대립 유전이 연관된 형질 교배 복합형 문항은 복대립 유전 형질을 기준으로
  Case 분류, 비중 표를 작성하여 풀어갈 수 있다.

- 복대립 유전이 연관된 염색체를 복합 염색체(㉠), 다인자 유전에 관여하는 유전자만 있는 염색
  체를 순수 염색체(㉡)라고 정의하자.

  이때 P와 Q의 ㉠의 교배 양상을 가로축에, ㉡의 교배 양상을 세로축에 적는다.

표현형은 복대립 유전 유전자형에 따라 분류된다.

㉡의 교배 양상이 표현형 가짓수를 결정한다.
예를 들어 구분선이 2줄이고 세로줄이 3줄이면 표현형 종류는 3 + ? + 3 꼴이다.

- 복대립 유전을 기준으로 한 형질에 대응되는 두 가지 이상의 유전자형은
  연관된 다인자 유전에 관여하는 유전자에 따라 표현형 중복이 발생할 수 있다.
  이때 순수 다인자에서 공부한 △ 관련 수식을 활용하면 유연하게 상황을 해석할 수 있다.

- 자손의 표현형 가짓수를 통해 ㉡의 표현형 가짓수, ㉠의 상인-상반 여부를
  적절히 추적해나갈 수 있다.

---

16. 다음은 사람의 유전 형질 (가)와 (나)에 대한 자료이다.

> ○ (가)는 3쌍의 대립유전자 A와 a, B와 b, D와 d에 의해 결
>   정된다.
> ○ (가)의 표현형은 유전자형에서 대문자로 표시되는 대립유
>   전자의 수에 의해서만 결정되고, 이 대립유전자의 수가 다
>   르면 표현형이 다르다.
> ○ (나)는 1쌍의 대립유전자에 의해 결정되고, 대립유전자에
>   는 E, F, G가 있다. 각 대립유전자 사이의 우열 관계는 분
>   명하고, (나)의 유전자형이 FF인 사람과 FG인 사람은
>   (나)의 표현형이 같다.
> ○ 그림은 남자 ㉠과 여자 ㉡의 세포에 있는 일부 염색체와
>   유전자를 나타낸 것이다.
>
>
>
> ○ ㉠과 ㉡ 사이에서 ⓐ가 태어날 때, ⓐ에게서 (가)와 (나)
>   의 표현형이 모두 ㉠과 같을 확률은 $\frac{3}{32}$이다.

ⓐ에게서 (가)와 (나)의 표현형이 모두 ㉡과 같을 확률은?
(단, 돌연변이와 교차는 고려하지 않는다.)

23학년도 10월 - 복대립-다인자 연관

형질 교배 복합형

복대립-다인자 연관 (추론)

[중요도 ★★]

- 복대립 유전과 다인자 유전의 연관 상태를 추론시키는 문항이 출제될 수 있다.

- 복대립 유전이 연관된 형질 교배 복합형 문항은 단일 인자 유전 형질을 기준으로
  Case 분류, 비중 표를 작성하여 풀어갈 수 있다.

- 복대립 유전이 다인자 유전과 연관된 염색체를 복합 염색체(㉠),
  다인자 유전에 관여하는 유전자만 있는 염색체를 순수 염색체(㉡)라고 정의하자.

  이때 P와 Q의 ㉠의 교배 양상을 가로축에, ㉡의 교배 양상을 세로축에 적는다.

- 표현형은 복대립 유전 유전자형에 따라 분류된다.
  ㉡의 교배 양상이 표현형 가짓수를 결정한다.

- 복대립 유전을 기준으로 한 형질에 대응되는 두 가지 이상의 유전자형은
  연관된 다인자 유전에 관여하는 유전자에 따라 표현형 중복이 발생할 수 있다.
  이때 순수 다인자에서 공부한 △ 관련 수식을 활용하면 유연하게 상황을 해석할 수 있다.

- 자손의 표현형 가짓수를 통해 ㉡의 표현형 가짓수, ㉠의 상인-상반 여부를
  적절히 추적해나갈 수 있다.

다음은 사람의 유전 형질 (가)와 (나)에 대한 자료이다.

○ (가)와 (나)의 유전자는 서로 다른 2개의 상염색체에 있다.
○ (가)는 2쌍의 대립유전자 A와 a, B와 b에 의해 결정된다.
○ (가)의 표현형은 유전자형에서 대문자로 표시되는 대립 유전자의 수에 의해서만 결정되며, 이 대립유전자의 수가 다르면 표현형이 다르다.
○ (나)는 1쌍의 대립유전자에 의해 결정되며, 대립유전자에는 D, E, F가 있다. ㉠은 ㉡, F에 대해, ㉡은 F에 대해 각각 완전 우성이다. (나)의 표현형은 3가지이며, ㉠과 ㉡은 D와 E를 순서 없이 나타낸 것이다.
○ (가)와 (나)의 일부 유전자형이 AaEF인 남자 P와 AADF인 여자 Q 사이에서 ⓐ가 태어날 때, ⓐ의 (가)와 (나)의 표현형이 모두 Q와 같을 확률은 $\frac{3}{16}$이고, ⓐ가 가질 수 있는 (가)와 (나)의 유전자형 중 AaBbFF가 있다.

24학년도 주간 다이브 9주차 - 9월 평가원 연계

다인자-다인자 독립

[중요도 ★★]

- 다인자 유전에서 배운 Schema들을 적절히 활용하여 다인자 유전과 다인자 유전을 각각 해석한다.

- 이때 한 다인자 유전에 관여하는 유전자가 있는 염색체와 다른 다인자 유전에 관여하는 유전자가 있는 염색체는 서로 다른 염색체 위에 있으므로 곱사건의 관계이다.

15. 다음은 사람의 유전 형질 ㉠과 ㉡에 대한 자료이다.

○ ㉠을 결정하는 3개의 유전자는 각각 대립 유전자 A와 a, B와 b, D와 d를 가진다.
○ ㉡을 결정하는 3개의 유전자는 각각 대립 유전자 E와 e, F와 f, G와 g를 가진다.
○ ㉠을 결정하는 유전자는 ㉡을 결정하는 유전자와 서로 다른 상염색체에 존재한다.
○ ㉠과 ㉡의 표현형은 각각 유전자형에서 대문자로 표시되는 대립 유전자의 수에 의해서만 결정되며, 이 대립 유전자의 수가 다르면 표현형이 다르다.
○ ㉠과 ㉡의 유전자형이 **AaBbDdEeFfGg**인 부모 사이에서 ⓐ가 태어날 때, ⓐ에게서 나타날 수 있는 ㉠의 표현형은 최대 4가지이고, ㉡의 표현형은 최대 7가지이다.
○ ⓐ에서 ㉡의 유전자형이 **eeffgg**일 확률은 $\frac{1}{16}$이다.

이 자료에 대한 설명으로 옳은 것만을 〈보기〉에서 있는 대로 고른 것은? (단, 돌연변이와 교차는 고려하지 않는다.) [3점]

―――〈보기〉―――
ㄱ. ⓐ의 부모 중 한 사람은 A, B, D가 연관된 염색체를 가진다.
ㄴ. ㉡을 결정하는 유전자는 서로 다른 3개의 상염색체에 있다.
ㄷ. ⓐ에서 ㉠과 ㉡의 표현형이 모두 부모와 다를 확률은 $\frac{3}{4}$이다.

18학년도 수능 - 다인자-다인자 독립

형질 교배 복합형

반성 다인자

[중요도 ★★★]

- X염색체 유전이나 Y 염색체 유전과 다인자 유전이 연관되어 출제될 수 있다.

10. 다음은 사람의 유전 형질 ㉠에 대한 자료이다.

○ ㉠을 결정하는 3개의 유전자는 각각 대립유전자 A와 a, B와 b, D와 d를 갖는다.
○ ㉠의 유전자 중 A와 a, B와 b는 상염색체에, D와 d는 X 염색체에 있다.
○ ㉠의 표현형은 유전자형에서 대문자로 표시되는 대립유전자의 수에 의해서만 결정되며, 이 대립유전자의 수가 다르면 표현형이 다르다.
○ 그림은 철수네 가족에서 아버지의 생식세포에 들어 있는 일부 염색체와 유전자를, 표는 이 가족의 ㉠의 유전자형에서 대문자로 표시되는 대립유전자의 수를 나타낸 것이다. ⓐ~ⓒ는 아버지, 어머니, 누나를 순서 없이 나타낸 것이다.

구성원	㉠의 유전자형에서 대문자로 표시되는 대립유전자의 수
ⓐ	4
ⓑ	3
ⓒ	2
철수	0

23학년도 7월 – 다인자 + X염색체 유전

- 일반적인 교배에서 Aa가 등장할 확률은 항상 0 or 1/2 or 1이지만 반성 다인자에서는 이형 접합성 유전자형이 등장할 확률이 1/4가 가능하다.

다인자-다인자 연관

[중요도 ★★★]

- 한 다인자 유전에 관여하는 유전자와 다른 다인자 유전에 관여하는 유전자가 연관된 복합형
 문항이 출제될 수 있다.

14. 다음은 사람의 유전 형질 ⊙과 ⓛ에 대한 자료이다.

○ ⊙은 서로 다른 2개의 상염색체에 있는 3쌍의 대립유전자 A와 a,
B와 b, D와 d를 가지며, A, a, B, b는 7번 염색체에 있다.
○ ⓛ은 서로 다른 2개의 상염색체에 있는 3쌍의 대립유전자 E와 e,
F와 f, G와 g를 가지며, E, e는 7번 염색체에 있다.
○ ⊙과 ⓛ의 표현형은 각각 유전자형에서 대문자로 표시되는
대립유전자의 수에 의해서만 결정되며, 이 대립유전자의
수가 다르면 표현형이 다르다.
○ ⊙과 ⓛ의 유전자형이 AaBbDdEeFfGg로
서로 같은 P와 Q 사이에서 ⓐ가 태어날
때, ⓐ에게서 나타날 수 있는 ⊙의 표현형은
최대 7가지이다. P의 체세포에 들어 있는
일부 상염색체와 유전자는 다음과 같다.

○ ⓐ에서 ⊙과 ⓛ의 표현형이 모두 부모와 같을 확률은 $\frac{1}{8}$이며,

⊙과 ⓛ의 유전자형이 DdFFGg일 확률은 $\frac{1}{8}$이다.

ⓐ의 동생이 태어날 때, 이 동생에게서 나타날 수 있는 ⊙과 ⓛ의
표현형의 최대 가짓수는? (단, 돌연변이와 교차는 고려하지 않는다.)

24학년도 6평 대비 모의고사

- 이때 적절히 복합-복합 비중 표를 순서쌍을 활용하여 그려 해석할 수 있다.

형질 교배 복합형

형질 교배 복합형
Schema 13

매개 문자

[중요도 ★★★]

- 형질 교배 복합형에서 연관 상태를 판단할 때 미지의 대립유전자쌍을 x, y로 잡아 교배 상황을
파악할 수 있다.

이는 완전 우성 유전, 중간 유전, 복대립 유전, 다인자 유전 등 다인자 유전과 다른 유전에 관여
하는 유전자가 연관된 상황에서 표현형 중복을 파악하기 위해 활용되는 경우가 많으며 가정
없이 연역적으로 풀어나가고 싶을 때 활용할 수 있다.

[P × Q]

생식세포 대립유전자(Q) / 생식세포 대립유전자(P)	E(x)	e(y)
E(2)	EE(x + 2)	Ee(y + 2)
e(0)	Ee(x)	ee(y)

복합 염색체 2쌍

[중요도 ★★]

- 보통의 비중 표는 순수 염색체 간 교배를 먼저 생각하고, 복합 염색체 간 교배를
  다른 축에 그려 해석한다.

- 가로 간 교배와 세로 간 교배가 모두 복합 염색체인 문항이 출제될 수 있다.
  (2024학년도 수능 대비 수능완성 교재에 존재)

- 이때는 결정된 정보가 많은 or 특수한 염색체 간 교배를 먼저 생각하고
  여사건 교배를 다른 축에 적어 생각하도록 하자.

다음은 사람의 유전 형질 ⊙~ⓒ에 대한 자료이다.

○ ⊙은 대립유전자 A와 a에 의해 결정되며, ⓒ은 대립유전자
  B와 b에 의해 결정된다.
○ 표는 ⊙과 ⓒ에서 유전자형이
  서로 다를 때 표현형의 일치
  여부를 나타낸 것이다.

유전자형		표현형 일치 여부	
사람 1	사람 2	⊙	ⓒ
AABB	AaBb	?	○
AAbb	aaBB	×	×
aaBb	Aabb	×	×

(○:일치함 ×:일치하지 않음)

○ ⓒ을 결정하는 2개의 유전자는
  각각 대립유전자 D와 d, E와
  e를 갖는다.
○ ⓒ의 표현형은 유전자형에서 대문자로 표시되는 대립
  유전자의 수에 의해서만 결정되며, 이 대립유전자의 수가
  다르면 표현형이 다르다.
○ 그림은 남자 P의 체세포에 들어 있는 일부
  염색체와 유전자를 나타낸 것이다.
○ 여자 Q에서 ⊙~ⓒ의 표현형은 모두 P와 같다.
  P와 Q 사이에서 ⓐ가 태어날 때, ⓐ에게서
  나타날 수 있는 표현형은 최대 15가지이다.

24학년도 주간 다이브 9주차 - 수능완성 연계

10
Theme

기본 가계도

기본 가계도

표기법 정의

[중요도 ★★★★]

- 가계도 문항에서 활용될 여러 가지 표기법에 대해 정의하자.

표기	설명
A>A*	A는 A*에 대해 우성이다.
B=B*	B와 B*는 불완전 우성이다.
ㄱ	형질 (가)
ㄴ	형질 (나)
ㄷ	형질 (다)
단, ㉠~㉢와 (가)~(다)의 구분이 필요한 문제는 형질 (가)를 '가'라 표기한다.	
ㅂ (병)	유전병
ㅈ (정)	정상 구성원
1	첫 번째 상염색체
2	두 번째 상염색체
3	세 번째 상염색체
X	X 염색체 유전
D	'우성' (Dominant)
R	'열성' (Recessive)
[ㄱ]	표현형 ㄱ
[D]	우성 표현형

[중요도 ★★★]

- 가계도 그림에서 같은 표현형 부모, 다른 표현형 자손이 있으면 자손의 표현형이 열성이다.
- 이때 자손이 여성이면 해당 형질이 상염색체 유전인 것까지 알 수 있다.

[우열의 원리]

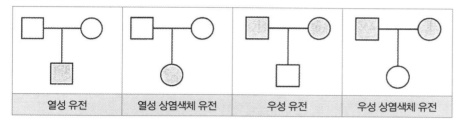

| 열성 유전 | 열성 상염색체 유전 | 우성 유전 | 우성 상염색체 유전 |

기본 가계도

기본 가계도
Schema 3

유전자형

[중요도 ★★★★]
- 형질 @가 유전자형으로 이형 접합성을 가지면 @는 우성 형질이다.
  이때 남성 구성원이 @에 대한 유전자형으로 이형 접합성을 가지면 상염색체 유전이다.
- 형질 @가 유전자형으로 동형 접합성을 가지면 직계 구성원을 확인하자.
  직계 중 한 명이라도 표현형이 다르면 @는 열성 표현형이다.

[이형 접합성]

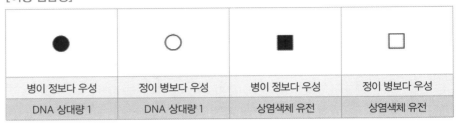

[모 - 동형 접합성]

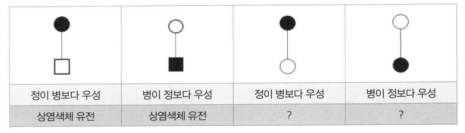

[부 - 동형 접합성]

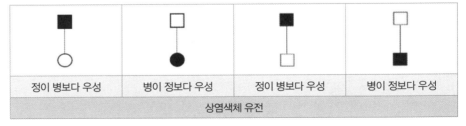

상증명

[중요도 ★★★★]
- 우열이 결정된 이후에는 성상 판단(상증명)을 할 수 있다.
- 검은색이 우성 형질인 경우, 검은색 남자의 직계 여성 구성원을 확인하고
  검은색이 열성 형질인 경우, 검은색 여자의 직계 남녀 구성원을 확인하자.

  즉, 'DY와 RR은 직계에 올 수 없다.' (우남열녀 모순) 가 상증명의 핵심이며

  이를 활용하여 ① 우성 성 불능 / ② 열성 성 불능 / ③ 우열 모두 성 불능 (상 유전) 중 하나임을
  도출해낼 수 있다.

- <u>표현형 다른 직계 남녀가 크로스</u>로 되어 있는 경우 우열과 무관하게 상증명이 가능하다.

[상증명]

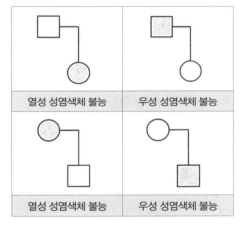

만약 가계표 내에서 관찰해야할 경우 <u>표현형 다른 직계 남녀</u> 관찰 (○× 남녀)

[우열 무관 상증명]

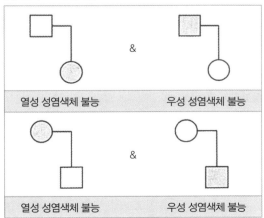

기본 가계도

상증명의 역이용

[중요도 ★★★★]

- DY와 RR은 직계에 올 수 없으므로 우남열녀가 나타나는 경우
  X 염색체 유전일 수 없다. 즉, 상염색체 유전이다.

  또한 부모의 표현형이 ㉠으로 동일하고 딸의 표현형이 ㉠이 아니면 상염색체 유전이다.

- 이때 이를 역명제처럼 활용할 수 있다.

  즉, X염색체 유전이라고 제시되어 있는 경우 or 조건 해석을 통해 결정된 경우

  1) 딸의 표현형이 ㉠일 때 부모의 표현형은 모두 ㉠이 아닐 수 없으며
  2) DY와 RR는 동시에 존재할 수 없다.

[21학년도 9월 평가원]

> ○ (가)는 대립유전자 H와 h에 의해, (나)는 대립유전자 R와 r에
>   의해 결정된다. H는 h에 대해, R는 r에 대해 각각 완전 우성이다.
> ○ (가)와 (나)의 유전자는 모두 X염색체에 있다.
> ○ 가계도는 구성원 ⓐ와 ⓑ를 제외한 구성원 1~9에게서
>   (가)와 (나)의 발현 여부를 나타낸 것이다.
>
>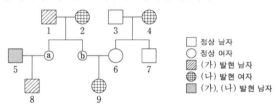
>
> ○ ⓐ와 ⓑ 중 한 사람은 (가)와 (나)가 모두 발현되었고, 나머지
>   한 사람은 (가)와 (나)가 모두 발현되지 않았다.

ⓑ는 남자고 (가)와 (나)의 유전자는 모두 X 염색체 위에 있으므로
ⓑ는 정상 남자일 수 없다. (by 상증명의 역이용)

따라서 ⓑ는 (나)가 발현되어야 하고, [조건 4]에 의해
ⓑ는 (가)와 (나)가 모두 발현되어야 하고
ⓐ는 (가)와 (나)가 모두 발현되지 않아야 한다.

우열 무관 상증명

[중요도 ★★★]

- 가계도 알고리즘에서 우열의 원리와 함께 존재성을 관찰해야 할 요소

- 표현형 다른 직계 남녀가 형질이 서로 다른 양상으로 엮여 있으면
  가계도 그림 자체로 상염색체 유전임이 증명 가능하다.

[22학년도 6월 평가원]

○ (가)는 대립유전자 A와 a에 의해, (나)는 대립유전자 B와 b에
  의해, (다)는 대립유전자 D와 d에 의해 결정된다. A는 a에
  대해, B는 b에 대해, D는 d에 대해 각각 완전 우성이다.
○ (가)~(다)의 유전자 중 2개는 X 염색체에, 나머지 1개는
  상염색체에 있다.
○ 가계도는 구성원 ⓐ를 제외한 구성원 1~7에게서 (가)~(다)
  중 (가)와 (나)의 발현 여부를 나타낸 것이다.

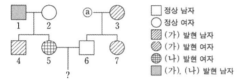

| 정상 남자
○ 정상 여자
▨ (가) 발현 남자
◪ (가) 발현 여자
⊕ (나) 발현 여자
▦ (가), (나) 발현 남자

○ 표는 ⓐ와 1~3에서 체세포 1개당 대립유전자 ㉠~㉢의
  DNA 상대량을 나타낸 것이다. ㉠~㉢은 A, B, d를
  순서 없이 나타낸 것이다.

구성원		1	2	ⓐ	3
DNA 상대량	㉠	0	1	0	1
	㉡	0	1	1	0
	㉢	1	1	0	2

○ 3, 6, 7 중 (다)가 발현된 사람은 1명이고, 4와 7의 (다)의
  표현형은 서로 같다.

2-4와 3-6을 통해 (가)의 표현형에 대해 표현형 다른 직계 남녀 2쌍의 형질이
서로 다른 양상으로 엮여 있는 것을 알 수 있다.

따라서 (가)는 상염색체 유전이다.

이때 [조건 2]에 의해 (나)의 유전자와 (다)의 유전자는
여사건 논리로 X 염색체에 연관되어 있음을 규명할 수 있다.

기본 가계도

기본 가계도
Schema 7

1종류 대립유전자

[중요도 ★★★]

- 부모가 각각 1종류의 다른 대립유전자를 가질 때,
  자손 간 표현형이 같으면 딸은 우성 표현형(이형 접합성)이다.

- 부모가 각각 1종류의 다른 대립유전자를 가질 때, 자손 간 표현형이 다르면
  딸은 우성 표현형(이형 접합성)이고, 아들은 열성 표현형이며 성염색체 유전이다.

- 여자가 1종류의 대립유전자를 가지면 반드시 동형 접합성이다.

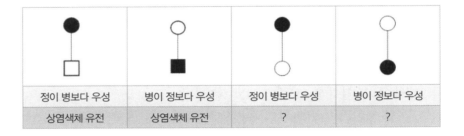

정이 병보다 우성	병이 정보다 우성	정이 병보다 우성	병이 정보다 우성
상염색체 유전	상염색체 유전	?	?

- 남자가 1종류의 우성 대립유전자를 가지면 직계 남자를 관찰하자.
  두 남자의 표현형이 다르면 성염색체 유전이다.

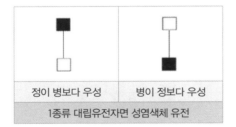

정이 병보다 우성	병이 정보다 우성
1종류 대립유전자면 성염색체 유전	

- 유전자 이동에서 한 쌍의 직계를 관찰할 때, 아버지와 아들은 구분되지 않는다.
  그에 따라 두 남성 구성원과 D vs R 관찰을 통해 적절히 해석할 수 있다.

[중요도 ★★★]

- DNA 상대량 단독 해석 시 상대량의 위상은 2, 0, 1 순서이다.

- DNA 상대량이 제시되었을 때 다음과 같이 해석할 수 있다.

	DNA 상대량		특징
여자	2		동형 접합성
	0		동형 접합성
	1		이형 접합성
남자	2		동형 접합성 & 상염색체 유전
	우성	0	1종류 열성 대립유전자
	열성		직계 표현형 다르면 성염색체
	우성	1	우성 표현형
	열성		상염색체 유전, 우성 표현형
			성염색체 유전, 열성 표현형

- 우성 DNA 상대량이 제시되었을 경우, 성증명은 불가하나 상증명은 가능하며
  다음과 같이 해석할 수 있다.

	우성 DNA 상대량	특징
여자	2	우성 표현형 & 직계 구성원 표현형 동일
	0	열성 표현형
	1	우성 표현형, 이형 접합성
남자	★ 2	1) 우성 표현형 2) 직계 구성원 표현형 동일 3) 상염색체 유전
	0	열성 표현형
	1	우성 표현형

기본 가계도

기본 가계도
Schema 9

병렬 해석

[중요도 ★★]

- 남녀가 어떤 대립유전자 A에 대한 DNA 상대량이 동일할 때, 표현형이 다르면

  ① A는 열성 대립유전자
  ② A의 DNA 상대량은 1
  ③ 여성은 우성, 남성은 열성
  ④ 성염색체 유전

  정보를 모두 내포한다.

- 한 세대 남녀(부모 or 자녀)에서 'DNA 상대량이 각각 2, 0이다' 라는 조건이 주어지면
  1종류 대립유전자처럼 생각할 수 있다.

[중요도 ★★★★]

- DNA 상대량 조건을 해석할 때 병렬 해석 후 단독 해석 순서로 DNA 상대량을 해석한다.

예를 들어 0, 1, 2, 1이 있다면 (1, 1) 남녀, (2, 0) 부모가 각각 묶이는지 확인한 후 해석되지 않을 때 단독 해석을 시도하도록 하자.

[가계도 & DNA 상대량]

1st 병렬 해석

- 남녀 A에 대한 DNA 상대량이 모두 1일 때, 표현형이 다르면

① A는 열성 대립유전자
② A의 DNA 상대량은 1
③ 여성은 우성 형질, 남성은 열성 형질
④ 성염색체 유전

정보를 모두 내포한다.

- 한 세대 남녀(부모 or 자녀)에서 'DNA 상대량이 각각 2, 0이다' 라는 조건이 주어지면 <u>Schema 1종류 대립유전자</u>처럼 생각할 수 있다.

2nd 단독 해석

DNA 상대량 각각을 단독 해석한다. 이때 일반적으로 순서는 2, 0, 1 순서이다.

	DNA 상대량	특징	
여자	2	동형 접합성	
	0	동형 접합성	
	1	이형 접합성	
남자	2	동형 접합성 & 상염색체 유전	
	0	우성	1종류 열성 대립유전자
		열성	성염색체 의심
	1	우성	우성 표현형
		열성	상, 우성 표현형
			성, 열성 표현형

기본 가계도

확률 계산

[중요도 ★★★]

- 두 형질 ㉠, ㉡이 서로 다른 염색체에 있을 경우 ㉠에 대한 유전과 ㉡에 대한 유전은 독립적으로 일어나므로 각각의 확률을 구한 후 곱해준다.

- 동시에 일어나야 하면 곱사건, 모두 일어나야 하면 합사건이다.

- 상염색체 유전에서는 성별 조건에 따라 확률 계산이 다소 달라진다.

  예를 들어 유전병인 딸이 태어날 확률은 유전병일 확률에 딸일 확률(1/2)을 곱해줘야 하지만 태어난 딸이 유전병일 확률을 구할 때는 유전병일 확률만 구하면 된다.

- 성염색체 유전에서는 유전자 이동 양상에 따라 자녀의 성별이 자동 결정된다.

유전자풀

[중요도 ★★★]

– 부모의 유전자형이 여러 가지가 가능한 경우, 개체들을 유전자 주머니처럼 생각해서
유전자 비율 관점으로 접근할 수 있다.

Aa×Aa 자손 중 표현형이 A_ 인 개체와 Aa인 개체를 교배해서
[a]인 개체가 나올 확률을 구하는 상황을 가정하자.

Aa×Aa 자손 중에 [A]인 개체들로 전체집합을 축소하면 [A]인 개체들 중
유전자형이 AA인 개체가 $\frac{1}{3}$, 유전자형이 Aa인 개체가 $\frac{2}{3}$ 만큼 존재한다.

이때 개체를 "유전자"의 관점으로 바라보자.

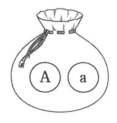

전체 유전자 개수 6개 중 (AA 1마리 Aa 2마리) 4개가 A, 2개가 a이므로

Aa×Aa 자손 중 표현형이 A_ 인 개체가 생식세포로 A를 전달할 확률을 $\frac{4}{6}$

Aa×Aa 자손 중 표현형이 A_ 인 개체가 생식세포로 a를 전달할 확률을 $\frac{2}{6}$ 라고 할 수 있다.

즉, 이형 접합성인 부모(Aa) 사이에서 태어난 우성 개체가 만드는 주머니 내에서
A : a = 2 : 1이다.

이를 독립 염색체 뿐만 아니라 연관 염색체에서도 행할 수 있어야 한다.

기본 가계도

기본 가계도
Schema 13

3세대 우열의 원리

[중요도 ★★★]

– 우열의 원리는 기본적으로 "표현형 같은 부모" "표현형 다른 자손"이다.

  이때 "표현형 같은 조부모" "표현형 다른 자손"으로 우열의 원리를 판단할 수도 있다.

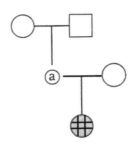

井자 무늬로 나타나는 형질은 ⓐ가 어떤 형질을 나타내더라도 열성 형질이다.

[중요도 ★★★]

- 우성 대립유전자 유무와 표현형 발현 양상은 1:1 대응된다.
  그에 따라 구성원의 표현형 비율을 A, A^{C}의 관계로 관찰할 수 있다.

- 표현형 비율을 관찰한 후 잘 대응되지 않는 경우 1종류 우성 구성원을 관찰한다.
  여성이 우성 유전자만 갖는 경우, 성상 무관 직계 구성원의 표현형이 모두 동일해야 하며

  남성이 우성 유전자만 갖는 경우, 상염색체 유전인 경우 여성 구성원과 해석이 동일하나
  성염색체 유전인 경우, 직계 여성 구성원의 표현형은 동일하지만 직계 남성 구성원의 표현형
  은 다를 수 있다.

- @와 같이 정체성이 숨겨진 구성원은 '여사건으로 적절히 해석해라'가 출제 의도이다.

[23학년도 수능]

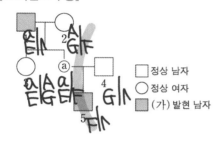

이때 교배하는 대상의 성별이 밝혀져 있다면 성별이 결정되고, 상하 관계 등 여러 가계도 Sche
ma를 활용하여 @~©의 발현 여부 등의 정보를 추론하여야 한다.

[24학년도 수능]

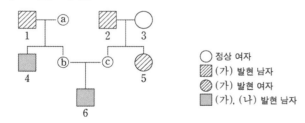

@는 여성, ⓑ와 ©의 성별은 판단해야 하나 남성과 여성을 순서 없이 나타낸 것,
즉 존재성 조건으로 해석할 수 있다.

- 정체성이 숨겨진 구성원이 미매칭 대립유전자가 모두 있다거나...
  그런 특수한 경우가 있을 수도 있지만 대체로 그렇다는 것이고...
  정보가 상대적으로 결정된 구성원부터 해석하는 것이 일반적이다.

기본 가계도

미매칭 대립유전자

[중요도 ★★]
- 미매칭 대립유전자가 모두 있으면 유전자형을 결정할 수 있다.
  이는 세포 분열에서 배운 '미매칭 대립유전자' Schema와 유사하다.

  예를 들어 미매칭 대립유전자의 DNA 상대량이 모두 결정되어 있는 여성 구성원은
  유전자형을 바로 확정할 수 있다.

[예시 - 여성 구성원 2]

구성원		1	2	ⓐ	3
DNA 상대량	㉠	0	1	0	1
	㉡	0	1	1	0
	㉢	1	1	0	2

구성원 2는 여성이고 ㉠~㉢가 모두 DNA 상대량 1만큼 있으므로 유전자형은 AaBbDd이다.

(남성 구성원은 X 염색체 유전을 고려하여야 하여 우선 보류하자.)

- 우성 대립유전자 유무는 형질 발현 여부와 직결된다는 점을 적극 활용하여 매칭하자.

미매칭 DNA 상대량

[중요도 ★★★]

- 미매칭 상대량이 모두 있으면 '순서 없이의 해석'으로 바뀌어 <u>미매칭 구성원 문항</u>이 된다. 예를 들어 다음 두 표는 양상이 동일하다.

구성원		1	2	6
DNA상 대량	H	㉠	㉡	㉢
	H*	?	?	?
미매칭 상대량				

구성원		ⓐ	ⓑ	ⓒ
DNA상 대량	H	0	1	2
	H*	?	?	0
미매칭 구성원				

그에 따라 <u>미매칭 구성원의 Schema</u>를 활용할 수 있다.

- 존재성의 해석은 상대량의 위상이 높은 순으로 한다. (2, 0, 1 순서)
  또한 상대량 단독 조건을 우열 조건과 엮어 해석할 수 있다.

- '우성 상대량 조건'은 '발현 여부 유무'로 바꿔 해석할 수 있다.
  우성 상대량이 자연수면 'O'이고 발현 비율로 이어 해석 가능하다.

기본 가계도

기본 가계도
Schema 17

상대량의 합

[중요도 ★★★★]
- 상대량의 합을 적절히 요소 분해한 후, 단독 해석할 수 있어야 한다.
  상대량의 합에서 특수한 순서는 0, All 동형, 홀수, 기타이다.

	DNA 상대량	특징	
여자	2	동형 접합성	
	0	동형 접합성	
	1	이형 접합성	
남자	2	동형 접합성 & 상염색체 유전	
	0	우성	1종류 열성 대립유전자
		열성	성염색체 의심
	1	우성	우성 표현형
		열성	상, 우성 표현형
			성, 열성 표현형

- 0은 0 + 0으로 분할되어 특수 상대량의 합에 속하고
  3은 2 + 1으로 분할되어 '2'의 단독 해석이 가능한 특수 상대량의 합에 속한다.

  이때 여성 구성원의 1 + 1과 같은 분할은 성상 무관·바로 유전자형이 결정된다.

미매칭 상대량의 합

[중요도 ★★★]
- 특수 상대량의 합을 우선 해석하자.

미매칭 DNA 상대량의 합(㉠+㉡)에서 위상이 높은 숫자는 4, 3, 0이다.

4 : ㉠, ㉡ 모두 동형 접합성
0 : 0+0 모두 없음
　　두 형질 다 쌍을 이루는 대립유전자에 의해 형질 발현
3 : ㉠, ㉡ 중 한 쌍은 동형 접합성, 나머지는 이형 접합성 or 1종류

기본 가계도

기본 가계도
Schema 19

2차원 표 (十자 표)

[중요도 ★★★]

- 2차원 표(十)는 두 가지 위계의 정보를 가로축, 세로축에 나타내어 상황을 이해할 수 있게 해주는 도구이다.

	부계	모계
(가)		
(나)		

부계와 모계를 적절히 설정 특수 상대량의 합

($\bigcirc$ + $\bigcirc$ = 4 or 0 or 3)인 상황을 十 표로 적절히 나타낼 수 있다.

성상 판단

[중요도 ★★★★]

- 상염색체 유전과 구별되는 성염색체 유전임을 판단하기 위해서는
  Y 염색체의 존재성을 나타내는 추가 조건에 의해 규명된다.

대표적인 성상 판단 요소들은 다음이 있다.

1) 열성 DNA 상대량 1이 열성 형질을 발현 (열1열)
24학년도 6월 평가원, 24학년도 9월 평가원

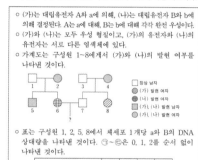

24학년도 6평

다음은 어떤 집안의 유전 형질 (가)와 (나)에 대한 자료이다.

○ (가)는 대립유전자 A와 a에 의해, (나)는 대립유전자 B와 b에 의해 결정된다. A는 a에 대해, B는 b에 대해 각각 완전 우성이다.
○ (가)의 유전자와 (나)의 유전자는 서로 다른 염색체에 있다.
○ 가계도는 구성원 1~7에게서 (가)와 (나)의 발현 여부를, 표는 구성원 1, 3, 6에서 체세포 1개당 ㉠과 B의 DNA 상대량을 더한 값(㉠+B)을 나타낸 것이다. ㉠은 A와 a 중 하나이다.

구성원	㉠+B
1	2
3	1
6	2

24학년도 9평

2) 남성 구성원 DNA 상대량 합 1 (남합1)
18학년도 6월 평가원, 23학년도 수능

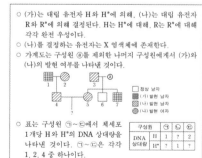

18학년도 6평

19. 다음은 어떤 집안의 유전 형질 (가)와 (나)에 대한 자료이다.

○ (가)의 유전자와 (나)의 유전자는 같은 염색체에 있다.
○ (가)는 대립유전자 A와 a에 의해 결정되며, A는 a에 대해 완전 우성이다.
○ (나)는 대립유전자 E, F, G에 의해 결정되며, E는 F, G에 대해, F는 G에 대해 각각 완전 우성이다. (나)의 표현형은 3가지이다.
○ 가계도는 구성원 ⓐ를 제외한 구성원 1~5에게서 (가)의 발현 여부를 나타낸 것이다.
○ 표는 구성원 1~5와 ⓐ에서 체세포 1개당 E와 F의 DNA 상대량을 더한 값(E+F)과 체세포 1개당 F와 G의 DNA 상대량을 더한 값(F+G)을 나타낸 것이다. ㉠~㉢은 0, 1, 2를 순서 없이 나타낸 것이다.

구성원	1	2	3	ⓐ	4	5
DNA 상대량을 더한 값 E+F	?	?	1	㉡	0	1
F+G	㉠	?	1	1	1	㉢

23학년도 수능

기본 가계도
Schema 20

성상 판단

3) DNA 상대량 같고 표현형 다른 남녀 (병렬 해석)

① 여자는 DR이고 남자는 RY
② DNA 상대량은 1
③ 열성 대립유전자 공통
④ 여자는 DR 이형 접합성이므로 우성 형질, 남자는 RY이므로 열성 형질

4) 열성 상대량 0 남자 & 표현형 다른 직계 남자 (열 0남)

22학년도 9월 평가원

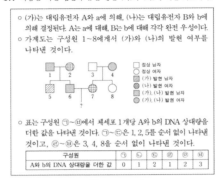

17. 다음은 어떤 집안의 유전 형질 (가)와 (나)에 대한 자료이다.

○ (가)는 대립유전자 A와 a에 의해, (나)는 대립유전자 B와 b에 의해 결정된다. A는 a에 대해, B는 b에 대해 각각 완전 우성이다.
○ 가계도는 구성원 1~8에게서 (가)와 (나)의 발현 여부를 나타낸 것이다.

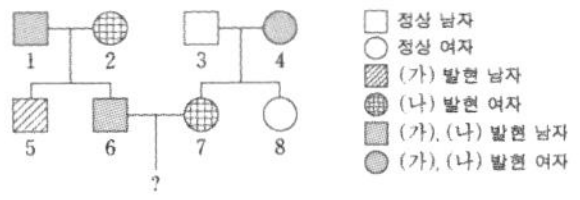

○ 표는 구성원 ㉠~㉥에서 체세포 1개당 A와 b의 DNA 상대량을 더한 값을 나타낸 것이다. ㉠~㉢은 1, 2, 5를 순서 없이 나타낸 것이고, ㉣~㉥은 3, 4, 8을 순서 없이 나타낸 것이다.

구성원	㉠	㉡	㉢	㉣	㉤	㉥
A와 b의 DNA 상대량을 더한 값	0	1	2	1	2	3

22학년도 9평

11
Theme

심화 가계도

심화 가계도

[중요도 ★★★★]

- 가계도 문항에서 활용될 여러 가지 표기법에 대해 정의하자.

[가계도 통용]

표기	설명
A>A*	A는 A*에 대해 우성이다.
B=B*	B와 B*는 불완전 우성이다.
ㄱ	형질 (가)
ㄴ	형질 (나)
ㄷ	형질 (다)
단, ㉠~㉢와 (가)~(다)의 구분이 필요한 문제는 형질 (가)를 '가'라 표기한다.	
ㅂ (병)	유전병
ㅈ (정)	정상 구성원
1	첫 번째 상염색체
2	두 번째 상염색체
3	세 번째 상염색체
X	X 염색체 유전
D	'우성' (Dominant)
R	'열성' (Recessive)
[ㄱ]	표현형 ㄱ
[D]	우성 표현형

[연관 가계도]

표기			설명
(가)	A>A*	1	(가)의 유전자와 (나)의 유전자는
(나)	B=B*	1	같은 상염색체에 있다.
(가)	A>A*	X	(가)의 유전자와 (나)의 유전자는
(나)	B=B*	X	같은 X염색체에 있다.

[기타 가계도]

표기	설명
[1]	대문자로 나타내는 대립유전자가 1개인 표현형
1>2 = 2'>3	1은 최우성, 3은 최열성, 2와 2'는 불완전 우성
X_1X_1	서로 같은 X 염색체 간 조합
X_1X_2	서로 다른 X 염색체 간 조합

[중요도 ★★★]
- 문제에서 결정된 유전자형이나 열성 형질에 관련된 유전자형을 먼저 기입한다.

예) aa, AB, O형

- 구성원의 유전자형 중 극단적인 경우 (Case 1 귀결)을 먼저 생각한다.

예 1) 복대립 가계도

구성원		여자 3	ⓐ	남자 4
DNA 상대량을 더한 값	E + F	1	?	0
	F + G	1	1	1

여자 3은 성상 무관 대립유전자를 쌍으로 가지므로 유전자형은 EG이고
남자 4는 E + F + G = 0 + 0 + 1이므로 유전자형은 GY이다.

∴ 복대립 유전을 결정하는 유전자는 X 염색체 위에 있다.

예 2) 다인자 가계도 (3연관 1독립)

구성원	E + H + R + T
1 (ee)	6
2 (Ee)	?
3 (EE)	2
6 (Ee)	5

3연관 1독립이므로 유전자 자리는 8개이다.
이때 1의 유전자형 중 ee가 포함되므로 1의 유전자형은 eeHHRRTT로 확정되고
3의 유전자형 중 EE가 포함되므로 3의 유전자형은 EEhhrrtt로 확정된다.

심화 가계도

[중요도 ★★★]

- 남성 구성원은 표현형 발현 여부 = 특정 대립유전자 유무에 의해 결정되므로
  여성 구성원에 비해 우선 표기한다.

- 남성 구성원은 직계 여성 구성원과 X 염색체를 공유한다.
  그에 따라 다음 순서로 염색체 지도를 채우도록 하자.

  1st 남성 구성원 형질 표기, 2nd 직계 여성 구성원 정보 기입, 3rd 대립쌍 판단

- 여성 구성원은 우성 표현형의 유전자형이 2개, 열성 표현형의 유전자형이 1개이므로
  열성 동형 접합을 우선 표기한다.

- 두 형질이 모두 X 염색체 위에 있음이 규명되면 반성 연관이다.

[중요도 ★★★]

- 모든 연관된 상황은 추가 조건이 없다면 동일한 독립인 상황으로 해석할 수 있다.
- 그에 따라 연관을 규명하기 위해서는 추가 조건이 필요하다.

예) 추가 조건 [19학년도 9평]

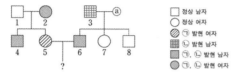

○ ⊙은 대립 유전자 A와 A*에 의해, ⓒ은 대립 유전자 B와 B*에 의해 결정된다. A는 A*에 대해, B는 B*에 대해 각각 완전 우성이다.
○ 가계도는 구성원 ⓐ를 제외한 구성원 1~8에게서 ⊙과 ⓒ의 발현 여부를 나타낸 것이다.

(정상 남자 / 정상 여자 / ⊙ 발현 여자 / ⓒ 발현 남자 / ⊙, ⓒ 발현 남자 / ⊙, ⓒ 발현 여자)

○ $\dfrac{1, 2, 5 \text{ 각각의 체세포 1개당 A*의 DNA 상대량을 더한 값}}{3, 6, 7 \text{ 각각의 체세포 1개당 A*의 DNA 상대량을 더한 값}} = 1$ 이다.
○ 체세포 1개당 B*의 DNA 상대량은 2에서가 5에서보다 크다.
○ 5에서 생식 세포가 형성될 때, 이 생식 세포가 A와 B*를 모두 가질 확률은 $\dfrac{1}{2}$이다.

5의 유전자형은 AA*BB*이고 자료 해석을 통해 ⊙이 X 염색체 유전임을 알 수 있다.

이때 마지막 조건이 없으면 유전자 간 관계가 독립인지 연관인지 규명되지 않는다.
마지막 조건에 의해 5에서 AB*/A*B으로 X 염색체 위에 연관되어 있음이 규명된다.

심화 가계도

[중요도 ★★★]

- 두 형질에 관여하는 유전자의 관계를 알고 싶을 때
  추가 조건 없이 가계도만 남아있다면 독립 유전되는 상황으로 귀결된다.

- 이는 만약 연관인 상태가 가능하다면 독립 유전되는 경우도 가능해지는
  포함 관계가 성립하기 때문이다.

예) 연관 귀류 [22학년도 수능]

> ○ (가)는 대립유전자 H와 h에 의해, (나)는 대립유전자 T와 t에
>   의해 결정된다. H는 h에 대해, T는 t에 대해 각각 완전 우성이다.
> ○ 가계도는 구성원 ⓐ를 제외한 구성원 1~7에게서 (가)와
>   (나)의 발현 여부를 나타낸 것이다.
>
>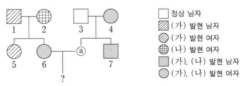
>
> ○ 표는 구성원 1, 3, 6, ⓐ에서 체세포 1개당 ㉠과 ㉡의 DNA
>   상대량을 더한 값을 나타낸 것이다. ㉠은 H와 h 중 하나이고,
>   ㉡은 T와 t 중 하나이다.
>
> | 구성원 | 1 | 3 | 6 | ⓐ |
> |---|---|---|---|---|
> | ㉠과 ㉡의 DNA 상대량을 더한 값 | 1 | 0 | 3 | 1 |

㉠ + ㉡의 DNA 상대량을 더한 값 조건에 의해 1, 3, 6, ⓐ의 유전자형이 결정되고
(가)의 유전자가 X 염색체 위에 있음이 규명된다.

Sol 1)

두 형질에 관여하는 유전자가 모두 X 염색체 위에 있다고 가정하면
가계도 형질 발현 여부에 모순이 일어나 두 형질에 관여하는 유전자는
서로 다른 염색체 위에 있어야 한다.

Sol 2)

유전자형 결정 조건 외에 추가 조건이 없으므로
(나)의 유전자는 X 염색체와 다른 염색체인 상염색체 위에 있어야 한다.

Sol 3)

㉡은 우성 대립유전자 T이다.
이때 Y 염색체는 열성 대립유전자와 형질 발현 관점에서 구분되지 않는다.
그에 따라 추가 조건이 없으므로 (나)는 상염색체 위에 있어야 한다.

좌우 분리

[중요도 ★★★]

- 구성원 ⊙의 좌우 염색체가 분리되어 각각 ⓒ 두 구성원에게 전달되었는데
  ⊙과 ⓒ의 표현형이 서로 다르면 ⊙은 열성 형질이 발현된다.

예) 좌우 분리 [20학년도 수능]

○ (가)는 대립 유전자 H와 H*에 의해, (나)는 대립 유전자 T와
  T*에 의해 결정된다. H는 H*에 대해, T는 T*에 대해 각각
  완전 우성이다.
○ (가)의 유전자와 (나)의 유전자는 X 염색체에 연관되어 있다.
○ 가계도는 구성원 ⓐ와 ⓑ를 제외한 구성원 1~8에서
  (가)와 (나)의 발현 여부를 나타낸 것이다.

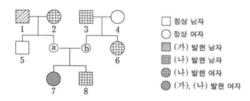

	기호 설명
□	정상 남자
○	정상 여자
▨	(가) 발현 남자
▦	(나) 발현 남자
⊕	(나) 발현 여자
●	(가), (나) 발현 여자

○ 표는 구성원 1, 2, 6에서 체세포 1개당 H의 DNA 상대량과
  구성원 3, 4, 5에서 체세포 1개당 T*의 DNA 상대량을
  나타낸 것이다. ⊙~ⓒ은
  0, 1, 2를 순서 없이 나타낸
  것이다.

구성원	H의 DNA 상대량	구성원	T*의 DNA 상대량
1	⊙	3	⊙
2	ⓒ	4	ⓒ
6	ⓒ	5	ⓒ

4의 연관 상태는 HT*/H*T*이고

ⓑ에게 오른쪽 염색체가, 6에게 왼쪽 염색체가 전달된다.

이때 ⓑ와 6의 표현형은 모두 (나)가 발현되고

4는 (나)에 대해 정상 표현형이므로 정상은 열성 형질이다.

심화 가계도

동일 vs 분리

[중요도 ★★]

- 두 자녀에게 동일한 연관 염색체를 제공하는 구성원을 동일
  두 자녀에게 서로 다른 연관 염색체를 제공하는 구성원을 분리라고 정의하자.

이때 동일할 때 두 자녀의 표현형이 다르면 전달된 대립유전자는 열성 대립유전자이고
이때 분리될 때 분리된 두 염색체에 있는 대립유전자가 다름이 규명되면 분리된 구성원의 표현형이 우성이다.

예) 동일 [19학년도 9평]

○ ㉠은 대립 유전자 A와 A*에 의해, ㉡은 대립 유전자 B와 B*에 의해 결정된다. A는 A*에 대해, B는 B*에 대해 각각 완전 우성이다.
○ 가계도는 구성원 ⓐ를 제외한 구성원 1~8에게서 ㉠과 ㉡의 발현 여부를 나타낸 것이다.

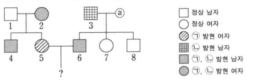

□ 정상 남자
○ 정상 여자
◑ ㉠ 발현 여자
▨ ㉡ 발현 남자
■ ㉠, ㉡ 발현 남자
● ㉠, ㉡ 발현 여자

○ $\dfrac{1, 2, 5 \text{ 각각의 체세포 1개당 A*의 DNA 상대량을 더한 값}}{3, 6, 7 \text{ 각각의 체세포 1개당 A*의 DNA 상대량을 더한 값}}=1$ 이다.
○ 체세포 1개당 B*의 DNA 상대량은 2에서가 5에서보다 크다.
○ 5에서 생식 세포가 형성될 때, 이 생식 세포가 A와 B*를 모두 가질 확률은 $\dfrac{1}{2}$ 이다.

2의 X 염색체 위 연관 상태는 AB*/A*B*이고
4에게 왼쪽 염색체를, 5에게 왼쪽 염색체를 전달한다. (동일)

이때 2, 4, 5의 ㉠의 표현형은 동일하고 4는 염색체를 외벌로 가지므로
전달한 ㉠에 대한 대립유전자는 우성 대립유전자이다.

4, 5의 ㉡의 표현형은 다르고 4는 염색체를 외벌로 가지므로
5의 쌍으로 갖는 ㉡에 대한 유전자는 우성 대립유전자이고
2가 전달한 ㉡에 대한 대립유전자는 열성 대립유전자이다.

동일 vs 분리

예) 분리 [19학년도 9평]

○ ㉠은 대립 유전자 A와 A*에 의해, ㉡은 대립 유전자 B와 B*에 의해 결정된다. A는 A*에 대해, B는 B*에 대해 각각 완전 우성이다.

○ 가계도는 구성원 ⓐ를 제외한 구성원 1~8에게서 ㉠과 ㉡의 발현 여부를 나타낸 것이다.

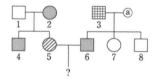

□ 정상 남자
○ 정상 여자
▨ ㉠ 발현 여자
▦ ㉡ 발현 남자
■ ㉠, ㉡ 발현 남자
● ㉠, ㉡ 발현 여자

○ $\dfrac{1, 2, 5 \text{ 각각의 체세포 1 개당 A*의 DNA 상대량을 더한 값}}{3, 6, 7 \text{ 각각의 체세포 1 개당 A*의 DNA 상대량을 더한 값}} = 1$ 이다.

○ 체세포 1 개당 B*의 DNA 상대량은 2에서가 5에서보다 크다.

○ 5에서 생식 세포가 형성될 때, 이 생식 세포가 A와 B*를 모두 가질 확률은 $\dfrac{1}{2}$ 이다.

6의 연관 상태는 AB*/Y이고 7의 연관 상태는 A*B/A*B*이다. 이때 3의 연관 상태는 A*B*/Y이므로 6의 왼쪽 염색체와 7의 왼쪽 염색체는 ⓐ로부터 분리된다.

이때 6과 7의 ㉡에 대한 표현형이 다르고 분리된 염색체의 대립유전자가 서로 다른 상황이므로 ⓐ의 ㉡에 대한 표현형은 우성이다.

심화 가계도

열성 유전자 흐름

[중요도 ★★★]

- 표현형 다른 직계 구성원은 열성 대립유전자를 공유한다.
  이는 두 구성원이 우성 동형 접합(우성 상대량 2)이 아니다라는 걸 방증한다.

- 3세대에 걸쳐 열성 대립유전자 흐름을 관찰할 수도 있어야 한다.

- 열성 유전자 흐름이 연관된 유전자에 의해 규명되기도 한다.

- 상염색체 유전에서 표현형 다른 직계 구성원(열성 유전자 흐름)을 관찰할 때 두 구성원에서
  열성 대립유전자와 쌍으로 오는 대립유전자는 서로 다르다.
  이를 대립유전자 또는 형질 양상으로 적절히 표기하여 판단할 수 있다.

- 성염색체 유전에서 표현형 다른 직계 구성원(열성 유전자 흐름)을 관찰할 때 두 구성원에서
  남성 구성원은 열성 유전자가 그대로 발현되고,
  여성 구성원은 우성 유전자가 쌍으로 와 이형 접합성 유전자형을 나타낸다.

  따라서 여성 구성원의 발현 형질이 우성, 남성 구성원의 발현 형질이 열성이다.

  (∵ 쌍으로 오는 Y 염색체는 열성 대립유전자(미발현 대립유전자)와 유사하다.)

[예시 - 23학년도 수능]
F의 이동을 통해 2-ⓐ-5가 동일한 X염색체를 공유하는 것을 알 수 있다.

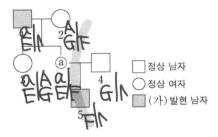

같은 물줄기 내 구성원 2와 5가 서로 (가)에 대한 표현형이 다르므로
물줄기 내 구성원들은 열성 대립유전자 a를 공유한다.

여성 구성원 2는 우성 형질을 나타내고, 남성 구성원 5는 열성 형질을 나타낸다.

표현형 동일 구성원

[중요도 ★★★]

- 표현형 동일 구성원은 성별이나 유전자형, 다른 형질의 표현형 등
  다른 요소가 다르기에 출제될 가능성이 높다.

- 표현형이 동일한 두 여성 구성원은 유전자형이 이형 vs 동형으로 다를 가능성이 높고
  조금 더 특수한 구성원은 동형 접합 여성 구성원이다.

  직계에게 반드시 해당 대립유전자를 전달할 것이며
  직계의 대립쌍까지 판단해주도록 하자.

- 표현형이 동일한 두 남성 구성원은 이형 vs 동형으로 다를 가능성이 높고
  남성 구성원이 이형 접합성 유전자형처럼 유전자를 쌍으로 갖는다면 상염색체 유전이다.

- 표현형이 동일한 두 남녀는 우열과 성상 중 하나가 판단된 후 나머지 요소를 결정할 수 있다.

심화 가계도

표현형 다른 구성원

[중요도 ★★★]

- 반성 유전에서 표현형 다른 두 아들이 등장한다면
  어머니의 유전자형을 추론할 수 있다.

  이때 연관 반성 유전인 경우 함께 이동하는 대립유전자 양상 (염색체 흐름)을
  관찰할 수 있다.

[예시 - 20학년도 수능]

> ○ (가)는 대립 유전자 H와 H*에 의해, (나)는 대립 유전자 T와
>   T*에 의해 결정된다. H는 H*에 대해, T는 T*에 대해 각각
>   완전 우성이다.
> ○ (가)의 유전자와 (나)의 유전자는 X 염색체에 연관되어 있다.
> ○ 가계도는 구성원 ⓐ와 ⓑ를 제외한 구성원 1~8에게서
>   (가)와 (나)의 발현 여부를 나타낸 것이다.

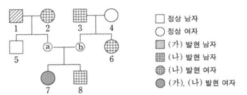

> □ 정상 남자
> ○ 정상 여자
> ▨ (가) 발현 남자
> ▦ (나) 발현 남자
> ⊕ (나) 발현 여자
> ● (가), (나) 발현 여자

> ○ 표는 구성원 1, 2, 6에서 체세포 1개당 H의 DNA 상대량과
>   구성원 3, 4, 5에서 체세포 1개당 T*의 DNA 상대량을
>   나타낸 것이다. ⊙~ⓒ은
>   0, 1, 2를 순서 없이 나타낸
>   것이다.

구성원	H의 DNA 상대량	구성원	T*의 DNA 상대량
1	⊙	3	⊙
2	ⓛ	4	ⓒ
6	ⓒ	5	ⓛ

5의 연관 상태는 HT*/Y이고 ⓐ의 연관 상태는 H*T/Y 이다.
따라서 2의 연관 상태는 HT*/H*T 이고 유전자형이 모두 이형 접합성이므로
2의 발현된 형질은 모두 우성 형질이다.

- 반성 유전에서 표현형 다른 두 딸이 등장한다면
  아버지는 열성 대립유전자를 갖는 X 염색체를 갖는다.

  이때 연관 반성 유전인 경우 함께 이동하는 대립유전자 양상 (염색체 흐름)을
  관찰할 수 있고, 열성 표현형 딸은 동형 접합성 유전자형,
  우성 표현형 딸은 이형 접합성 유전자형을 나타낸다.

표현형 다른 구성원

- X 염색체 유전에서 표현형 다른 두 딸이 등장한다면
  공통으로 지니는 X 염색체가 아버지의 X 염색체이고
  아버지는 열성 대립유전자를 갖는 X 염색체를 갖는다.

  이때 연관 반성 유전인 경우 함께 이동하는 대립유전자 양상 (염색체 흐름)을
  관찰할 수 있고, 열성 표현형 딸은 동형 접합성 유전자형,
  우성 표현형 딸은 이형 접합성 유전자형을 나타낸다.

[예시 - 20학년도 6평]

○ (가)는 대립 유전자 H와 H*에 의해, (나)는 대립 유전자 R와
  R*에 의해, (다)는 대립 유전자 T와 T*에 의해 결정된다. H는
  H*에 대해, R는 R*에 대해, T는 T*에 대해 각각 완전 우성이다.
○ (가)의 유전자와 (나)의 유전자 중 하나만 X 염색체에 있다.
○ (다)의 유전자는 X 염색체에 있고, (다)는 열성 형질이다.
○ 가계도는 구성원 ⓐ를 제외한 나머지 구성원 1~9에게서
  (가)와 (나)의 발현 여부를 나타낸 것이다.

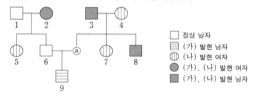

□ 정상 남자
▤ (가) 발현 남자
◫ (나) 발현 여자
● (가), (나) 발현 여자
■ (가), (나) 발현 남자

○ ⓐ를 제외한 나머지 1~9 중 3, 6, 9에서만 (다)가 발현되었다.
○ 체세포 1개당 H의 DNA 상대량은 1과 ⓐ가 서로 같다.

ⓐ의 연관 상태는 RT*/R*T*이고 7의 연관 상태는 RT/RT* 이다.
따라서 3의 연관 상태는 RT*/Y이고 어머니는 분리되는 상황이다.

이때 ⓐ와 7의 (다)에 대한 표현형 발현 여부가 다르므로
아버지의 X 염색체 위의 (다)에 대한 대립유전자는 열성 대립유전자이다.

심화 가계도

분수 조건 해석

[중요도 ★★★]
- 문제에서 상대량의 합 분수에 대한 조건이 주어질 경우
  다음과 같이 A와 A^C로 생각할 수 있다.

[분수 값 기준]
1 (A, 특수) vs ~1 (A^C, 일반)

A인 경우 분자 분모의 발현 양상이 동일한 지 검증 후
여러 Schema를 활용하여 해제하고

A^C인 경우 순서쌍 분할 후 1st 우열, 2nd 성상 순으로 확인한다.

[대립유전자 기준]
동일 (A, 특수) vs 다름 (A^C, 일반)

A인 경우 특수 Case이니 주어진 대로 (말씀드린 대로) 따라가고
A^C인 경우 순서쌍 분할 후 우성 유전자와 표현형의 대응 여부 그리고 대응을 활용한다.

이때 1st 우열, 2nd 성상 순으로 확인한다.

- 분수 값이 등장했을 때 적절히 순서쌍 분할할 수 있으며
  적절히 합의 관점으로 관찰할 수 있다.

  예를 들어 분수 값이 2일 경우 주어진 총 대립유전자 수 합은 3이 되어야 한다.

[예시 - 20학년도 9평]

○ (가)는 대립 유전자 H와 H*에 의해, (나)는 대립 유전자 R와 R*에 의해, (다)는 대립 유전자 T와 T*에 의해 결정된다. H는 H*에 대해, R는 R*에 대해, T는 T*에 대해 각각 완전 우성이다.

○ (가)의 유전자와 (나)의 유전자는 서로 다른 염색체에 있고, (가)의 유전자와 (다)의 유전자는 연관되어 있다.

○ 가계도는 (가)~(다) 중 (가)와 (나)의 발현 여부를 나타낸 것이다.

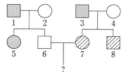

□	정상 남자
○	정상 여자
▨	(나) 발현 남자
⊘	(나) 발현 여자
■	(가), (나) 발현 남자
●	(가), (나) 발현 여자

○ 구성원 1~8 중 1, 4, 8에서만 (다)가 발현되었다.

○ 표는 구성원 ㉠~㉢에서 체세포 1개당 H와 H*의 DNA 상대량을 나타낸 것이다. ㉠~㉢은 1, 2, 6을 순서 없이 나타낸 것이다.

구성원	㉠	㉡	㉢
DNA 상대량 H	?	?	1
H*	1	0	?

○ $\dfrac{7,\ 8\ 각각의\ 체세포\ 1개당\ R의\ DNA\ 상대량을\ 더한\ 값}{3,\ 4\ 각각의\ 체세포\ 1개당\ R의\ DNA\ 상대량을\ 더한\ 값} = 2$ 이다.

분수 조건에서 대립유전자 R은 우성 대립유전자이고
분수 값 자체는 2로 다른 것을 알 수 있다.

따라서 우성 대립유전자의 합은 3의 배수여야 하며
(2, 1) or (4, 2)로 나타나야 한다.

그런데 (4, 2)이면 우성 동형 둘이 나타나므로 직계 표현형이 모두 동일해야 한다.
따라서 (2, 1)이고 7, 8이 모두 (나)의 발현 여부가 동일하므로 우성 대립유전자 유무가 동일해야
한다. 따라서 7와 8의 R의 DNA 상대량은 각각 1이다.

∴ (1 + 1)/(1 + 0)의 꼴이고 R은 상염색체 위에 있으므로 필요하면 모든 유전자형을 구할 수 있다.

심화 가계도
Schema 11

분수 조건 해석

[예시 - 21학년도 6평]

○ (가)는 대립유전자 R와 r에 의해 결정되며, R는 r에 대해 완전 우성이다.
○ (나)는 상염색체에 있는 1쌍의 대립유전자에 의해 결정되며, 대립유전자에는 E, F, G가 있다.
○ (나)의 표현형은 4가지이며, (나)의 유전자형이 EG인 사람과 EE인 사람의 표현형은 같고, 유전자형이 FG인 사람과 FF인 사람의 표현형은 같다.
○ 가계도는 구성원 1~9에게서 (가)의 발현 여부를 나타낸 것이다.

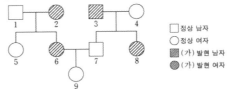

□ 정상 남자
○ 정상 여자
▨ (가) 발현 남자
⬤ (가) 발현 여자

○ $\dfrac{1, 2, 5, 6 \text{ 각각의 체세포 1개당 E의 DNA 상대량을 더한 값}}{3, 4, 7, 8 \text{ 각각의 체세포 1개당 r의 DNA 상대량을 더한 값}} = \dfrac{3}{2}$

○ 1, 2, 3, 4의 (나)의 표현형은 모두 다르고, 2, 6, 7, 9의 (나)의 표현형도 모두 다르다.
○ 3과 8의 (나)의 유전자형은 이형 접합성이다.

분수 조건에서 대립유전자 E은 우성 대립유전자, r은 열성 대립유전자이고 분수 값 자체는 3/2로 다른 것을 알 수 있다.

따라서 우성 대립유전자의 합은 5의 배수여야 하며
(3, 2) or (6, 4)로 나타나야 한다. (2 vs 6에서 모순을 판단해야 한다.)

(3, 2)이면 (가)의 발현 여부가 (2, 2)이므로 rY가 2명이어야 하는데 이는 모순이다.
따라서 (6, 4)인데 (가)의 발현 여부가 (2, 2)이므로 (가)는 상염색체 유전일 수 없다.

(∵ 열성 동형의 직계는 열성 대립유전자를 갖는다.)

(가)는 X 염색체 위에 있으므로 표현형 다른 직계 남녀 1-6을 통해
(가)는 우성 형질이다.

혈액형 가계도

[중요도 ★★]

- A형과 B형이 상하 관계에 있다면 두 구성원은 O가 있는 염색체를 공유한다.

- 자손의 표현형이 3종류 이상 나타나면 부모의 유전자형은 모두 이형 접합성이다.

- 특수 혈액형 가계도에서 AB형 구성원은 서로 다른 염색체를 두 구성원에게 공유한다.
  O형 구성원은 동일인지 분리인지 판단해야하나, 분리될 가능성이 높다.

- 혈액형 유전자의 흐름과 관련된 연관 유전 문항이 출제될 수 있다.
  이때 연관 염색체의 흐름에 유의하여 유전자 흐름을 판단하자.

- 적절히 매개문자를 활용하여 혈액형 유전자 흐름을 해석할 수 있다.

[예시 - 19학년도 수능]

○ (가)는 대립 유전자 T와 T^*에 의해 결정되며, T는 T^*에 대해 완전 우성이다. (가)의 유전자는 ABO식 혈액형 유전자와 연관되어 있다.

○ 표는 구성원의 성별, ABO식 혈액형과 (가)의 발현 여부를 나타낸 것이다. ㉠, ㉡, ㉢은 ABO식 혈액형 중 하나이며, ㉠, ㉡, ㉢은 각각 서로 다르다.

구성원	성별	혈액형	(가)
아버지	남	㉠	×
어머니	여	㉡	×
자녀 1	남	㉠	×
자녀 2	여	㉢	○
자녀 3	여	㉡	×

(○: 발현됨, ×: 발현 안 됨)

○ 자녀 1의 (가)에 대한 유전자형은 동형 접합이다.

○ 자녀 3과 혈액형이 O형이면서 (가)가 발현되지 않은 남자 사이에서 ⓐ A형이면서 (가)가 발현된 남자 아이가 태어났다.

자녀 2의 (가)의 발현 여부에 의해 (가)는 열성 형질이고
자녀 2는 부모에게 모두 T^*가 있는 염색체를 받는다.

이때 추가 조건에 의해 자녀 3은 AT^*를 갖고 이는 자녀 2도 갖는다. 따라서 ㉡과 ㉢은 A형과 AB형 중 하나이고 ㉠은 O형일 수 없으므로 B형으로 결정된다.

어머니의 혈액형은 AB형 또는 O형이다.
이때 경우의 수가 A vs A^C으로 확정이므로 연역적 귀류로 풀어도 되고
결국 중간 유전 복대립이므로 남은 유전자 자리를 x, y, z로 두고 해제해도 무방하다.

심화 가계도

다인자 가계도

[중요도 ★★]

- 양극단 표현형 (특수 구성원) 이 가장 특수하고
  다인자 가계도 돌연변이가 출제된다면 양극단 표현형이 출제될 것이다.

- 표현형 범위 압축 논리를 활용할 수 있다.

- 적절히 대문자 수의 유전자 위치 경우의 수가 1인 경우
  1, 2, 3과 같은 대문자 수를 활용하여 다인자 염색체 지도를 채울 수 있다.

- 반성 다인자 가계도가 출제될 경우 Y 염색체가 관여하여
  여성보다 남성의 표현형 종류가 적고, 여성의 극단 표현형 중 하나가 나타나지 않는다.

[예시 – 23학년도 6평]

○ (가)는 대립유전자 E와 e에 의해 결정되며, 유전자형이 다르면 표현형이 다르다. (가)의 3가지 표현형은 각각 ㉠, ㉡, ㉢이다.
○ (나)는 3쌍의 대립유전자 H와 h, R와 r, T와 t에 의해 결정된다. (나)의 표현형은 유전자형에서 대문자로 표시되는 대립유전자의 수에 의해서만 결정되며, 이 대립유전자의 수가 다르면 표현형이 다르다.
○ 가계도는 구성원 1~8에게서 발현된 (가)의 표현형을, 표는 구성원 1, 2, 3, 6, 7에서 체세포 1개당 E, H, R, T의 DNA 상대량을 더한 값(E+H+R+T)을 나타낸 것이다.

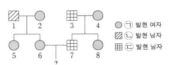

구성원	E+H+R+T
1	6
2	ⓐ
3	2
6	5
7	3

○ 구성원 1에서 e, H, R는 7번 염색체에 있고, T는 8번 염색체에 있다.
○ 구성원 2, 4, 5, 8은 (나)의 표현형이 모두 같다.

구성원 2, 4, 5, 8은 (나)의 표현형이 모두 같다고 제시되어 있다.

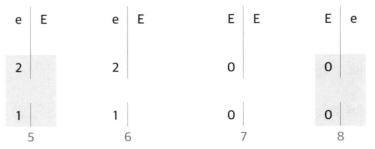

필자라면 실전이라면 위처럼 풀 듯 하나 22학년도 수능 풀이처럼
일반화된 아래 풀이도 공부해두도록 하자.

다인자 가계도

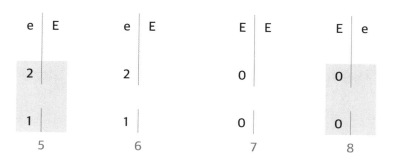

구성원 5의 대문자로 표시된 대립유전자가 들어갈 수 있는 남은 유전자 자리는 3개이고,
구성원 8의 대문자로 표시된 대립유전자가 들어갈 수 있는 남은 유전자 자리 또한 3개이다.

표현형이 각각 3과 0이므로 5와 8의 대문자로 표시된 대립유전자 수는 3이어야 하며
구성원 2, 4, 5, 8은 (나)의 표현형은 모두 3개로 같다.

심화 가계도

중간 유전 가계도

[중요도 ★★]
- 핵심 기반 논리는 '이형 접합성' 구성원 자체가 독립적인 표현형을 가지고
  이형 접합성 구성원은 동형 사이에 껴야 등장할 수 있다는 것이다.
- 역삼각 구성원이 표현형이 모두 다르면 꼭짓점 자녀의 유전자형이 이형 접합성이다.

- 정삼각 구성원이 표현형이 모두 다르면 부모의 유전자형이 이형 접합성이다.
- 3세대 흐름으로 표현형이 다르면 중간 구성원의 유전자형은 이형 접합성이고
  양극단 구성원의 유전자형은 동형 접합성이다.
- 직계에서 동일한 표현형의 구성원이 나타날 경우
  부모 중 한 명의 유전자형은 이형 접합성이다.
- 좌우 구간에서 부모의 표현형 구성이 다르다면 공통 표현형 자녀는 이형 접합성이다.

[예시 - 23학년도 6평]

○ (가)는 대립유전자 E와 e에 의해 결정되며, 유전자형이 다르면
표현형이 다르다. (가)의 3가지 표현형은 각각 ⊙, ⓒ, ⓔ이다.
○ (나)는 3쌍의 대립유전자 H와 h, R와 r, T와 t에 의해 결정
된다. (나)의 표현형은 유전자형에서 대문자로 표시되는
대립유전자의 수에 의해서만 결정되며, 이 대립유전자의
수가 다르면 표현형이 다르다.
○ 가계도는 구성원 1~8에게서 발현된 (가)의 표현형을, 표는
구성원 1, 2, 3, 6, 7에서 체세포 1개당 E, H, R, T의 DNA
상대량을 더한 값(E+H+R+T)을 나타낸 것이다.

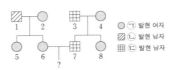

구성원	E+H+R+T
1	6
2	ⓐ
3	2
6	5
7	3

○ ⊙ 발현 여자
◪ ⓒ 발현 남자
▦ ⓔ 발현 남자

○ 구성원 1에서 e, H, R는 7번 염색체에 있고, T는 8번 염색체에
있다.
○ 구성원 2, 4, 5, 8은 (나)의 표현형이 모두 같다.

1-2, 3-4의 표현형 조성이 다르므로 공통 표현형인 ⊙은 이형 접합성(Ee)이다.
7-8의 자손 표현형 종류가 2종류이므로 3-4는 동형 동형일 수 없고,
1의 표현형인 ⓒ은 동형 접합성이다. 이때 1은 e를 가지므로 1의 유전자형은 ee이다.

따라서 ⓔ의 유전자형은 EE이다.

중간 유전 가계도

[예시 - 24학년도 7월 교육청]

- (가)는 대립유전자 H와 h에 의해 결정되며, H는 h에 대해 완전 우성이다.
- (나)는 대립유전자 T와 t에 의해 결정되며, 유전자형이 다르면 표현형이 다르다. (나)의 표현형은 3가지이고, ㉠, ㉡, ㉢이다.
- (가)와 (나)의 유전자는 같은 상염색체에 있다.
- 그림은 구성원 1~9의 가계도를, 표는 1~9를 (가)와 (나)의 표현형에 따라 분류한 것이다. ⓐ~ⓓ는 2, 3, 4, 7을 순서 없이 나타낸 것이다.

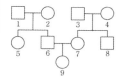

표현형		(가)	
---	---	발현됨	발현 안 됨
(나)	㉠	6, ⓐ	8, ⓑ
	㉡	1, ⓒ	5
	㉢	ⓓ	9

- 3과 6은 각각 h와 T를 모두 갖는 생식세포를 형성할 수 있다.

1-6-9의 (나)의 표현형 조성이 다르므로 중간에 있는 구성원 6의 표현형은 [Tt]이다.

심화 가계도

복대립 가계도

[중요도 ★★★]

- X 염색체 복대립 유전에서 남성 구성원은 복대립 유전자를 1개만 갖고
  해당 복대립 유전자를 직계 여성과 공유한다.

  남성 구성원 → 직계 여성 공유 → 대립쌍 판단 순서로 생각하자.

- 양극단 대립유전자를 먼저 생각하자.
  최우성 유전자 유무는 발현 여부를 좌우하며, 최열성 표현형은 1가지 경우의 수이다.

  (상염색체면 남녀 무관 동형 접합성, 성염색체면 최열성 대립유전자'만' 가져야 한다.)

- 여성 구성원은 성상 무관 대립유전자를 쌍으로 가져 한 형질에 관여하는 모든 대립유전자에
  대한 DNA 상대량 합이 2이다.

- 매개문자 x, y, z를 적절히 활용해서 복대립 유전자의 이동을 판단할 수 있다.

- 복대립 유전자나 연관된 대립유전자를 활용하여 염색체 흐름을 관찰할 수 있다.
  이때 핵심은 열성 대립유전자 흐름일 가능성이 높다.

- 좌우 구간에서 부모의 표현형 구성이 다르다면 공통 표현형 자녀는 이형 접합성이다.

- ⊙ 자손이 3명이 있는 가족 구성원의 유전자형이 모두 다르면 ⊙(5명)의 유전자형은 모두 이
  형 접합성이다.

복대립 가계도

[Case 1]

순수 복대립, ㉠, ㉡, ㉢ 서로 다른 표현형

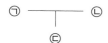

㉢을 결정하는 유전자는 ㉠에서 하나, ㉡에서 하나 오므로
㉢의 복대립 우열은 1일 수 없다.

[Case 2]

중간 유전 복대립, ㉠, ㉡, ㉢, ㉣ 서로 다른 표현형

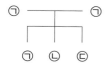

ㄴㄷ = ㉠이다. ㉠이 AB형일 때 다음과 같이 적절히 치환하여 생각할 수 있다.

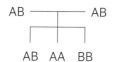

[Case 3]

중간 유전 복대립, ㉠, ㉡, ㉢, ㉣ 서로 다른 표현형

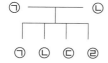

ㄱ = ㄴ 이다. 대표적인 케이스로 A = B>O가 있다.
다음과 같이 적절히 치환하여 생각할 수 있다.

심화 가계도
Schema 15

복대립 가계도

[예시 – 21학년도 수능]

○ (가)는 상염색체에 있는 1쌍의 대립유전자에 의해 결정되며,
대립유전자에는 D, E, F, G가 있다.
○ D는 E, F, G에 대해, E는 F, G에 대해, F는 G에 대해 각각
완전 우성이다.
○ 그림은 구성원 1~8의 가계도를, 표는 1, 3, 4, 5의 체세포 1개당
G의 DNA 상대량을 나타낸 것이다. 가계도에 (가)의 표현형은
나타내지 않았다.

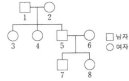

구성원	G의 DNA 상대량
1	1
3	0
4	1
5	0

○ 1~8의 유전자형은 각각 서로 다르다.
○ 3, 4, 5, 6의 표현형은 모두 다르고, 2와 8의 표현형은 같다.
○ 5와 6 중 한 명의 생식세포 형성 과정에서 ⓐ대립유전자 ㉠이
대립유전자 ㉡으로 바뀌는 돌연변이가 1회 일어나 ㉡을 갖는
생식세포가 형성되었다. 이 생식세포가 정상 생식세포와 수정
되어 8이 태어났다. ㉠과 ㉡은 각각 D, E, F, G 중 하나이다.

3, 4, 5, 6의 표현형이 모두 다르므로
3, 4, 5, 6의 표현형은 [D], [E], [F], [G]를 순서 없이 나타낸 것이고
표에는 3, 4, 5의 G의 상대량이 2가 아니라고 제시되어 있으므로 6이 GG이다.

이때 1에게 G가 있고, 3, 4, 5의 표현형은 [D], [E], [F]를 순서 없이 나타낸 것이므로
1과 2에는 D, E, F, G가 모두 있다.

순수 복대립 해석이므로 퍼넷을 적절히 활용할 수 있다.

자손의 표현형이 3종류가 나와야하므로 1과 2는 모두 이형 접합성이고
1번 유전자(D)과 2번 유전자(E)는 다른 구성원에 있어야 한다.

이때 3과 5는 G의 DNA 상대량이 공통으로 0이므로
G의 대립쌍 유전자를 받아야 한다.

따라서 3과 5는 E를 갖고, E를 준 부모의 유전자형은 EG이며
나머지 부모의 유전자형은 DF이다.

12
Theme

세포 분열 돌연변이

세포 분열 돌연변이

비분리 양상

[중요도 ★★★]
- 비분리는 감수 1분열과 감수 2분열로 분류된다.

수 이상 돌연변이를 표로 정리하면 다음과 같다.

돌연변이	세포	생식세포		부모의 정보	
		핵상	유전자형	유전자 유무	유전되는 유전자 개수
-	정상	2n	Aa	-	-
		n	A or a	○	1
수 이상	감수 1분열 비분리	n+1 or n-1	Aa or O	○	2 or 0
	감수 2분열 비분리	n+1 or n-1 or n (정상)	AA or aa or O	○	2 or 0

(○: 있음 ×: 없음)

비분리 양상을 그림으로 나타내면 다음과 같다.

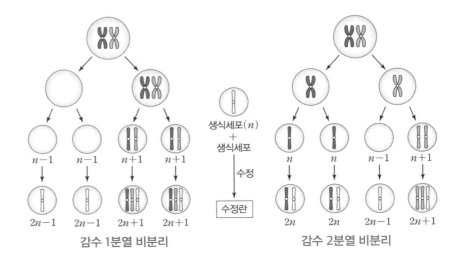

감수 1분열 비분리   감수 2분열 비분리

⇒ 비분리와 무관하게 두 하위 세포의 염색체 조합은 상위 세포의 염색체 구성이다.

비분리 양상

염색체 비분리를 감수 분열 과정을 기준으로 분류할 수도 있지만
염색체 비분리를 상염색체 비분리와 성염색체 비분리로 분류할 수도 있다.

돌연변이	세포	감수 분열 과정 기준			
		상염색체		X 염색체 (남자)	
		핵상	유전자형	핵상	성염색체
-	정상	2n	Aa	2n	$X^H Y$
		n	A or a	n	X^H or Y
수 이상	감수 1분열 비분리	n + 1 or n − 1	Aa or O	n + 1 or n − 1	$X^H Y$ or O
	감수 2분열 비분리	n + 1 or n − 1	AA or aa or O	n + 1 or n − 1	$X^H X^H$ or YY or O

세포 분열 돌연변이

핵상 판단

[중요도 ★★★]
– 비분리가 1회 일어난 생식세포는 다음과 같이 3가지 핵상을 가질 수 있다.

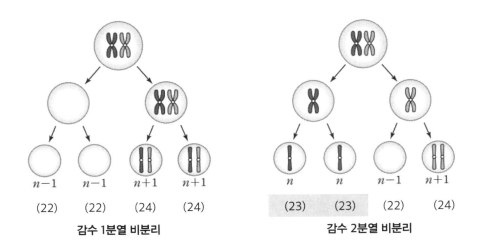

감수 1분열 비분리   **감수 2분열 비분리**

이때 다음이 성립한다.

1) 핵상이 n인 세포
감수 2분열 비분리이다.

2) 소구간 내 생식세포의 핵상이 다르다.
감수 2분열 비분리이다.

3) 소구간 내 염색체 수 합이 전체 염색체 수 합의 절반
감수 2분열 비분리이다.

4) 핵상의 가짓수
2가지이면 감수 1분열 비분리, 3가지이면 감수 2분열 비분리이다.

5) 비교 해석
어떤 세포에는 특정 DNA 상대량이 자연수인데, ㉠ 다른 세포에 해당하는 DNA 상대량이 0이
라면 ㉠의 핵상은 n, n-1, n+1 중 하나이다. (=2n이 아니다.)

6) 핵상이 2n인 세포
비분리가 일어나지 않은 세포가 확실함
개체의 유전자형과 성상 판단 가능

7) 핵상이 2n이 아닌 세포
세포 간 구분이 필요함
이때 DNA 상대량 1은 중기 세포에 올 수 없음

염색체 수 판단

[중요도 ★★★]

- 사람은 상염색체 22쌍과 성염색체 1쌍을 갖는다. 그에 따라 그림에 나타나지 않은 염색체 수
  도 함께 고려해줘야 한다.

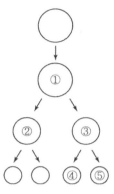

세포	염색체 수		
	정상	1분열 비분리	2분열 비분리
①	46	46	46
②	23	22	23
③	23	24	23
④	23	24	22
⑤	23	24	24

1) 총 염색체 수

상염색체 수 + 성염색체 수

⇒ <u>상염색체 수</u> = 총 염색체 수 - 성염색체 수

2) 총 염색체 수가 홀수

n or 2n+1 or 2n-1

이때 핵상이 n인 세포는 감수 2분열임을 방증한다.

3) 총 염색체 수가 짝수

n-1 or n+1 or 2n

4) 염색체 수의 최대-최소

비분리가 m번 일어났을 때, Max는 $n + m$, Min은 $n - m$

[Remark 1] 실제 염색체 수를 적는 것보다 핵상 또는 증감으로만 판단하는 것이 비분리 횟수와
시기를 파악하는 데 효과적이다.

세포 분열 돌연변이

세포 분열 돌연변이
Schema 4
포함 관계

[중요도 ★★★]
- 세포 분열 과정 내 S, A, A^{C}를 관찰할 수 있다.
  비분리가 1회 일어났다면, 3개의 소구간 중 2개의 소구간 딸세포 간 염색체 수는 같다.

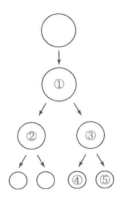

1) M₁기 세포 총 염색체 수 (①)
왼쪽(②) 총 염색체 수 + 오른쪽(③) 총 염색체 수

2) M₁기 세포 성염색체 수 (①)
왼쪽(②) 성염색체 수 + 오른쪽(③) 성염색체 수

3) M₂기 세포 총 염색체 수 (③)

$$\frac{왼쪽(④) \ 총 \ 염색체 \ 수 + 오른쪽(⑤) \ 총 \ 염색체 \ 수}{2}$$

4) M₂기 세포 성염색체 수 (③)

$$\frac{왼쪽(④) \ 성염색체 \ 수 + 오른쪽(⑤) \ 성염색체 \ 수}{2}$$

포함 관계

㉠ : 1행
= 개체의 유전자형이 드러남
㉡ : 2행
= ㉠의 DNA 상대량 × 2
= 3행 세포들의 대립유전자 구성의 합
= 4행 세포들의 대립유전자 구성의 합
㉢, ㉣ : 3행
㉡ = ㉢ + ㉣
㉤, ㉥, ㉦, ㉧ : 4행
㉡ = ㉤ + ㉥ + ㉦ + ㉧

비분리가 1회 일어났다면

㉤ = ㉥와 ㉦ = ㉧ 중 적어도 하나는 성립한다.

세포 분열 돌연변이

세포 분열 돌연변이
Schema 5

인덱싱

[중요도 ★★★]
- 비분리가 일어난 지점에 √ 표시를 해주자.
- 생식세포가 n − 2, n − 1, n − 1 + 1, n + 1, n + 2임을 구분하는 것은 유의미하다.
- 유전자가 없어진 방향의 세포는 − 로, 유전자가 늘어난 방향의 세포는 + 로 인덱싱하자.

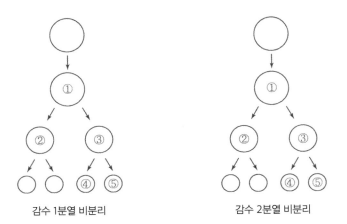

[비분리 양상]

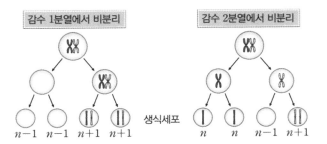

[남자의 비분리 양상]

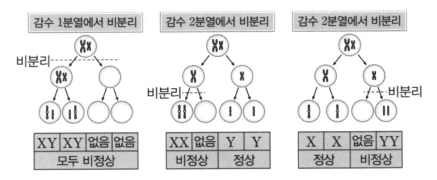

좌우 대응

[중요도 ★★★]

- 성염색체의 이동 또는 대립유전자의 이동 양상을 좌우에 대응해주자.
  비분리 결과 양쪽으로 갈라지지만 있는 유전자가 없어지지는 않는다.

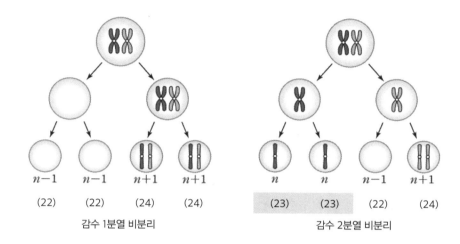

감수 1분열 비분리   감수 2분열 비분리

- 구간 좌우에 각각 (+) or (–)을 대응해주자
  (+)와 (–)는 서로 여사건의 관계이다.

세포 분열 돌연변이

세포 분열 돌연변이
Schema 7

상하 관계

[중요도 ★★★]

- 상위 세포에서 없는 대립유전자는 하위 세포에도 없고
  하위 세포에서 있는 대립유전자는 상위 세포에도 있다.

- 하위 세포의 DNA 상대량은 상위 세포의 DNA 상대량보다 같거나 작다.
  즉, 상위 세포의 DNA 상대량을 초과할 수 없다.

- 상위 vs 하위 세포를 판단하기 위해 세로 해석을 행할 때 유일하게 한 줄에만 존재하는 대립유
  전자는 하위 세포일 수 없어서 상위 세포이다.

세포	DNA 상대량					
	E	e	F	f	G	g
㉠	?	0	2	0	2	ⓐ
㉡	2	2	0	4	0	?
㉢	ⓑ	0	?	2	?	0
㉣	4	0	ⓒ	2	?	2

㉡은 핵상이 n인 세포일 수 없고, 2n, 4 세포임이 결정된다.

- 상위 vs 하위 세포를 판단하기 위해 같은 개체 세포 내에서 세로 해석을 행할 때
  유일하게 한 줄에만 없는 대립유전자는 상위 세포일 수 없어서 하위 세포이다.

세포	DNA 상대량					
	E	e	F	f	G	g
㉠	?	0	2	0	2	ⓐ
㉡	2	2	0	4	0	?
㉢	ⓑ	0	?	2	?	0
㉣	4	0	ⓒ	2	?	2

㉠은 핵상이 2n인 세포일 수 없고, 정상 세포일 경우 n, 2 세포이고
돌연변이 세포일 경우 n, 1 vs n, 2 세포 중 판단해야 한다.

(단, 세로 비교는 <u>같은 개체의 세포 구분 후</u> 진행하는 것...!)

중기 세포

[중요도 ★★★]

- 2n, 4 세포와 n, 2 세포는 DNA가 복제되어 있는 세포이다.

  그에 따라 DNA 상대량이 홀수(1, 3)일 수 없다.

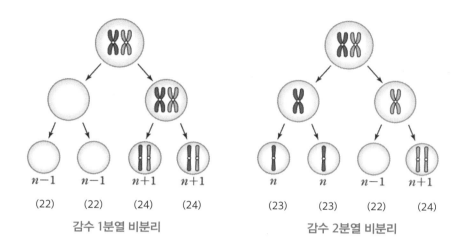

감수 1분열 비분리   감수 2분열 비분리

⇒ 같은 종류의 DNA 상대량 합이 3인 세포가 있다면 n, 1 세포이며

  감수 1분열과 감수 2분열에서 각각 비분리가 1회씩 일어나야 한다.

세포 분열 돌연변이

세포 분열 돌연변이
Schema 9

성상 구분

[중요도 ★★★]
- 유전자의 성상 판단은 남자의 정상 세포(2n, 2 or 2n, 4) 세포에서 가능하다.
  이때 감수 1분열에서 성염색체 비분리가 일어났다와 같이 발문에 제시되어 있다면
  발문을 통해 알아낼 수도 있다.

- 여성의 2n, 4 세포에서 같은 종류의 유전자 상대량 합은 4 또는 0만 가능하다.
  즉, 정상 세포에서 DNA 상대량 합이 2와 1이 공존하거나 4와 2가 공존할 수 없다.

- 남성의 유전자 상대량 합이 4인 경우, 해당 유전자는 상염색체 위에 있다.
  또한 2n, 2 세포에서 유전자 상대량 합이 2인 경우도 동일하다.

- 성염색체 위 DNA 상대량에 대해 이해할 수 있다.

상태 \ 정보	특징
2n, 2	여성이면 상 or X에서 대립유전자 합은 2이고 Y는 등장하지 않으며 남성이면 상에서 대립유전자 합은 2이고 X or Y의 상대량 합은 1이다.
2n, 4	여성이면 상 or X에서 대립유전자 합은 4이고 Y는 등장하지 않으며 남성이면 상에서 대립유전자 합은 4이고 X or Y의 상대량 합은 2이다.

[남자의 비분리 양상]

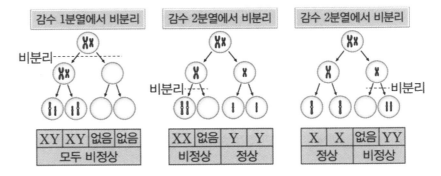

정상 세포

[중요도 ★★★]

- 비분리 현상이 일어나도, 감수 1분열 or 2분열에서 발생하기 때문에
  2n, 2 세포와 2n, 4 세포는 비분리가 일어나지 않은 정상 세포이다.

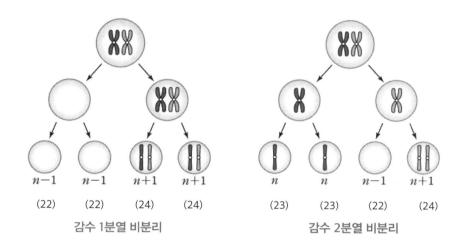

감수 1분열 비분리   감수 2분열 비분리

세포 분열 돌연변이
Schema 11
합의 관점

[중요도 ★★★]

- 4가지 생식세포 증감의 총합은 비분리 횟수와 관계 없이 0이다.
  이때 한 구간 내 증감의 총합이 0이 아니면 감수 1분열 비분리이다.

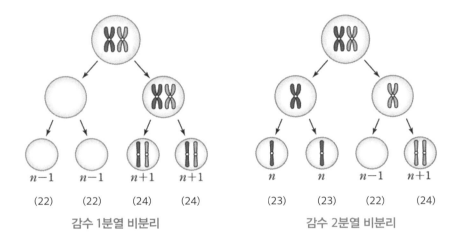

정체성 부여

[중요도 ★★★★]

– 각 세포를 다음과 같이 약어로 표기할 수 있다.

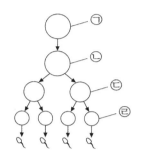
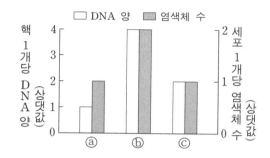

1) ㉠ : 2n, 2

2) ㉡ : 2n, 4

3) ㉢ : n, 2

4) ㉣ : n, 1

이는 각 세포에 핵상과 DNA 상대량을 활용한 정체성을 부여할 수 있고

핵상 판단 후 DNA 상대량을 판단하거나 DNA 상대량을 판단한 후 핵상을 판단할 수 있어 유용한 표기법으로 활용될 수 있다.

이때 돌연변이가 일어나면 각 세포 내 DNA 상대량이 다소 달라질 수 있다.

[정체성 부여 – 예시]

상태 \ 정보	특징
2n, 2	여성이면 상 or X에서 대립유전자 합은 2이고 Y는 등장하지 않으며 남성이면 상에서 대립유전자 합은 2이고 X or Y의 상대량 합은 1이다.
2n, 4	여성이면 상 or X에서 대립유전자 합은 4이고 Y는 등장하지 않으며 남성이면 상에서 대립유전자 합은 4이고 X or Y의 상대량 합은 2이다.
n, 2	자연수 상대량이 전체의 절반보다 적고 1이 없는 세포
n, 1	자연수 상대량이 전체의 절반보다 적고 1이 있는 세포

세포 분열 돌연변이

단독 해석

[중요도 ★★★★]

- 정상 세포일 때 어떤 유전자의 DNA 상대량으로 가능한 값들은 0, 1, 2, 4 중 하나이고 돌연변이 세포일 때, DNA 상대량 3이 가능한다.

각각은 단독적으로 해석할 때 다음과 같은 의미를 갖는다.

[단독 해석]

DNA 상대량	정보	특징
	0	개체가 갖고 있지 않은 유전자이다. 서로 다른 두 개체를 구분하는 데 활용할 수 있다.
2순위	1	M_1기(2n, 4), M_2기(n, 2)가 될 수 없다. 즉, 양극단 세포에 존재할 수 있다.
	2	동형 접합 & 감수 1분열 비분리인 생식세포 이형 접합성 & 감수 2분열 비분리인 생식세포
1순위	3	비분리가 일어났을 때 등장할 수 있다. 동형 접합성 유전자형에 비분리가 2번 일어난 생식세포
3순위	4	M_1기이고 동형 접합성이다. 만약 비분리가 1회 일어났다면 G_1기 세포(2n, 2)와 생식세포(n, 1)가 될 수 없다. n, 1 세포에서 DNA 상대량 4가 등장한다면 감수 1분열 1회, 감수 2분열 2회 비분리가 발생한 것으로 세포의 핵상은 n+3이 된다.

유전자형

[중요도 ★★★★]

- 유전자형이 발문에 제시되어 있는 문항이 있고 제시되지 않는 문항이 있다.

  유전자형(S)이 발문에 제시되어 있으면 좌우 중 한 구간의 정보만 알아도 나머지 구간의 정보를 여사건으로 알 수 있다.

- 핵상이 $2n$인 세포의 정보는 유전자형과 대응된다.

  그에 따라 $2n$인 세포로부터 유전자형을 추론할 수도 있고, 유전자형으로부터 $2n$인 세포의 정보를 추론할 수 있다.

- DNA 상대량 정보를 전체 관점으로 관찰하여 유전자형 일부를 추론할 수 있다.

세포 분열 돌연변이

비교 해석

[중요도 ★★★★]
- 두 칸 이상의 DNA 상대량을 서로 비교하여 정보를 추출할 수 있다.

[비교 해석]
1) 같은 개체 내 한 세포에서 DNA 상대량이 0이 아닌 유전자가 다른 어떤 세포에서 DNA 상대
   량이 0이라면, DNA 상대량이 0인 세포는 핵상이 n or n - ? or n + ?다.
   (= n인 핵상 판단)

2) 상에서 상대량이 0이면 하에서도 상대량은 0이고, 하에서 상대량이 자연수이면 상에서도 상
   대량은 자연수이다.

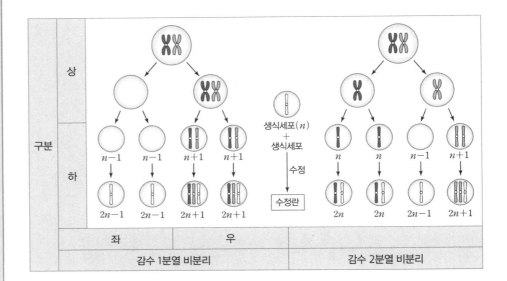

[중요도 ★★★]
- 같은 염색체에 있는 유전자는 비분리 시 함께 이동한다.

  이때 유전자형이 이형 접합성이라면 상인 vs 상반 여부 구분이 요구된다.
  좌우에 유전자/염색체 이동 양상을 정리했던 것처럼 연관 상태를 좌우에 기입해두자.

세포 분열 돌연변이

연관 추론

[중요도 ★★★]
- 같은 염색체에 있는 유전자는 비분리 시 함께 이동한다.

이때 n개의 유전자가 n-1개의 염색체에 있다고 제시되다면
비둘기집의 원리에 의해 반드시 연관이 존재한다.

좌우에 유전자/염색체 이동 양상을 정리했던 것처럼 연관 상태를 좌우에 기입해두자.

[비둘기집의 원리]
비둘기 일곱 마리가 여섯 개의 집에 들어 있으면 비둘기가 두 마리 또는 그 이상 들어 있는 집이
적어도 하나 있다.

비분리 특수 해석

[중요도 ★★★★]

- ㉠ <u>n, 1 세포</u>에서 대립유전자 쌍의 DNA 상대량이 (1, 1)이면 감수 1분열에서 비분리가 일어난 것이고 ㉠은 + 세포이다.

- 2n, 2 세포에서 ⓐ <u>대립유전자 쌍의 DNA 상대량이 (1, 1)인데</u>
  ㉡ <u>n, 1 세포</u>에서 ⓐ에 대한 DNA 상대량 (2, 0)이 등장한다면 감수 2분열 비분리이고, ㉡은 + 세포이다.

- 이러한 케이스를 정리하면 다음과 같다.

  1) n, 2
  (2, 2) : 이형 접합성, 감수 1분열 비분리
  (4, 0) : 동형 접합성, 감수 1분열 비분리
  (0, 0) : 핵상 n-1 or 남성 (성염색체)

  2) n, 1
  (1, 1) : 이형 접합성, 감수 1분열 비분리
  (2, 0) : 동형 접합성, 감수 1분열 비분리
  (2, 0) : 동형 접합성 or 이형 접합성, <u>감수 2분열 비분리</u>
  (0, 0) : 핵상 n-1 or 남성 (성염색체)

세포 분열 돌연변이

2회 비분리

[중요도 ★★]

- 성염색체 비분리 1회, 상염색체 비분리 1회와 같이 출제되거나
  감수 1분열 비분리 1회 & 감수 2분열 비분리 1회와 같이 2회 비분리 현상이 출제된다.

- 그림 자체에서 정상 세포가 존재한다면 선 대응을 시도하고
  그 이후 돌연변이 세포는 가장 특수한 세포를 우선 대응하자.

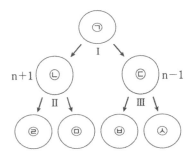

- ⊙은 비분리와 무관한 정상 세포이니 먼저 해석할 수 있다.

  Ⅰ에서 성염색체 1회, 상염색체 1회 비분리 or 두 쌍 상염색체 비분리와 같이 매우 특수한 경우
  는 거의 출제되지 않고 주로 상염색체 1회 비분리 또는 성염색체 1회 비분리가 출제된다.

  이와 같이 감수 1분열 비분리에서 비분리가 2회 일어나는 경우가 아니라면
  ⓛ과 ⓒ의 핵상이 n + 2 or n − 2 or n + 0이 될 수 없다.

  ⓔ ~ ⓢ은 2회 비분리에 의해 n + 2 or n − 2 or n + 0의 가능성이 존재한다.

  이때 비분리가 일어난 <u>여사건 구역</u>에서는 염색체 수가 동일하다.
  즉, 비분리가 일어나지 않은 구역에서는 삼각 세포의 모든 염색체 수가 동일하다.

- 감수 1분열 비분리에 의해 좌우가 각각 n − 1 vs n + 1 구분을 요한다
  (+) 방향인지 (−) 방향인지 적절히 판단하도록 하자.

- 감수 2분열 비분리에 의해 왼쪽 구역 or 오른쪽 구역에서 염색체 수 변화가 일어난다.
  (+) 방향인지 (−) 방향인지 적절히 판단해야 하며, 비분리가 일어난 곳에 인덱싱(√)을 행하자.

- 성염색체 수 = X 염색체 수 + Y 염색체 수는 항상 고정으로
  성염색체 비분리 양상에 따라 그 수가 1 or 3으로 변화할 수 있다.

  이때 비분리가 2번 일어나면 + 1과 − 1이 동시에 일어나서 다시 0이 될 수 있다.

2회 비분리

[예시 - 18학년도 6평]

그림 (가)와 (나)는 각각 어떤 남자와 여자의 생식 세포 형성 과정을, 표는 세포 ⓐ~ⓔ의 총 염색체 수와 X 염색체 수를 나타낸 것이다. (가)의 감수 1분열에서는 7번 염색체에서 비분리가 1회, 감수 2분열에서는 1개의 성염색체에서 비분리가 1회 일어났다. (나)의 감수 1분열에서는 21번 염색체에서 비분리가 1회, 감수 2분열에서는 1개의 성염색체에서 비분리가 1회 일어났다. ⓐ~ⓔ는 Ⅰ~Ⅴ를 순서 없이 나타낸 것이다.

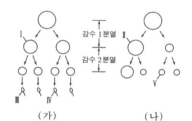

세포	총 염색체 수	X 염색체 수
ⓐ	22	1
ⓑ	24	0
ⓒ	24	1
ⓓ	25	0
ⓔ	㉠	2

(가)   (나)

이에 대한 설명으로 옳은 것만을 〈보기〉에서 있는 대로 고른 것은? (단, 제시된 염색체 비분리 이외의 돌연변이는 고려하지 않으며, Ⅰ과 Ⅱ는 중기의 세포이다.)

〈 보 기 〉
ㄱ. ㉠ = 25이다.
ㄴ. Ⅲ의 Y 염색체 수는 2이다.
ㄷ. Ⅳ에는 7번 염색체가 있다.

ⓓ는 총 염색체 수가 25이므로 n+2이고
공통적으로 감수 2분열 성염색체 비분리가 일어났으므로
성염색체 조합으로 YY를 갖는다.

∴ ⓓ는 Ⅲ or Ⅳ이다.

ⓓ의 여사건 구역에는 삼각 세포가 (상, X) = (21, 1)로 존재해야 한다.
따라서 ⓓ는 Ⅲ이고 ⓐ는 Ⅳ이고, Ⅲ의 상위 세포인 ⓑ는 Ⅰ이다.

여사건 Ⅱ와 Ⅴ 중 Ⅱ에는 X 염색체 수가 1개 있어야 하고
Ⅴ에는 X 염색체 수가 0 or 1 or 2이다.

따라서 ⓔ는 Ⅴ이고 ⓒ는 Ⅱ이다.

ⓒ의 핵상이 n + 1이니 왼쪽이 (+)이고, 오른쪽이 (−)이다.
ⓔ는 이때 X 염색체를 2개 받았으므로 (+) 방향이다.

− 와 + 비분리가 1회씩 일어났으므로 총 염색체 수 ㉠은 23이다.

세포 분열 돌연변이

상대량의 합 비분리

[중요도 ★★]

- 세포 분열에서 활용한 상대량의 합 논리가 그대로 활용된다.
  하위 두 세포의 상대량 합은 상위 세포의 상대량과 동일함을 적극 활용하자.

  상대량의 합을 순서쌍 분할했을 때, DNA 상대량 1이 있으면 양극단 세포이다.

  딸세포의 유전자 종류는 모세포의 유전자 종류보다 많을 수 없다.

[예시 - 19학년도 9평]

사람의 유전 형질 (가)는 3쌍의 대립 유전자 H와 h, R와 r, T와 t에 의해 결정되며, (가)를 결정하는 유전자는 서로 다른 3개의 상염색체에 존재한다. 그림은 어떤 사람의 G_1기 세포 Ⅰ로부터 정자가 형성되는 과정을, 표는 세포 ㉠~㉣에 들어 있는 세포 1개당 대립 유전자 H, R, T의 DNA 상대량을 더한 값을 나타낸 것이다. 이 정자 형성 과정에서 21번 염색체의 비분리가 1회 일어났고, ㉠~㉣은 Ⅰ~Ⅳ를 순서 없이 나타낸 것이다.

세포	H, R, T의 DNA 상대량을 더한 값
㉠	2
㉡	3
㉢	3
㉣	?

이에 대한 설명으로 옳은 것만을 <보기>에서 있는 대로 고른 것은? (단, 제시된 염색체 비분리 이외의 돌연변이와 교차는 고려하지 않으며, H, h, R, r, T, t 각각의 1개당 DNA 상대량은 1이다.)

[3점]

─────< 보 기 >─────
ㄱ. ㉣은 Ⅱ이다.
ㄴ. 염색체 비분리는 감수 1분열에서 일어났다.
ㄷ. 정자 ⓐ와 정상 난자가 수정되어 태어난 아이는 다운 증후군의
    염색체 이상을 보인다.

㉠은 (2, 0, 0) or (1, 1, 0)이고
㉡과 ㉢은 (2, 1, 0) or (1, 1, 1)이다.

㉡과 ㉢은 DNA 상대량 1이 존재하므로 양극단 세포이고
㉠과 ㉣은 여사건이므로 중기 세포이다.

따라서 ㉠은 (2, 0, 0)이고 양극단 세포는 모두 상대량 합이 3이므로
㉠은 Ⅳ의 여사건 영역에 있는 Ⅲ이어야 한다.

∴ ㉣은 Ⅱ이다.

싱대량의 합 비분리

정상적이라면 Ⅰ 에서 4가 나타나야 하는데 3이 나타났다.
이때 Ⅳ의 (A, B, D) = (1, 1, 1)라면 좌우 대응 (왼쪽 1종류, 오른쪽 3종류) 에 모순이다.

따라서 Ⅳ의 순서쌍 분할은 (2, 1, 0)이고
감수 2분열 비분리가 (+) 방향으로 일어났음을 알 수 있다.

적절히 좌우 대응했을 때, 대문자 중 1종류는 Ⅲ 구역에 있고,
여사건 2종류는 Ⅱ 구역에 있어야 한다.

∴ Ⅰ 의 (A, B, D) = (1, 1, 1)이다.

세포 분열 돌연변이

비분리 vs 결실 구분

[중요도 ★★★]

- 비분리는 전체 염색체 단위로 (–)가 일어나고
  결실은 일부 염색체 단위로 (–)가 일어난다.

  상대량의 합을 순서쌍 분할했을 때, DNA 상대량 1이 있으면 양극단 세포이다.

  딸세포의 유전자 종류는 모세포의 유전자 종류보다 많을 수 없다.

[예시 – 22학년도 수능]

○ (가)~(다)의 유전자는 서로 다른 2개의 상염색체에 있다.
○ (가)는 대립유전자 A와 a에 의해, (나)는 대립유전자 B와 b에
   의해, (다)는 대립유전자 D와 d에 의해 결정된다.
○ P의 유전자형은 AaBbDd이고, Q의 유전자형은 AabbDd이며,
   P와 Q의 핵형은 모두 정상이다.
○ 표는 P의 세포 I~III과 Q의 세포 IV~VI 각각에 들어 있는
   A, a, B, b, D, d의 DNA 상대량을 나타낸 것이다. ㉠~㉢은
   0, 1, 2를 순서 없이 나타낸 것이다.

사람	세포	DNA 상대량					
		A	a	B	b	D	d
P	I	0	1	?	㉢	0	㉡
	II	㉠	㉡	㉠	?	㉠	?
	III	?	㉡	0	㉢	㉢	㉡
Q	IV	㉢	?	?	2	㉢	㉢
	V	㉡	㉢	0	㉠	㉢	?
	VI	㉠	?	?	㉠	㉡	㉠

○ 세포 ⓐ와 ⓑ 중 하나는 염색체의 일부가 결실된 세포이고,
   나머지 하나는 염색체 비분리가 1회 일어나 형성된 염색체
   수가 비정상적인 세포이다. ⓐ는 I~III 중 하나이고, ⓑ는
   IV~VI 중 하나이다.
○ I~VI 중 ⓐ와 ⓑ를 제외한 나머지 세포는 모두 정상 세포이다.

Q의 V에는 ㉠, ㉡, ㉢이 모두 존재하므로 DNA 상대량 1이 있다.
따라서 G_1기 세포이거나 돌연변이가 일어난 핵상이 n인 세포이다.

이때 Q의 유전자형이 AabbDd이므로 G_1기 세포에서 DNA 상대량은 110211로
나타나야 하고 V는 이에 모순이고, G_1기 세포가 아니다.

∴ V는 돌연변이가 일어난 핵상이 n인 세포이고, IV와 VI는 정상 세포이다.

비분리 vs 결실 구분

사람	세포	DNA 상대량					
		A	a	B	b	D	d
P	I	0	1	?	㉢	0	㉡
	II	㉠	㉡	㉠	?	㉠	?
	III	?	㉡	0	㉢	㉢	㉡
Q	IV	㉢	?	?	2	㉢	㉢
	V	㉡	㉢	0	㉠	㉢	?
	VI	㉠	?	?	㉠	㉡	㉠

정상 세포인 VI에서 D, d = (㉡, ㉠)이므로 ㉡과 ㉠ 중 하나는 0이고 ㉢은 0이 아니다.

(∵ D, d = (㉡, ㉠) ⇒ 2, 1이거나 1, 2일 수 없다.)
(∵ 0이 아니다 = 'O' 조건, 0이다 '×' 조건)

사람	세포	DNA 상대량					
		A	a	B	b	D	d
P	I	0	1	?	㉢	0	㉡
	II	㉠	㉡	㉠	?	㉠	?
	III	?	㉡	0	㉢	㉢	㉡
Q	IV	㉢	?	?	2	㉢	㉢
	V	㉡	㉢	0	㉠	㉢	?
	VI	㉠	?	?	㉠	㉡	㉠

이때 IV에서 D, d = (㉢, ㉢)이므로 IV의 핵상은 2n이고
IV에서 b의 DNA 상대량이 2이고 유전자형이 bb이므로 상태는 2n, 2이다.

∴ ㉢ = 1이다.

사람	세포	상태	DNA 상대량					
			A	a	B	b	D	d
P	I		0	1	?	1	0	㉡
	II		㉠	㉡	㉠	?	㉠	?
	III		?	㉡	0	1	1	㉡
Q	IV	2n, 2	1	?	?	2	1	1
	V		㉡	1	0	㉠	1	?
	VI		㉠	?	?	㉠	㉡	㉠

정상 세포에서 동형 접합 DNA 상대량 분포는 2421이다 (⇒ 0이 등장하지 않는다.)

그에 따라 VI에서 b의 DNA 상대량 ㉠은 2이고, 남은 ㉡은 0이다.

세포 분열 돌연변이

비분리 vs 결실 구분

사람	세포	상태	DNA 상대량					
			A	a	B	b	D	d
P	I		0	1	?	1	0	0
	II		2	0	2	?	2	?
	III		?	0	0	1	1	0
Q	IV	2n, 2	1	?	?	2	1	1
	V		0	1	0	2	1	?
	VI		2	?	?	2	0	2

VI는 정상 세포이므로 비교 해석이 가능하다.
D의 DNA 상대량이 0이고 d의 DNA 상대량이 2이므로 상태는 n, 2이다.

사람	세포	상태	DNA 상대량					
			A	a	B	b	D	d
P	I		0	1	?	1	0	0
	II		2	0	2	?	2	?
	III		?	0	0	1	1	0
Q	IV	2n, 2	1	?	?	2	1	1
	V		0	1	0	2	1	?
	VI	n, 2	2	?	?	2	0	2

상염색체 유전인데 I 에서 D, d = (0, 0)이므로 I 은 돌연변이가 일어난 세포이다.
따라서 II 와 III은 정상 세포이다.

두 정상 핵상이 n인 세포를 통해 연관 상태를 추론할 수 있다.

사람	세포	상태	DNA 상대량					
			A	a	B	b	D	d
P	I		0	1	?	1	0	0
	II	n, 2	2	0	2	?	2	?
	III	n, 1	?	0	0	1	1	0
Q	IV	2n, 2	1	?	?	2	1	1
	V		0	1	0	2	1	?
	VI	n, 2	2	?	?	2	0	2

A와 D는 일렬로, B, b는 크로스로 나타나는 것을 알 수 있다.
따라서 P에서 A와 D가 상인 연관되어 있고, B와 b는 독립적으로 유전된다.

정상 생식세포인 VI에서 A와 d가 있으므로 Q에서는 A와 d가 상반 연관되어 있다.

13
Theme

심화 돌연변이

심화 돌연변이

돌연변이의 전제

[중요도 ★★★★]
- 돌연변이(Mutation)의 전제는 정상 자손과 구분되는 상태이다.
  만약 정상 자손과 두드러지지 않거나 정상 자손과 동일한 상태가 가능하다면
  <u>돌연변이가 무작위로 나타나도 가능</u>해서 자료 내 경우의 수 압축이 불가능하다.

[다인자 비분리 돌연변이]
극단적 표현형

예 표현형 범위 0~4, 아버지 표현형 [1], 어머니 표현형 [2], Mt 자녀 표현형 [4]
예 2연관 1독립, 아버지 표현형 [3], 어머니 표현형 [3], Mt 자녀 표현형 [8]

[복대립 가계도 돌연변이]
정상 유전으로 나타날 수 없는 표현형

예 아버지 유전자형 DE, 어머니 유전자형 GG, Mt 자녀 유전자형 DD

[유전병과 돌연변이]
정상 유전으로 나타날 수 없는 표현형

예 아버지 성염색체 조합 DY, 어머니 성염색체 조합 RR,
    클라인펠터 자녀 표현형 [D](우성)

    ⇒ 아버지 성염색체 비분리 [감수 1분열 비분리]
    ⇒ 클라인펠터 자녀의 성염색체 조합 DRY

예 아버지 성염색체 조합 DY, 어머니 성염색체 조합 RR,
    터너 자녀 표현형 [R](열성)

    ⇒ 아버지 성염색체 비분리
    ⇒ 터너 자녀 성염색체 조합 R

정체성 판단

[중요도 ★★★★]

- 모든 자손 or 모든 세포가 돌연변이로 주어지지는 않는다.

  즉, 정상 자손에서는 기존에 알고 있는 Schema를 그대로 활용할 수 있고
  돌연변이 자손에서는 특수 Point를 찾아 관찰해나가야 한다.

○ ㉠은 대립 유전자 H와 H*에 의해, ㉡은 대립 유전자 R와 R*에 의해, ㉢은 대립 유전자 T와 T*에 의해 결정된다. H는 H*에 대해, R는 R*에 대해, T는 T*에 대해 각각 완전 우성이다.
○ ㉠~㉢을 결정하는 유전자는 모두 X 염색체에 있다.
○ 감수 분열 시 부모 중 한 사람에게서만 염색체 비분리가 1회 일어나 ⓐ 염색체 수가 비정상적인 생식 세포가 형성되었다. ⓐ가 정상 생식 세포와 수정되어 아이가 태어났다. 이 아이는 자녀 3과 자녀 4 중 하나이며, 클라인펠터 증후군을 나타낸다. 이 아이를 제외한 나머지 구성원의 핵형은 모두 정상이다.
○ 표는 구성원의 성별과 ㉠~㉢의 발현 여부를 나타낸 것이다.

구성원	성별	㉠	㉡	㉢
부	남	○	?	?
모	여	?	×	?
자녀 1	남	×	○	×
자녀 2	여	×	×	×
자녀 3	남	×	×	○
자녀 4	남	○	×	○

(○: 발현됨, ×: 발현되지 않음)

18학년도 수능

○ (가)는 대립유전자 A와 a에 의해, (나)는 대립유전자 B와 b에 의해, (다)는 대립유전자 D와 d에 의해 결정된다. A는 a에 대해, B는 b에 대해, D는 d에 대해 각각 완전 우성이다.
○ (가)와 (나)는 모두 우성 형질이고, (다)는 열성 형질이다. (가)의 유전자는 상염색체에 있고, (나)와 (다)의 유전자는 모두 X 염색체에 있다.
○ 표는 이 가족 구성원의 성별과 ㉠~㉢의 발현 여부를 나타낸 것이다. ㉠~㉢은 각각 (가)~(다) 중 하나이다.

구성원	성별	㉠	㉡	㉢
아버지	남	○	×	×
어머니	여	×	○	ⓐ
자녀 1	남	×	○	○
자녀 2	여	○	○	×
자녀 3	남	○	×	○
자녀 4	남	×	×	○

(○: 발현됨, ×: 발현 안 됨)

○ 부모 중 한 명의 생식세포 형성 과정에서 성염색체 비분리가 1회 일어나 염색체 수가 비정상적인 생식세포 G가 형성되었다. G가 정상 생식세포와 수정되어 자녀 4가 형성되었으며, 자녀 4는 클라인펠터 증후군의 염색체 이상을 보인다.
○ 자녀 4를 제외한 이 가족 구성원의 핵형은 모두 정상이다.

24학년도 수능

1) 18학년도 수능

18학년도 수능 문항은 자녀 1 / 자녀 2에 <u>확실히 정상 Schema</u>를 활용할 수 있고
자녀 3과 자녀 4 중 한 명은 돌연변이이므로 함부로 정상 Schema를 활용할 수 없다.

그럼에도 불구하고 자녀 3과 자녀 4의 성별 및 ㉡과 ㉢의 발현 여부는 동일하므로
이를 적절히 활용하여 해석할 수 있다.

2) 24학년도 수능

24학년도 수능 문항은 자녀 1~3에 <u>확실히 정상 Schema</u>를 활용할 수 있고
자녀 4는 돌연변이 자손이므로 함부로 정상 Schema를 활용할 수 없다.

심화 돌연변이

공통 명제

[중요도 ★★★]
- 정상 vs 돌연변이 여부와 무관하게 공통적으로 성립하는 Schema들이 존재한다.

1) 우열의 원리
우열의 원리는 수 이상 or 구조 이상 돌연변이와 관계 없이 성립한다.

2) 이형 접합성은 우성
이형 접합성은 우성은 수 이상 or 구조 이상 돌연변이와 관계 없이 성립한다.

돌연변이의 종류

[중요도 ★★★]

- 체세포의 유전자형이 Aa일 때 돌연변이의 종류는 크게 3가지로 분류된다.
  - 수 이상 돌연변이 (비분리 현상)
  - 구조 이상 돌연변이 (결실, 중복, 역위, 전좌)
  - 유전자 돌연변이 (치환)

이를 표로 정리하면 다음과 같다.

돌연변이	세포	생식세포		부모의 정보	
		핵상	유전자형	유전자 유무	유전되는 유전자 개수
-	정상	n	A or a	○	1
수 이상	감수 1분열 비분리	n + 1 or n - 1	Aa or O	○	2 or 0
	감수 2분열 비분리	n + 1 or n - 1	AA or aa or O	○	2 or 0
구조 이상	결실	n	O	○	0
	중복	n	AA or Aa or aa	○	2
	역위	n	A or a	○	1
	전좌	n	AA or Aa or aa or O	○	2 or 0
유전자	치환	n	a or A	×	1

(○: 있음 ×: 없음)

심화 돌연변이

결실 돌연변이

[중요도 ★★★]

- 염색체의 일부가 없어지는 구조 이상 돌연변이를 결실이라고 한다.

돌연변이	세포	생식세포		부모의 정보	
		핵상	유전자형	유전자 유무	유전되는 유전자 개수
구조 이상	결실	n	O	O	0
	중복	n	AA or Aa or aa	O	2
	역위	n	A or a	O	1
	전좌	n	AA or Aa or aa or O	O	2 or 0
유전자	치환	n	a or A	×	1

(O: 있음 ×: 없음)

- 결실 돌연변이는 비분리와 구분시키기 위해 '연관 염색체"에서 출제될 가능성이 높다.
  이때 정상 세포 or 구성원과 구분시키기 위해 표현형 변화가 일어날 것이다.

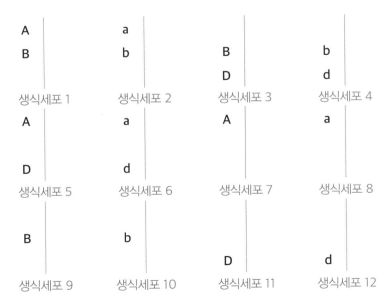

결실 돌연변이

- 결실은 (-) 방향으로 일어난다. 그에 따라 (+) 방향 정상 명제는 유효하고
  (-) 방향 정상 명제는 유효하지 않을 가능성이 높다.

  예를 들어 여전히 한 쌍을 갖는게 전제되면 미매칭 세포의 핵상은 $2n$이나
  일부 유전자만 갖는다고 미매칭 세포의 핵상이 n이라고 확정할 수 없다.

- 결실이 일어나면 중기 세포에서 DNA 상대량 홀수가 나타날 수 있고
  중기 세포에서 DNA 상대량 2, 1이 동시에 나타날 수 있다.

  이때 (+) 방향 돌연변이가 일어나야 가능한
  비분리가 일어나지 않았다면, DNA 상대량 2는 생식세포에 올 수 없다는 성립한다.
  하지만 (+) 반향 돌연변이가 일어나면 DNA 상대량 2가 생식세포에 올 수 있다.

DNA 상대량　　정보	특징
0 (성립하지 않음)	개체가 갖고 있지 않은 유전자이다. 서로 다른 두 개체를 구분하는 데 활용할 수 있다. 그러나 결실이 일어나면 의미가 소실된다.
1 (성립하지 않음)	M_1기, M_2기가 될 수 없다. 즉, 염색 분체가 복제된 시기가 아니다. 그러나 결실이 일어나면 의미가 소실된다.
2 (성립함)	생식세포가 아니다.
3 (성립하지 않음)	비분리가 일어났을 때 등장할 수 있다. 동형 접합성 유전자형에 비분리가 2번 일어난 생식세포 복제 과정에서 결실 돌연변이가 일어난다면 M_1기이고 동형 접합성인 세포에서 나타날 수 있다.
4 (성립)	M_1기이고 동형 접합성이다. 만약 감수 1분열 비분리가 일어나면 M1기 혹은 M2기 세포일 수 있다. 또한 DNA 상대량이 4인 유전자의 대립유전자는 반드시 DNA 상대량이 0이다. 즉, (4, 0)으로 나타나야 한다.

심화 돌연변이

결실 돌연변이

- 0은 결실이 일어나도 0이다.
  그러나 최댓값은 결실이 일어났을 때 최솟값이나 0이 될 수 있다.

대립유전자 세포	A	a	B	b	D	d	E	e	F	f
㉠ : G_1기	1	1	2	0	1	0	0	1	1	0
㉡ : M_1기	2	2	4	0	2	0	0	2	2	0
㉢ : M_2기	2	0	2	0	2	0	0	2	0	0
㉣ : M_2기	0	2	2	0	0	0	0	0	2	0
㉤ : 생식세포	1	0	1	0	1	0	0	1	0	0
㉥ : 생식세포	0	1	1	0	0	0	0	0	1	0

- 결실이 일어나면 (0, 0)이 n, 1 세포가 아닌 다른 세포에서 나타날 수도 있다.
  결실이 일어나도 성염색체 (1, 1)이 개체의 성별은 여성이며
  X 염색체 위에 있는 것은 알 수 있다.

- 상위 세포가 유전자를 갖지 않으면 하위 세포도 유전자를 갖지 않고
  하위 세포가 유전자를 가지면 상위 세포도 유전자를 갖는다.

- 같은 대립유전자 쌍에서 DNA 상대량 합은 3 또는 6일 수 없다
  2n, 2 세포에서 DNA 상대량이 2인 유전자와 1인 유전자는 서로 대립유전자가 아니고
  2n, 4 세포에서 DNA 상대량이 4인 유전자와 2인 유전자는 서로 대립유전자가 아니다.

- 핵상이 n인 세포에서 같은 대립유전자 쌍의 DNA 상대량 합은 2 또는 4일 수 없다
  n, 1 세포에서 DNA 상대량이 1인 유전자와 1인 유전자는 서로 대립유전자가 아니고
  n, 2 세포에서 DNA 상대량이 2인 유전자와 2인 유전자는 서로 대립유전자가 아니다.

- 비분리는 세포 분열 과정 중 n인 세포들의 유전자 조성에 변화를 주지만
  결실은 이론적으로 2n, 4에서도 나타날 수 있다.

중복 돌연변이

[중요도 ★★★]

- 염색체의 같은 부분이 반복되는 구조 이상 돌연변이를 중복이라고 한다.

돌연변이	세포	생식세포		부모의 정보	
		핵상	유전자형	유전자 유무	유전되는 유전자 개수
구조 이상	결실	n	O	○	0
	중복	n	AA or Aa or aa	○	2
	역위	n	A or a	○	1
	전좌	n	AA or Aa or aa or O	○	2 or 0
유전자	치환	n	a or A	×	1

(○: 있음 ×: 없음)

- 중복 돌연변이는 있는 DNA 상대량을 더 늘려주는 특징을 갖는다.
  여러 Case의 유전자 지도를 나타내면 다음과 같다.

A	a
b	B

사람

A	a	A	a
A	a	b	B
b	B	b	B
생식세포 1	생식세포 2	생식세포 3	생식세포 4

- 24학년도 9월 평가원까지 시행된 현 시점 미출제 Point이나 언제든 등장할 수 있는 구조 이상 돌연변이에 속하고, DNA 상대량의 합이나 다인자 유전과 연결지어 출제될 수 있다.

  이때 DNA 상대량 1이 증가하는 게 보편적이나 2 이상이 증가할 수도 있다.

심화 돌연변이

심화 돌연변이
Schema 6

중복 돌연변이

- 중복은 (+) 방향으로 일어난다. 그에 따라 (-) 방향 정상 명제는 유효하고
  (+) 방향 정상 명제는 유효하지 않을 가능성이 높다.

  이때 중복 돌연변이에서 한 번 'O'는 계속 'O'이고, 한 번 '×'는 계속 '×'이다.
  즉, 중복 돌연변이는 DNA 상대량을 변화시키나 유전자 유무에는 변화를 주지 않는다.

정보 DNA 상대량	특징
0 (성립)	개체가 갖고 있지 않은 유전자이다. 서로 다른 두 개체를 구분하는 데 활용할 수 있다. 중복은 있는 유전자를 더 많게 많들어주는 돌연변이로 0의 의미는 그대로 유지된다.
1 (성립)	M_1기, M_2기가 될 수 없다.
2 (성립하지 않음)	중복 돌연변이가 발생한 생식세포일 수 있다.
3 (성립하지 않음)	비분리가 일어났을 때 등장할 수 있다. 동형 접합성 유전자형에 비분리가 2번 일어난 생식세포 감수 분열 과정에서 중복 돌연변이가 일어난다면 등장할 수 있다.
4 (성립)	M_1기이고 동형 접합성이다. 만약 비분리가 일어났다면 G_1기 세포와 생식세포가 될 수 없다. 또한 DNA 상대량이 4인 유전자의 대립유전자는 반드시 DNA 상대량이 0이다. 즉, (4, 0)으로 나타나야 한다.

- 대립유전자 한 쌍을 모두 갖고 있는 미매칭 세포의 핵상은 $2n$이다.
  n인 세포에서 DNA 상대량 0인 녀석은 중복이 일어나도 0이다.

  성염색체에 있는 대립유전자 쌍 내 DNA 상대량이 (1, 1)이면
  해당 대립유전자 쌍은 X염색체 위에 있고,
  개체의 성별은 여성이며 세포는 G_1기 세포(2n, 2)이다.

- ㉠ DNA 상대량이 자연수인 유전자가 절반보다 적은 세포는 남성의 세포이고
  ㉠은 상염색체 위에 있다.

  이와 같이 존재성(유전자 유무)로 해석하는 명제는 정상 세포(or 구성원)처럼
  해석할 수 있다.

[중요도 ★★★]

- 염색체의 일부가 상동 염색체가 아닌 다른 염색체와 연결되는 구조 이상 돌연변이를 전좌라고
  한다.

돌연변이	세포	생식세포		부모의 정보	
		핵상	유전자형	유전자 유무	유전되는 유전자 개수
구조 이상	결실	n	O	○	0
	중복	n	AA or Aa or aa	○	2
	역위	n	A or a	○	1
	전좌	n	AA or Aa or aa or O	○	2 or 0
유전자	치환	n	a or A	×	1

(○: 있음 ×: 없음)

- 전좌 돌연변이는 생식세포의 다양성을 더 늘려주는 특징을 가지며
  그럼에도 불구하고 S(전체 관점)에서 유전자 이동이 있을 뿐
  DNA 전체 양이 변화하지는 않는다.

  가능한 Case를 정리하면 다음과 같다.

심화 돌연변이
Schema 7

전좌 돌연변이

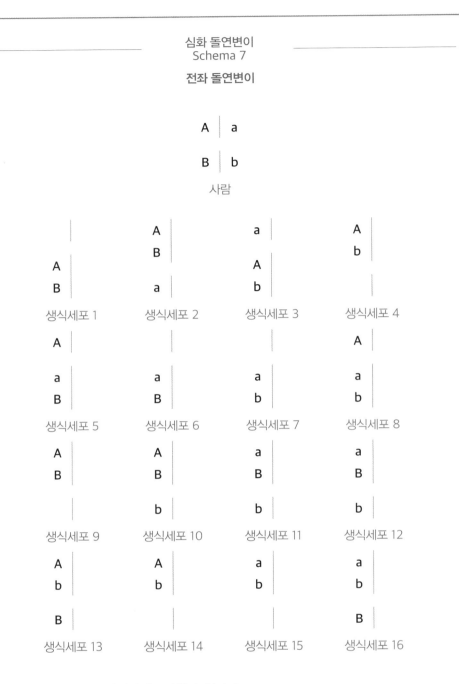

- 경우의 수가 굉장히 다양하게 등장할 수 있기에
  다인자 비분리와 유사하게 '하나의 Case'로 귀결되어야 하고,
  그에 따라 특수한 상황을 관찰하면 된다.

(전좌 돌연변이는 다양한 경우의 수가 가능하여 유제로 연습하는 게 효율적이다.)

[Youtube : hyunu : '2023년 최고 난이도' 검색

치환 돌연변이

[중요도 ★★]
- 유전자 돌연변이 중 일부 유전자가 다른 유전자로 바뀌는 돌연변이를
  치환 돌연변이라고 한다.

돌연변이	세포	생식세포		부모의 정보	
		핵상	유전자형	유전자 유무	유전되는 유전자 개수
구조 이상	결실	n	O	○	0
	중복	n	AA or Aa or aa	○	2
	역위	n	A or a	○	1
	전좌	n	AA or Aa or aa or O	○	2 or 0
유전자	치환	n	a or A	×	1

(○: 있음 ×: 없음)

- 치환 돌연변이는 전체 DNA 상대량은 변하지 않으나 생명과학1 범위에서 정상 자손과 구분되는
  방향으로 표현형이 변화한다는 특징을 갖는다.

심화 돌연변이

심화 돌연변이
Schema 9

역위 돌연변이

[중요도 ★]
- 염색체 돌연변이 중 염색체의 일부 구간이 잘린 후 180도 회전하여
  유전자의 위치가 바뀌는 돌연변이를 역위 돌연변이라고 한다.

돌연변이	세포	생식세포		부모의 정보	
		핵상	유전자형	유전자 유무	유전되는 유전자 개수
구조 이상	결실	n	O	○	0
	중복	n	AA or Aa or aa	○	2
	역위	n	A or a	○	1
	전좌	n	AA or Aa or aa or O	○	2 or 0
유전자	치환	n	a or A	×	1

(○: 있음 ×: 없음)

- 역위 돌연변이는 한 세포 내에서 유전자 위치가 바뀌는 특징이 있으며
  염색체 지도 or 세포 내 연관 상태가 필수적으로 제시되어야 한다.

클라인펠터 증후군

[중요도 ★★★]

- 클라인펠터 증후군은 다음과 같이 4가지 경우에 가능하다.

1) P의 XY + Q의 X

2) P의 Y + Q의 왼쪽 XX (2분열 비분리)

3) P의 Y + Q의 오른쪽 X'X' (2분열 비분리)

4) P의 Y + Q의 XX' (1분열 비분리) ⇒ 어머니와 표현형이 동일하다.

이때 4가지 경우 모두 "공통적으로" 어머니로부터 X 염색체를 하나 이상 받는다.

[예시 – 18학년도 수능]

○ ㉠은 대립 유전자 H와 H*에 의해, ㉡은 대립 유전자 R와 R*에 의해, ㉢은 대립 유전자 T와 T*에 의해 결정된다. H는 H*에 대해, R는 R*에 대해, T는 T*에 대해 각각 완전 우성이다.

○ ㉠~㉢을 결정하는 유전자는 모두 X 염색체에 있다.

○ 감수 분열 시 부모 중 한 사람에게서만 염색체 비분리가 1회 일어나 ⓐ염색체 수가 비정상적인 생식 세포가 형성되었다. ⓐ가 정상 생식 세포와 수정되어 아이가 태어났다. 이 아이는 자녀 3과 자녀 4 중 하나이며, 클라인펠터 증후군을 나타낸다. 이 아이를 제외한 나머지 구성원의 핵형은 모두 정상이다.

○ 표는 구성원의 성별과 ㉠~㉢의 발현 여부를 나타낸 것이다.

구성원	성별	㉠	㉡	㉢
부	남	○	?	?
모	여	?	×	?
자녀 1	남	×	○	○
자녀 2	여	×	×	×
자녀 3	남	×	×	○
자녀 4	남	○	×	○

(○: 발현됨. ×: 발현되지 않음)

자녀 3과 자녀 4 중 하나가 돌연변이 자손이나 ㉡과 ㉢의 여부가 동일한 것을 활용하여 3연관 염색체 지도를 채우다 보면 다음을 알 수 있다.

심화 돌연변이
Schema 10

클라인펠터 증후군

이때 모의 ㉠~㉢ 발현 여부가 ××○이어야 하는 것을 염색체 지도를 통해 알 수 있다.
이는 자녀 3의 ××○와 동일하므로 어머니에게 감수 1분열 비분리가 일어나서
다음과 같이 염색체 지도가 채워져야 한다.

H*			H	H*
R	Y		R*	R
T			T*	T*

부   모

H		H*	H	H*	H		H*	
R*	Y	R	R*	R	R*	Y	R	Y
T*		T	T*	T*	T*		T*	

자녀 1 (정상)   자녀 2 (정상)   자녀 3 (돌연변이)   자녀 4 (정상)

클라인펠터 증후군

[예시 - 24학년도 수능]

○ (가)는 대립유전자 A와 a에 의해, (나)는 대립유전자 B와 b에 의해, (다)는 대립유전자 D와 d에 의해 결정된다. A는 a에 대해, B는 b에 대해, D는 d에 대해 각각 완전 우성이다.

○ (가)와 (나)는 모두 우성 형질이고, (다)는 열성 형질이다. (가)의 유전자는 상염색체에 있고, (나)와 (다)의 유전자는 모두 X 염색체에 있다.

○ 표는 이 가족 구성원의 성별과 ㉠~㉢의 발현 여부를 나타낸 것이다. ㉠~㉢은 각각 (가)~(다) 중 하나이다.

구성원	성별	㉠	㉡	㉢
아버지	남	○	×	×
어머니	여	×	○	ⓐ
자녀 1	남	×	○	○
자녀 2	여	○	○	×
자녀 3	남	○	×	○
자녀 4	남	×	×	×

(○: 발현됨, ×: 발현 안 됨)

○ 부모 중 한 명의 생식세포 형성 과정에서 성염색체 비분리가 1회 일어나 염색체 수가 비정상적인 생식세포 G가 형성되었다. G가 정상 생식세포와 수정되어 자녀 4가 태어났으며, 자녀 4는 클라인펠터 증후군의 염색체 이상을 보인다.

○ 자녀 4를 제외한 이 가족 구성원의 핵형은 모두 정상이다.

자녀 4가 돌연변이 자손이고 상증명을 통해 ㉠은 우성 성 불능, ㉡은 열성 성 불능임을 알 수 있다.

이때 ㉠과 ㉡ 모두 자녀 1과 자녀 3의 발현 여부가 다르므로
자녀 1의 X 염색체를 X_1, 자녀 3의 X 염색체를 X_2라고 한다면
어머니의 성염색체 조합은 $X_1 X_2$이어야 한다.

㉠과 ㉡의 경우 자녀 4에게 전달할 수 있는 X 염색체 조합을 나타내지만
㉢의 경우 돌연변이의 전제, 자녀 4에게 전달할 수 없는 X 염색체 조성이다.

그에 따라 ㉢은 성염색체 유전 형질이고 ⓐ는 '○'임을 알 수 있다.

이때 자녀 4에게 반드시 어머니의 X 염색체가 적어도 1개 전달되므로
㉢은 우성 성 불능이다.

∴ ㉡이 우성 성염색체 유전이다.
∴ 여사건 ㉢이 열성 성염색체 유전이다.
∴ 여사건 ㉠이 우성 상염색체 유전이다.

∴ ㉠은 (가), ㉡은 (나), ㉢은 (다)이다.

심화 돌연변이
Schema 10

클라인펠터 증후군

자녀 4의 형질 발현 여부가 '×'이고
어머니의 ⓒ에 대한 유전자형은 RR이므로
아버지의 DY가 통째로 자녀 4에게 전달되어야 한다.

따라서 자녀 4의 ⓒ에 대한 유전자형은 DRY이고, 자녀 4는 아버지로부터
감수 1분열에서 성염색체 비분리가 일어나 클라인펠터 증후군이 발현되었다.

이대로 선지로 가면 되나 자료 해석의 완결성을 위해
이 가족 구성원의 염색체 지도를 나타내면 다음과 같다.

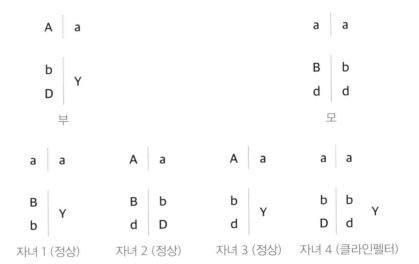

자녀 1 (정상)   자녀 2 (정상)   자녀 3 (정상)   자녀 4 (클라인펠터)

터너 증후군

[중요도 ★★]

- 터너 증후군은 다음과 같이 3가지 경우에 가능하다.

1) P의 X + Q의 −

2) P의 − + Q의 왼쪽 X

3) P의 − + Q의 오른쪽 X

[예시 – 15학년도 6평]

9. 그림 (가)와 (나)는 각각 핵형이 정상인 여성과 남성의 생식 세포 형성 과정을 나타낸 것이다. (가)에서는 21번 염색체가, (나)에서는 성염색체가 비분리되었다.

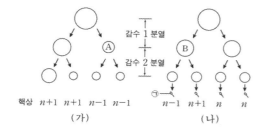

(가)   (나)

㉠과 정상 난자가 수정되어 아이가 태어나면 이 아이는 항상 터너 증후군이다.

심화 돌연변이

다운 증후군

[중요도 ★★]

- 다운 증후군은 상염색체 비분리가 일어나 21번 염색체가 3개 존재하는 증후군이다.

1) P의 왼쪽 21번 2개 + Q의 왼쪽 21번

2) P의 오른쪽 21번 2개 + Q의 왼쪽 21번

3) P의 좌우 21번 2개 + Q의 왼쪽 21번

4) P의 왼쪽 21번 2개 + Q의 오른쪽 21번

5) P의 오른쪽 21번 2개 + Q의 오른쪽 21번

6) P의 좌우 21번 2개 + Q의 오른쪽 21번

(단, P와 Q는 각각 아버지와 어머니 중 하나이다.)

이때 '유전자 유무' 조건이 주어진다면 감수 1분열 비분리여야만 한다. 이는 감수 2분열 비분리는 형질 발현이나 유전자 유무 여부에 여부를 주지 않기 때문이다.

[예시 - 18학년도 9평]

○ ㉠은 대립 유전자 A, B, C에 의해, ㉡은 대립 유전자 D, E, F에 의해, ㉢은 대립 유전자 G와 g에 의해 결정된다.
○ ㉠~㉢을 결정하는 유전자는 모두 21번 염색체에 있다.
○ 감수 분열 시 부모 중 한 사람에게서만 염색체 비분리가 1회 일어나 ⓐ염색체 수가 비정상적인 생식 세포가 형성되었다. ⓐ가 정상 생식 세포와 수정되어 아이가 태어났다. 이 아이는 자녀 2와 자녀 3 중 하나이며, 다운 증후군을 나타낸다. 이 아이를 제외한 나머지 구성원의 핵형은 모두 정상이다.
○ 표는 이 가족 구성원에서 ㉠~㉢을 결정하는 대립 유전자의 유무를 나타낸 것이다.

구성원	대립 유전자							
	A	B	C	D	E	F	G	g
부	○	×	○	○	×	○	○	○
모	○	○	×	×	○	○	×	○
자녀 1	×	○	○	○	×	○	○	○
자녀 2	○	○	×	×	○	○	×	○
자녀 3	○	×	○	○	○	×	○	○

(○: 있음, ×: 없음)

부모의 염색체 지도를 채워보면 다음과 같다.

이때 자녀 2는 서로 다른 좌우에 있는 B와 E를 모두 가지므로
모에서 감수 1분열 비분리가 일어나야 한다.

반성 비분리

[중요도 ★★★]

- 반성 유전과 비분리가 엮여서 종종 출제되곤 한다.

  이때 자손의 핵형이 정상이라면 다음과 같은 경우의 수가 가능하다.

  1) P의 XY ＋ Q의 − ＝ 아버지와 자손 동일
  2) P의 왼쪽 X 2개 ＋ Q의 −
  3) P의 오른쪽 X 2개 ＋ Q의 −
  4) P의 − ＋ Q의 좌우 XX
  5) P의 − ＋ Q의 왼쪽 X 2개
  6) P의 − ＋ Q의 오른쪽 X 2개

  1)～6)이 전수이므로 만약 정상 핵형 아들이라면 아들의 표현형은 아버지와 같고
  감수 1분열 비분리이다.

  이를 역으로 생각하면 이와 같은 비분리가 일어나 아들이 태어난다면
  아버지와 표현형이 동일해야 한다.

[예시 − 22학년도 9평]

> ○ (가)는 대립유전자 H와 h에 의해, (나)는 대립유전자 R와 r에
>   의해, (다)는 대립유전자 T와 t에 의해 결정된다. H는 h에
>   대해, R는 r에 대해, T는 t에 대해 각각 완전 우성이다.
> ○ (가)~(다)의 유전자는 모두 X 염색체에 있다.
> ○ 표는 어머니를 제외한 나머지 가족 구성원의 성별과 (가)~(다)의
>   발현 여부를 나타낸 것이다. 자녀 3과 4의 성별은 서로 다르다.
>
> | 구성원 | 성별 | (가) | (나) | (다) |
> |--------|------|------|------|------|
> | 아버지 | 남 | ○ | ○ | ? |
> | 자녀 1 | 여 | × | ○ | ○ |
> | 자녀 2 | 남 | × | × | × |
> | 자녀 3 | ? | ○ | × | × |
> | 자녀 4 | ? | × | × | ○ |
>
> (○: 발현됨, ×: 발현 안 됨)
>
> ○ 이 가족 구성원의 핵형은 모두 정상이다.
> ○ 염색체 수가 22인 생식세포 ㉠과 염색체 수가 24인 생식세포
>   ㉡이 수정되어 @가 태어났으며, @는 자녀 3과 4 중 하나이다.
>   ㉠과 ㉡의 형성 과정에서 각각 성염색체 비분리가 1회 일어났다.

자녀 3 or 자녀 4가 돌연변이가 일어난 자손인데
두 구성원 모두 아버지와 같은 표현형이 아니므로 ㉠ <u>비분리가 일어난 구성원은 딸</u>이다.

이때 ㉡ <u>정상 두 아들</u>이 표현형이 다르므로 어머니의 표현형을 유추할 수 있고
㉠은 아버지 또는 ㉡ 중 한 명 or 어머니 중 한 명과는 반드시 표현형이 같아야 한다.

가능한 경우는 어머니와 같은 경우 뿐이므로
어머니는 (나)가 발현되지 않았고, (다)가 발현되었으며, 감수 1분열 비분리가 일어났다.

(∵ 감수 2분열 비분리는 발현 유무에 변화를 주지 않는다.)

심화 돌연변이

비분리 간 구분

[중요도 ★★★]

- 비분리가 출제된다면 감수 1분열인지 2분열인지 질문하곤 한다.

Aa(1)는 감수 1분열 시 Aa(1), 감수 2분열 시 AA(2) or aa(0)가 되어
감수 2분열 시 대문자 수 차이가 나게 되고

Aa(1)가 정상 분리될 때 A(○) 또는 a(×)가 되는데 감수 1분열 시 Aa(○×), 감수 2분열 시 AA
(○) 또는 aa(×)가 되어 감수 1분열 시 유전자 유무 차이가 나게 된다.

즉, 대문자 수 차이의 관점에서 봤을 때 감수 1분열은 정상 분리와 구분되지 않고 유전자 유무
관점에서 봤을 때 감수 2분열은 정상 분리와 구분되지 않는다.

- 감수 2분열 비분리가 일어난 생식세포의 대문자 수는 형성되는 생식세포의 대문자 수는 반드
시 짝수이다. 이를 역으로 생각하면 생식세포 내 대문자 수가 홀수이면 감수 1분열 비분리이다.

[예시 - 24학년도 9평]

○ (가)는 21번 염색체에 있는 2쌍의 대립유전자 H와 h, T와 t에
의해 결정된다. (가)의 표현형은 유전자형에서 대문자로
표시되는 대립유전자의 수에 의해서만 결정되며, 이 대립
유전자의 수가 다르면 표현형이 다르다.
○ 어머니의 난자 형성 과정에서 21번 염색체 비분리가 1회
일어나 염색체 수가 비정상적인 난자 Q가 형성되었다. Q와
아버지의 정상 정자가 수정되어 ⓐ가 태어났으며, 부모의
핵형은 모두 정상이다.
○ 어머니의 (가)의 유전자형은 HHTt이고, ⓐ의 (가)의 유전자형에서
대문자로 표시되는 대립유전자의 수는 4이다.
○ ⓐ의 동생이 태어날 때, 이 아이에게서 나타날 수 있는 (가)의
표현형은 최대 2가지이고, ㉠이 아이가 가질 수 있는 (가)의
유전자형은 최대 4가지이다.

ⓐ의 동생이 태어날 때 (가)의 표현형은 2가지, 유전자형은 4가지이므로
아버지의 연관 상태는 Ht/hT이고, 정상 정자의 대문자 수는 1이다.

ⓐ의 (가)의 유전자형에서 대문자로 표시되는 대립유전자의 수는 4이므로
비분리가 일어난 난자의 대문자 수는 3이어야 한다.

3은 홀수이므로 어머니에게 감수 1분열 비분리가 일어나야 한다.

[중요도 ★★★]
- 다인자 유전과 비분리가 엮여서 종종 출제되곤 한다. 이때 극단적인 표현형 방향으로 정상 자손에서 나타날 수 없는 경우의 수가 등장할 것이다.

 극단적인 (경우의 수 1) 표현형을 우선적으로 생각하자.

- Max 표현형을 판단할 때, 정상 생식세포 그리고 정상 분리 상황을 Max로 수렴시켜 둔 후 (A), 비분리 생식세포가 대문자 수 몇 개를 더 줘야하는지 (A^c) 판단하자.

- 상염색체 유전에서 이형 접합성이 등장할 단위 확률은 0 or 1/2 or 1이다.
 이형 접합성이 등장할 단위 확률이 1/4가 등장한다면 반성 다인자를 의심하자.

- 상염색체 유전일 때, 체세포 핵상이 $2n-1$인 자손은 유전자량이 부족해 태어날 수 없다. 생명과학1 범위에서 체세포 핵상이 $2n-1$인 자손이 태어날 수 있는 경우는 터너 증후군이 유일하다.

[예시 – 23학년도 수능]

○ (가)는 서로 다른 상염색체에 있는 2쌍의 대립유전자 H와 h, T와 t에 의해 결정된다. (가)의 표현형은 유전자형에서 대문자로 표시되는 대립유전자의 수에 의해서만 결정되며, 이 대립유전자의 수가 다르면 표현형이 다르다.
○ 표는 이 가족 구성원의 체세포에서 대립유전자 ⓐ~ⓓ의 유무와 (가)의 유전자형에서 대문자로 표시되는 대립유전자의 수를 나타낸 것이다. ⓐ~ⓓ는 H, h, T, t를 순서 없이 나타낸 것이고, ㉠~㉤은 0, 1, 2, 3, 4를 순서 없이 나타낸 것이다.

구성원	대립유전자				대문자로 표시되는 대립유전자의 수
	ⓐ	ⓑ	ⓒ	ⓓ	
아버지	○	○	×	○	㉠
어머니	○	○	○	○	㉡
자녀 1	?	×	×	○	㉢
자녀 2	○	○	?	×	㉣
자녀 3	○	?	○	×	㉤

(○: 있음, ×: 없음)

○ 아버지의 정자 형성 과정에서 염색체 비분리가 1회 일어나 염색체 수가 비정상적인 정자 P가 형성되었다. P와 정상 난자가 수정되어 자녀 3이 태어났다.
○ 자녀 3을 제외한 이 가족 구성원의 핵형은 모두 정상이다.

어머니는 순서 없이 해석에 의해 ㉡이 2이고
자녀 3은 상염색체 수 이상 비분리이므로 체세포 핵상은 $2n+1$이며, ㉣은 4이다.

심화 돌연변이

다인자 비분리

[예시 - 20학년도 수능]

○ ㉠을 결정하는 데 관여하는 3개의 유전자는 모두 상염색체에 있으며, 3개의 유전자는 각각 대립 유전자 A와 a, B와 b, D와 d를 갖는다.

○ ㉠의 표현형은 유전자형에서 대문자로 표시되는 대립 유전자의 수에 의해서만 결정되며, 이 대립 유전자의 수가 다르면 표현형이 다르다.

○ 표 (가)는 이 가족 구성원의 ㉠에 대한 유전자형에서 대문자로 표시되는 대립 유전자의 수를, (나)는 아버지로부터 형성된 정자 I~III이 갖는 A, a, B, D의 DNA 상대량을 나타낸 것이다. I~III 중 1개는 세포 P의 감수 1분열에서 염색체 비분리가 1회, 나머지 2개는 세포 Q의 감수 2분열에서 염색체 비분리가 1회 일어나 형성된 정자이다. P와 Q는 모두 G_1기 세포이다.

구성원	대문자로 표시되는 대립 유전자의 수
아버지	3
어머니	3
자녀 1	8

(가)

정자	DNA 상대량			
	A	a	B	D
I	0	?	1	0
II	1	1	1	1
III	2	?	?	?

(나)

○ I~III 중 1개의 정자와 정상 난자가 수정되어 자녀 1이 태어났다. 자녀 1을 제외한 나머지 가족 구성원의 핵형은 모두 정상이다.

어머니는 대문자 수를 생식세포에 Max 3개 줄 수 있으므로
아버지의 ㉠ 비분리가 일어난 생식세포에 대문자 수를 적어도 5개를 줘야 한다.

정자는 n, 1이므로 비분리가 일어난 정자는 III이고 나머지 I 과 II 는 정상 정자이다.

정상 정자 II 가 A, B, D를 갖고 아버지의 대문자로 표시되는 대립유전자 수가 3이므로

㉠이 가능하려면 5 + 3 or 6 + 2여야 한다. 이때 6 + 2는 3연관이고 감수 2분열 비분리여야 하는데 I 과 II 에서 크로스가 나타나므로 모순이다.

따라서 5 + 3이고 2연관 1독립이어야 하며, 대문자가 상인 연관되어 있어야 한다.
정자 I 에 의해 A와 D는 같은 염색체 위에 있어야 한다.

[Youtube : hyunu : '2023년 최고 난이도' 검색]

1) 흥분 전도

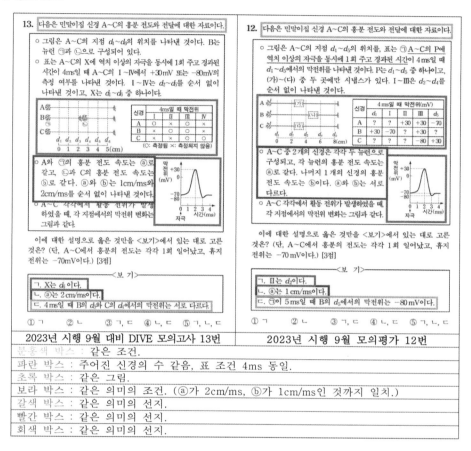

13. 다음은 민말이집 신경 A~C의 흥분 전도와 전달에 대한 자료이다.

○ 그림은 A~C의 지점 d_1~d_6의 위치를 나타낸 것이다. B는 뉴런 ㉠과 ㉡으로 구성되어 있다.

○ 표는 A~C의 X에 역치 이상의 자극을 동시에 1회 주고 경과된 시간이 4ms일 때 A~C의 Ⅰ~Ⅳ에서 +30mV 또는 −80mV의 측정 여부를 나타낸 것이다. Ⅰ~Ⅳ는 d_2~d_5를 순서 없이 나타낸 것이고, X는 d_1~d_6 중 하나이다.

신경	4ms일 때 막전위			
	Ⅰ	Ⅱ	Ⅲ	Ⅳ
A	○	×	○	×
B	×	○	×	○
C	×	×	○	○

(○: 측정됨 ×: 측정되지 않음)

○ A와 ㉠의 흥분 전도 속도는 ⓐ로 같고, ㉡과 C의 흥분 전도 속도는 ⓑ로 같다. ⓐ와 ⓑ는 1cm/ms와 2cm/ms를 순서 없이 나타낸 것이다.

○ A~C 각각에서 활동 전위가 발생하였을 때, 각 지점에서의 막전위 변화는 그림과 같다.

이에 대한 설명으로 옳은 것만을 <보기>에서 있는 대로 고른 것은? (단, A~C에서 흥분의 전도는 각각 1회 일어났고, 휴지 전위는 −70mV이다.) [3점]

─── <보 기> ───
ㄱ. X는 d_6이다.
ㄴ. ⓐ는 2cm/ms이다.
ㄷ. 4ms일 때 B의 d_5와 C의 d_4에서의 막전위는 서로 다르다.

① ㄱ   ② ㄴ   ③ ㄱ, ㄷ   ④ ㄴ, ㄷ   ⑤ ㄱ, ㄴ, ㄷ

12. 다음은 민말이집 신경 A~C의 흥분 전도와 전달에 대한 자료이다.

○ 그림은 A~C의 지점 d_1~d_5의 위치를, 표는 ㉠ A~C의 P에 역치 이상의 자극을 동시에 1회 주고 경과된 시간이 4ms일 때 d_1~d_5에서의 막전위를 나타낸 것이다. P는 d_1~d_5 중 하나이고, (가)~(다) 중 두 곳에만 시냅스가 있다. Ⅰ~Ⅲ은 d_2~d_4를 순서 없이 나타낸 것이다.

신경	4ms일 때 막전위(mV)				
	d_1	Ⅰ	Ⅱ	Ⅲ	d_5
A	?	?	+30	+30	−70
B	+30	−70	?	+30	?
C	?	?	?	−80	+30

○ A~C 중 2개의 신경은 각각 두 뉴런으로 구성되고, 각 뉴런의 흥분 전도 속도는 ⓐ로 같다. 나머지 1개의 신경의 흥분 전도 속도는 ⓑ이다. ⓐ와 ⓑ는 서로 다르다.

○ A~C 각각에서 활동 전위가 발생하였을 때, 각 지점에서의 막전위 변화는 그림과 같다.

이에 대한 설명으로 옳은 것만을 <보기>에서 있는 대로 고른 것은? (단, A~C에서 흥분의 전도는 각각 1회 일어났고, 휴지 전위는 −70mV이다.) [3점]

─── <보 기> ───
ㄱ. Ⅱ는 d_2이다.
ㄴ. ⓐ는 1cm/ms이다.
ㄷ. ㉠이 5ms일 때 B의 d_5에서의 막전위는 −80mV이다.

① ㄱ   ② ㄴ   ③ ㄱ, ㄷ   ④ ㄴ, ㄷ   ⑤ ㄱ, ㄴ, ㄷ

2023년 시행 9월 대비 DIVE 모의고사 13번	2023년 시행 9월 모의평가 12번
분홍색 박스 : 같은 조건.	
파란 박스 : 주어진 신경의 수 같음, 표 조건 4ms 동일.	
초록 박스 : 같은 그림.	
보라 박스 : 같은 의미의 조건. (ⓐ가 2cm/ms, ⓑ가 1cm/ms인 것까지 일치.)	
갈색 박스 : 같은 의미의 선지.	
빨간 박스 : 같은 의미의 선지.	
회색 박스 : 같은 의미의 선지.	

심화 돌연변이

2) 근육의 수축

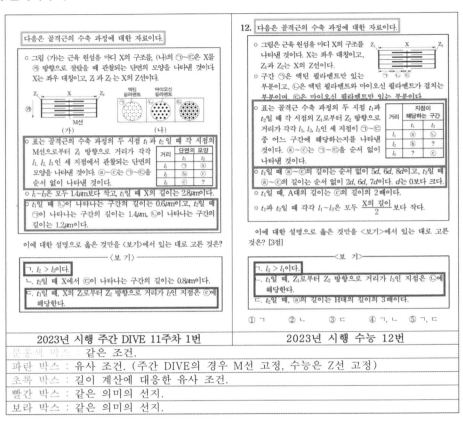

2023년 시행 주간 DIVE 11주차 1번 | 2023년 시행 수능 12번

| 분홍색 박스 : 같은 조건. |
| 파란 박스 : 유사 조건. (주간 DIVE의 경우 M선 고정, 수능은 Z선 고정) |
| 초록 박스 : 길이 계산에 대응한 유사 조건. |
| 빨간 박스 : 같은 의미의 선지. |
| 보라 박스 : 같은 의미의 선지. |

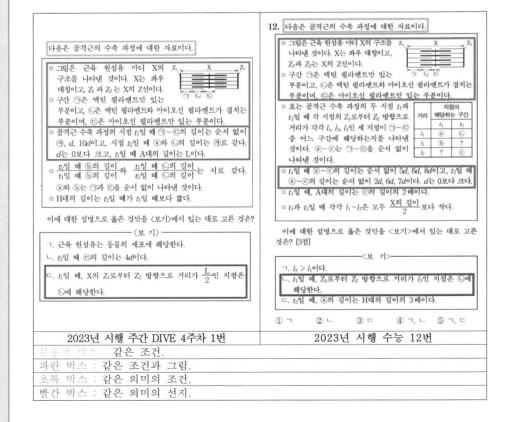

2023년 시행 주간 DIVE 4주차 1번 | 2023년 시행 수능 12번

| 분홍색 박스 : 같은 조건. |
| 파란 박스 : 같은 조건과 그림. |
| 초록 박스 : 같은 의미의 조건. |
| 빨간 박스 : 같은 의미의 선지. |

3) 세포 대응

다음은 핵상이 $2n$인 어떤 동물 종의 개체 I~III의 세포 (가)~(라)에 대한 자료이다.

- 이 동물의 유전 형질 ㉮는 2쌍의 대립유전자 A와 a, B와 b에 의해 결정된다.
- (가)~(라) 중 2개는 수컷, 나머지 2개는 암컷의 세포이다. I~III의 성염색체는 암컷이 XX, 수컷이 XY이다.
- ⓐ와 II 사이에서 ⓑ가 태어났고, ⓐ와 ⓑ는 각각 I과 III 중 하나이다.
- 그림은 I의 세포 P와 II의 세포 Q 각각에 들어 있는 모든 상염색체와 ㉠을 나타낸 것이고, 표는 (가)~(라)가 갖는 A, a, B, b의 DNA 상대량을 나타낸 것이다. P와 Q는 각각 (가)~(라) 중 하나이고, ㉠은 X 염색체와 Y 염색체 중 하나이다.

P   Q

세포	A	a	B	b
(가)	?	0	?	1
(나)	0	2	1	?
(다)	2	2	?	0
(라)	0	2	?	4

이에 대한 설명으로 옳은 것만을 <보기>에서 있는 대로 고른 것은? (단, 돌연변이와 교차는 고려하지 않으며, A, a, B, b 각각의 1개당 DNA 상대량은 1이다.)

―〈보 기〉―
ㄱ. ㉠은 X 염색체이다.
ㄴ. II와 III은 모두 암컷의 세포이다.
ㄷ. ⓑ의 유전자형은 aaBb이다.

---

11. 어떤 동물 종($2n=6$)의 유전 형질 ㉠은 대립유전자 A와 a에 의해, ㉡은 대립유전자 B와 b에 의해, ㉢은 대립유전자 D와 d에 의해 결정된다. ㉠~㉢의 유전자 중 2개는 서로 다른 상염색체에, 나머지 1개는 X 염색체에 있다. 표는 이 동물 종의 개체 P와 Q의 세포 I~IV에서 A, a, B, b, D, d의 DNA 상대량을, 그림은 세포 (가)와 (나) 각각에 들어 있는 모든 염색체를 나타낸 것이다. (가)와 (나)는 각각 I~IV 중 하나이다. P는 수컷이고 성염색체는 XY이며, Q는 암컷이고 성염색체는 XX이다.

세포	A	a	B	b	D	d
I	0	ⓐ		2	4	0
II	2	0	ⓑ	2	?	2
III	0	0	1	?	1	ⓒ
IV	0	2	?	1	2	0

(가)   (나)

이에 대한 설명으로 옳은 것만을 <보기>에서 있는 대로 고른 것은? (단, 돌연변이와 교차는 고려하지 않으며, A, a, B, b, D, d 각각의 1개당 DNA 상대량은 1이다.) [3점]

―〈보 기〉―
ㄱ. (가)는 I이다.
ㄴ. IV는 Q의 세포이다.
ㄷ. ⓐ+ⓑ+ⓒ=6이다.

① ㄱ   ② ㄴ   ③ ㄱ, ㄷ   ④ ㄴ, ㄷ   ⑤ ㄱ, ㄴ, ㄷ

2023년 시행 주간 DIVE 14주차 2번	2023년 시행 수능 11번

분홍색 박스 : 같은 의미의 조건. (주간 DIVE는 일부 염색체를 나타내 더 어려움.)
파란 박스 : 같은 그림. (핵상과 DNA 복제 여부까지 일치.)
초록 박스 : 같은 의미의 조건.

심화 돌연변이

4) 최고난도 문항 (돌연변이)

다음은 어떤 집안의 유전 형질 (가)~(다)에 대한 자료이다.

ㅇ (가)~(다)의 유전자는 모두 7번 염색체에 있다.

ㅇ (가)는 대립유전자 A와 a에 의해, (나)는 대립유전자 B와 b에 의해, (다)는 대립유전자 D와 d에 의해 결정된다. A는 a에 대해, B는 b에 대해, D는 d에 대해 각각 완전 우성이다.

ㅇ 아버지의 유전자형은 AabbDdd이며, 어머니의 유전자형은 AaBbDd이다. 아버지와 어머니의 핵형은 모두 정상이다.

ㅇ 표는 구성원의 @~ⓒ의 발현 여부, 체세포 1개당 A와 D의 DNA 상대량을 더한 값(A+D), 체세포 1개당 a와 b의 DNA 상대량을 더한 값(a+b)을 나타낸 것이다. @~ⓒ는 (가)~(다)를 순서 없이 나타낸 것이다.

구성원	발현된 형질			DNA 상대량을 더한 값	
	@	ⓑ	ⓒ	A+D	a+b
아버지	×	○	○	?	?
어머니	○	○	×	?	?
자녀 1	○	○	○	2	?
자녀 2	×	×	×	1	?
자녀 3	○	○	×	?	3
자녀 4	×	○	○	1	3

(○: 발현됨, ×: 발현 안 됨)

ㅇ 어머니의 생식세포 형성 과정 중 ⊙에서 염색체 비분리가 1회 일어나 형성된 난자 P와 아버지의 생식세포 형성 과정 중 ⓛ에서 염색체 비분리가 1회 일어나 형성된 정자 Q가 수정되어 자녀 3이 태어났다. ⊙과 ⓛ은 감수 1분열과 감수 2분열을 순서 없이 나타낸 것이고, 자녀 3의 핵형은 정상이다.

ㅇ 부모 중 한 명의 생식세포 형성 과정에서 염색체 결실이 일어나 ㉮를 결정하는 대립유전자가 없는 생식세포가 형성되었다. 이 생식세포가 정상 생식세포와 수정되어 자녀 4가 태어났으며, ㉮는 (가)~(다) 중 하나이다.

이에 대한 설명으로 옳은 것만을 <보기>에서 있는 대로 고른 것은? (단, 제시된 돌연변이 이외의 돌연변이와 교차는 고려하지 않으며, A, a, B, b, D, d 각각의 1개당 DNA 상대량은 1이다.)

<보 기>

ㄱ. 자녀 4에게서 a, b, d를 모두 갖는 생식세포가 형성될 수 있다.
ㄴ. ⓑ는 (가)이다.
ㄷ. ⊙은 감수 1분열이다.

---

17. 다음은 어떤 가족의 유전 형질 (가)~(다)에 대한 자료이다.

ㅇ (가)는 대립유전자 A와 a에 의해, (나)는 대립유전자 B와 b에 의해, (다)는 대립유전자 D와 d에 의해 결정된다. A는 a에 대해, B는 b에 대해, D는 d에 대해 각각 완전 우성이다.

ㅇ (가)와 (나)는 모두 우성 형질이고, (다)는 열성 형질이다. (가)의 유전자는 상염색체에 있고, (나)와 (다)의 유전자는 모두 X 염색체에 있다.

ㅇ 표는 이 가족 구성원의 성별과 ⊙~ⓒ의 발현 여부를 나타낸 것이다. ⊙~ⓒ은 각각 (가)~(다) 중 하나이다.

구성원	성별	⊙	ⓛ	ⓒ
아버지	남	○	×	×
어머니	여	×	○	@
자녀 1	남	○	×	○
자녀 2	여	×	○	×
자녀 3	남	×	×	○
자녀 4	남	×	×	○

(○: 발현됨, ×: 발현 안 됨)

ㅇ 부모 중 한 명의 생식세포 형성 과정에서 성염색체 비분리가 1회 일어나 염색체 수가 비정상적인 생식세포 G가 형성되었다. G가 정상 생식세포와 수정되어 자녀 4가 태어났으며, 자녀 4는 클라인펠터 증후군의 염색체 이상을 보인다.

ㅇ 자녀 4를 제외한 이 가족 구성원의 핵형은 모두 정상이다.

이에 대한 설명으로 옳은 것만을 <보기>에서 있는 대로 고른 것은? (단, 제시된 염색체 비분리 이외의 돌연변이와 교차는 고려하지 않는다.)

<보 기>

ㄱ. @는 '○'이다.
ㄴ. 자녀 2는 A, B, D를 모두 갖는다.
ㄷ. G는 아버지에게서 형성되었다.

① ㄱ ② ㄴ ③ ㄱ, ㄷ ④ ㄴ, ㄷ ⑤ ㄱ, ㄴ, ㄷ

2023년 시행 주간 DIVE 13주차 8번	2023년 시행 수능 17번
분홍색 박스 : 같은 조건.	
파란 박스 : 같은 의미의 조건.	
초록 박스 : 발현 여부를 순서 없이 준 것에 대한 같은 조건.	
빨간 박스 : 유사 조건. (주간 DIVE는 비분리가 두 명에서 일어났다는 점에서 더 어려움.)	

[비유전편]에서 교육과정 상 생명과학Ⅰ의 '1, 2, 3, 5'단원이 다뤄졌고
[유전편]에서 '4단원에 대한 기반 내용부터 심화 내용까지'가 다뤄집니다.

온전히 완독하시느라 진심으로 너무 고생 많으셨습니다!

[검수 도와주신 분]
허성혁 [DIVE]
권희승 [DIVE]
김윤아
김동범
김형운
시현우
김민규
박정언
김찬우
정현도
장은성
박진서
박예린
허유리
김세영

심화 돌연변이

[디올클래스 인강 Contents]

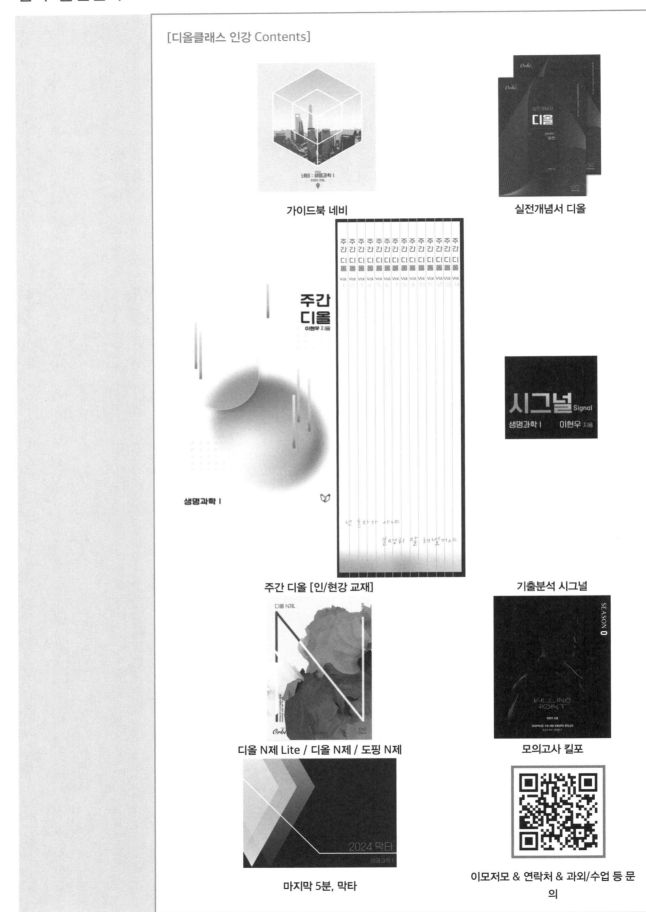

가이드북 네비

실전개념서 디올

주간 디올 [인/현강 교재]

생명과학 I

기출분석 시그널

디올 N제 Lite / 디올 N제 / 도핑 N제

모의고사 킬포

마지막 5분, 막타

이모저모 & 연락처 & 과외/수업 등 문의

THE ALL CLASS 생명과학 I

여러분은 할 수 있습니다. 저와 함께 만점을 향해 달려봅시다.

이현우 생명과학 I 커리큘럼

Step 0	네비	- 생명과학 출제 경향 안내 - 수능 생명과학 공부 방향성 안내 - 생명 노베를 위한 중등 과학 Guide - 수능 생명과학을 위한 숫자 감각 배양
Step 1	주간 디올	- 비교 불가 가장 방대하고 실전적인 실전개념 - 생명과학 I 의 경향 파악, 실전개념 적용 및 체화, 미출제 Point - 14주 분량 주간지와 강의
	실전개념 디올	- 오르비 북스 출판물 - 기본 개념 및 실전 개념 강좌 - 1세트로 끝내는 실전개념 완성, 휴대 용이
Step 2	기시감 (시그널)	- 이현우의 감각으로 풀어내는 실전적인 기출분석 - 기출 문항에 대한 다각도 해석 - 심층적인 분석부터 30초컷 풀이까지 - 해설지 제공
	스포 N제 (: Starting Point)	- 실전개념 Remind, 미출제 Point 함양 문항 - 전 범위 입문 N제 - N제의 시작
	디올 N제	- 실전개념 Remind, 미출제 Point 함양 문항 - 필수 N제
	도핑 N제	- 실전개념 Remind, 미출제 Point 함양 문항 - 고난도 N제
Step 3	킬포	- 당해 경향 반영 - 가장 평가원스러운, 전 범위 모의고사 - 미출제 Point 함양 문항
	숏컷	- 비킬러 모의고사 - 간결하게 기반 문항을 ShortCut 내는 강의
Final	막타	- Final 총정리 그리고 당해 경향 정리 - 기반 유형 개념 압축, 핵심 유형 개념 초초압축 - 당해 경향 반영 최중요 N제 Pick - 최후의 5분 행동 강령
Step α	디올 LIVE	- Live Contents - 실시간 소통 그리고 QnA
	디클 매거진	- 3월호 - 10월호까지 월간지(8권) - 당해 6평, 9평, 교육청 모의고사 경향 분석 - 시기 적절한 N제 그리고 모의고사 포함

심화 돌연변이

[유전편 Farewell]
앞서 공부하신 [비유전편]에서 교육과정 상 생명과학Ⅰ의 '1, 2, 3, 5'단원이 다뤄졌고
이번에 공부하신 [유전편]에서 '4단원에 대한 기반 내용부터 심화 내용까지'가 다뤄집니다.

최근 경향에서 이과 계열의 강세가 두드러지며 생명과학 과목이 고난도로 출제되고 있습니다. 그 이면에는 '유전'이라는 단원이 있었고 킬러 약화가 공표된 2023년에도 일부 유전 문항은 고난도로 출제되었습니다.

그럼에도 불구하고 디올 커리큘럼을 쭉 따라오신다면 앞서 제시드린 2023 유사 문항들처럼
결국은 저희가 공부했던 내용들일 것이며, 한번 이상 접하셨던 논리의 연속일 거라 확언합니다.

유전 편을 온전히 습득하셨다면 수능 만점을 위한 실전개념은 필수적으로 갖추셨다고 생각하셔도 좋아요 자부심 그리고 디올로 공부하셨다는 긍지를 가져주시고... 유전편 어려우셨을 겁니다. 비유전 편은 상대적으로 핵심 유형의 개수가 적어 예제도 풍부하게 수록할 수 있었고 기반 개념까지 담는 데 크게 어려움이 있지는 않았습니다. [실제로 주간 디올로도 13, 14권 두 권의 내용을 압축한 것이라...! 주간 디올과 70% 이상 유사하다고 생각하셔도 좋아요.]

유전편이 굉장히 굉장히 고심이 많았으나... 작년 피드백을 반영하여 '분량은 심플하게' '그럼에도 불구하고 전 내용을 담아' 휴대성과 교재 1회독 하시는 데에 용이하게 집필하였습니다. 항상 완강과 완독은 너무 중요한 요소라고 생각해요 두꺼운 교재는 끝까지 읽어내지 못하실 가능성이 높기에 '어렵지만 여러 번 회독하고 추후 출판 디올 N제 시리즈에서 Remind 및 적용한다'라는 생각으로 끝을 보시는 게 중요한 교재라고 생각합니다. 혹여 상세한 예제와 상술이 필요하시다면 주간 디올 1~12권에 과할 정도로 담아뒀으니 참고하시고... 디올 N제 시리즈에서 만나뵙길 기원하며... 유전편 완독하시느라 진심으로 너무 고생 많으셨습니다!

- 본 교재로 공부하다 궁금하신 점 혹은 학습 질문이 생기실 경우 QR 코드 내 디올클래스 1:1 문의 or
  QR 코드 내 연락처에 남겨주세요!

이제 **오르비**가
학원을 재발명합니다

전화 : 02-522-0207   문자 전용 : 010-9124-0207   주소: 강남구 삼성로 61길 15 (은마사거리 도보 3분)

smart is sexy
Orbi.kr

smart is sexy

Orbi.kr

오르비학원은

모든 시스템이 수험생 중심으로 더 강화됩니다.

모든 시설이 최고의 결과가 나올 수 있도록 설계됩니다.

집중을 위해 오르비학원이 수험생 옆으로 다가갑니다.

오르비학원과 시작하면

원하는 대학문이 가장 빠르게 열립니다.

전화 : 02-522-0207 문자 전용 : 010-9124-0207 주소 : 강남구 삼성로 61길 15 (은마사거리 도보 3분)

출발의 습관은 수능날까지 계속됩니다.
형식적인 상담이나
관리하고 있다는 모습만 보이거나
학습에 전혀 도움이 되지 않는
보여주기식의 모든 것을 배척합니다.

쓸모없는 강좌와 할 수 없는 계획을 강요하거나
무모한 혹은 무리한 스케줄로
1년의 출발을 무의미하게 하지 않습니다.
형식은 모방해도 내용은 모방할 수 없습니다.

smart is sexy
Orbi.kr

개인의 능력을 극대화 시킬 모든 계획이 오르비학원에 있습니다.

수 능 대 비

생명과학I

실전개념 디올 비유전편

Prologue

생명과학1 디올 입니다

1. 과학 "탐구" 과목의 출제 경향이 반영되었습니다.

최근 트렌드의 생명과학 시험에서 변별력을 가지는 문항은 순수 교과 지식만으로 해결하기 어렵습니다. 이는 교과 지식뿐만 아니라 논리를 바탕으로 한 자료 해석과 수리 추론을 요구하기 때문입니다. 따라서 본 교재는 수능 과학탐구 영역의 추론형 문항을 체계적으로 정복할 수 있도록 도움을 주는 것을 목표로 집필되었습니다.

[Algo]는 추론형 문항에서 핵심 유형을 관통하는 문제 해결 절차(Algorithm)에 대해 제시한 것이고, [Schema]는 특정 유형의 발전 양상부터 지금까지 출제된 배경 지식과 실전 개념, 미출제 Point까지 모든 것을 정리한 집합입니다. [Remark]는 실전개념에 대한 저자의 insight를 구어체로 서술한 것이며, [Comment]는 문항에 대한 저자의 insight를 구어체로 서술한 것입니다. 본 교재에서 제시하는 이러한 내용들을 충분히 반복, 체화하신다면 수능에서 훌륭한 결과를 거두실 수 있을 거라 자부합니다.

2. 기본 개념과 실전 개념을 모두 제시합니다.

본 교재는 PSAT의 자료 해석 영역, 그리고 수능 생명과학 기출 문항의 자료를 기반으로 출제되는 문제를 쉽고 빠르게 해제하도록 돕습니다. 그러나 결국 추론과 해석은 교과 지식이 바탕이 되어야 합니다. 따라서 교과 개념도 실전 개념과 시너지를 이룰 수 있도록 상세히 수록하였습니다.

3. 필요하다면 충분히 Deep하게

교과서 상 할당된 분량이 적을지라도 이해에 도움이 된다고 판단된다면 충분히 자세히 서술하였습니다. 세포생물학, 유전학, 동물생리학, 분자생물학 등 전공 지식이 개념의 심층적 이해나 새로운 관점, Shortcut에 도움이 된다고 판단되면 수록하였으며 교과 외 내용인 것을 인지할 수 있도록 교육과정 외 내용은 Common Sense로 표시하였습니다.

4. 진화된 전달 방식

올해로 디올 교재는 현강에서 <u>5년차</u>를 맞이하였으며 그에 따라 여러 번 수정하고 퇴고
된 바 있습니다.

그리고 얻은 결론은 "조금 더 Light해질 필요가 있다."
"생명과학 외의 <u>타 과목도</u> 디올이 있었으면 좋겠다."
"지면 상 서술의 한계를 넘어서면 조금 더 좋을 것 같다."
"중요도가 있었으면 좋겠다."
"출제 Point와 미출제 Point의 전수 제시는 좋지만 중요도가 추가되면 좋을 것 같다."

와 같은 피드백이 있었고, 실전개념 디올은 이를 모두 반영한 영상 해설
과 실전 강의, New 과목(국어, 수학, 화학), 추가 자료를 제시합니다. (QR
코드 스캔)

생명과학1은 교과 개념을 기반으로 한 자료 해석을 요구하는 문항들이
출제됩니다.
디올의 Insight가 여러분의 앞날을 비추는 등불과 같은 존재가 되기를 기원합니다.

전 범위를 독학서 형태로 <u>페이지 상 가능한 분량</u>을 슬림하게 다듬은 <u>교재입니다.</u>

학습 질문은 디올클래스 내 1:1 문의를 활용해주세요.

디올클래스

Contents

Contents

Contents

Theme 16 에너지 순환과 물질의 순환 그리고 생물 다양성

1

Chapter

비유전

Chapter 1

비유전

1

Theme

생물의 특성

생물의 특성

1. 세포

모든 생물은 세포로 이루어져 있다.

이러한 세포는 세포막으로 둘러싸여 있고, 핵과 세포질로 구분된다.

또한 세포는 생물의 몸을 구성하는 구조적 단위이며, 생명 활동이 일어나는 기능적 단위이다.

[세포의 수에 따른 생물의 구분]

	특징
단세포 생물	- 몸이 하나의 세포로 이루어져 있다. **예** 대장균, 아메바, 짚신벌레 대장균
다세포 생물	- 몸이 많은 수의 세포로 이루어져 있다. - 세포 → 조직 → 기관 → 개체에 이르는 복잡하고 정교한 체제를 갖는다. **예** 동물, 식물 등 식물 세포

조직
모양과 기능이 같은 세포들의 모임

기관
여러 조직이 모여 일정한 형태를 이루고 특정 기능을 하는 부분

[Common Sense - 동물 세포와 식물 세포]

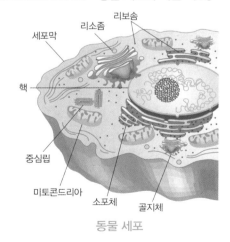

동물 세포

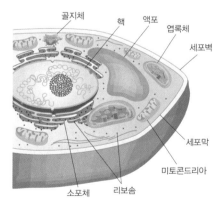

식물 세포

세포의 세부 구조
교육과정이 개정되며 직접적인 출제 범위에서 제외되었으나 EBS & 내신 문항에서 간간히 알고 있다는 전제 하에 출제되곤 한다.

세포의 크기와 모양은 생물의 종에 따라 다르며, 동일한 종 내에서도 각 개체의 몸의 부위에 따라 다양하다. 그 이유는 세포가 각각의 기능에 알맞게 분화되어 있기 때문이다.

대부분의 세포는 맨눈으로 관찰할 수 없으나 난자, 신경 세포, 근육 세포 등의 세포는 눈으로 볼 수 있다.

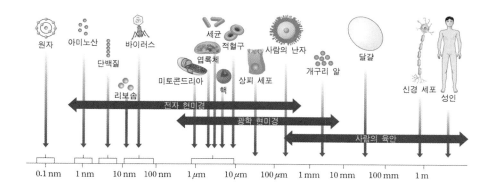

생물의 특성

대사(代謝)
몸 밖으로부터 섭취한 영양 물질을 몸 안에서 분해하고, 합성하여 생체 성분이나 생명 활동에 쓰는 물질이나 에너지를 생성하고 필요하지 않은 물질을 몸 밖으로 내보내는 작용

광합성
빛에너지를 흡수해 이산화 탄소와 물을 포도당으로 합성하는 동화 작용

세포 호흡
포도당을 이산화 탄소와 물로 분해해 에너지를 방출시키는 이화 작용

효소
물질대사를 촉진하는 생체 촉매

신체 내 온도 정도로 화학 반응이 일어날 수 있게 해준다.

촉매
화학 반응이 쉽게 일어나게 도와주는 물질

2. 물질대사

생명을 유지하기 위해 생물체에서 일어나는 모든 화학 반응이다.

물질대사 과정에서 물질의 전환과 에너지의 출입이 일어나며, 생물체는 물질대사를 통해 생명 활동에 필요한 물질과 에너지를 얻는다.

[물질대사의 구분]

	동화 작용	이화 작용
물질 전환	합성 (저분자 물질 → 고분자 물질)	분해 (고분자 물질 → 저분자 물질)
에너지 출입	흡수 흡열 생성물 반응물	방출 발열 반응물 생성물
예	단백질 합성, 광합성 등	세포 호흡, 소화 등

[광합성]

$$\text{이산화 탄소} + \text{물} \xrightarrow{\text{에너지 흡수}} \text{포도당} + \text{산소}$$

[세포 호흡]

$$\text{포도당} + \text{산소} \xrightarrow{\text{에너지 방출}} \text{이산화 탄소} + \text{물}$$

[Remark 1] 물질대사는 효소를 필요로 한다.
이때 모든 생물은 물질대사를 하므로 모든 생물은 효소를 갖는다.

[Remark 2] 동화 작용이 일어날 때는 에너지가 필요하기 때문에 에너지가 흡수되는 흡열 반응이 일어나고 이화 작용이 일어날 때는 에너지가 방출되는 발열 반응이 일어난다.

즉, 동화 작용이 일어날 때에는 반응물이 가진 에너지양보다 생성물이 가진 에너지양이 더 많고, 이화 작용이 일어날 때에는 생성물이 가진 에너지양보다 반응물이 가진 에너지양이 더 많다.

[Remark 3] 물질대사 과정에서는 에너지의 출입이 일어난다.
이와 같이 생명체 내에서 화학 반응이 일어날 때 에너지 출입이 일어나므로 물질대사(물질 변화 관점)를 에너지 대사(에너지 변화 관점)라고 하기도 한다.

3. 자극에 대한 반응
생물은 환경 변화를 자극으로 받아들이고, 그 자극에 적절히 반응하여 생명을 보호한다.

자극은 생물에게 주어지는 환경의 변화이고,
반응은 자극에 대해 생물에서 일어나는 여러 현상이다.

[자극에 대한 반응의 예]
- 식물이 빛을 향해 굽어 자란다. (굴광성)
- 뜨거운 물체에 손이 닿으면 순간적으로 손을 뗀다.
- 지렁이가 빛을 피해 이동한다.
- 미모사는 잎에 다른 물체가 닿으면 잎이 오므라든다.
- 밝은 곳에서는 동공이 작아지고, 어두운 곳에서는 동공이 커진다.
- 해파리의 촉수에 물체가 닿으면 특정 세포에서 독이 분비된다.

[Remark 1] 자극에는 외부 환경인 소리, 온도, 중력 등 뿐만 아니라 내부 환경인 혈당량, 삼투압 변화,
혈액의 온도 등도 포함된다.

4. 항상성
생물은 체내·외의 환경 변화에 대해 생물이 체내 환경을 정상 범위로 유지하려는 성질을 갖는다.

[항상성의 예]
- 사람은 더울 때 땀을 흘려 체온을 조절한다.
- 신경계와 내분비계의 작용으로 혈당량이 조절된다.
- 물을 많이 마시면 오줌의 양이 늘어난다.

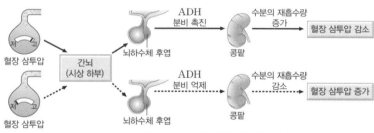

ADH 분비량 조절에 의한 혈장 삼투압 조절

[Remark 1] 생명과학1에서 주로 다루는 체내 환경에는 혈당량, 체온, 혈장 삼투압 등이 있고
수능에서 출제되는 항상성은 위 3가지라고 생각해도 좋다.

[Remark 2] 외부 환경의 변화(기온 상승, 나트륨 함량이 높은 음식 섭취 등)가 자극으로 작용할 때,
신경계와 내분비계의 반응으로 항상성이 유지되므로 항상성 유지 과정을 "자극에 대한
반응"으로 볼 수도 있다.

교육과정이 개정됨에 따라 8종 교과서 모두 자극에 대한 반응과 항상성을 함께 설명하
고 있어 항상성에 대한 설명을 제시한 후 "자극에 대한 반응" 여부를 질문하도록 출제될
수 있다.

생물의 특성

5. 발생과 생장

다세포 생물은 발생과 생장을 통해 구조적·기능적으로 완전한 개체가 된다.

발생은 하나의 수정란이 세포 분열을 하여 세포 수가 늘어나고,
세포의 종류와 기능이 다양해지며 개체가 되는 것이고

생장은 어린 개체가 세포 분열을 통해 몸이 커지며 성체로 자라는 것이다.

[발생의 예]
- 개구리의 수정란은 발생 과정을 통해 올챙이를 거쳐 어린 개구리가 된다.
- 어머니의 자궁 속 수정란이 발생 과정을 거쳐 태아가 된다.

[생장의 예]
- 어린 개구리는 생장하여 성체 개구리가 된다.
- 아기가 태어나서 어른이 된다.

수정란
수컷의 생식 세포인 '정자'와 암컷의 생식 세포인 '난자'가 합쳐진 하나의 세포

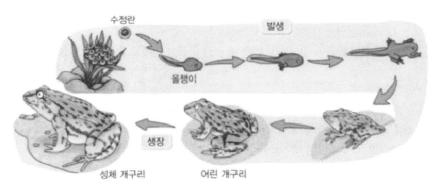

개구리의 발생과 생장

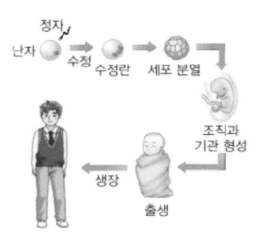

사람의 발생과 생장

6. 생식과 유전

생물은 생식과 유전을 통해 종족을 유지한다.

생식은 생물이 자신과 닮은 자손을 만들어 종족을 유지하는 현상이고
유전은 생식을 통해 어버이의 유전 물질이 자손에게 전달되어 자손이 어버이의 유전 형질을 이어받는
것이다.

이때 세균과 같이 1개의 세포로 구성되는 단세포 생물이 세포 분열을 통해 개체의 수를 증가시키는
현상을 증식이라고 한다.

[생식의 예]
- 효모는 출아법으로 증식한다.
- 짚신벌레가 이분법으로 증식한다.

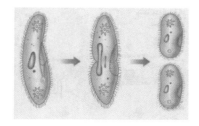

[유전의 예]
- 엄마가 적록 색맹이면 아들도 적록 색맹이다.
- 부착형 귓불을 가진 부모 사이에서 태어난 자녀는 부착형 귓불을 갖는다.

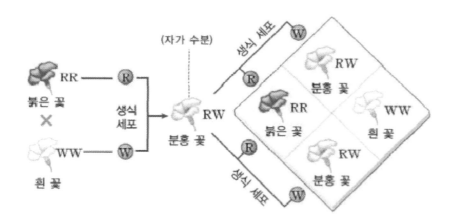

[Remark 1] 다세포 생물은 세포 분열의 Focus가 "생장"에 맞춰져 있으나
단세포 생물은 세포 분열의 Focus가 "증식(생식)"에 맞춰져 있다.

[Remark 2] 1개의 세포로 구성되는 단세포 생물은 부모와 자손을 구별하는 것이 불가능하다.

생물의 특성

유전 물질
어버이의 형질을 자손에게 전하는 물질

유전 물질 내 유전자가 어떤 형질을 발현시키는 데 관여한다.

무성 생식
암수 배우자의 융합 없이 이루어지는 생식

분열법, 출아법, 포자 생식 등이 있다.

유성 생식
암수 개체가 각각 만든 생식세포(배우자)의 결합으로 이루어지는 생식

적응과 진화의 차이
생물이 환경에 적응하는 과정에서 유리한 형질이 자연선택되어 축적됨으로써 진화가 일어난다. (적응 → 진화)

적응은 세대 내에서 진화는 여러 세대에 걸쳐 일어나므로 적응은 진화에 포함된 개념으로 볼 수 있다.

7. 적응과 진화
생물은 환경에 적응해 나가면서 새로운 종으로 진화한다

적응은 생물이 자신이 살아가는 환경에 적합한
몸의 형태와 기능, 생활 습성 등을 갖게 되는 것이고

진화는 생물이 여러 세대에 걸쳐 환경에 적응한 결과
집단의 유전적 구성이 변하고, 형질이 달라져 새로운 종이 나타나는 것이다.

[적응과 진화의 예]
- 사막여우는 북극여우보다 몸집에 비해 몸의 말단부가 커서 열을 효과적으로 방출한다.
- 사막에 사는 선인장은 잎이 가시로 변해 물의 손실을 줄이고, 물을 저장하는 조직이 발달한다.
- 건조한 사막에 사는 캥거루쥐는 진한 오줌을 소량만 배설해 물의 손실을 줄인다.
- 가랑잎벌레는 포식자의 눈에 띄지 않게 나뭇잎과 비슷한 모습을 가진다.
- 눈신토끼는 겨울이 되면 갈색이던 털을 흰색으로 바꾼다.

[Remark 1] 생물의 특성은 하나의 개체가 살아 있는 상태를 유지하는 것과 관련된
개체 유지 특성과 생물종을 유지하는 것과 관련된 종족 유지 특성으로 분류된다.

[개체 유지 특성의 예]
세포로 구성된다.
물질대사를 한다.
자극에 대한 반응 그리고 항상성
발생과 생장

[종족 유지 특성의 예]
생식과 유전
적응과 진화

8. 생물의 존재에 대한 실험

[바이킹호 실험]

1976년 화성에 착륙한 무인 탐사선 바이킹호에서는 "생물은 물질대사를 한다"라는 전제 하 생명체의 존재를 확인하기 위해 다음과 같은 실험을 하였다.

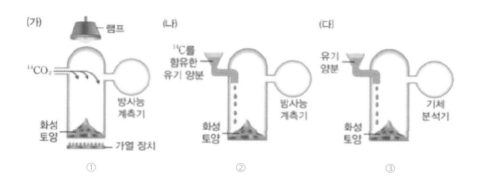

1) 동화 작용 확인

화성 토양에 광합성을 하는 생명체가 있다면 ^{14}C를 함유한 유기물이 합성된 후 가열 과정에서 방사성 기체가 검출될 것이다.

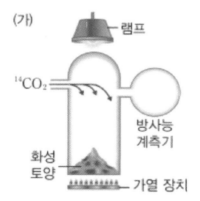

[실험 과정]

1) 화성 토양이 들어있는 용기에 $^{14}CO_2$를 공급하고 빛을 비춘다.

2) 일정 기간 후 방사성 기체를 모두 제거하고 화성 토양을 가열한다.

3) 방사성 기체가 검출되는지 확인한다.

2) 이화 작용 확인

화성 토양에 세포 호흡을 하는 생명체가 있다면 방사성 탄소를 함유한 유기물이 분해되어 $^{14}CO_2$가 방출되므로 방사성 기체가 검출될 것이다.

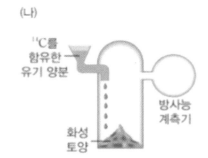

[실험 과정]

1) 화성 토양이 들어있는 용기에 ^{14}C를 함유한 유기 양분을 공급한다.
2) 방사성 기체가 검출되는지 확인한다.

3) 기체 교환 확인

화성 토양에 호흡을 하는 생명체가 있다면 기체 교환이 일어나 용기 내 기체 조성에 변화가 생길 것이다.

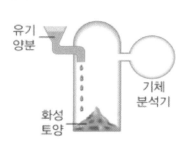

[실험 과정]

1) 화성 토양이 들어있는 용기에 유기 양분을 공급한다.
2) 방사성 기체가 검출되는지 확인한다.

[① ~ ③ 실험 결과]

① ~ ③에서 모두 변화가 일어나지 않는다.

[실험 의의]

① ~ ③에서 모두 변화가 일어나지 않은 것을 통해 화성 토양에는 물질대사를 하는 생명체가 존재하지 않는다는 것을 결론지을 수 있다.

9. 생물과 무생물의 비교

생물의 특성을 모두 나타내면 생물, 생물의 특성 중 일부만 나타내면 비생물이다.

[강아지 vs 강아지 로봇]

	강아지	강아지 로봇
공통점	[구조적 측면] - 머리, 몸통, 4개의 다리와 꼬리 등 몸의 구조가 유사하다. [기능적 측면] - 활동을 위해 에너지가 필요하며, 에너지는 화학 반응을 통해 얻는다. - 자극에 대해 적절히 반응하며, 소리를 낸다.	
차이점	- 몸이 세포로 구성된다. - 세포가 모여 조직과 기관을 이룬다. - 음식을 섭취한 후 소화, 흡수를 통해 영양소를 얻는다. - 세포 안에서 물질대사가 일어나 생명 활동에 필요한 물질과 에너지를 얻는다. - 발생과 생장, 생식과 유전, 적응과 진화와 같은 생물의 특성을 모두 나타낸다.	- 몸이 세포 구조가 아니다. - 몸이 플라스틱과 같은 화학 소재로 만들어졌다. - 음식을 섭취하지 않으며, 연료 전지 이외에 다른 물질을 얻지 않는다. - 연료 전지에서 화학 반응이 일어나 에너지를 얻는다. - 발생과 생장, 생식과 유전, 적응과 진화의 특성을 모두 나타내지 않는다.

[죽순 vs 석순]

	죽순	석순
공통점	[구조적 측면] - 기둥 모양으로 구조가 유사하다. - 시간이 지남에 따라 크기가 커진다.	
차이점	 - 몸이 세포로 구성된다. - 세포 안에서 물질대사가 일어나 생명 활동에 필요한 물질과 에너지를 얻는다. - 세포 분열을 통해 세포 수를 늘리고 그에 따라 크기가 커진다.	 - 몸이 세포 구조가 아니다. - 외부에서 탄산 칼슘이 첨가됨으로써 크기가 커진다. - 세포 분열에 의해 생장하는 게 아니라 구성 물질의 양이 증가하며 크기가 커진다.

생물의 특성

핵산
DNA와 RNA라는 두 가지 유형이 있으며, 유전정보의 저장과 전달, 그리고 발현을 돕는 기능을 담당한다.

박테리오파지
'세균'이라는 뜻의 박테리오와 '먹는다'는 뜻의 파지가 합쳐진 말로, 세균에 기생하여 살아가는 바이러스이다. 박테리오파지에는 T2, T4 등이 있다.

10. 바이러스
모양이 매우 다양하고, 크기가 세균보다 훨씬 작다. 비생물적 특성과 생물적 특성을 모두 나타내며, 단백질 껍질 속에 유전 물질인 핵산이 들어 있는 구조로 구성된다.

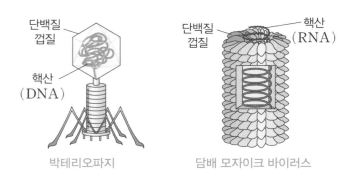

박테리오파지   담배 모자이크 바이러스

[바이러스의 발견]
19C 후반 러시아의 이바놉스키가 세균 여과기를 이용한 실험을 통해 바이러스를 처음으로 발견하였다.

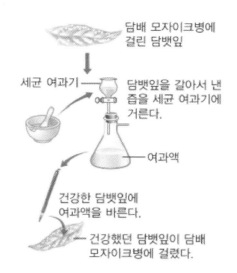

이바놉스키는 담배모자이크병의 원인이 세균보다 작은 바이러스라고 주장하였다.

[바이러스의 특징]

	특징
비생물적 특성	- 몸이 세포 구조가 아니다. - 숙주 세포 밖에서 입자(결정체)로 존재한다. - 독자적인 효소가 없어 스스로 물질대사를 할 수 없다.
생물적 특성	- 유전 물질인 핵산(DNA 또는 RNA)을 가진다. - 다른 생물의 내부로 들어가면 그 생물의 효소를 이용하여 물질대사를 한다. - 돌연변이가 일어나 새로운 형질이 나타나면서 환경에 적응하고 진화한다. - 숙주 세포 안에서 핵산을 복제해 증식하며, 증식하는 과정에서 유전 현상이 나타난다.

[바이러스의 증식]
① 자신의 유전 물질(핵산)을 숙주 세포 안으로 주입한다.
② 숙주 세포 안에서 바이러스의 유전 물질이 복제되고, 단백질이 합성된다.
③ 자손 바이러스가 조립된 후 숙주 세포 바깥으로 방출된다.

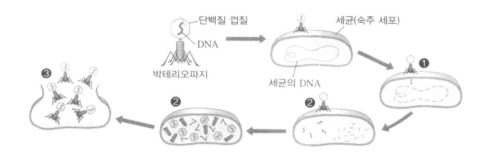

[Remark 1] 바이러스가 없는 것
         효소, 세포막, 리보솜

[Remark 2] 바이러스는 비생물과 생물의 중간 단계로 생물이 먼저 생긴 후 바이러스가 나중에 생물
         로부터 퇴화한 것이다.

[Remark 3] 바이러스는 세균보다 훨씬 작기 때문에 세균 여과기로 거를 수 없다.

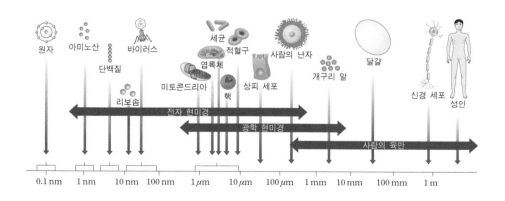

2
Theme

탐구 방법

탐구 방법

개체군
한 종의 생물로만 이루어진 무리

군집
여러 종의 생물로 이루어진 무리

생태계
어떤 지역 내 생물 군집과 이를 둘러싼 비생물적 환경 요인이 종합된 체계

생물권
지구의 생물 전체와 생물이 생활하고 있는 영역의 전체

1. 생명과학의 특성

생명과학은 다음과 같은 학문이다.

① 지구에 살고 있는 생물의 특성과 다양한 생명 현상을 연구하는
② 생명의 본질을 밝힐 뿐 아니라, 그 성과를 인류의 생존과 복지에 응용하는 종합적인
③ 생명 현상과 관련이 있는 모든 단계를 연구 대상으로 하는

[생명과학의 연구 대상]

분자 → 세포 → 조직 → 기관 → 개체 → 개체군 → 군집 → 생태계 → 생물권

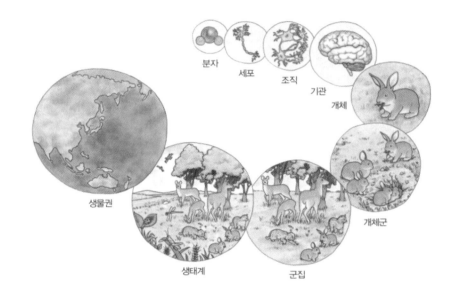

2. 생명과학의 학문 분야

생명과학은 여러 학문 분야로 구분할 수 있다.

최근에 이르러서는 생명과학이 화학, 물리학, 지구 과학 등 다른 과학 분야의 연구 성과와 연계하여 발전하면서 생화학, 분자 생물학, 생명 공학 등의 학문 분야로 확대되었다.

예 발생학, 유전학, 세포학, 분류학, 생태학, 해부학, 형태학, 생리학 등

생리학	생물의 기능이 나타나는 과정이나 원인을 분석한다.
유전학	생물의 유전 현상과 형질이 발현되는 원리를 밝힌다.
분류학	생물의 분류 체계를 세우고 생물의 계통을 밝힌다.
생태학	생물권에 살고 있는 생물 상호 간의 관계 및 생물과 환경의 관계를 연구한다.

세포학 생명체의 기본 단위인 세포의 구조를 비롯하여 세포에서 일어나는 여러 생명 현상을 연구한다.

분류학 생물의 특징을 기록하고 생물을 특정 기준에 따라 나누어 정리하며, 생물의 계통을 밝힌다.

생태학 생물권에서 살고 있는 생물 사이의 관계 및 생물과 생물을 둘러싸고 있는 환경과의 상호 작용을 연구한다.

생리학 식물과 동물을 이루는 기관이나 조직, 세포는 물론 세포 내 물질 수준에서 생명체의 기능과 조절 과정을 연구한다.

유전학 생물의 유전 현상과 유전자의 다양성을 연구하고, 생물의 형질 발현이 일어나는 원리를 밝힌다.

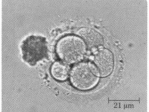

발생학 생식세포의 형성과 수정란이 개체로 발생하는 과정에서 일어나는 형태 형성을 연구한다.

생화학 생명체에서 일어나는 생명 활동의 과정과 생명체를 구성하는 화학 물질의 조성 및 기능을 연구한다.

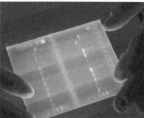

분자 생물학 생명 현상을 DNA, RNA와 단백질과 같은 분자 수준에서 연구한다.

생명 공학 생명체의 기능과 특성을 이용하여 인류에게 유용한 물질을 생산하는 방법이나 기술 등을 연구한다.

탐구 방법

3. 생명과학과 다양한 학문 분야의 연계
생명과학은 '의학, 심리학, 물리학, 수학, 공학, 정보학, 화학' 등
다양한 학문 분야와 연계되어 있다.

예 생물 정보학 : 생명과학의 연구에 컴퓨터를 접목
컴퓨터를 이용하여 DNA 염기 서열이나 단백질의 아미노산 서열을 분석, 단백질 구조나 유전자 발현을 예견할 수 있게 되었다.

예 생물 역학 : 생명과학의 연구에 역학을 접목
동물의 움직임을 분석하거나 운동 선수의 부상 방지 방법 등을 연구한다.

예 생화학, 분자 생물학 : 생명과학의 연구에 화학적 연구 성과를 접목
생화학은 생명체 내 일어나는 화학 작용을 연구하여 의학 발전에 기여하고 있으며
분자 생물학은 세포 내 단백질 합성과 DNA 복제 등 분자 수준에서 생명 현상을 이해하는 데 기여하고 있다.

역학
물체에 작용하는 힘과 운동의 관계나 힘의 작용으로 일어나는 효과를 연구하는 물리학의 한 분야

분자생물학
분자 수준에서 생명 현상을 연구하는 학문

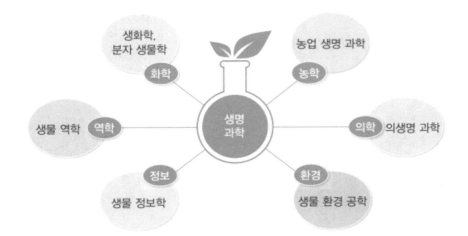

4. 생명과학의 탐구 방법

귀납적 탐구 방법과 연역적 탐구 방법으로 분류된다.

1) 귀납적 탐구 방법

자연 현상을 관찰하여 얻은 자료를 종합하고 분석하여 규칙성을 발견하고, 이로부터 일반적인 원리나 법칙을 이끌어내는 탐구 방법

여러 개별적인 사실로부터 결론을 이끌어낸다.

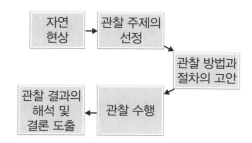

예시 ① - 진화론

다윈은 갈라파고스 군도를 비롯한 여러 나라에 살고 있는 생물의 특성을 관찰하고 자료를 수집하여 분석하였고, 이렇게 얻어낸 여러 자료를 종합하여 생물이 자연 선택을 통해 진화한다고 주장하였다.

[다윈의 탐구]

	과정
자연 현상 관찰	갈라파고스 군도의 여러 섬에 사는 핀치의 부리 모양이 서로 다른 것을 관찰했다
관찰 주제의 선정	다양한 환경에 서식하는 핀치의 부리를 관찰하기로 했다.
관찰 방법과 절차의 고안 및 관찰 수행	갈라파고스 군도의 각 섬에 사는 핀치를 관찰, 채집한 후 부리 모양을 스케치하고 부리의 길이를 측정하였으며 주로 먹는 먹이를 관찰하였다.
관찰 결과 해석	관찰 결과를 통해 주로 먹는 먹이의 종류에 따라 핀치의 부리 모양과 크기가 다르다는 것을 알게 되었다.
결론 도출	서식 지역과 핀치가 주로 먹는 먹이의 종류에 따라 핀치의 부리 모양이 달라졌다는 결론을 내렸다.

예시 ② - 사람의 유전체 사업

사람이 가진 유전 정보 전체인 유전체를 구성하는 약 30억 염기쌍의 DNA 서열을 알아내는 프로젝트로 이 과정에서 귀납적 탐구 방법이 이용되었다.

이 사업을 통해 사람 유전자의 종류와 기능을 규명했으며
환자와 정상인의 유전적 차이를 비교하여 질병의 원인을 규명할 수 있게 되었다.

예시 ③ - 세포설

슐라이덴과 슈반, 피르호를 비롯한 여러 과학자들이 현미경으로 다양한 생물을 관찰한 결과 "모든 생물은 세포로 구성되어 있다"는 세포설이 확립되었다.

귀납
개별적인 특수한 사실이나 원리로부터 그러한 사례들이 포함되는 좀 더 확장된 일반적 명제를 이끌어내는 것을 귀납이라고 한다.

따라서 귀납적 탐구는 다양한 관찰 사실로부터 보편적 과학 지식을 얻는 탐구이다.

관찰
모든 과학에서 탐구의 시작은 관찰으로, 사물이나 자연 현상을 객관적으로 보고 살피는 것이다.

다윈의 자연 선택설
생물은 일반적으로 환경 수용 범위보다 많은 자손을 낳으며, 모든 생물은 유전적 변이를 갖는다.

많은 자손 중 살아남기에 유리한 변이를 가진 개체가 더 많이 살아 자손을 남기며 이러한 자연 선택이 반복되면 진화하게 된다.

세포설
세포는 생물의 구조적, 기능적 단위이며 세포는 이미 존재하는 세포로부터 만들어진다.

탐구 방법

2) 연역적 탐구 방법

자연 현상을 관찰하면서 생긴 의문에 대한 답을 찾기 위해 가설을 세우고, 이를 실험적으로 검증해 결론을 이끌어내는 탐구 방법

[연역적 탐구 과정]

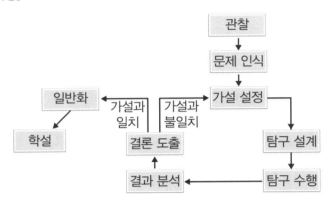

① 관찰 및 문제 인식

자연 현상을 관찰하여 '왜 그럴까?'라는 의문을 제기

② 가설 설정

의문에 대한 잠정적인 답인 가설을 설정한다. 가설은 옳을 수도 있고 틀릴 수도 있다.
따라서 실험이나 관측 등을 통해 옳은지 그른지 검증될 수 있어야 한다.

③ 탐구 설계 및 수행

가설을 검증하기 위해 탐구를 설계하고 수행한다.
가설이 옳은지 그른지를 검증하기 위해 체계적인 과정을 고안하는 것을 탐구 설계
탐구 설계에 따른 실험을 통해 자료를 수집하는 것을 탐구 수행이라고 한다.

[대조 실험]

탐구 수행 시 대조군을 설정하고 실험군과 비교하는 대조 실험을 해야 탐구 결과의 타당성이 높아진다. 또한 실험을 할 때는 실험 결과에 영향을 미치는 변인을 적절히 통제해야 한다.

[Remark 1] 일부 교과서의 연역적 탐구 과정에서는 가설이 옳지 않을 때 가설 수정으로 가는 경로가 결론 도출이 아닌 결과 정리 및 분석에서 이루어지는 것으로 서술하고 있다.

[Remark 2] 선지에서 "대조 실험"을 수행하였는지 질문할 경우 대조군과 실험군 설정 여부를 확인하도록 하자.

가설
의문에 대한 답을 추측하여 내린 잠정적인 결론

변인
탐구와 관계된 다양한 요인

대조군
실험군과 비교하기 위해 아무 요인(변인)도 변화시키지 않은 집단

실험군
가설을 검증하기 위해 의도적으로 어떤 요인(변인)을 변화시킨 집단

[변인의 구분]

구분	특징
독립 변인	탐구 결과에 영향을 미칠 수 있는 요인 조작 변인과 통제 변인이 있다. 조작 변인 : 대조군과 달리 실험군에서 의도적으로 변화시키는 변인 통제 변인 : 대조군과 실험군 모두 일정하게 유지하는 변인
종속 변인	조작 변인의 영향을 받아 변하는 요인으로 탐구에서 측정되는 값

④ 결과 정리 및 해석

탐구를 수행하여 얻은 결과를 정리하고 해석하여 경향성과 규칙성을 알아내고, 탐구 결과가 가설을 지지하는지의 여부를 판정한다. 가설이 옳지 않음이 밝혀지면 가설을 수정하여 새로운 탐구를 설계하고 수행해야 한다.

⑤ 결론 도출 및 일반화

탐구 결과를 해석한 결과 가설이 옳은 것으로 밝혀지면 결론을 도출하고, 이 결론이 다른 과학자들의 탐구를 통해 반복적으로 옳은 것으로 확인되면 학설이나 이론으로 일반화할 수 있다.

결론의 일반화
귀납적 탐구 방법이나 연역적 탐구 방법을 통해 얻은 과학 지식이 되기 위해서는 여러 과학자에 의해 반복적으로 같은 결론에 도달하는 과정이 필요하다.

[연역적 탐구 방법의 예 (1) - 파스퇴르의 실험(탄저병 연구)]

	과정
관찰 및 문제 인식	오래 방치한 닭 콜레라균을 접종한 닭이 닭 콜레라를 가볍게 앓고 회복하는 것을 관찰하고, '양의 탄저병도 같은 방식으로 예방할 수 있지 않을까?'라는 의문을 가졌다.
가설 설정	'탄저병 백신은 양의 탄저병을 예방하는 효과가 있을 것이다.'라고 생각하였다.
탐구 설계 및 수행	건강한 양들을 두 집단으로 나누어 한 집단에는 탄저병 백신을 주사하고, 다른 집단에는 탄저병 백신을 주사하지 않은 후, 두 집단에 모두 탄저균을 주사하였다. • 실험군 : 탄저병 백신을 주사한 집단 • 대조군 : 탄저병 백신을 주사 안 한 집단 • 조작 변인 : 탄저병 백신 주사 유무 • 종속 변인 : 탄저병 발병 여부 • 통제 변인 : 탄저균 주사, 양의 종류와 건강 상태, 온도 등
탐구 결과 정리 및 해석	탄저병 백신을 주사한 양들은 모두 건강하였고, 백신을 주사하지 않은 양들은 죽거나 죽어가고 있었다.
결론 도출	탄저병 백신은 탄저병을 예방하는 효과가 있다.
+ 일반화	백신을 주사하면 병원체에 의해 발생하는 감염성 질병을 예방할 수 있다.

[Remark 3] 조작 변인 이외에 실험 결과에 영향을 줄 수 있는 독립 변인(통제 변인)을 실험군과 대조군에서 일정하게 유지하는 것을 변인 통제라고 한다. 대조 실험에서 조작 변인 이외의 독립 변인(통제 변인)을 일정하게 유지하지 않으면 실험군과 대조군의 실험 결과가 다르게 나타나도 어떤 요인에 의해서인지 정확하게 알 수가 없다.

탐구 방법

[연역적 탐구 방법의 예 (2) - 플레밍의 페니실린 발견]

	과정
관찰 및 문제 인식	세균을 배양하던 접시에서 푸른곰팡이가 핀 부분의 주변에는 세균이 증식하지 못하는 것을 관찰하고 '왜 그럴까?'라는 의문을 가졌다.
가설 설정	'푸른곰팡이에서 생성된 어떤 물질이 세균의 증식을 억제할 것이다.'라고 생각하였다.
탐구 설계 및 수행	모든 조건을 동일하게 하여 세균을 배양한 접시들을 두 집단으로 나누어 한 집단에는 푸른곰팡이를 접종하고, 다른 집단에는 푸른곰팡이를 접종하지 않은 후 배양하였다. • 실험군 : 푸른곰팡이를 접종한 집단 • 대조군 : 푸른곰팡이를 접종하지 않은 집단 • 조작 변인 : 푸른곰팡이의 접종 여부 • 종속 변인 : 세균 증식 여부 • 통제 변인 : 푸른곰팡이 접종 여부를 제외한 세균 배양 접시의 조건, 배양 환경 등
탐구 결과 정리 및 해석	푸른곰팡이를 접종한 접시에서는 세균이 증식하지 못하였고, 푸른곰팡이를 접종하지 않은 접시에서는 세균이 증식하였다.
결론 도출	푸른곰팡이는 세균의 증식을 억제하는 물질을 생산한다.
+ 일반화	증식을 억제하는 물질(페니실린)은 후에 정제되어 약품으로 개발되었다.

[연역적 탐구 방법의 예 (3) - 에이크먼의 각기병 실험]

	과정
관찰 및 문제 인식	닭의 모이가 백미에서 현미로 바뀐 후 각기병 증세를 보이던 닭들이 건강을 찾은 것을 보고 각기병이 낫게된 이유에 대해 '왜 그럴까?'라는 의문을 가졌다.
가설 설정	'현미에는 각기병을 치료하는 물질이 들어있을 것이다.'라고 생각하였다.
탐구 설계 및 수행	모든 조건을 동일하게 한 후 건강한 닭들을 두 집단으로 나누어 한 집단에는 현미를, 다른 집단에는 백미를 주어 기르면서 각기병 증세가 나타나는지 관찰하였다. • 실험군 : 현미를 먹이로 주어 기른 집단 • 대조군 : 백미를 먹이로 주어 기른 집단 • 조작 변인 : 모이의 종류 • 종속 변인 : 각기병의 발병 여부 • 통제 변인 : 모이의 종류를 제외한 배양 환경, 닭의 종류, 닭의 건강 상태 등
탐구 결과 정리 및 해석	백미를 먹여 기른 닭에서는 각기병 증세가 나타났지만, 현미를 먹여 기른 닭에서는 각기병 증세가 나타나지 않았다.
결론 도출	현미에는 각기병을 치료하는 물질이 들어있다라는 결론을 내렸다.
+ 일반화	연구를 통해 이 물질이 비타민 B_1이라는 것을 알아내었다.

3
Theme

세포 호흡

세포 호흡

1. 세포의 생명 활동

모든 생물은 생명을 유지하기 위해 끊임없이 에너지를 필요로 한다.
그에 따라 효소가 관여하는 화학 반응인 물질대사가 일어난다.

1) 물질대사

생물체 내에서 일어나는 화학 반응으로 대부분 효소가 관여한다.

물질대사에는 물질을 합성하는 동화 작용과 물질을 분해하는 이화 작용이 있으며, 물질대사가 일어날 때는 에너지의 출입(흡수 또는 방출)이 함께 일어난다.

효소
생물체 내에서 일어나는 화학 반응 과정에서 활성화 에너지를 낮추어 반응 속도를 증가시켜주는 생체 촉매

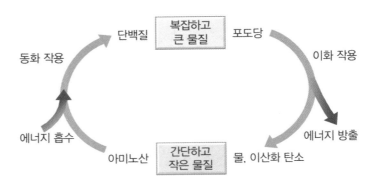

[물질 대사의 종류]

	동화 작용	이화 작용
물질 전환	합성 (저분자 물질 → 고분자 물질)	분해 (고분자 물질 → 저분자 물질)
에너지 출입	흡수 흡열 에너지가 흡수됨	방출 발열 에너지가 방출됨
예	단백질 합성, 광합성 등	세포 호흡, 소화 등

2. 에너지 전환과 이용

우리가 섭취한 음식물에는 화학 에너지 형태로 에너지가 저장되어 있는데, 음식물의 화학 에너지는 세포 호흡에 의해 생명 활동에 필요한 에너지로 전환된다.

1) 세포 호흡

세포 내에서 영양소를 분해하여 생명 활동에 필요한 에너지를 얻는 반응이다.

2) 세포 호흡의 장소

세포 호흡은 주로 세포의 미토콘드리아에서 일어나며, 포도당이 산소와 반응하여 이산화 탄소와 물로 분해되면서 에너지가 방출된다.

3) 세포 호흡 과정

포도당과 같은 영양소는 조직 세포로 운반된 산소에 의해 산화되어 이산화 탄소와 물로 최종 분해되고, 이 과정에서 에너지가 방출된다. 세포 호흡 과정에서 방출된 에너지의 일부는 ATP에 저장되고, 나머지는 열에너지로 방출된다.

포도당＋산소 ⟶ 이산화 탄소＋물＋ATP＋열에너지

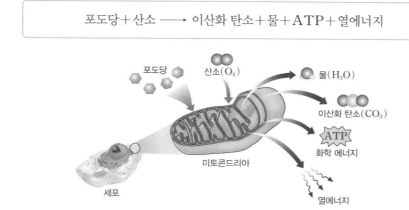

4) 광합성과 세포 호흡

광합성 : 동화 작용의 대표적인 예로 엽록체에서 일어난다. 작은 분자인 물과 이산화 탄소가 큰 분자인 포도당으로 합성되며, 에너지가 흡수된다.

세포 호흡 : 이화 작용의 대표적인 예로 주로 미토콘드리아에서 일어난다. 큰 분자인 포도당이 산소와 반응하여 작은 분자인 물과 이산화 탄소로 분해되며, 에너지가 방출된다.

세포 호흡

3. ATP 생성과 분해

ATP는 생명 활동에 직접적으로 사용되는 에너지원으로, ATP는 인산기와 인산기 사이의 결합이 끊어져 ADP와 무기 인산으로 분해되면서 에너지를 방출한다

[ATP의 생성과 분해]

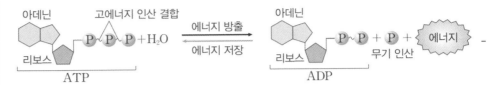

ATP는 아데닌과 리보스, 3개의 인산기가 결합한 화합물이다.
- 아데닌과 리보스를 합쳐서 아데노신이다.

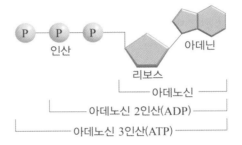

- ATP가 ADP와 무기 인산(P_i)으로 분해될 때 에너지가 방출된다.
- ADP가 무기 인산(P_i) 1분자와 결합하여 ATP가 합성되면서 인산결합에 에너지가 저장된다.

세포 호흡에 의해 포도당의 화학 에너지 일부는 ATP의 화학 에너지로 저장되며
ATP의 화학 에너지는 여러 형태의 에너지로 전환되어 발성, 정신 활동, 체온 유지, 근육 운동, 생장 등의 생명 활동에 이용된다.

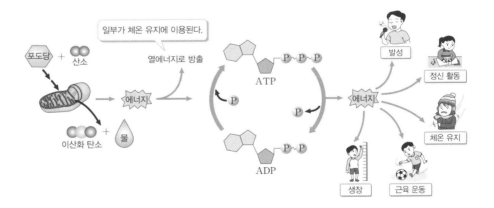

[Remark 1] 세포가 에너지를 ATP에 저장하면 세포는 세포 호흡에서 방출되는 에너지를 ATP에 저장하였다가 세포가 필요할 때 사용할 수 있다는 장점이 있다.

[Remark 2] 물질대사 과정에서는 에너지의 출입이 일어난다.
이와 같이 생명체 내에서 화학 반응이 일어날 때 에너지 출입이 일어나므로 물질대사 (물질 변화 관점)를 에너지 대사(에너지 변화 관점)라고 하기도 한다.

[Remark 3] 세포 호흡 자체는 이화 작용으로 분류되지만 세포 호흡에서 일어나는 ADP와 무기 인산의 반응에 의한 ATP의 생성은 동화 작용이다.

---

3. 다음은 세포 호흡에 대한 자료이다. ㉠과 ㉡은 각각 ADP와 ATP 중 하나이다.

> (가) 포도당은 세포 호흡을 통해 물과 이산화 탄소로 분해된다.
> (나) 세포 호흡 과정에서 방출된 에너지의 일부는 ㉠에 저장되며, ㉠이 ㉡과 무기 인산(P_i)으로 분해될 때 방출된 에너지는 생명 활동에 사용된다.

이에 대한 설명으로 옳은 것만을 <보기>에서 있는 대로 고른 것은? [3점]

> ───────〈보 기〉───────
> ㄱ. (가)에서 이화 작용이 일어난다.
> ㄴ. 미토콘드리아에서 ㉡이 ㉠으로 전환된다.
> ㄷ. 포도당이 분해되어 생성된 에너지의 일부는 체온 유지에 사용된다.

23학년도 수능

4. 세포 호흡과 발효

생명체가 산소를 사용하지 않고 포도당 내 화학 에너지를 ATP의 화학 에너지로 전환시키는 과정을
발효라 한다.

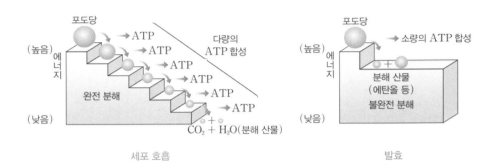

세포 호흡   발효

1) 발효

포도당을 세포 호흡하면 이산화 탄소와 물이 생성되지만 포도당을 발효시키면 중간 분해 산물이 생성
된다.

ⓐ 젖산 발효

젖산균의 젖산 발효는 김치, 요구르트, 치즈 등을 만드는 데 이용된다.

$$C_6H_{12}O_6(포도당) \longrightarrow 2C_3H_6O_3(젖산) + 2ATP$$

과도한 운동으로 인해 근육 세포에 O_2 공급이 부족해지면 젖산 발효를 통해 ATP가 합성된다.

ⓑ 알코올 발효

효모의 알코올 발효에서 생성되는 에탄올은 술(막걸리, 포도주 등)을 만드는 데 이용되고,
CO_2는 밀가루 반죽을 부풀려 빵을 만드는 데 이용된다.

$$C_6H_{12}O_6(포도당) \longrightarrow 2C_2H_5OH(에탄올) + 2CO_2 + 2ATP$$

젖산 발효   알코올 발효

5. 효모를 이용한 실험

효모의 세포 호흡 결과 이산화 탄소가 발생한다.

[준비물]

포도당, 건조 효모, 증류수, 약숟가락, 약포지, 솜, 비커, 유리 막대, 눈금 실린더, 발효관, 전자 저울, 시계, 온도계

[과정]

① 37℃ ~ 40℃의 증류수에 포도당을 녹여 5%의 포도당 용액과 10%의 포도당 용액을 만든다.

② 37℃ ~ 40℃의 증류수에 건조 효모를 녹여 효모액을 만든다.

③ 발효관 A ~ C에 용액을 다음과 같이 넣는다.

세포	특징
A	10% 포도당 용액 20mL + 증류수 15mL
B	10% 포도당 용액 20mL + 효모액 15mL
C	5% 포도당 용액 20mL + 효모액 15mL

맹관부

솜

④ 맹관부에 기체가 들어가지 않도록 발효관을 세우고 입구를 솜으로 막는다.

⑤ 맹관부에 모이는 이산화 탄소의 부피를 2분 간격으로 측정하여 기록한다.

발효관＼시간	0	2	4	6	8	10	12
A	0	0	0	0	0	0	0
B	0	0.5	1	3	5	8	10
C	0	0.2	0.5	1.4	2.5	4	4.9

- A에는 포도당을 분해할 수 있는 효소를 가진 효모가 없어 반응이 일어나지 않았다.

- B와 C에는 효모가 있기 때문에 효모가 포도당을 이용하여 세포 호흡을 한 결과 이산화 탄소가 발생하였다.

- B의 포도당 용액 농도가 C의 포도당 용액 농도보다 높기 때문에 C보다 B에서 이산화 탄소 발생량이 많다.

4
Theme

기관계의 상호 작용

기관계의 상호 작용

소화
크기가 큰 영양소를 흡수 가능한 크기가 작은 영양소로 분해하는 과정

기관계
동물체에서 연관된 기능을 수행 하는 기관들의 모임

기관계	구성 기관
소화계	위, 소장, 입, 식도, 대장, 간, 쓸개, 이자
호흡계	폐, 코, 기관, 기관지
순환계	심장, 혈관
배설계	콩팥, 오줌관, 요도, 방광

영양소
에너지원으로 이용할 수 있는 탄수화물, 단백질, 지방이 있다.

소화관
음식물이 지나가는 통로
입→식도→위→소장→대장→항문으로 연결되어 있다.

소화샘
소화액을 생성하거나 분비하는 기관 간, 쓸개, 이자, 침샘, 위샘 등이 있다

모노글리세리드
글리세롤에 1개의 지방산 분자가 결합한 물질

소화 효소
녹말 분해 효소 : 아밀레이스
단백질 분해 효소 : 펩신, 트립신
지방 분해 효소 : 라이페이스

1. 기관계와 에너지 대사
음식물 속에 들어 있는 영양소를 체내에서 이용하기 위해 흡수 가능한 형태인 포도당, 지방산, 아미노산 등으로 분해하여 흡수한다. 소화계에서 영양소의 소화와 흡수가 이루어지고, 흡수된 영양소는 순환계를 통해 이동한다.

1) 영양소
에너지원으로 이용할 수 있는 영양소에는 탄수화물, 단백질, 지방이 있다.

2) 영양소의 소화
3대 영양소인 탄수화물, 단백질, 지방은 분자의 크기가 커서 세포막을 통과하지 못하므로 음식물이 소화관을 지나는 동안 소화 과정을 통해 작은 분자로 분해되어 체내로 흡수된다.

3) 소화 산물
탄수화물은 포도당, 과당, 갈락토스와 같은 단당류로, 단백질은 아미노산으로, 지방은 지방산과 모노글리세리드로 분해된다.

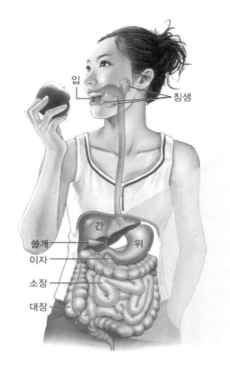

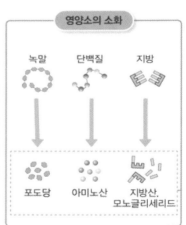

[Remark 1] 음식물 속의 영양소는 입→식도→위→소장→대장을 지나면서 소화되며, 소장에서 몸 속으로 흡수된다.

[Remark 2] 간은 쓸개즙을 생성하고 '소화계'에 속하는 기관이며
쓸개는 쓸개즙을 저장하고 분비하는 기관임에 유의하자.
두 기관 모두 소화액을 생성하거나 분비하는 기관이므로 소화샘에 속한다.

4) 영양소의 흡수 및 운반

소장에서 최종 소화된 영양소는 소장 내벽의 융털에서 모세 혈관과 암죽관으로 흡수된 후, 순환계를 통하여 심장으로 운반되어 온몸의 조직 세포로 공급된다.

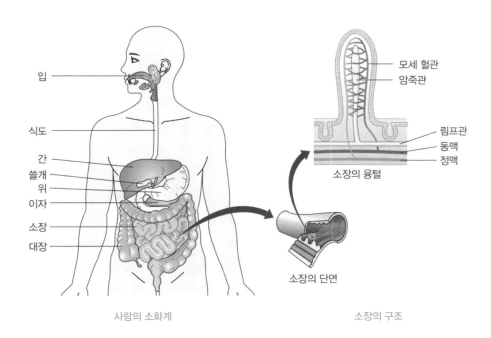

사람의 소화계 · 소장의 구조

[영양소의 소화 세부]

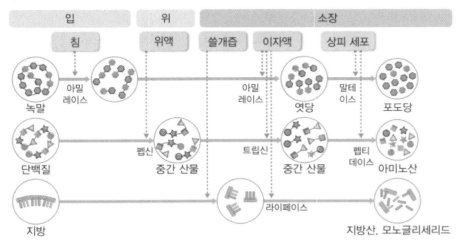

[Remark 3] 수용성 영양소(포도당, 아미노산, 무기 염류, 수용성 비타민)는 융털의 모세혈관으로 흡수된 후 혈관을 통해 간을 거쳐 심장으로 운반된다.

[Remark 4] 지용성 영양소(지방산, 모노글리세리드, 지용성 비타민)는 융털의 암죽관으로 흡수된 후 림프관을 통해 이동하다가 혈액과 합쳐져서 심장으로 운반된다.

[Remark 5] 지방산과 모노글리세리드는 융털의 상피 세포를 통과할 때 작은 지방으로 재합성된 후 암죽관으로 흡수된다.

기관계의 상호 작용

2. 기체의 교환과 물질의 운반

호흡계를 통해 세포 호흡에 필요한 산소가 흡수되고, 물질대사 결과 생성된 노폐물인 이산화 탄소와 물이 배출된다. 흡수된 산소는 순환계를 통해 조직 세포로 이동하고, 조직 세포에서 생성된 이산화 탄소는 순환계를 통해 호흡계로 이동한다.

기체 교환
산소와 이산화 탄소의 교환

분압
공기를 구성하는 각 기체의 압력
공기의 확산은 분압이 큰 쪽에서 작은 쪽으로 이동한다.

혈관
혈액을 온몸으로 순환시키는 통로
동맥, 정맥, 모세혈관으로 구분

동맥 : 심장에서 나오는 혈액
정맥 : 심장으로 들어가는 혈액
모세혈관 : 동맥, 정맥 매개

혈액
혈관을 흐르는 액상 조직
혈장과 혈구로 구분

물질을 운반하고
방어 작용에 관여한다.

1) 호흡계

코, 기관, 기관지, 폐 등으로 이루어져 있다. 폐는 작은 주머니 모양의 매우 많은 폐포로 구성되어 있어 공기와 접하는 표면적이 넓다.

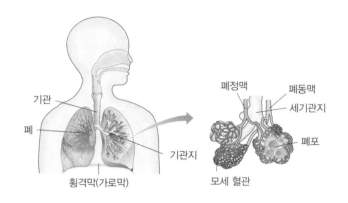

분압차에 의한 확산에 의해 기체 교환이 일어난다.
산소의 이동은 호흡계 → 순환계 → 조직 세포 방향으로 일어나고
이산화 탄소의 이동은 조직 세포 → 순환계 → 호흡계 방향으로 일어난다.

2) 순환계

심장, 혈관 등으로 구성되어 있다. 혈액은 소화 기관에서 흡수한 영양소와 호흡 기관에서 흡수한 산소를 조직 세포에 공급하고, 조직 세포에서 생성된 노폐물과 이산화 탄소를 각각 배설 기관인 콩팥과 호흡 기관인 폐로 운반하는 일을 담당한다.

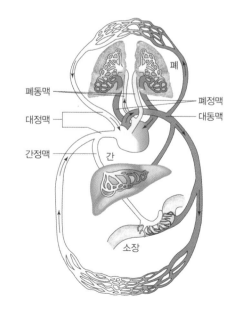

구분	물질 양 비교
포도당	대동맥 > 대정맥 간동맥 < 간정맥
산소	대동맥 > 대정맥 폐동맥 < 폐정맥
이산화 탄소	대동맥 < 대정맥 폐동맥 > 폐정맥
암모니아	대동맥 < 대정맥 간동맥 > 간정맥
요소	간동맥 < 간정맥 콩팥동맥 > 콩팥정맥

3) 기체 교환

폐로 들어온 외부 공기 중 산소는 폐포에서 모세 혈관(혈액)으로 이동한 후 조직 세포로 이동하고, 세포 호흡 결과 생성된 이산화 탄소는 조직 세포에서 모세 혈관(혈액)으로 이동한 후 폐포로 이동한다.

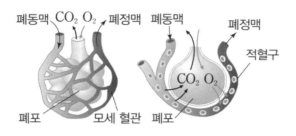

4) 순환계를 통한 물질 운반

혈액은 소화 기관에서 흡수한 영양소와 호흡 기관에서 흡수한 산소를 조직 세포에 공급하고, 조직 세포에서 생성된 이산화 탄소와 요소 등의 노폐물을 각각 호흡 기관인 폐와 배설 기관인 콩팥으로 운반하는 일을 담당한다.

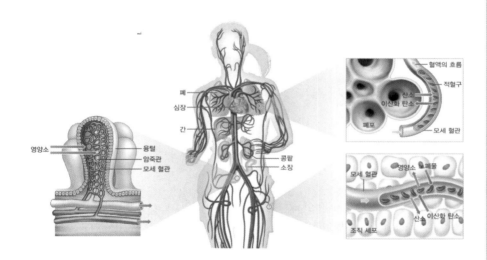

기관계의 상호 작용

3. 노폐물의 생성과 배설

조직 세포는 혈액에서 공급받은 영양소와 산소로 세포 호흡을 하여 에너지를 얻는데, 이 과정에서 이산화 탄소, 물, 암모니아와 같은 노폐물이 생성된다. 노폐물이 체내에 쌓이면 생명을 유지하기 어렵기 때문에 생성된 노폐물을 혈액으로 운반하여 호흡계와 배설계를 통해 몸 밖으로 내보낸다.

1) 노폐물의 생성과 제거

조직 세포에서 세포 호흡의 결과 생성된 노폐물은 혈액으로 운반되어 날숨과 오줌을 통해 몸 밖으로 배출된다.

영양소	노폐물	제거에 관여하는 기관	제거 경로
탄수화물, 지방, 단백질	이산화 탄소	폐	날숨을 통해 배출
	물	폐, 콩팥	날숨을 통해 배출, 오줌으로 배설
단백질	암모니아	콩팥	간에서 요소로 전환된 후 콩팥으로 운반되어 오줌으로 배설

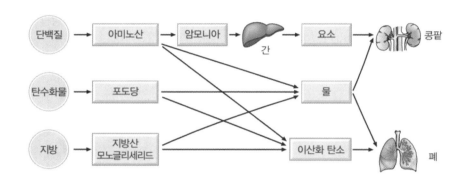

[Remark 1] 콩팥에서는 노폐물의 배설도 일어나지만 그에 따라 체액의 삼투압을 일정하게 유지하는 역할을 하기도 한다.

[Remark 2] 암모니아를 요소로 전환하는 장소는 간이며 요소는 혈액에 의해 콩팥으로 이동하여 배설됨에 주의하자.

[Remark 3] 대변은 생리적으로 몸 밖에 해당하는 소화관에서 음식물을 소화하여 영양소를 흡수하고 남은 찌꺼기를 배출하는 것으로, 배설에 해당하지 않는다.

배설
노폐물을 걸러 몸 밖으로 내보내는 것

암모니아
단백질과 같이 질소(N)를 포함한 영양소가 분해될 때 생성된다.

물에 잘 녹고 독성이 있어 체내에 축적되면 세포에 손상을 입히고, 염기성을 띠므로 체액의 pH를 높인다.

질소 노폐물
암모니아, 요소와 같이 질소를 포함하는 노폐물

4. 배설계

요소와 같은 질소 노폐물과 과잉의 물을 몸 밖으로 내보내는 일은 배설계가 담당한다.

1) 배설계의 구조

사람의 배설계는 콩팥, 오줌관, 방광, 요도로 이루어져 있으며, 콩팥에는 콩팥 동맥과 콩팥 정맥이 연결되어 있다.

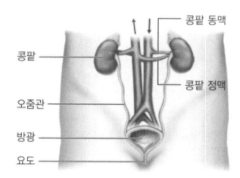

2) 배설계의 역할

배설계는 몸 속에서 생성된 노폐물을 제거할 뿐만 아니라, 몸 속 수분과 무기염류의 양을 조절하여 체액의 조성, 삼투압, pH 등을 일정하게 유지함으로써 항상성을 유지시킨다.

3) 노폐물의 배설 경로

심장에서 나온 혈액은 콩팥 동맥을 지나 콩팥으로 들어갔다가 콩팥 정맥으로 나오는데, 콩팥을 지나는 동안 혈액 속 과잉의 물과 요소같은 질소 노폐물이 걸러져 오줌이 생성된다.
콩팥에서 생성된 오줌은 오줌관을 지나 방광에 모였다가 몸 밖으로 배설된다.

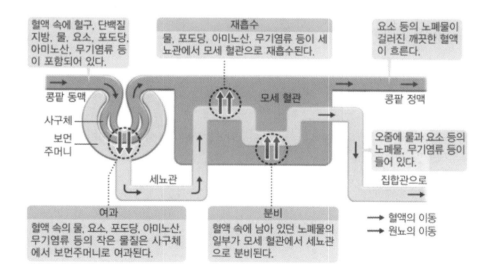

기관계의 상호 작용

유레이스
요소를 암모니아와 이산화 탄소로 분해하는 효소

유레이스가 요소를 분해하면 염기성을 띠는 암모니아가 만들어져 pH가 상승한다.

BTB 용액
산성에서는 노란색, 중성에서는 초록색, 염기성에서는 파란색을 나타내는 지시약

5. 오줌 속 요소 분해
효소 유레이스는 요소를 분해하여 염기성인 암모니아를 생성한다.

[탐구 과정]
① 물에 불린 콩을 물과 함께 믹서에 넣고 갈아서 거름망으로 걸러 콩즙을 만든다.
② 증류수, 요소 용액, 오줌을 준비한다.

증류수   요소 용액   오줌   콩즙

③ 시험관 A ~ F에 다음과 같이 용액을 넣어 섞은 후 BTB 용액을 떨어뜨려 변화된 색깔을 관찰한다.

시험관	용액	시험관	용액
A	증류수	D	증류수 + 콩즙
B	요소 용액	E	요소 용액 + 콩즙
C	오줌	F	오줌 + 콩즙

[탐구 결과]

발효관	변화 전 색깔	변화된 색깔
A	초록색	초록색
B	초록색	초록색
C	노란색	노란색
D	노란색	노란색
E	초록색	푸른색
F	노란색	푸른색

[탐구 해석]
E와 F 모두 콩즙 속 유레이스에 의해 요소가 분해되어 암모니아가 생성되었으므로 변화된 색깔이 푸른색을 띤다.

[Remark 1] 효모는 산소가 있을 때에는 산소를 이용해 세포 호흡을 하여 포도당을 물과 이산화 탄소로 분해하고, 산소가 없을 때에는 포도당을 에탄올과 이산화 탄소로 분해(알코올 발효)한다.

6. 기관계의 통합적 작용

생명 활동에 필요한 에너지를 얻기 위해 소화계, 호흡계, 배설계는 순환계를 중심으로 서로 유기적으로 연결되어 통합적으로 작용한다.

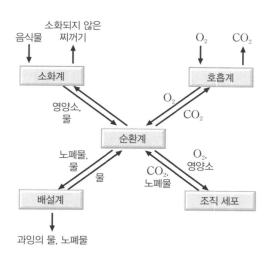

[순환계와 다른 기관계의 상호 작용]

	기관계의 역할 정리
순환계	소화계에서 흡수한 영양소와 호흡계에서 흡수한 산소를 조직 세포로 운반하고, 조직 세포에서 생성된 이산화 탄소, 요소 등의 노폐물을 호흡계나 배설계로 운반한다.
소화계	음식물에 들어있는 영양소를 세포가 흡수할 수 있도록 크기가 작은 영양소로 분해하여 몸 속으로 흡수한다.
호흡계	세포 호흡에 필요한 산소를 흡수하고, 세포 호흡으로 발생한 이산화 탄소를 몸 밖으로 내보낸다.
배설계	노폐물과 여분의 물을 몸 밖으로 내보낸다.

1) 소화계와 순환계
음식물에 들어 있는 영양소를 소화하여 흡수한 후 온몸의 조직 세포로 운반한다.

2) 호흡계와 순환계
폐에서 산소를 흡수한 후 조직 세포로 운반하고, 조직 세포의 세포 호흡 결과 발생한 이산화 탄소를 폐로 운반한다.

3) 배설계와 순환계
조직 세포의 세포 호흡 결과 생성된 노폐물을 콩팥까지 운반하고, 콩팥에서 노폐물을 걸러내 몸 밖으로 내보낸다.

5
Theme

대사성 질환과
에너지 균형

대사성 질환과 에너지 균형

1. 대사성 질환

우리 몸에서 물질대사 장애에 의해 발생하는 질환을 모두 일컬어 대사성 질환이라 한다.

오랜 기간 과도한 영양 섭취, 운동 부족 등으로 에너지 불균형이 지속된 결과 발생하며,
유전, 스트레스 등에 의해서도 발생한다.

[종류와 증상]

당뇨병, 고혈압, 고지질 혈증(고지혈증), 심혈관 질환, 뇌혈관 질환 등

	원인	증상
당뇨병	혈당 조절에 필요한 인슐린의 분비가 부족하거나 인슐린이 제대로 작용하지 못해 발생한다.	혈당이 정상보다 높아 오줌 속에 포도당이 섞여 나오고 여러 가지 합병증을 일으킨다. 제1형 당뇨병 : 인슐린 분비 이상 제2형 당뇨병 : 인슐린 작용 이상
고혈압	스트레스, 식사 습관 등 환경적 요소와 유전적 요소의 상호 작용으로 발생한다.	혈압이 정상보다 높은 만성 질환으로, 심혈관계 질환 및 뇌혈관계 질환의 원인이 된다.
고지질혈증	혈액 속에 콜레스테롤이나 중성 지방이 많은 상태로 지질 성분이 혈관 내벽에 쌓임 혈액의 흐름이 수월하다. 혈액의 흐름이 약해진다. 혈액의 흐름이 멈춘다.	동맥벽의 탄력이 떨어지고 혈관의 지름이 좁아지는 동맥 경화 등 심혈관계 질환의 원인이 된다.
지방간	알코올성 지방간은 음주, 비알코올성 지방간은 비만과 약물 복용 등이 원인으로 발생한다.	간에 지방이 축적되어 식욕 부진, 피곤함 등을 느낀다.

당뇨병의 진단
8시간 금식 후 혈당을 검사했을 때 혈당 수치가 정상인은 혈액 100mL 당 100mg 미만이며, 126mg/dL 이상이면 당뇨병으로 진단한다.

고혈압의 진단
성인의 경우 수축기 혈압(최고혈압)이 140mmHg 이상, 이완기 혈압(최저 혈압)이 90mmHg이 상이면 고혈압으로 진단한다.

동맥 경화
혈관 안쪽 벽에 콜레스테롤이나 중성 지방이 쌓여 혈관이 좁아지고 딱딱하게 굳어지는 것

대사 증후군
고혈압, 고혈당, 고지혈증 등의 증상이 한 사람에게 동시에 나타나는 것

2. 에너지 대사의 균형

건강한 생활을 하기 위해 음식물 섭취로부터 얻는 에너지양과 활동으로 소비하는 에너지양 사이에 균형이 잘 이루어져야 한다.

에너지 균형 상태　　　　에너지 부족 상태　　　　에너지 과잉 상태

에너지 섭취량이 에너지 소비량보다 많을 때 :
사용하고 남은 에너지가 체내에 축적되어 비만이 될 수 있다.

에너지 소비량이 에너지 섭취량보다 많을 때 :
에너지가 부족하여 우리 몸에 저장된 지방이나 단백질로부터 에너지를 얻게 된다.
그에 따라 체중이 감소하고 영양 부족 상태가 될 수 있다.

[대사량]

기초 대사량	생명을 유지하는 데 필요한 최소한의 에너지양 체온 유지, 심장 박동, 호흡 운동 등에 사용된다.
활동 대사량	기초 대사량 외에 신체 활동을 하는 데 필요한 에너지양 공부하기, 걷기 등 활동하기 위해 사용된다.
1일 대사량	하루에 필요한 총 에너지양 = 기초 대사량 + 활동 대사량 + 음식물의 소화·흡수에 필요한 에너지양 등 기초 대사량 60%~70%　활동 대사량 20%~35%　기타 5%~10% 1일 대사량에서 가장 많은 비율을 차지하는 것은 기초 대사량인데, 근육 조직은 지방보다 더 많은 에너지를 소모하므로 몸에 근육이 많으면 기초 대사량이 높아진다. 그에 따라 운동을 하여 몸에 근육이 많아지면 기초 대사량이 증가하여 에너지 균형을 맞추는 데 도움이 된다.

비만
BMI 지수가 25보다 큰 상태 여러 대사성 질환의 원인이 된다.

에너지 섭취량
음식물을 통해 섭취하는 에너지양

에너지 소비량
다양한 물질대사 및 활동으로 소비하는 에너지양

에너지원
탄수화물은 4kcal/g
지방은 9kcal/g
단백질은 4kcal/g

뉴런

1. 뉴런의 구조

기본적인 구조는 신호를 받아들이는 부분, 신호를 이동시키는 부분, 신호를 다른 세포로 전달 하는 부분으로 구성되며 이는 각각 가지 돌기, 축삭 돌기, 축삭 돌기 말단에 해당한다.

뉴런은 기능과 위치에 따라 매우 다양한 구조를 갖지만 대체로 신호 전달과 관련된 가지 돌기와 축삭 돌기, 생명 활동과 관련된 신경 세포체는 기본으로 갖는다.

1) 신경 세포체

크기는 전체 세포 부피의 1/10 정도거나 더 작지만 핵, 미토콘드리아와 같은 생명 활동의 중추가 되는 세포 소기관을 가져 뉴런에 필요한 물질과 에너지를 생성하며, 뉴런의 생명 활동을 조절한다.

가지 돌기의 구조

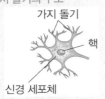

가지 돌기

핵

신경 세포체

2) 가지 돌기

다른 뉴런이나 세포로부터 자극을 전달받는다.
신경 세포체를 중심으로 나뭇가지 모양으로 여러 개의 돌기가 뻗은 모양이다.
가장 간단한 뉴런들은 단 하나의 가지돌기를 갖기도 하나 뇌에 있는 뉴런은 굉장히 복잡한
형태의 많은 가지 돌기를 갖는다.

3) 축삭 돌기

흥분을 다른 뉴런이나 세포로 전달한다.
구체적으로 뉴런의 정보를 통합하는 중추로부터 축삭 말단까지 외부로 나가는 전기 신호를 전달한다.

슈반 세포와 말이집
슈반 세포는 뉴런의 기능을 보조하는 세포로, 뉴런의 축삭 돌기를 둘러싼 말이집을 형성한다. 말이집에서는 흥분이 발생하지 않는다.

4) 랑비에 결절

축삭 돌기 중 말이집이 없이 노출된 부분으로 흥분이 발생한다. (≒ 이온 간 교환이 일어난다.)
반대로 말이집에 의해 절연된 축삭 돌기 부분에서는 흥분이 발생하지 않는다.

축삭 돌기

랑비에 결절

축삭 돌기

슈반 세포

말이집

5) 시냅스

뉴런 간 접촉되어 흥분을 전달하는(받는) 부위

흥분
자극에 따라 발생하는 감각 세포나 신경 단위의 변화

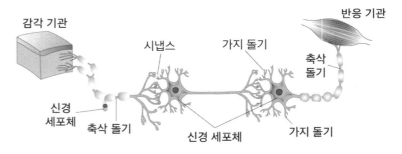

감각 기관

시냅스

가지 돌기

반응 기관

축삭 돌기

신경 세포체

축삭 돌기

신경 세포체

가지 돌기

시냅스의 어원
'함께'를 뜻하는 syn과 '결합하다'를 뜻하는 'haptein'의 합성어(synapse)이다.

[Remark 1] 신경계를 구성하는 뉴런은 신경 세포이며,
축삭 돌기를 구성하는 말이집도 세포이다.

[Remark 2] 뉴런과 시냅스는 필자가 공부했던 인체생리학 서적(7판)의 표지이기도 하며,
저명하신 선생님의 교재명으로도 사용된다. 유전과 더불어 인체의 신비를 엿볼 수 있는
학문 분야로 여겨지며 이를 방증하듯 생명과학1 교과 문항에서 추론형 문항은 대체로
유전과 신경에서 출제된다.

[Common Sense - 시냅스의 형성]

축삭 말단이 표적 세포와 만나는 부분을 시냅스, 축삭 말단이 표적 세포와 만나는 작은 공간을 시냅스 틈이라 하며, 시냅스 틈은 그림 상 마치 빈 공간처럼 나타내어지지만, 두 세포를 지지하는 세포 외 기질 들로 채워져 있다.

축삭이 신호를 전달할 표적 세포에 도달하게 되면 시냅스가 형성된다. 이러한 시냅스의 형성은 뇌의 성장과 직결되어 있다. 즉, 뇌의 성장은 세포 수 증가가 아니라 축삭 돌기와 가지 돌기, 시냅스의 수와 크기에 의해 결정된다.

따라서 감각 정보의 자극이 소홀하거나 주어지지 않은 유아들은 신경계의 자극이 결핍되어 발생이 늦어지게 되며, 그에 따라 걷기 전부터 미술, 음악, 외국어 등의 자극을 유아기에 접하게 하는 것은 뇌의 성장에 영향을 줌에 따라 지적 능력에 도움을 줄 수 있다.

그러나 시냅스의 형성은 고정된 작용이 아니며, 전기적 활성이 변하면 시냅스 연결이 재배치될 수 있고 이러한 과정은 평생 계속 진행된다. 그에 따라 시냅스를 유지하게 하는 것, 나이가 있는 성인들에게도 새로운 기술이나 정보 습득은 성인기의 지적 능력에 도움을 줄 수 있다.

[Common Sense - 뉴런과 줄기 세포]

유아기와 청소년기에는 뉴런이 성장하는 시기로 손상을 입더라도 복구될 수 있지만 성인기의 뉴런은 손상을 입을 경우 치명적인 영향을 미칠 수 있다.

발생 과정에서 미분화 세포들은 세포 분화가 일어나며 혈구, 근육, 상피 세포와 같이 구조적이나 기능적으로 뚜렷한 다른 세포가 된다. 그런데 발생 과정에서 분화되지 않은 상태로 남아있는 세포인 신경 줄기 세포를 발견함으로써 기존 성인기에 뉴런이 손상을 입어 죽게 되면 다른 세포로 대체될 수 없다는 생각이 변화되게 되었다.

신경 줄기 세포가 적합한 신호를 받게 되면 이들은 뉴런과 같은 신경 세포 등으로 분화하게 된다. 과학자들은 이러한 신경 줄기 세포 이식이 신경 손상 및 퇴행성 뇌질환에서 비롯된 손상된 기능을 회복할 수 있도록 할 것이라는 희망을 가지고 어떻게 이러한 세포 변화가 가능한지를 매우 적극적으로 연구하고 있다.

발생
다세포 진핵생물에서 수정란이 세포 분열과 분화를 통해 하나의 개체가 되는 과정

뉴런

2. 뉴런의 종류
말이집의 유무나 기능에 따라 분류할 수 있다.

[분류 기준 ①] 말이집 유무
축삭 돌기에 말이집이 없는 민말이집 뉴런과
축삭 돌기의 일부가 말이집으로 싸여 있는 말이집 뉴런이 있다.

ⓐ 민말이집 뉴런
축삭 돌기의 전체에서 흥분이 발생한다.

예 연합 뉴런, 자율 신경 신경절 이후 뉴런

ⓑ 말이집 뉴런
랑비에 결절에서'만' 흥분이 발생한다.
(= 도약 전도가 일어난다.)

예 민말이집 뉴런 예시의 여사건

말이집 뉴런과 랑비에 결절

도약 전도
랑비에 결절에서 연속적으로 흥분이 발생해 흥분이 전도되는 현상

도약 전도가 일어남에 따라 말이집 뉴런이 도약 전도가 일어나지 않는 민말이집 뉴런보다
흥분 전도 속도가 빠르다. 이는 다음과 같이 도미노로 설명된다.

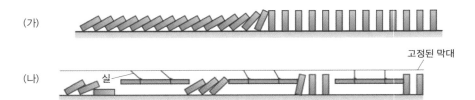

동시에 시작 도미노 팻말을 넘어트렸을 때 일반적인 도미노 (가)보다 실로 고정된 팻말이 있는 변형
도미노 (나)에서 마지막 도미노 팻말이 먼저 넘어지게 되는 것과 같은 원리이다.

[Remark 1] 뉴런을 간단하게 표현하는 그림에서는 말이집이 생략되어 있기도 하니 주의하자.

[분류 기준 ②] 기능
구심성 뉴런(감각 뉴런), 원심성 뉴런(운동 뉴런), 연합 뉴런으로 분류된다.

ⓐ 구심성 뉴런 (감각 뉴런)
　　몸 안팎에 존재하는 여러 가지 자극을 받아들인 감각 기관으로부터 발생한 흥분을 연합 뉴런으로 전달하거나, 구심성 뉴런이 직접 자극을 받아들여 연합 뉴런으로 전달한다. 가지 돌기가 비교적 긴 편이고 신경 세포체가 축삭 돌기의 끝부분이 아닌 중간 부분에 있다. 중추 신경계를 향해 흥분이 이동하므로 구심성 뉴런이라고도 한다.

ⓑ 원심성 뉴런 (운동 뉴런)
　　연합 뉴런으로부터 반응 명령을 전달받아 근육과 같은 반응 기관으로 흥분을 전달한다. 길게 발달된 축삭 돌기의 말단은 반응 기관에 분포하며, 신경 세포체가 비교적 크게 발달되어 있다. 중추 신경계에서 전달된 흥분이 반응 기관을 향해 이동하므로 원심성 뉴런이라고도 한다.

ⓒ 연합 뉴런 (운동 뉴런)
　　구심성 뉴런과 원심성 뉴런을 연결하는 뉴런으로 뇌와 척수에 존재한다. 구심성 뉴런으로부터 흥분을 전달받아 정보를 처리하고 처리 결과에 따른 명령을 원심성 뉴런에 전달한다.

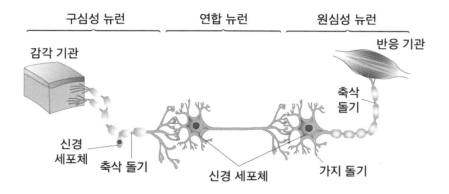

뉴런

3. 자극의 전달 경로

자극에 의해 감각 기관에서 발생한 흥분은 구심성 뉴런을 거쳐 연합 뉴런으로 전달되고, 연합 뉴런에서 정보를 처리하여 발생한 흥분은 원심성 뉴런으로 전달된 후 근육 등의 반응 기관으로 전해진다.

자극 → 감각 기관 → 구심성 뉴런 → 연합 뉴런 → 원심성 뉴런 → 반응 기관 → 반응

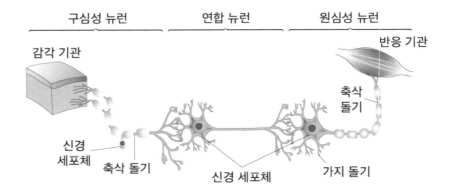

4. 분극

자극을 받지 않아 휴지 상태인 뉴런은 세포막을 경계로 안쪽이 상대적으로 음(−)전하를 띠고, 바깥쪽이 상대적으로 양(+)전하를 띤다. 이러한 상태를 양극으로 나누어진 상태라고 하여 분극이라고 하며, 이때 형성되는 막전위를 휴지 전위라고 한다.

[분극의 원인]

뉴런의 세포막에는 여러 종류의 막단백질이 존재한다. 막단백질에는 특정 이온의 능동 수송을 담당하는 $Na^+ - K^+$ 펌프, Na^+의 확산을 담당하는 Na^+ 통로, K^+의 확산을 담당하는 K^+ 통로 등이 있다. $Na^+ - K^+$ 펌프는 ATP를 분해하여 얻은 에너지를 이용하여 세포 안의 Na^+을 세포 밖으로 내보내고, 세포 밖의 K^+을 세포 안으로 들여온다.

이로 인해 뉴런의 Na^+ 농도는 항상 세포 밖이 안보다 높고, K^+ 농도는 세포 안이 밖보다 높게 유지된다.

[분극 상태에서 이온 분포]

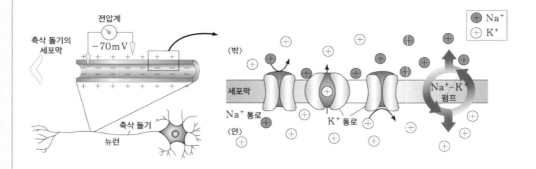

5. 막전위

뉴런의 특정 부위에서 외부의 전위를 0mV로 설정할 때, 내부의 전위를 세포 막전위라고 한다.
세포 막전위는 막전위와 같은 용어라고 생각해도 좋다.

	Na$^+$	K$^+$	이온	전위	막전위
외부	+320	+115	-400	+35	0
내부	+80	+285	-400	-35	-70(mV)

[Remark 1] 뉴런의 외부에 있는 양이온의 전하량과 음이온의 전하량 합을 외부의 전위라 하고
뉴런의 내부에 있는 양이온의 전하량과 음이온의 전하량 합을 내부의 전위라 한다.

이때 뉴런의 외부와 내부에는 여러 종류의 양이온과 음이온이 있지만
수능에서 양이온은 Na$^+$(나트륨 이온)와 K$^+$(칼륨 이온)만 고려한다.

[Common Sense - 뉴런의 휴지 전위 -70mV]
분극 상태에서 세포 안과 밖의 전위차. 세포에 따라 -60mV~-90mV로 다양하나
뉴런의 휴지 전위는 -70mV로 고정되어 있다.

신경과 근육세포들은 흥분성 조직이라 특징지을 수 있는데 이는 어떠한 자극에 대해 빠르게 전기 신호를 전파할 수 있는 능력을 가졌기 때문이다. 이때 살아 있는 세포들은 이온들이 세포막 안팎에 걸쳐 균등하지 않게 분포하기 때문에 형성되는 휴지 막전위(V_m)를 갖는다.

이때 뉴런의 휴지 전위 -70mV는 세포 안의 세포 밖에 대한 상대적인 값으로, 앞서 분극의 원인에서 설명한 세 가지 요인에 의해 음의 값 -70mV이 설명된다.

① Na$^+$ - K$^+$ 펌프를 통해 Na$^+$는 세포 밖으로, K$^+$는 세포 안으로 약 3 : 2의 이온수 비로 이동한다. 그에 따라 세포 밖이 안보다 양이온이 많다.

② 휴지 상태에서는 K$^+$ 통로가 일부 열려 있어 K$^+$이 안에서 밖으로 확산되지만 Na$^+$ 통로는 거의 대부분 닫혀 있어 Na$^+$이 밖에서 안으로 확산되지 못한다. 그에 따라 세포 안의 양이온이 세포 밖으로 확산되어 상댓값이 음전하를 띤다. 이때 뉴런은 Na$^+$에 대해서도 적은 투과성을 나타내기 때문에 예상한 막전위 값 (-90mV)보다 조금 더 양성의 휴지 전위를 띤다.

③ 세포 안에는 음(-)전하를 띠고 있는 단백질이 세포 밖보다 많이 존재한다.

이러한 이온의 불균등 분포, 이온의 막투과도 차이, 음(-)전하 단백질로 인해 세포막 안은 상대적으로 음(-)전하를, 세포막 밖은 상대적으로 양(+)전하를 띤다.

+와 -
세포 안의 세포 밖에 대한
상대적인 전위

6. 이온의 이동

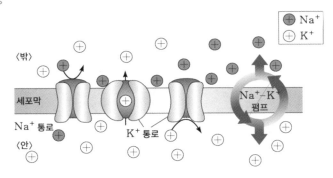

장소 ＼ 이온	Na^+	K^+	이동 방식	에너지(ATP) 소모
Na^+ 통로	세포 밖 → 세포 안	–	확산	×
K^+ 통로	–	세포 안 → 세포 밖	확산	×
$Na^+ - K^+$ 펌프	세포 안 → 세포 밖	세포 밖 → 세포 안	능동 수송	○

(○: 있음 ×: 없음, – : 해당 없음)

[Remark 1] 물질의 이동 방식 중 하나인 확산은 용질이 고농도에서 저농도 방향으로 이동 한다. 그에 따라 확산이 일어난다는 것은 시기와 무관하게 Na^+의 농도는 세포 밖이 안보다 크고, K^+의 농도는 세포 안이 세포 밖보다 크다는 것을 의미한다.

[Remark 2] $Na^+ - K^+$ 펌프를 통해 Na^+는 세포 밖으로, K^+는 세포 안으로 이동하며 이동하는 이온수 비는 약 3 : 2이다. 이동 방향성은 교육과정 내이고 출제될 수 있지만 이동하는 이온수 비는 교육과정 외이다.

[Remark 3] 소주제명인 이온의 이동은 확산과 능동 수송을 모두 포괄하는 개념이다. 이외에도 물질의 이동 방식에는 삼투나 내포-외포 작용 등이 존재한다.

7. 역치

세포가 반응하기 위해 필요한 최소한의 자극의 세기

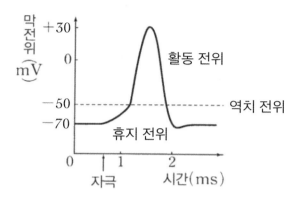

[Remark 1] 세포는 역치 미만의 자극에서는 반응하지 않으며
세포의 종류가 다르면 역치가 다르고
같은 세포에서도 세포의 상태에 따라 역치는 변할 수 있다.

8. 실무율

반응이 일어날 때, 자극의 세기는 반응의 크기와 무관하다.
즉, 반응의 크기는 일정하게 유지되며 이를 실무율이라 한다.

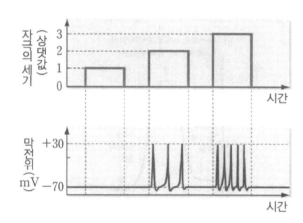

[Remark 1] 실무율은 하나의 세포에서만 적용되며, 여러 개의 세포가 모여 구성되는 기관(근육, 신경)에서는 세포 별로 역치가 다르기 때문에 실무율이 적용되지 않는다.

9. 활동 전위

휴지 상태인 뉴런의 한 지점에 역치 이상의 자극이 가해지면 막전위가 빠르게 상승하였다가 하강한다. 이러한 막전위 변화를 활동 전위라고 한다.

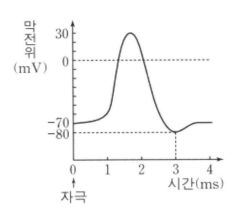

[Remark 1] 뉴런에서 활동 전위가 발생했을 때, 막전위(mV)가 +30mV까지 상승하는 것을 알 수 있다. 이때 그래프에서 -70mV과 +30mV는 막전위(mV)이고, -70mV과 +30mV의 차이인 100mV는 활동 전위의 크기이다.

[Remark 2] 앞서 막전위 값은 세포 안의 세포 밖에 대한 상대적인 값으로 설명한 바 있다. 막전위가 -70mV에서 30mV으로 상승했다는 것은 세포 안의 전위가 −에서 +로 세포 밖의 전위는 +에서 −으로 변한다는 것을 의미한다.

[Remark 3] 분극 상태인 뉴런에 자극이 주어질 때, 역치 미만의 자극이 주어지면 활동 전위는 발생하지 않는다.

10. 탈분극

역치 이상의 자극이 가해진 뉴런의 부위에서 막전위가 상승하는 현상

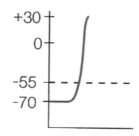

뉴런이 역치 이상의 자극을 받음에 따라 자극을 받은 부위에서 Na^+ 통로가 열리면서 Na^+에 대한 막 투과도가 커지고, Na^+이 세포 안으로 급격하게 확산되어 탈분극이 일어난다.

[Remark 1] 활동 전위는 매우 짧지만 큰 탈분극이다. 활동 전위에 의해 강도를 잃지 않고 뉴런들을 통해 신호가 먼 거리를 이동할 수 있다.

11. 재분극

상승한 막전위가 다시 휴지 전위로 하강하는 현상

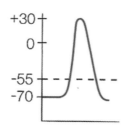

탈분극 시 열린 Na^+ 통로는 시간이 지남에 따라 닫히고, 닫혀 있던 K^+ 통로가 열린다. 이로 인해 Na^+의 막 투과도는 감소하고 K^+의 막 투과도는 증가하여, Na^+ 통로를 통한 Na^+의 확산은 감소하고 K^+ 통로를 통한 K^+의 확산은 증가하여 재분극이 일어난다.

[Remark 1] Na^+ 통로를 통한 이온의 이동이 억제되면 억제되기 전보다 탈분극은 느려지며 K^+ 통로를 통한 이온이 이동이 억제되면 억제되기 전보다 재분극이 느려진다.

[Remark 2] 재분극이 일어나면서 막전위가 휴지 전위(-70mV)보다 더 낮은 -80mV까지 하강하였다가 휴지 전위로 회복되는 현상을 과분극이라고 한다.

뉴런

12. 이온의 막 투과도 변화

뉴런의 특정 부위에서 열려 있는 나트륨 통로의 수를 나트륨 이온의 막 투과도라고 하고
열려 있는 칼륨 통로의 수를 칼륨 이온의 막 투과도라고 한다.

탈분극과 재분극에서 이온 투과도의 변화는 이온의 흐름과 전압의 변화를 일으킨다.

[전압과 이온 투과성 변화]

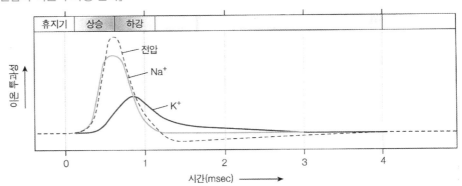

[이온의 막 투과도 변화]

시간에 따라 Na^+ 통로와 K^+ 통로의 개폐 정도의 차이가 생긴다는 것을 알 수 있다.

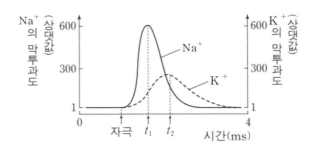

Na^+ 유입이 K^+ 유출보다 큰 구간에서는 막전위가 증가하고
Na^+ 유입이 K^+ 유출보다 작은 구간에서는 막전위가 감소한다.

[Remark 1] K^+의 막투과도를 나타내는 분포곡선이 Na^+의 막투과도를 나타내는 분포곡선보다 고
점을 나타내는 시점이 오른쪽에 있으며, 분산도가 높은 것을 알 수 있다. 이는 K^+ 통로
의 개폐 속도가 Na^+ 통로의 개폐 속도보다 상대적으로 느리기 때문이다.

[Remark 2] 고등 과정에서 분극 상태에서 탈분극 상태로 변할 때 나트륨 이온의 유입만 일어나고,
탈분극 상태에서 재분극 상태로 변할 때 칼륨 이온의 유출만 일어나는 것으로 간주하나

실제 과학에서 분극 상태에서 탈분극 상태로 변할 때 나트륨 이온의 유입과 칼륨 이온의
유출이 모두 일어나고 탈분극 상태에서 재분극 상태로 변할 때 나트륨 이온의 유입과
칼륨 이온의 유출이 모두 일어난다.

13. 이온의 이동 차단

인위적으로 이온 통로를 통한 이온의 이동을 차단할 경우 변형된 막전위 변화 그래프가 나타난다.

1) Na^+ 이동 차단

Na^+의 이동이 차단되면 Na^+가 세포 내부로 유입되지 않아 활동 전위가 발생하지 않는다.

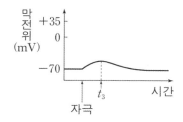

이는 분극 상태에서 탈분극 상태로 전환이 불가능하다는 것을 의미한다.

2) K^+ 이동 차단

K^+의 이동이 차단되면 활동 전위가 형성되지만 막 전위가 정상에 비해 느리게 감소한다.

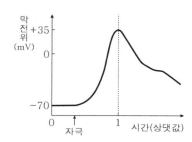

그에 따라 탈분극 상태에서 분극 상태로 가는 시간이 길어진다.

뉴런

유발 영역
역치 이상의 자극에 의해 활동 전위가 유발된 영역

14. 활동 전위의 연쇄성

활동 전위에 대해 논할 때는 1개의 활동 전위가 아닌 일련의 활동 전위로 보아야 한다.

이는 활동 전위가 일정한 강도를 가지고 뉴런의 유발 영역에서 축삭 말단으로 이동하는 전기 신호이며, 전류의 이동에 따라 이온 통로가 순차적으로 열리기 때문이다.

이는 앞서 살펴본 일련의 도미노 이동과 같은 상황으로 볼 수 있으며, 첫 번째 도미노가 쓰러지면 운동에너지를 전달하여 다음 도미노를 치고, 두 번째 도미노가 쓰러지며 운동 에너지를 전달하여 세 번째 도미노에 전달하는 일련의 과정을 통해 이해할 수 있다.

즉, 다음과 같이 전극을 다르게 설치하면 각 지점에서의 세포막 전위가 다르게 나타난다는 것이다.

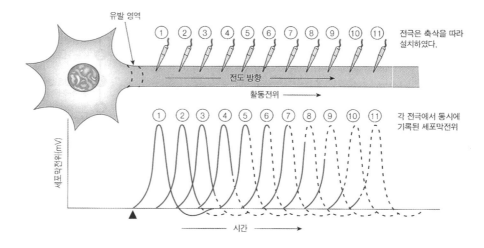

[Remark 1] 이와 같이 자극 지점(유발 영역)과 특정 시점에 따라 전위가 다르게 나타나고, 이를 변수로 하여 평가원 문항들이 출제되어 왔다.

[Remark 2] 위 그림을 토대로 자극과 가까운 지점일수록 흥분이 빠르게 도착한다는 사실을 알 수 있다.

15. 흥분의 전도

축삭을 통해 빠른 속도로 활동 전위가 이동하는 것을 활동 전위의 전도라고 하며 뉴런의 한 지점에서 활동 전위가 일어나면 일정 시간 뒤 그 지점과 가까운 지점에서 활동 전위가 발생하는데 이와 같은 연쇄적인 활동 전위의 발생을 통해 흥분이 뉴런 내에서 이동하는 현상을 흥분의 전도라고 한다.

이러한 흥분의 전도는 신경 세포체에서 축삭 돌기 말단 방향으로 전도되며, 만약 축삭 돌기의 중간 지점에서 활동 전위가 발생하면 흥분 전도는 양방향으로 진행된다.

[흥분의 전도 과정]

① 분극

뉴런이 자극을 받기 전에는 $Na^+ - K^+$ 펌프의 작용과 열려 있는 K^+ 통로를 통한 K^+ 유출에 의해 분극 상태가 된다.

② 탈분극

역치 이상의 자극에 의해 Na^+ 통로가 열리고 Na^+이 세포 안으로 확산되어 탈분극이 일어난다.

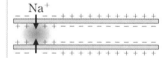

③ 재분극

세포 안이 상대적으로 (+)가 되면 대부분의 K^+ 통로가 열리고 K^+이 세포 밖으로 확산되어 재분극이 일어난다.

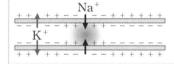

④ 과분극

분극이 일어나면서 막전위가 휴지 전위(-70mV)보다 더 낮은 -80mV까지 하강하였다가 휴지 전위로 회복된다.

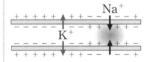

⑤ 분극

재분극이 일어난 부위는 $Na^+ - K^+$ 펌프의 작용으로 분극 상태가 된다.

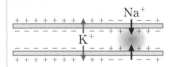

말이집 유무와 뉴런의 두께는 흥분 전도 속도에 영향을 미친다.

1) 말이집 유무
말이집이 있는 부분에서는 도약 전도가 일어나 단위 길이가 동일할 때
말이집이 있는 신경이 말이집이 없는 신경보다 흥분의 전도가 빠르다.

(단, Ⅰ과 Ⅱ는 각각 민말이집 뉴런과 말이집 뉴런을 나타낸다.)

⇒ 말이집이 없는 부분(민말이집 뉴런)은 말이집이 있는 부분(말이집 뉴런)에 비해
　단위 길이 당 걸리는 시간이 더 큰 것을 알 수 있다.

2) 뉴런의 두께
뉴런의 두께가 두꺼울수록 일반적으로 흥분 전도 속도가 빠르다.
즉, 축삭 돌기의 지름이 커지면 흥분 전도 속도가 빨라진다.

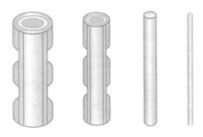

⇒ 왼쪽 뉴런일수록 흥분 전도 속도가 빠르다.

[Remark 1] 말이집 신경에서 말이집이 있는 부위에는 $Na^+ - K^+$ 펌프, Na^+ 통로, K^+ 통로가 모두
　　　　　없다. 그에 따라 흥분이 발생할 수 없다.

17. 흥분의 전달

자극을 받아 활동 전위가 발생한 뉴런에서 흥분이 다음 뉴런의 가지 돌기나 신경 세포체로 전달되는 현상.

① 시냅스

뉴런의 축삭 돌기 말단과 다른 뉴런의 가지 돌기나 신경 세포체가 약 20nm의 틈을 두고 접한 부위. 하나의 뉴런이 다수의 뉴런과 시냅스를 형성하기도 한다.

시냅스를 기준으로 흥분을 전달하는 뉴런을 시냅스 이전 뉴런이라고 하고, 흥분을 전달받는 뉴런을 시냅스 이후 뉴런이라고 한다.

② 과정

1) 시냅스 이전 뉴런의 흥분이 축삭 돌기 말단까지 전도되면
2) 축삭 돌기 말단에 존재하는 시냅스 소포가 세포막과 융합되면서
3) 시냅스 소포에 있던 신경 전달 물질이 시냅스 틈으로 분비된다.
4) 이 신경 전달 물질이 확산되어 시냅스 이후 뉴런의 신경 전달 물질 수용체에 결합하면
5) 시냅스 이후 뉴런의 이온 통로가 열리면서 탈분극이 일어난다.

신경 전달 물질
아세틸콜린, 노르에피네프린 등이 있으며, 시냅스 틈에서 확산된다.

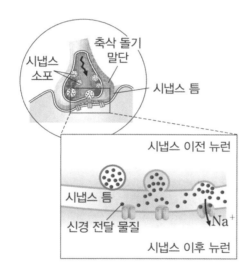

③ 전달 방향

시냅스 소포는 축삭 돌기 말단에만 있다. 그에 따라 흥분은 항상 시냅스 이전 뉴런의 축삭 돌기 말단에서 시냅스 이후 뉴런의 가지 돌기나 신경 세포체로만 전달된다.

뉴런

[Remark 1] 시냅스 소포에는 여러 가지 신경 전달물질이 들어 있다. 이러한 신경 전달 물질에는 아세틸콜린, 노르에피네프린 등이 있으며 뉴런의 종류에 따라 분비하는 신경 전달 물질이 다르다.

이때 신경 전달 물질이 이동하는 원리는 농도차가 달라 일어나는 확산이다.

[Remark 2] 전도는 한 뉴런에서 양방향으로 이동하 전달은 뉴런 간 일어나며 축삭 돌기 말단에서 가지 돌기 말단으로 단방향으로 이동한다.

즉, 자료에서 가지 돌기 방향에서 축삭 돌기 방향으로 이동하지 않으므로
가지 돌기를 포함하는 뉴런의 어떤 지점에 자극을 주었을 때, 축삭 돌기를 포함하는 뉴런의 특정 지점은 시간에 관계없이 휴지 막전위를 나타낸다.

[Remark 3] 전도는 흥분의 이동 속도가 상대적으로 빠르며
전달은 흥분의 이동 속도가 상대적으로 느리다.

이는 흥분의 전도는 전기 신호의 전달임에 비해
흥분의 전달은 신경 전달 물질에 의해 일어나기 때문이다.

흥분의 전달에 관한 실험이 출제될 수 있다.

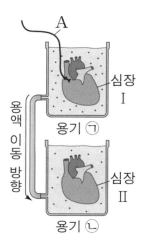

(가) 같은 종의 동물로부터 심장 Ⅰ과 Ⅱ를 준비하고, Ⅱ에서만 신경을 제거한다.

(나) Ⅰ과 Ⅱ를 각각 생리식염수가 담긴 용기 ㉠과 ㉡에 넣고, ㉠에서 ㉡으로 용액이 흐르도록 두 용기를 연결한다.

(다) 심장 Ⅰ에 연결된 신경에 자극을 주면 신경의 축삭 돌기 말단에서 분비되는 신경 전달 물질이 Ⅰ에 작용하여 Ⅰ의 수축력이 감소한다.

(라) 심장 Ⅰ에 연결된 신경에서 분비되는 신경 전달 물질이 생리 식염수를 통해 확산되어 Ⅱ에 작용하고 Ⅱ의 수축력도 감소한다.

뉴런

흥분 전도 추론형 문항을 푸는 기본 뼈대는 다음과 같다.

1st 변수 상수 판단

결정된 정보가 "시간"인지 "지점"인지 "다른 요소"인지 확인한다.

이때 결정된 정보가 지점이고 변수가 시간라면 "자연수론"과 "변화량" 등을
결정된 정보가 시간이고 변수가 지점이라면 "특수 막전위" "값 간 비교" 등을 활용할 수 있다.

이때 자극 지점은 막전위 변화 판단의 기준점이 된다.
자극 지점이 주어져 있는 문항도, 주어져 있지 않은 문항도 있으며
주어져 있지 않은 경우 자극 지점 판단의 근거를 우선적으로 체크하도록 하자.

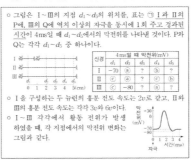

23학년도 수능 - 자극 지점 미결정

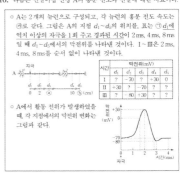

24학년도 수능 - 자극 지점 결정

2nd 단독 해석(특수 막전위, 가장 가까운 지점)

- 80mV나 +30mV와 같이 비교하여 해석하지 않아도
  단독적으로 시간에 대한 정보를 알 수 있는 값들이 있다.
  단독적으로 해석할 수 있는 값들과 자극 지점을 엮어 해석할 수 있는지 확인하자.

3rd 비교 해석(가로 비교, 세로 비교, 사선 비교 등)

동일한 막전위 값, 막전위 값 간 비교 등 두 가지 요소 이상을
비교하여 해석했을 때 변화량, 대칭성, 속도비 등을 추론해낼 수 있다.

1st 2nd 를 마쳤다면 비교 해석할 수 있는 값들이 무엇이 있는지 확인하자.

4th 기타 요소 판단

문제에 따라 여러 가지 요소가 해석에 필요할 수 있다.

남은 요소들을 활용하여 여사건 요소들을 마지막으로 대응하도록 하자.

- 전도 방향
- 가지 돌기와 축삭 돌기의 위치 판단
- 속도 비교
- 동일한 막전위 값
- 서로 다른 막전위 값
- 대칭성
- 자연수론
- 시냅스

뉴런

흥분의 전도 추론형
Schema 1

그래프의 이해

[중요도 ★★★★]

- 대부분의 흥분 전도 추론형 문항에는 막전위 변화 그래프가 등장한다.
- 경과 시간은 전도 시간과 막전위 변화 시간으로 나뉘어지며 그래프는 막전위 변화 시간과 관련이 있다.
- 추론 요소들을 공부하기 전 막전위 변화 그래프를 확실히 이해하고 넘어가도록 하자.

자극이 전달되면 막전위는 1) 분극 2) 탈분극 3) 재분극 4) 과분극 과정을 거쳐 휴지 전위로 돌아온다.

① 분극

뉴런이 자극을 받기 전에는 $Na^+ - K^+$ 펌프의 작용과 열리는 K^+ 통로를 통한 K^+ 유출에 의해 분극 상태가 된다.

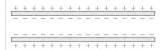

② 탈분극

역치 이상의 자극에 의해 Na^+ 통로가 열리고 Na^+이 세포 안으로 확산되어 탈분극이 일어난다.

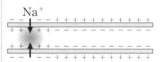

③ 재분극

세포 안이 상대적으로 (+)가 되면 대부분의 K^+ 통로가 열려 K^+이 세포 밖으로 확산되어 재분극이 일어난다.

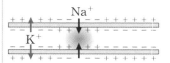

④ 과분극

분극이 일어나면서 막전위가 휴지 전위(-70mV)보다 더 -80mV까지 하강하였다가 휴지 전위로 회복된다.

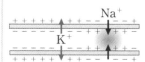

⑤ 분극

재분극이 일어난 부위는 $Na^+ - K^+$ 펌프의 작용으로 분극 상태가 된다.

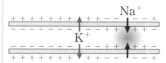

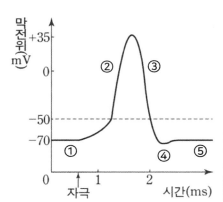

그래프의 이해

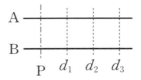

지점 P에 자극이 전달되면 시간에 따른 각 지점의 막전위 변화는 다음과 같다.

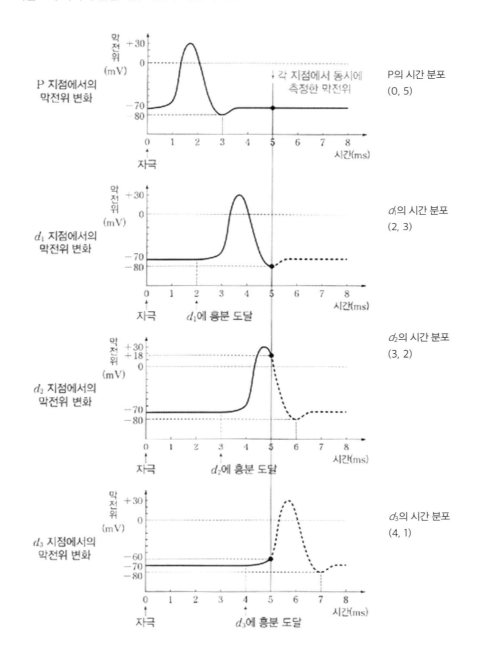

흥분의 전도 추론형
Schema 2

전도 방향

[중요도 ★★★★]
- 한 신경 내에서 자극 지점으로부터 가까운 지점의 막전위는 막 전위 그래프에서 오른쪽 값이다.
- 예를 들어 지점 d_1의 막전위 값이 +30mV이고 지점 d_2의 막전위 값이 -80mV이면 흥분 전도 방향은 d_2에서 d_1 쪽이다. 이는 -80mV인 지점에 흥분이 먼저 도달했기 때문이다.

자극이 전달됨에 따라 흥분의 전도는
분극(①) - 탈분극(②) - 재분극(③) - 과분극(④)의 순서로 진행된다.

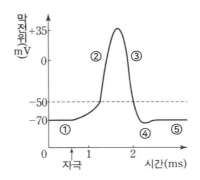

경과된 시간이 동일할 때, 흥분 전도 시간과 막 전위 시간의 합은 일정하고
한 신경에서 특징 지점에 도달하는 시간은 흥분 전도 시간과 비례하므로

여러 막전위 값이 나열되어 있을 때 흥분의 전도 방향 판단은
분극 지점 ⇒ 재분극이 일어난 지점 ⇒ 탈분극이 일어난 지점으로 확인할 수 있고
그래프를 읽어나갈 때 오른쪽에서 왼쪽으로 읽어나가며 판단할 수 있다.

즉, 한 신경 내에서 자극 지점으로부터 가까운 지점의 막전위는 막 전위 그래프에서 오른쪽 값이다.

전도 방향

여러 막전위 값이 나열되어 있을 때 흥분의 전도 방향 판단은
분극 지점 ⇒ 재분극이 일어난 지점 ⇒ 탈분극이 일어난 지점으로 확인할 수 있다.

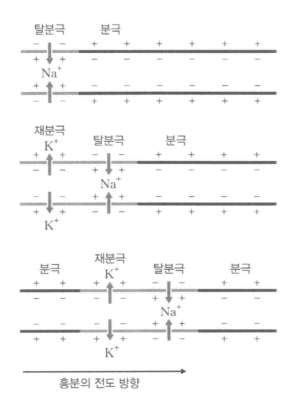

흥분의 전도 방향

흥분의 전도 추론형
Schema 2

전도 방향

1.
그림 (가)는 역치 이상의 자극을 1회 주고 2ms가 지났을 때 뉴런 안팎의 하전 상태를, (나)는 자극을 준 후 2ms 동안 A, B, C 세 지점에서 각각 측정한 막전위의 변화를 순서 없이 나타낸 것이다.

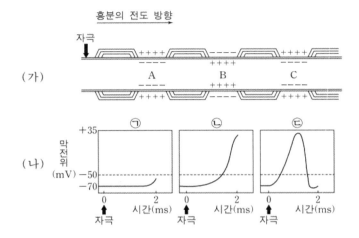

지점 A, B, C의 막전위 변화를 ㉠~㉢ 중 각각 대응하시오.

[해설]
그림을 보아 ㉢, ㉡, ㉠ 순서로 막전위의 변화가 많이 일어난 것을 알 수 있다.
자극 지점과 가까운 지점일수록 막전위의 변화가 크므로

A의 막전위 변화는 ㉢, B의 막전위 변화는 ㉡, C의 막전위 변화는 ㉠이다.

2.
그림 (가)는 어떤 민말이집 신경의 P와 Q 중 한 지점에 역치 이상의 자극을 1회 주고 경과된 시간
이 5ms일 때 $d_1 \sim d_4$에서 각각 측정한 막전위를 나타낸 것이고, (나)는 이 신경에서 활동 전위가
발생하였을 때 각 지점에서의 막전위 변화를 나타낸 것이다.

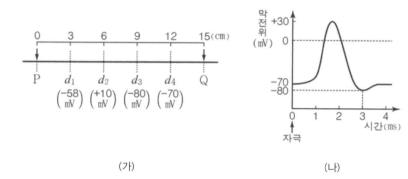

(가)   (나)

자극을 준 지점이 P인지 Q인지 판단하시오.

[해설]
과분극 값 ⇒ 재분극 값 ⇒ 탈분극 값 방향으로 흥분의 전도가 일어난다.
-80mV은 과분극 지점이므로 과분극 값 ⇒ 재분극 값 ⇒ 탈분극 값을 만족하려면
-80 → +10 → -58 이어야 한다.

따라서 흥분의 전도 방향은 Q→P이고 자극 지점은 Q이다.

뉴런

[중요도 ★★★★]

- 경과된 시간 S는 흥분 전도 시간 A와 막전위 변화 시간 A^C으로 나누어 각각 해석한다. 자료 정리는 (A, A^C)와 같이 한다.
- 흥분 전도 시간 A와 막전위 변화 시간 A^C으로 분류하여 각각의 시간을 비교할 수 있다.
- 한 신경 내에서 앞 시간 비는 거리비이고 뒷 시간은 막전위 값과 직결된다.

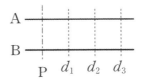

자극 지점 P에 역치 이상의 자극을 동시에 1회 주고 경과된 시간(S)은
흥분 전도 속도와 관련이 있는 흥분 전도 시간(A)과
막전위 변화 그래프와 관련이 있는 막전위 변화 시간(A^C)으로 나뉜다.

즉, 경과된 시간 = 흥분 전도 시간 + 막전위 변화 시간이다.

다음과 같이 경과된 시간에 대한 자료 정리 방식을 정의하자.

= (흥분 전도 시간, 막전위 변화 시간)
= (a, b)

> 예 S=4ms, A=1ms인 지점 d
>   ∴ (1, 3)
>   ∴ d에서 막전위 값(mV)은 - 80

> 예 S=5ms, A=3.5ms인 지점 d
>   ∴ (3.5, 1.5)
>   ∴ d에서 막전위 값(mV)은 탈분극의 0

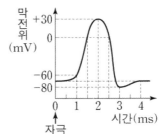

> 예 S=3ms, A=0.5ms인 지점 d
>   ∴ (0.5, 2.5)
>   ∴ d에서 막전위 값(mV)은 재분극의 0

[Remark 1] -80mV이나 +30mV와 같은 특수 막전위 값을 제외한 대부분의 ① 막전위 값은 동일한 두 값을 가진다. 그에 따라 ①이 자료에 등장하면 어떤 시간에 대응되는지 구분할 필요가 있다.

[중요도 ★★★★]

- 자극 지점에서는 막전위 변화 시간 = 경과된 시간이다
- 자극 지점의 신경 간 막전위 값은 동일하다.
- 자극 지점(P)의 막전위 값은 가장 오른쪽 값이다.
- 둘 이상의 시점이 주어진 경우 자극 지점은 그래프 상 가장 오른쪽 값 후보의 교집합이다.

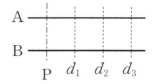

1)

자극 지점(P)에서는 흥분 전도 시간이 0ms이므로
경과된 시간을 막전위 변화 시간으로 해석할 수 있다.

[논증]

경과된 시간(S) = 흥분 전도 시간(A) + 막전위 변화 시간(A^C)으로 나뉜다.

자극 지점에서는 자극과 동시에 막전위가 변화하므로 A 값은 0이고,
신경의 흥분 전도 속도는 A에만 영향을 주므로 속도와 관계없이
경과된 시간(S) = 막전위 시간(A^C)이다.

신경	3 ms일 때 측정한 막전위(mV)				
	I	II	III	IV	V
A	?	−80	+6	−70	+20
B	−75	?	-72	+30	?

자료 1

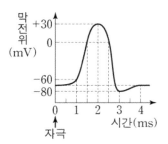

자료 1을 보자.
자극 지점에서는 3ms가 모두 막전위 변화 시간으로 사용된다.
따라서 막전위 -80mV가 있는 II 가 자극 지점이다.

뉴런

자극 지점

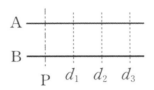

2)

동일한 시간이 경과된 후 두 신경 이상의 막전위를 비교할 때
자극 지점(P)의 신경 간 막전위 값은 동일하다.

[논증]

경과된 시간(S) = 흥분 전도 시간(A) + 막전위 변화 시간(A^c)으로 나뉜다.

자극 지점에서는 자극과 동시에 막전위가 변화하므로 A 값은 0이고,
신경의 흥분 전도 속도는 A에만 영향을 주므로 속도와 관계없이
경과된 시간(S) = 막전위 시간(A^c)이다.

신경	4 ms일 때 측정한 막전위(mV)				
	I	II	III	IV	V
A	?	+30	−70	−80	?
B	−75	−60	-70	−60	−80

자료 2

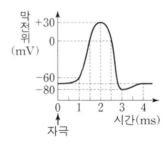

그에 따라 동일한 시간이 경과된 후 두 신경 이상의 막전위를 비교할 때
자극 지점(P)의 신경 간 막전위 값은 동일하다.

자료 2에서 지점 III은 신경 A와 B의 막전위 값이 동일하므로
자극 지점 후보 중 하나이다.

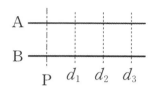

3)

동일한 시간이 경과된 후 두 신경 이상의 막전위를 비교할 때
자극 지점(P)의 막전위 값은 막전위 변화 그래프 상 가장 오른쪽에 있는 값이다.

[논증]
경과된 시간(S) = 흥분 전도 시간(A) + 막전위 변화 시간(A^C)으로 나뉜다.

자극 지점에서는 자극과 동시에 막전위가 변화하므로 A 값은 0이고,
신경의 흥분 전도 속도는 A에만 영향을 주므로 속도와 관계없이
경과된 시간(S) = 막전위 변화 시간(A^C)이다.

따라서 막전위 변화 그래프 상 가장 오른쪽에 위치하는 막전위 값이다.

신경	4 ms일 때 측정한 막전위(mV)				
	I	II	III	IV	V
A	?	+30	−70	−80	?
B	−75	−60	-70	−60	−80

자료 3

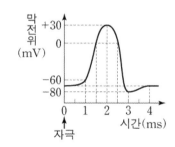

자료 3에서 자극 지점의 후보는 지점 III과 V로 압축된다.
이는 2)에 의해 신경 간 막전위 값이 같을 수 있는 지점은 I, III, V이고
3)에 의해 막전위 값이 가장 오른쪽에 위치할 수 있는 지점은 III 또는 V이기 때문이다

이때 −80mV은 막전위 변화 시간이 3ms에 해당하는 막전위 값이므로
자극 지점은 III이다.

흥분의 전도 추론형
Schema 4

자극 지점

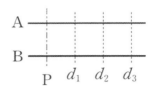

4)
두 시점 이상의 막전위 값이 나타났을 때
자극 지점은 두 시점에서 막전위 변화 그래프 상 가장 오른쪽에 있는 값 후보의 교집합**이다.**

[논증]
경과된 시간(S) = 흥분 전도 시간(A) + 막전위 변화 시간(A^C)으로 나뉜다.

자극 지점에서는 자극과 동시에 막전위가 변화하므로 A 값은 0이고,
신경의 흥분 전도 속도는 A에만 영향을 주므로 속도와 관계없이
경과된 시간(S) = 막전위 변화 시간(A^C)이다.

따라서 막전위 변화 그래프 상 가장 오른쪽에 위치하는 막전위 값이다.

자극 지점

3.

표에서 Ⅰ ~ Ⅴ 중 자극 지점이 어디인지 판단하시오.

시간	어떤 신경에서의 막전위(mV)				
	Ⅰ	Ⅱ	Ⅲ	Ⅳ	Ⅴ
ⓐms	+10	-60	−70	−80	?
ⓑms	−80	+10	-60	?	−55

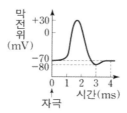

[해설]

표의 ⓐms에서 자극 지점의 후보, 가장 오른쪽에 위치한 막전위가 될 수 있는 값의 후보는 Ⅲ, Ⅳ, Ⅴ로 압축된다.

표의 ⓑms에서 자극 지점의 후보, 가장 오른쪽에 위치한 막전위가 될 수 있는 값의 후보는 Ⅰ, Ⅳ로 압축된다. 따라서 자극 지점은 교집합인 Ⅳ이다.

4.
그림은 민말이집 신경 A와 B의 d_1 지점으로부터 $d_2 \sim d_4$까지의 거리를, 표는 A와 B의 d_1 지점에 역치 이상의 자극을 동시에 1회 주고 일정 시간이 지난 후 t_1일 때 네 지점 $d_1 \sim d_4$ 에서 측정한 막전위를 나타낸 것이다. Ⅰ ~ Ⅳ는 각각 $d_1 \sim d_4$에서 측정한 막전위 중 하나이다.

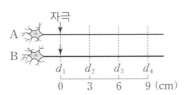

신경	t_1일 때 측정한 막전위(mV)			
	Ⅰ	Ⅱ	Ⅲ	Ⅳ
A	-55	?	+30	-65
B	-20	-80	-10	?

Ⅰ ~ Ⅳ 중 자극 지점인 d은?

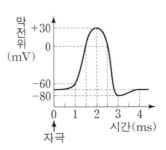

[해설]
Ⅰ 과 Ⅲ은 A와 B의 막전위가 달라서 자극 지점 d이 될 수 없다. A의 지점 Ⅳ 의 막전위 -65mV는 탈분극, 재분극 여부와 무관하게 -80mV보다 막전위 그래프 상 왼쪽에 있는 값이므로 Ⅳ는 자극 지점이 될 수 없다. ∴ 자극 지점 d은 Ⅱ 이다.

추가적으로 Ⅱ 는 (0, 3)이므로 경과된 시간 t_1은 3ms임을 알 수 있다.

[중요도 ★★★★]

- 막 전위 변화 그래프에서 다른 막전위 값들은 여러 시점과 대응되는 반면
  +30mV와 -80mV는 오직 한 시점에서만 나타난다.
- 그에 따라 문제에서 막전위 해석의 기준의 되는 값들로 작용한다.

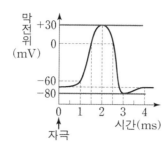

막 전위 변화 그래프에서 다른 막전위 값들은 여러 시점과 대응되는 반면
+30mV와 -80mV는 오직 한 시점에서만 나타난다.

[① -80mV]
과분극이 일어난 지점

같은 시점에 막전위를 측정했을 때 막전위가 -80mV인 지점은
막 전위 상 재분극이나 탈분극이 일어난 지점보다 자극 지점이 가까우며.
막 전위 변화 그래프에서 가장 비교의 기준점으로 삼기 좋은 값이다.

특수 막전위를 이용하여 지점 간 위치 관계를 해석하면 다음과 같다.

[관계 해석]

지점	I	II
같은 시점 t일 때, 측정한 막 전위	-80 mV	x mV

(단, $-70<x$)
xmV은 탈분극, 재분극에 무관하게 -80mV보다 그래프 상 왼쪽에 나타난다.
따라서 I 은 II 보다 자극 지점에 가깝다.

또한 (a, b)에서 b 값이 하나로 결정되어 총 경과된 시간(a+b)을 판단할 때,
자극 지점에서는 a=0이므로 b=a+b이고
자극 지점이 아닌 지점에서는 총 경과된 시간이 b보다는 크다는 논리를 활용할 수 있다.

[Remark 1] 특수 막전위에서는 (a, b)에서 b 값이 하나로 결정되어 총 경과된 시간(a + b = t)을
판단할 때, 자극 지점에서는 a=0이므로 총 경과된 시간(t)이 b와 같고 자극 지점이
아닌 지점에서는 총 경과된 시간(t)이 b보다는 크다는 논리를 활용할 수 있다.

흥분의 전도 추론형
Schema 5
특수 막전위

[② +30mV]
탈분극과 재분극이 구분되는 지점

같은 시점에 막전위를 측정했을 때 막전위가 +30mV인 지점은
막 전위 상 재분극이나 탈분극이 일어난 지점의 중간 지점에 있다.

위 내용을 조금 더 수치적으로 해석하면 다음과 같다.

[관계 해석]

지점	Ⅰ	Ⅱ	Ⅲ
같은 시점 t일 때, 측정한 막 전위	+30 mV	x mV	x mV

(단, $-70 < x$)
Ⅱ와 Ⅲ의 자극 지점 선후 관계는 추가 조건이 필요하지만
Ⅰ은 Ⅰ ~ Ⅲ 중 자극 지점에서 2번째로 가깝다.

[Remark 2] ㉠ 특정 막전위 그래프에서
　　　　　　탈분극의 0과 재분극의 0 모두 +30mV와 0.5ms 차이이다.

　　　　　　그에 따라 0mV와 30mV가 동시에 등장했을 때
　　　　　　탈분극의 0과 재분극의 0을 구분하지 않더라도
　　　　　　+30mV과 0.5ms 차이남을 해석하고 들어갈 수 있다.

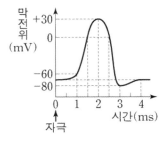

막전위 그래프 ㉠

5.

그림은 민말이집 신경 A와 B를, 표는 A와 B의 지점 P에 역치 이상의 자극을 동시에 1회 주고 일정 시간이 지난 후 t_1일 때 세 지점 $Q_1 \sim Q_3$에서 측정한 막전위를 나타낸 것이다. Ⅰ~Ⅲ은 각각 $Q_1 \sim Q_3$에서 측정한 막전위 중 하나이며 흥분의 전도 속도는 A보다 B에서 빠르다.

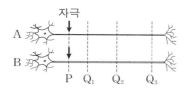

신경	t₁일 때 측정한 막전위 (mV)		
	Ⅰ	Ⅱ	Ⅲ
A	+30	-54	-60
B	-44	-80	+2

Q_1이 Ⅰ~Ⅲ 중 무엇인지 대응하시오.

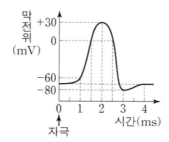

[해설]

신경 B의 Ⅱ에서의 막전위인 -80mV는 -44mV이나 +2mV에서보다 막전위 변화 그래프에서 더 오른쪽에 위치한다.

따라서 Q_1은 Ⅱ이다.

6.
그림 (가)는 민말이집 신경 A에서 활동 전위가 발생했을 때, 각 지점 $d_1 \sim d_4$에서의 막전위 변화
를, 표 (나)는 A의 지점 P에 역치 이상의 자극을 동시에 1회 주고 경과된 시간이 각각 t_1과 t_2일
때 세 지점 $Q_1 \sim Q_3$에서 측정한 막전위를 나타낸 것이다. P와 $Q_1 \sim Q_3$은 각각 $d_1 \sim d_4$ 중 하나이다.

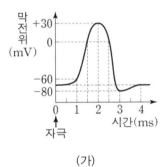

시간	막전위 (mV)		
	Q_1	Q_2	Q_3
t_1	+30	0	?
t_2	0	?	+30

(가)   (나)

P와 Q_2 사이의 거리는 2cm, P와 Q_3 사이의 거리는 5cm일 때, A의 흥분 전도 속도는?
(단, A에는 시냅스가 없고 P와 $Q_1 \sim Q_3$은 한 일직선 상에 있다.)

특수 막전위

[해설]

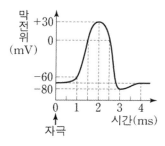

시간	막전위 (mV)		
	Q_1	Q_2	Q_3
t_1	+30	0	?
t_2	0	?	+30

+30mV는 b 값이 2ms이고
0mV는 b 값이 1.5ms 또는 2.5ms이다.

이때 같은 지점 Q_1에서 비교하므로 a 값은 동일하다.

따라서 t_1과 t_2의 시간 차이는 0.5ms이다.

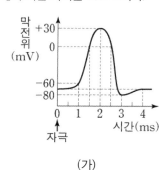

시간	막전위 (mV)		
	Q_1	Q_2	Q_3
t_1	+30	0	?
t_2	0	?	+30

(가)   (나)

t_1과 t_2의 시간 차이는 0.5ms이므로 t_3일 때 Q_2의 막전위는 0mV이다.

시간	막전위 (mV)		
	Q_1	Q_2	Q_3
t_1	+30	0	0
t_2	0	?	+30

Q_1에서 Q_2으로 이동하는 데 걸리는 시간은 1ms이고,
P와 Q_2 사이의 거리는 2cm, P와 Q_3 사이의 거리는 5cm이므로
3cm를 1ms 동안 이동하는 것을 알 수 있다.
따라서 A의 흥분 전도 속도는 3cm/ms이다.

[정답]
A의 흥분 전도 속도는 3cm/ms이다.

흥분의 전도 추론형
Schema 6

가로 비교

[중요도 ★★★★]

- 한 신경 내에서 자극 지점으로부터 특정 지점에 도달하는 시간은 흥분 전도 시간과 비례한다.

즉, 흥분 전도 시간(a)는 자극 지점으로부터 특정 지점과의 거리와 정비례하고,
막전위 변화 시간(b)는 자극 지점으로부터 특정 지점과의 거리와 반비례한다.

- 한 신경 내에서 막전위 값들을 가로로 비교할 수 있다.

신경	4ms일 때 막전위가 속하는 구간		
	I	II	III
A	ⓒ	?	ⓒ
B	?	㉠	?
C	ⓒ	ⓒ	ⓒ

경과된 시간이 동일할 때, 흥분 전도 시간과 막 전위 시간의 합은 일정하고
한 신경 내에서 특징 지점에 도달하는 시간은 흥분 전도 시간과 비례하므로
자극 지점으로부터 가까운 지점의 막전위는 막 전위 그래프에서 오른쪽 값이다.

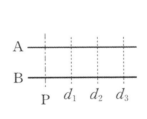
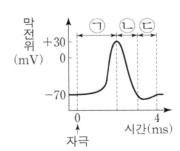

예를 들어 A와 B의 자극 지점이 P로 동일할 때 d에서 측정한 막전위, d에서 측정한 막전위, d에서 측정한 막전위가 각각 구간 ㉠~ⓒ과 1:1 대응된다면

d에서 측정한 막전위는 구간 ⓒ의 막전위
d에서 측정한 막전위는 구간 ⓒ의 막전위
d에서 측정한 막전위는 구간 ㉠의 막전위이다.

이는 각 지점에서 흥분이 도달한 이후 시간에 따른 막전위 변화 과정은 동일하므로
자극을 준 지점과 가까울수록 흥분이 먼저 도달하여 막전위 값이 먼저 변화하기 때문이다.

7.

다음은 민말이집 신경 A~C의 흥분 전도에 대한 자료이다. 그림은 A~C 각각에서 활동 전위가
발생하였을 때 각 지점에서의 막전위 변화를, 표는 ⓐ A~C의 d_1에 역치 이상의 자극을 동시에
1회 주고 경과된 시간이 4ms일 때 d_2~d_4에서의 막전위가 속하는 구간을 나타낸 것이다. Ⅰ~
Ⅲ은 d_2~d_4를 순서 없이 나타낸 것이고, ⓐ일 때 각 지점에서의 막전위는 구간 ㉠~㉢ 중 하나
에 속한다.

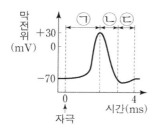

신경	4ms일 때 막전위가 속하는 구간		
	Ⅰ	Ⅱ	Ⅲ
A	㉡	?	㉢
B	?	㉠	?
C	㉡	㉢	㉡

Ⅰ~Ⅲ와 d_2~d_4를 각각 대응하시오.

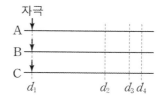

흥분의 전도 추론형
Schema 6

가로 비교

[해설]

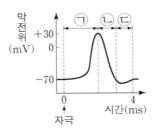

신경	4ms일 때 막전위가 속하는 구간		
	I	II	III
A	ⓛ	?	ⓒ
B	?	⋽	?
C	ⓛ	ⓒ	ⓛ

C에서 II의 막전위가 속하는 구간은 ⓒ이고
I과 III의 막전위가 속하는 구간은 ⓛ이다.

막전위 그래프에서 ⓒ이 ⓛ보다 오른쪽에 위치하는 구간이므로
지점 II는 지점 I 또는 III보다 왼쪽에 있는 지점이다.

∴ II는 d_2이고 I 또는 III은 각각 d_3와 d_4 중 하나이다.

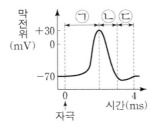

신경	4ms일 때 막전위가 속하는 구간		
	I	II	III
A	ⓛ	?	ⓒ
B	?	⋽	?
C	ⓛ	ⓒ	ⓛ

A에서 III의 막전위가 속하는 구간은 ⓒ이고
I의 막전위가 속하는 구간은 ⓛ이다.

막전위 그래프에서 ⓒ이 ⓛ보다 오른쪽에 위치하는 구간이므로
지점 III은 지점 I보다 왼쪽에 있는 지점이다.

∴ I과 III은 각각 d_4와 d_3이다.

[정답]
I, II, III은 각각 d_4, d_2, d_3이다.

[중요도 ★★★★]

- 자극 지점이 동일할 때, 신경 간 특징 지점에 도달하는 시간은 흥분 전도 속도에 비례한다.
- 신경 간 막전위 값들을 세로로 비교할 수 있다.

신경	4ms일 때 막전위가 속하는 구간		
	I	II	III
A	ⓛ	?	ⓒ
B	?	ⓙ	?
C	ⓛ	ⓒ	ⓛ

[행과 열의 정의]

신경	4 ms일 때 측정한 막전위(mV)			
	I (1열)	II (2열)	III (3열)	IV (4열)
A (A행)				
B (B행)				

[예시]

신경	4 ms일 때 측정한 막전위(mV)			
	I (1열)	II (2열)	III (3열)	IV (4열)
A (A행)				
B (B행)				

A행

신경	4 ms일 때 측정한 막전위(mV)			
	I (1열)	II (2열)	III (3열)	IV (4열)
A (A행)				
B (B행)				

1열

뉴런

세로 비교

신경	4 ms일 때 측정한 막전위(mV)			
	I (1열)	II (2열)	III (3열)	IV (4열)
A (A행)				
B (B행)				

B행 3열

신경	4 ms일 때 측정한 막전위(mV)			
	I (1열)	II (2열)	III (3열)	IV (4열)
A (A행)	0			
B (B행)	-80			

자극 지점이 동일하다면 A행 1열과 B행 1열을 비교했을 때
신경 B의 전도 속도가 신경 A의 전도 속도보다 빠른 것을 알 수 있다.

이는 동일한 시간동안 -80mV가 0mV보다 많이 진행된 막전위이므로
뒷 시간이 더 크고, 앞 시간이 더 짧기에 지점 I에 빨리 도달했기 때문이다.

이와 같은 사고 과정은 반복과 체화를 통해 뒷 시간이 크면 속도가 빠르다로 일반화할 수 있다.
이와 같이 같은 열(세로줄) 내 정보를 비교함으로써 정보를 추출해낼 수 있다.

8.

그림은 민말이집 신경 A~C의 지점 d_1~d_4의 위치를 나타낸 것이다.

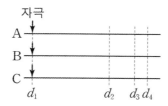

그림은 A~C 각각에서 활동 전위가 발생하였을 때 각 지점에서의 막전위 변화를, 표는 ⓐ A~C 의 d_1에 역치 이상의 자극을 동시에 1회 주고 경과된 시간이 4ms일 때 d_2~d_4에서의 막전위가 속하는 구간을 나타낸 것이다. Ⅰ~Ⅲ은 d_2~d_4를 순서 없이 나타낸 것이고, ⓐ일 때 각 지점에 서의 막전위는 구간 ㉠~㉢ 중 하나에 속한다.

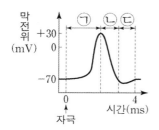

신경	4ms일 때 막전위가 속하는 구간		
	Ⅰ	Ⅱ	Ⅲ
A	㉡	?	㉢
B	?	㉠	?
C	㉡	㉢	㉡

Ⅰ~Ⅲ와 d_2~d_4를 각각 대응하고, A~C의 흥분의 전도 속도를 비교하시오.

흥분의 전도 추론형
Schema 7

세로 비교

[해설]

Ⅰ, Ⅱ, Ⅲ은 각각 d_4, d_2, d_3임을 [예제 7]에서 가로 비교로 규명한 바 있다.

세로 비교를 행해보자.

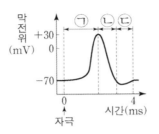

신경	4ms일 때 막전위가 속하는 구간		
	Ⅰ	Ⅱ	Ⅲ
A	ⓛ	?	ⓒ
B	?	ⓐ	?
C	ⓛ	ⓒ	ⓛ

같은 지점에서 신경 C의 막전위가 신경 B의 막전위보다 더 많이 이동했으므로
C의 흥분 전도 속도가 B의 흥분 전도 속도보다 빠르다.

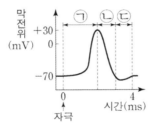

신경	4ms일 때 막전위가 속하는 구간		
	Ⅰ	Ⅱ	Ⅲ
A	ⓛ	?	ⓒ
B	?	ⓐ	?
C	ⓛ	ⓒ	ⓛ

같은 지점에서 신경 A의 막전위가 신경 C의 막전위보다 더 많이 이동했으므로
A의 흥분 전도 속도가 C의 흥분 전도 속도보다 빠르다.

∴ 흥분의 전도 속도는 A>C>B이다.

[정답]

Ⅰ, Ⅱ, Ⅲ은 각각 d_4, d_2, d_3이고 흥분의 전도 속도는 A>C>B이다.

[중요도 ★★★★]

- 막전위 값을 비교 해석할 때 신경 내 비교 (= 같은 신경 내에서 가로 비교), 신경 간 비교 (= 같은 지점 내에서 세로 비교) 와 같이 변인 통제하여 축 내에서 비교하는 것이 해석에 유리하다.
- 신경 간 막전위 값들을 비교하여 해석할 수 있다.

1) 신경 내 비교 (가로 비교)

같은 행 내에서 막전위 값을 비교

예

신경	4 ms일 때 측정한 막전위(mV)			
	I (1열)	II (2열)	III (3열)	IV (4열)
A (A행)	0		-80	
B (B행)				

A행 1열과 A행 3열을 비교했을 때
지점 III이 지점 I 보다 자극 지점에 가까운 것을 알 수 있다.

2) 신경 간 비교 (세로 비교)

예

신경	4 ms일 때 측정한 막전위(mV)			
	I (1열)	II (2열)	III (3열)	IV (4열)
A (A행)	0			
B (B행)	-80			

A행 1열과 B행 1열을 비교했을 때
신경 B의 전도 속도가 신경 A의 전도 속도보다 빠른 것을 알 수 있다.

이와 같이 같은 행과 열 내 정보를 비교함으로써 정보를 추출해낼 수 있다.

뉴런

예

신경	4 ms일 때 측정한 막전위(mV)			
	I	II	III	IV
A	−80	0 (탈분극)	?	0 (재분극)
B	0	−60	?	?

(A와 B의 자극 지점 동일)

지점 Ⅰ, Ⅱ, Ⅳ 간 관계에 있어 A행 정보를 통해

지점 Ⅰ이 가장 자극 지점과 가깝고,
지점 Ⅳ가 두 번째로 자극 지점과 가까우며
지점 Ⅱ가 가장 자극 지점과 멀다는 것을 알 수 있다.

예

신경	4 ms일 때 측정한 막전위(mV)			
	I	II	III	IV
A	−80	0 (탈분극)	?	0 (재분극)
B	0	−60	?	?

신경 A, B의 관계에 있어

같은 지점에서 (=자극 지점과 동일한 거리)
신경 A가 신경 B보다 뒤 숫자가 크므로 (= 지점 Ⅰ에 흥분이 더 빨리 도달)
A가 B보다 흥분 전도 속도가 빠른 것을 알 수 있다.

이때 탈분극과 재분극이 일어나는 값은 각각 여러 시간과 다응된다.

그에 따라
탈분극이 일어난 지점의 막전위 값은 ↗
재분극이 일어나는 지점의 막전위 값은 ↘으로 표기해서 구분하면
비교 해석에 도움이 되며

비교 해석을 통해 ↗와 ↘를 판단해야 하는 경우가 많다.

[Remark 1] 두 신경 A와 B의 자극 지점이 서로 다른 경우
세로 비교보다는 가로 비교와 값의 의미 판단이 주로 활용된다.

[Remark 2] 핵심은 변인 통제이다.
지점 vs 시간 vs 신경 중 어느 것을 상수로 통제하느냐...

9.

그림 (가)는 민말이집 신경 A~C에서 지점 d_0~d_4의 위치를, (나)는 A~C 각각에서 활동 전위가 발생하였을 때 각 지점에서의 막전위 변화를 나타낸 것이다.

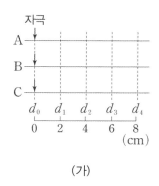

(가)

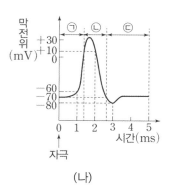

(나)

표는 A~C의 ⓐ d_0에 역치 이상의 자극을 동시에 1회 주고 경과된 시간이 5ms일 때 d_1~d_4에서의 막전위가 속하는 구간을 나타낸 것이다. A~C의 흥분 전도 속도는 각각 서로 다르며, 1cm/ms, 2cm/ms, 3cm/ms 중 하나이다. Ⅰ~Ⅳ는 d_1~d_4를 순서 없이 나타낸 것이다. ⓐ가 5ms일 때 각 지점에서의 막전위는 구간 ㉠~㉢ 중 하나에 속한다.

신경	5ms일 때 막전위가 속하는 구간			
	Ⅰ	Ⅱ	Ⅲ	Ⅳ
A	?	㉠	?	㉡
B	㉠	?	㉢	?
C	?	?	?	㉢

Ⅰ~Ⅳ와 d_1~d_4를 각각 대응하고, A~C의 흥분의 전도 속도를 비교하시오.

흥분의 전도 추론형
Schema 8

비교 해석

[해설]

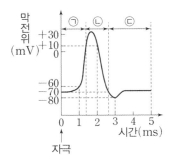

신경	5ms일 때 막전위가 속하는 구간			
	I	II	III	IV
A	?	㉠	?	㉡
B	㉠	?	㉢	?
C	?	?	?	㉢

그래프 상 ㉡이 ㉠보다 오른쪽에 있는 막전위이므로 IV가 II보다 자극 지점에 가깝다.

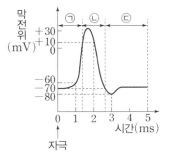

신경	5ms일 때 막전위가 속하는 구간			
	I	II	III	IV
A	?	㉠	?	㉡
B	㉠	?	㉢	?
C	?	?	?	㉢

그래프 상 ㉢이 ㉠보다 오른쪽에 있는 막전위이므로 III이 I보다 자극 지점에 가깝다.

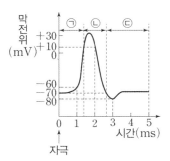

신경	5ms일 때 막전위가 속하는 구간			
	I	II	III	IV
A	?	㉠	?	㉡
B	㉠	?	㉢	?
C	?	?	?	㉢

그래프 상 ㉢이 ㉡보다 오른쪽에 있는 막전위이므로 C가 A보다 전도 속도가 빠르다.

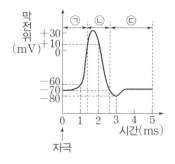

신경	5ms일 때 막전위가 속하는 구간			
	I	II	III	IV
A	?	㉠	?	㉡
B	㉠	?	㉢	?
C	?	?	?	㉢

흥분 전도 속도가 1cm/ms일 때 가로에 ㉠이 3개, ㉢이 1개 나타나야 하고
흥분 전도 속도가 2cm/ms일 때 가로에 ㉠이 1개, ㉡이 1개, ㉢이 2개 나타나며
흥분 전도 속도가 3cm/ms일 때 가로에 ㉡이 1개, ㉢이 3개 나타나야 한다.

신경 A와 B에는 모두 ㉠이 있으므로 신경 C의 흥분 전도 속도가 3cm/ms이다.

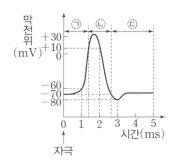

신경	5ms일 때 막전위가 속하는 구간			
	I	II	III	IV
A	?	㉠	?	㉡
B	㉠	?	㉢	?
C	?	?	?	㉢

신경 A에는 ㉠과 ㉡이 모두 있으므로 A의 흥분 전도 속도는 2cm/ms이다.
이때 ㉠이 나타나는 지점이 가장 멀리 떨어진 지점이므로 II는 d_4이고
㉡이 나타나는 지점이 그 다음으로 멀리 떨어진 지점이므로 IV는 d_3이다.

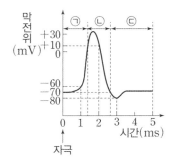

신경	5ms일 때 막전위가 속하는 구간			
	I	II	III	IV
A	?	㉠	?	㉡
B	㉠	?	㉢	?
C	?	?	?	㉢

남은 B의 흥분 전도 속도는 1cm/ms이고 I과 III은 각각 d_1과 d_2 중 하나이므로
㉢이 나타나는 III이 d_1, ㉠이 나타나는 I이 d_2이다.

[정답]

I이 d_2, II는 d_4, III이 d_1, IV는 d_3, 흥분 전도 속도는 C>A>B

흥분의 전도 추론형
Schema 9
동일한 막전위 값

[중요도 ★★★★]

- 동일한 막전위 값은 같은 신경 내에서 나타날 수 있고 다른 신경에서 나타날 수도 있다.
  같은 신경 내에서는 <u>지점 간 비교 (탈재 판단) 또는 대칭성,</u>
  다른 신경 간에는 <u>속도 비교 (탈재 판단) 또는 속도비 = 거리비</u> 가 출제 의도이다.

- 동일한 특수 막전위가 가로에 두 번 나타날 경우 대칭성의 지표이고
  나타난 지점 간 중점 (활동 전위 변화량이 동일한 지점) 이 자극 지점이다.

- 탈분극이 일어난 지점의 막전위 값은 ↗
  재분극이 일어나는 지점의 막전위 값은 ↘으로 표기해서 구분하자.

- 다른 신경에서 뒷 시간이 동일한 막전위 값이 나타날 경우

$$\text{전도 속도} = \frac{\text{해당 지점까지의 거리}}{\text{전도 시간}} = \frac{\text{해당 지점까지의 거리}}{\text{경과된 시간(S)} - \text{막전위 시간}(A^C)} \text{이고}$$

  분모 값이 일정하므로 속도비 = 거리비가 성립한다.

1) 신경 내 비교

탈분극(㉠)과 재분극(㉡) 구간에서
같은 가로선 위에 있는 동일한 막전위 값이 두 번씩 나타난다.

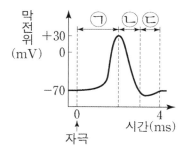

가로 내에서 같은 막전위가 동시에 나타날 경우

탈분극이 일어난 지점의 막전위 값은 ↗
재분극이 일어나는 지점의 막전위 값은 ↘으로 표기해서 구분하자.

신경	4 ms일 때 측정한 막전위(mV)			
	I	II	III	IV
A	−80	0 ↗	?	0 ↘
B	0	−60	?	?

2) 신경 간 비교

다른 신경에서 같은 막전위 값이 나타날 경우

$$전도\ 속도 = \frac{해당\ 지점까지의\ 거리}{전도\ 시간}$$

$$= \frac{해당\ 지점까지의\ 거리}{경과된\ 시간(S) - 막전위\ 시간(A^C)}$$

이고 분모 값이 일정하므로 속도비 = 거리비가 성립한다.

신경	4 ms일 때 측정한 막전위(mV)			
	I	II	III	IV
A	−80	0 ↗	?	0 ↘
B	0 ↗	−60	?	?

∴ 자극 지점 P와 II 간 거리 : A의 속도 = 자극 P와 I 간 거리 : B의 속도

∴ A와 B의 속도 비 = 자극 지점으로부터 특정 지점까지의 거리 비

[Remark 1] 동일한 막전위 값을 보고 거리비 = 속도비가 활용되지는 않을지 대칭성이 나타나지는 않을지 확인하도록 하자.

[Remark 2] 동일한 막전위 값은 비교 방식에 따라 다음으로 활용 방향을 분류할 수 있다.

가로 비교 : 지점 간 위치 비교 / 탈재 판단

세로 비교 : 속도 비교 / 탈재 판단

사선 비교 : 거리비 = 속도비 활용

흥분의 전도 추론형
Schema 9

동일한 막전위 값

10.

그림은 신경 세포 (가)와 (나)의 일부를, 표는 (가)와 (나)의 P 지점에 역치 이상의 자극을 동시에 1회 주고 일정 시간이 지난 후 t_1일 때 두 지점 A, B에서 측정한 막전위를 나타낸 것이다. (가)와 (나) 중 하나는 민말이집 신경이고, 다른 하나는 말이집 신경이다.

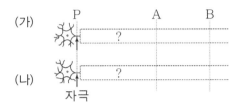

신경세포	t_1일 때 측정한 막전위(mV)	
	A	B
(가)	-55	-55
(나)	-70	-75

(가)와 (나) 중 어느 신경이 말이집 신경이고 민말이집 신경인지 구분하시오.

[해설]

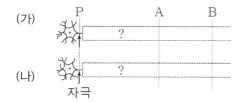

A가 자극 지점에 더 가깝고

자극 지점으로부터 가까운 지점의 막 전위 지점은 막 전위 그래프에서 오른쪽에 나타나므로 (가)의 A 지점에는 재분극이 일어나고 있고, (가)의 B 지점에서는 탈분극이 일어나고 있다.

신경세포	t₁일 때 측정한 막전위(mV)	
	A	B
(가)	-55 ↘	-55 ↗
(나)	-70	-75

-75mV는 과분극 지점이고, 같은 지점에서 B가 A보다 막전위 변화가 더 일어났으므로 같은 지점에 도달한 시간은 B가 A보다 더 작다.

따라서 B는 말이집 신경이고, A는 민말이집 신경이다.

[정답]

A는 민말이집 신경, B는 말이집 신경이다.`

11.

그림은 민말이집 신경 A와 B의 d_1 지점으로부터 $d_2 \sim d_4$까지의 거리를, 표는 A와 B의 d_1 지점에 역치 이상의 자극을 동시에 1회 주고 일정 시간이 지난 후 t_1일 때 네 지점 $d_1 \sim d_4$ 에서 측정한 막전위를 나타낸 것이다. Ⅰ ~ Ⅲ은 각각 $d_1 \sim d_3$에서 측정한 막전위 중 하나이고, Ⅳ 는 d_4에서 측정한 막전위이다. A와 B에서 흥분의 전도 속도는 각각 2cm/ms, 3cm/ms이다.

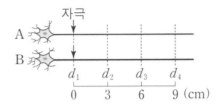

신경	t_1일 때 측정한 막전위(mV)			
	Ⅰ	Ⅱ	Ⅲ	Ⅳ
A	-55	-80	+30	-65
B	-20	-80	-10	㉠

막전위 값 ㉠은?

[해설]

Ⅱ에서 유일하게 A와 B의 막전위 값이 동일하므로 자극 지점 d은 Ⅱ이다.

신경	t_1일 때 측정한 막전위(mV)			
	Ⅰ	Ⅱ	Ⅲ	Ⅳ
A	-55	-80	+30	-65
B	-20	-80	-10	㉠

A보다 B의 흥분 전도 속도가 빠르므로
A의 Ⅰ에서의 막전위는 탈분극 상태이다.

이는 만약 A의 Ⅰ에서의 막전위가 재분극 상태라면
B의 같은 지점 Ⅰ의 막전위가 -20mV일 수 없기 때문이다.

신경	t_1일 때 측정한 막전위(mV)			
	Ⅰ	Ⅱ	Ⅲ	Ⅳ
A	-55 (↗)	-80	+30	-65
B	-20	-80	-10	㉠

같은 시간일 때 같은 신경 내 막전위 값 간 비교에는
자극 지점에 가까울수록 막전위 변화가 크다는 사실을 활용한다.

-55mV가 탈분극이 일어나고 있는 막전위이므로 Ⅲ이 d_2, Ⅰ이 d_3이다.

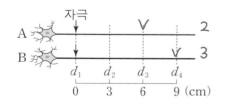

신경	속도	t_1일 때 측정한 막전위(mV)			
		Ⅰ	Ⅱ	Ⅲ	Ⅳ
A	2cm/ms	-55	-80	+30	-65
B	3cm/cm	-20	-80	-10	㉠

자극 지점으로부터 거리비가 속도비인
A의 지점 d_3와 B의 지점 d_4는 서로 막전위 값이 동일해야 한다.

따라서 ㉠은 -55이다.

[정답]
㉠은 -55이다.

뉴런

서로 다른 막전위 값

[중요도 ★★★]

- -70mV 이상인 두 막전위 값 ㉠과 ㉡이 있을 때 위로 볼록인 구간에서 ㉠<㉡이라면 [- ㉠, + ㉠] 구간이 [- ㉡, +㉡] 구간을 포함한다. 따라서 더 작은 막전위 값 ㉠을 기준으로 비교 해석(행 간 비교, 열 간 비교)을 행할 수 있다.

  그에 따라 ㉠과 ㉡을 비교할 때 ㉠을 포함하는 신경의 흥분 전도 속도가 더 빠르면 ㉠은 ↘(재분극의 막전위)이고, ㉠을 포함하는 신경의 흥분 전도 속도가 더 느리면 ↗(탈분극의 막전위)이다.

- -70mV 이하인 두 막전위 값 ㉠과 ㉡이 있을 때 아래로 볼록인 구간에서 ㉠<㉡이라면 [- ㉡, +㉡] 구간이 [- ㉠, +㉠] 구간을 포함한다. 따라서 더 큰 막전위 값 ㉡을 기준으로 비교 해석(행 간 비교, 열 간 비교)을 행할 수 있다.

  ㉠과 ㉡을 비교할 때 ㉡을 포함하는 신경의 흥분 전도 속도가 더 빠르면 ↗(아래로 볼록 구간에서 우상향하는 막전위), ㉡을 포함하는 신경의 흥분 전도 속도가 더 느리면 ↘(아래로 볼로 구간에서 좌하향하는 막전위)이다.

 - 70mV 이상인 두 막전위 값 ㉠과 ㉡이 있을 때
위로 볼록인 구간에서 ㉠<㉡이라면 [-㉠, +㉠] 구간이 [-㉡, ㉡] 구간을 포함한다.

따라서 더 낮은 막전위 값 ㉠을 기준으로
비교 해석(행 간 비교, 열 간 비교)을 행할 수 있다.

㉠과 ㉡을 비교할 때
㉠을 포함하는 신경의 흥분 전도 속도가 더 빠르면 재분극
㉠을 포함하는 신경의 흥분 전도 속도가 더 느리면 탈분극이 일어난다.

[미출제 Point]
이때 -70mV 이하인 구간에서 아래로 볼록인 과분극 구간이 나타나고 -70mV 이하인 두 막전위 값 ㉠과 ㉡이 있을 때, ㉠<㉡이라면 [-㉡, ㉡] 구간이 [-㉠, +㉠] 구간을 포함한다.

따라서 더 높은 막전위 값 ㉡을 기준으로
비교 해석(행 간 비교, 열 간 비교)을 행할 수 있다.

㉠과 ㉡을 비교할 때
㉡을 포함하는 신경의 흥분 전도 속도가 더 빠르면 ㉡의 막전위는 ↗(오른쪽 막전위)
㉡을 포함하는 신경의 흥분 전도 속도가 더 느리면 ㉡의 막전위는 ↘(왼쪽 막전위)이다.

12.

그림은 A와 B의 지점 d_1과 d_2의 위치를, 표는 A의 d_1과 B의 d_2에 역치 이상의 자극을 동시에 1회 준 후 시점 t_1과 t_2일 때 A와 B의 Ⅰ과 Ⅱ에서의 막전위를 나타낸 것이다. Ⅰ과 Ⅱ는 각각 d_1과 d_2 중 하나이고, ㉠과 ㉡은 각각 − 10과 +20 중 하나이다. t_2는 t_1 이후의 시점이고, 흥분 전도 속도는 B가 A보다 빠르다.

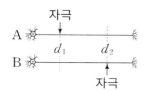

시점	막전위 (mV)			
	A의 Ⅰ	A의 Ⅱ	B의 Ⅰ	B의 Ⅱ
t_1	㉠	−70	?	㉡
t_2	㉡	?	−80	㉠

㉠과 ㉡을 각각 결정하시오

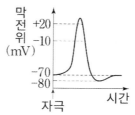

뉴런

[해설]

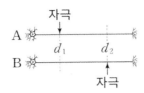

시점	막전위 (mV)			
	A의 I	A의 II	B의 I	B의 II
t₁	㉠	-70	?	㉡
t₂	㉡	?	-80	㉠

-80mV가 ㉠(-10 또는 +20)mV보다 더 자극 지점과 가까우므로 I이 d₂, II가 d₁이다.

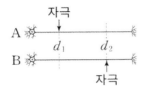

시점	막전위 (mV)			
	A의 I	A의 II	B의 I	B의 II
t₁	㉠	-70	?	㉡
t₂	㉡	?	-80	㉠

t₁보다 t₂가 나중 시점이므로 2행 1열 ㉡이 1행 1열 ㉠보다
막전위 그래프 상 오른쪽에서 나타나는 막전위이다.

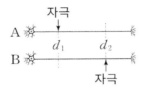

시점	막전위 (mV)			
	A의 I	A의 II	B의 I	B의 II
t₁	㉠	-70	?	㉡
t₂	㉡	?	-80	㉠

흥분 전도 속도는 B가 A보다 빠르고 흥분이 같은 거리를 이동했으므로
2행 4열 ㉠이 2행 1열 ㉡보다 오른쪽에서 나타나는 막전위이다.
따라서 막전위와 방향성이 결정된다.

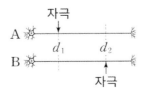

시점	막전위 (mV)			
	A의 I	A의 II	B의 I	B의 II
t₁	㉠(-10) ↗	-70	?	㉡
t₂	㉡(+20)	?	-80	㉠(-10) ↘

[정답]
㉠은 -10, ㉡은 +20이다.

13.

그림은 민말이집 신경 A와 B의 축삭 돌기 일부를, 표는 A와 B의 동일한 지점에 역치 이상의 자극을 동시에 1회 주고 일정 시간이 지난 후 t_1일 때 네 지점 $d_1 \sim d_4$에서 측정한 막전위를 나타낸 것이다. 자극을 준 지점은 P와 Q 중 하나이다. I ~ III은 각각 $d_1 \sim d_3$ 중 하나이고, 흥분의 전도 속도는 B에서가 A에서보다 빠르다.

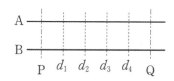

I ~ III과 $d_1 \sim d_3$을 각각 대응하시오.

신경	t_1일 때 측정한 막전위(mV)			
	I	II	III	d_4
A	0	+15	-65	-70
B	+15	-45	+20	-80

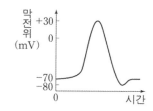

흥분의 전도 추론형
Schema 10
서로 다른 막전위 값

[해설]

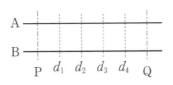

신경	t₁일 때 측정한 막전위(mV)			
	I	II	III	d_4
A	0	+15	-65	-70
B	+15	-45	+20	-80

흥분의 전도 방향은 과분극 값 ⇒ 재분극 값 ⇒ 탈분극 값이다.
-80mV은 과분극 지점이므로 과분극 값 ⇒ 재분극 값 ⇒ 탈분극 값을 만족하려면
자극 지점은 Q이어야 한다.

신경	t₁일 때 측정한 막전위(mV)			
	I	II	III	d_4
A	0	+15	-65	-70
B	+15	-45	+20	-80

흥분 전도 속도가 B가 A보다 빠르므로
같은 지점 I ~ III에서 신경 간 비교를 하면 -0mV, -45mV, -65mV는
각각 탈분극, 재분극, 탈분극인 상태이다.

신경	t₁일 때 측정한 막전위(mV)			
	I	II	III	d_4
A	0 ↗	+15	-65 ↗	-70
B	+15	-45 ↘	+20	-80

0(↗)과 -65(↗) 중 0(↗)이 막전위 그래프 상 오른쪽에서 나타나므로
I 이 III보다 자극 지점에 가깝다.

신경	t₁일 때 측정한 막전위(mV)			
	I	II	III	d_4
A	0 ↗	+15	-65 ↗	-70
B	+15	-45 ↘	+20	-80

I 이 III보다 자극 지점에 가까우므로
상대적으로 작은 막전위 값 +15는 재분극 상태에 있어야 한다.

신경	t₁일 때 측정한 막전위(mV)			
	I	II	III	d_4
A	0 ↗	+15	-65 ↗	-70
B	+15 ↘	-45 ↘	+20	-80

[정답]

∴ I 이 d_2, II 가 d_3, III이 d_1

[중요도 ★★★]

- 서로 다른 세 지점의 관계를 판단할 때 거리비와 시간의 변화량(Δ)을 활용하여 특짐 지점의 위
  치 관계를 알아낼 수 있다. 즉, 등차수열이나 내분 개념을 활용할 수 있다.

신경	t_1일 때 측정한 막전위(mV)			
	I	II	III	IV
A	0 ↗	?	-65	?
B	+15	-80	+10 ↘	-60 ↗

특정 막전위 그래프에서 -80과 +10(↘)의 뒷시간 변화량은 1ms이고
특정 막전위 그래프에서 +10(↘)과 -60(↗)의 뒷시간 변화량은 1ms이다

따라서 III은 II와 IV 사이 거리의 중점에 있다.

- 위와 같이 시간 변화량이 1:1 내분(등차수열)의 형태로 등장할 경우
  거리 간격이 등차수열인 지점 관계가 제시된 신경에 등장해야 하고

  시간 변화량이 2:1 내분의 형태로 등장할 경우
  거리 간격이 2:1 내분점이 존재하는 지점 관계가 제시된 신경 내에 등장해야 한다.

뉴런

전도 속도

[중요도 ★★★]

- 문제에서 전도 속도를 비교하도록 제시하는 경우가 많으나 전도 속도를 직접 구하도록 출제되기도 한다.
- 자극 지점이 아닌 한 신경 내 두 지점의 변화량 정보를 통해 전도 속도를 알 수 있다.

- 전도 속도 $= \dfrac{\text{자극 지점으로부터 특정 지점까지의 거리}}{\text{전도 시간}}$

$\qquad = \dfrac{\text{자극 지점으로부터 특정 지점까지의 거리}}{\text{경과된 시간(S)} - \text{막전위 시간(A}^C)}$

$\qquad = \dfrac{\text{자극 지점으로부터 특정 지점까지의 거리}}{\text{앞 시간(A)}}$

$\qquad = \dfrac{\text{특정 지점으로부터 특정 지점까지의 거리}}{\text{앞 시간 변화량}}$

$\qquad = \dfrac{\text{특정 지점으로부터 특정 지점까지의 거리}}{\text{뒷 시간 변화량}}$

∴ (a, b) 중 a 값과 지점 간 거리에 의해 전도 속도가 결정된다.

∴ 전도 시간 자체가 막전위 값 간 변화 시간으로 구해지기도 한다.

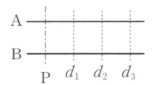

같은 지점 X에서
같은 시간일 때 흥분 전도 속도가 빠른 신경의 막전위가 더 많이 변한다.

신경	속도	4 ms일 때 측정한 막전위(mV)			
		I	II	III	IV
A	2cm/ms	−80	0	?	0
B	1cm/ms	+30	?	?	?

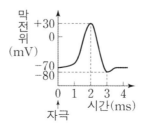

전도 속도

이를 표에 주어진 정보를 통해 순서쌍으로 나타내면 다음과 같다.

신경	속도	4 ms일 때 측정한 막전위(mV)			
		I	II	III	IV
A	2cm/ms	−80 (1, 3)	0	?	0
B	1cm/ms	+30 (2, 2)	?	?	?

문제에서 전도 속도를 비교하도록 제시하는 경우가 많으나
전도 속도를 직접 구하도록 출제되기도 한다.

$$전도\ 속도 = \frac{자극\ 지점으로부터\ 특정\ 지점까지의\ 거리}{전도\ 시간}$$

$$= \frac{자극\ 지점으로부터\ 특정\ 지점까지의\ 거리}{경과된\ 시간(S) - 막전위\ 시간(A^C)}$$

$$= \frac{자극\ 지점으로부터\ 특정\ 지점까지의\ 거리}{앞\ 시간(A)}$$

∴ (a, b) 중 a 값과 지점 간 거리에 의해 전도 속도가 결정된다.
∴ 전도 시간 자체가 막전위 값 간 변화 시간으로 구해지기도 한다.

$$전도\ 속도 = \frac{특정\ 지점으로부터\ 특정\ 지점까지의\ 거리}{앞\ 시간\ 변화량}$$

$$= \frac{특정\ 지점으로부터\ 특정\ 지점까지의\ 거리}{뒷\ 시간\ 변화량}$$

⇒ 자극 지점이 아닌 한 신경 내 두 지점의 정보를 통해 전도 속도를 알 수 있다.

14.

그림은 민말이집 신경 A~C의 지점 d_1로부터 세 지점 $d_2 \sim d_4$까지의 거리를, 표는 각 신경의 d_1에 역치 이상의 자극을 동시에 1회 주고 경과된 시간이 3ms일 때 $d_1 \sim d_4$에서 측정한 막전위를 나타낸 것이다. Ⅰ~Ⅲ은 A~C를 순서 없이 나타낸 것이며, A의 흥분 전도 속도는 2cm/ms이다.

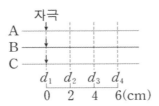

신경	3ms일 때 측정한 막전위(mV)			
	d_1	d_2	d_3	d_4
Ⅰ	-80	?	-60	?
Ⅱ	?	-80	?	-70
Ⅲ	?	?	+30	-60

그림 (가)는 A와 B의 $d_1 \sim d_4$에서, (나)는 C의 $d_1 \sim d_4$에서 활동 전위가 발생하였을 때 각 지점에서의 막전위 변화를 나타낸 것이다.

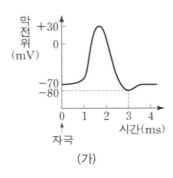

(가)

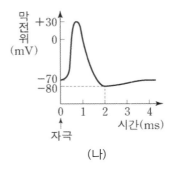

(나)

B와 C의 흥분 전도 속도를 구하시오.

전도 속도

[해설]

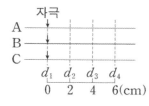

신경	3ms일 때 측정한 막전위(mV)			
	d_1	d_2	d_3	d_4
I	-80	?	-60	?
II	?	-80	?	-70
III	?	?	+30	-60

A와 B라면 (가)의 막전위 변화 그래프를 따르므로
I ~ III 중 2개의 신경은 d_1에서의 막전위가 -80mV이어야 한다.

막전위 값이 -80mV인 지점은 그래프 상 유일하게 나타나므로
그에 따라 d_2에서 -80mV가 나온 신경 II는 C이다.

∴ C의 d_2에서 (1, 2)이고 d_2까지의 거리는 2cm이므로 C의 흥분 전도 속도는 2cm/ms이다.

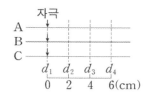

신경	3ms일 때 측정한 막전위(mV)			
	d_1	d_2	d_3	d_4
I	-80	?	-60	?
II	?	-80	?	-70
III	-80	?	+30	-60

A의 흥분 전도 속도가 2cm/ms이므로
A의 d_3에서 (2, 1)이고 막전위 변화 그래프 상 +30mV가 될 수 없다.

따라서 (가)의 그래프에서 (2, 1)에 해당하는 지점이 -60mV임을 알 수 있고
I은 A, III은 B이다.

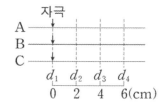

신경	3ms일 때 측정한 막전위(mV)			
	d_1	d_2	d_3	d_4
I	-80	?	-60	?
II	?	-80	?	-70
III	-80	?	+30	-60

B의 막전위 변화 그래프는 (가)의 양상을 따르므로
III의 d_4에서 (2, 1)이다.

15.
그림은 민말이집 신경 A의 지점 $d_1 \sim d_4$의 위치를, 표는 $d_1 \sim d_4$ 중 한 지점에 역치 이상의 자극을
1회 주고 경과된 시간이 2~5ms일 때 A의 어느 한 지점에서 측정한 막전위를 나타낸 것이다.
Ⅰ~Ⅳ는 $d_1 \sim d_4$를 순서 없이 나타낸 것이다.

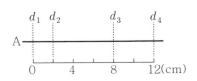

신경	2~5ms일 때 막전위(mV)			
	2ms	3ms	4ms	5ms
Ⅰ	-60			
Ⅱ		?		
Ⅲ			-60	
Ⅳ				-80

신경 A의 흥분 전도 속도를 결정하시오.

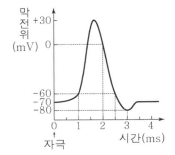

전도 속도

[해설]

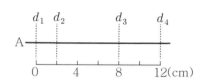

신경	2~5ms일 때 막전위(mV)			
	2ms	3ms	4ms	5ms
Ⅰ	-60			
Ⅱ		?		
Ⅲ			-60	
Ⅳ				-80

5ms일 때 Ⅳ에서 측정한 막전위가 -80mV이므로
Ⅳ에 흥분이 도달하는 데 걸린 시간은 2ms이다.

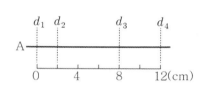

신경	2~5ms일 때 막전위(mV)			
	2ms	3ms	4ms	5ms
Ⅰ	-60			
Ⅱ		?		
Ⅲ			-60	
Ⅳ				-80

2ms일 때 Ⅰ에서 측정한 막전위가 -60mV이므로
Ⅰ에 흥분이 도달하는 데 걸린 시간은 1ms이다.

한 신경 내에서 앞 시간 비는 거리비와 동일하므로
자극 지점으로부터 Ⅰ과의 거리와 Ⅳ와의 거리의 비는 1:2이다.

따라서 자극 지점은 d_3, Ⅰ과 Ⅳ는 d_3으로부터 4cm, 8cm 떨어진 d_4와 d_1이다.

5ms일 때 d_1에서 측정한 막전위가 -80mV이므로
자극 지점으로부터 d_1까지 8cm를 앞 시간 2ms만큼 걸린 것을 알 수 있다.

따라서 A의 흥분 전도 속도는 4cm/ms이다.

[정답]
A의 흥분 전도 속도는 4cm/ms

뉴런

16.
그림은 민말이집 신경 A와 B의 지점 d_1으로부터 세 지점 $d_2 \sim d_4$까지의 거리를, 표는 A와 B의 d_1에 역치 이상의 자극을 동시에 1회 주고 경과된 시간이 t_1일 때와 t_2일 때 $d_2 \sim d_4$에서 측정한 막전위를 나타낸 것이다. A와 B의 흥분 전도 속도는 각각 1cm/ms와 3cm/ms 중 하나이다.

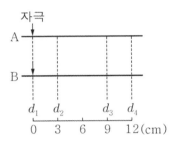

신경	t_1일 때 막전위(mV)			t_2일 때 막전위(mV)		
	d_2	d_3	d_4	d_2	d_3	d_4
A	?	-70	?	-80	?	-70
B	-70	0	-60	-70	?	0

$t_1 + t_2$ 값은?

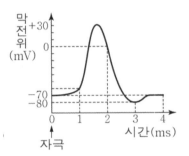

전도 속도

[해설]

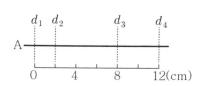

신경	2~5ms일 때 막전위(mV)			
	2ms	3ms	4ms	5ms
I	-60			
II		?		
III			-60	
IV				-80

5ms일 때 IV에서 측정한 막전위가 -80mV이므로
IV에 흥분이 도달하는 데 걸린 시간은 2ms이다.

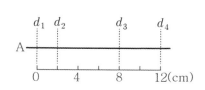

신경	2~5ms일 때 막전위(mV)			
	2ms	3ms	4ms	5ms
I	-60			
II		?		
III			-60	
IV				-80

2ms일 때 I에서 측정한 막전위가 -60mV이므로
I에 흥분이 도달하는 데 걸린 시간은 1ms이다.

한 신경 내에서 앞 시간 비는 거리비와 동일하므로
자극 지점으로부터 I과의 거리와 IV와의 거리의 비는 1:2이다.

따라서 자극 지점은 d_3, I과 IV는 d_3으로부터 4cm, 8cm 떨어진 d_4와 d_1이다.

5ms일 때 d_1에서 측정한 막전위가 -80mV이므로
자극 지점으로부터 d_1까지 8cm를 앞 시간 2ms만큼 걸린 것을 알 수 있다.

따라서 A의 흥분 전도 속도는 4cm/ms이다.

[정답]
A의 흥분 전도 속도는 4cm/ms

흥분의 전도 추론형
Schema 13

대칭성

[중요도 ★★★]

- 자극을 신경의 중간 지점에 주었을 경우 시냅스 유무를 고려하지 않는다면 자극 지점으로부터 같은 거리에 있는 양쪽 두 지점은 막전위 값이 동일하게 나타난다.

즉, 자극 지점으로부터 대칭인 지점은 활동 전위 진행량이 동일하므로
자극 지점으로부터 대칭성이 존재하는지 신경 그림을 통해 판단할 수 있어야 하고
역으로 대칭성의 존재를 통해 자극 지점의 위치를 추론할 수 있어야 한다.

예 2023학년도 수능

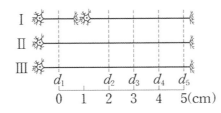

신경	4ms일 때 막전위(mV)				
	d_1	d_2	d_3	d_4	d_5
I	-70	ⓐ	?	ⓑ	?
II	ⓒ	ⓐ	?	ⓒ	ⓑ
III	ⓒ	-80	?	ⓐ	?

d_2로부터 d_1과 d_4는 떨어진 거리가 동일하므로 막전위 값이 동일하게 나타난다.

특수 막전위(**예** +30, -80)의 경우 가로(신경 내)에서 두 번 나타나면 대칭성의 지표이고
일반 막전위(**예** 0, -60)의 경우 가로(신경 내)에서 세 번 나타나면 대칭성의 지표이다.

예 2024학년도 미출제 Point ⇒ 2024학년도 9월 평가원 출제

신경	4ms일 때 막전위(mV)				
	I	II	III	IV	V
A	-40	?	+30	-80	-80
B	?	-60	-80	?	-80

A에서 -80과 -80이 동시에 나타나므로 IV와 V의 중점이 A의 자극 지점이다.
B에서 -80과 -80이 동시에 나타나므로 III과 V의 중점이 A의 자극 지점이다.

예 미출제 Point

신경	4ms일 때 막전위(mV)				
	I	II	III	IV	V
A	+30	?	?	-60	-80
B	0	0	-70	?	0

B에서 0이 3군데에서 나타나므로 I, II, V의 재분극, 탈분극 여부를 판단한 후
정확히 활동 전위 진행량이 동일한 두 지점 간 중점이 자극 지점이다.

대칭성

17.

그림은 민말이집 신경 A와 B의 $d_1 \sim d_4$의 위치를, 표는 A의 ㉠과 B의 ㉡에 역치 이상의 자극을 동시에 1회 주고 경과된 시간이 3ms일 때 $d_1 \sim d_4$에서의 막전위를 나타낸 것이다. ㉠과 ㉡은 각각 $d_1 \sim d_4$ 중 하나이고, A와 B에서 흥분의 전도 속도는 각각 1cm/ms, 2cm/ms 중 하나이다.

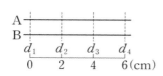

신경	3ms일 때 막전위(mV)			
	d_1	d_2	d_3	d_4
A	ⓒ	+10	ⓐ	ⓑ
B	ⓑ	ⓐ	ⓒ	ⓐ

ⓑ - ⓒ 값은?

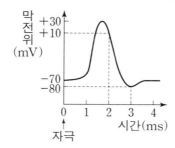

뉴런

[해설]

3ms일 때 막전위 값이므로 A와 B의 자극 지점 막전위 값은 -80mV으로
A의 막전위와 B의 막전위에서 유일하게 나타나야 한다.

따라서 표 내에서 3개 있는 ⓐ는 -80mV가 불가능하고
ⓑ 또는 ⓒ가 -80mV이어야 한다.

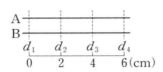

신경	3ms일 때 막전위(mV)			
	d_1	d_2	d_3	d_4
A	ⓒ	+10	ⓐ	ⓑ
B	ⓑ	ⓐ	ⓒ	ⓐ

d_2와 d_4 사이의 거리는 4cm로 전도 속도 1cm/ms나 2cm/ms로는 +10mV(2, 1)을 만들어낼
수 없다. 따라서 ⓑ는 -80mV가 아니고, ⓒ가 -80mV가 된다.

ⓒ가 -80mV이므로 A의 d_1과 B의 d_3가 자극 지점이다.

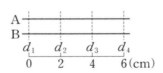

신경1	3ms일 때 막전위(mV)			
	d_1	d_2	d_3	d_4
A	-80	+10	ⓐ	ⓑ
B	ⓑ	ⓐ	-80	ⓐ

d_1와 d_2 사이의 거리는 2cm이고 뒷 시간 차는 1ms이므로 A의 전도 속도는 2cm/ms이다.

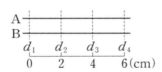

신경	3ms일 때 막전위(mV)			
	d_1	d_2	d_3	d_4
A	-80	+10	ⓐ	ⓑ
B	ⓑ	ⓐ	-80	ⓐ

막전위 값 ⓐ가 A에서는 자극 지점으로부터 4cm 떨어진 지점에서, B에서는 자극 지점으로부터
2cm 떨어진 지점에 나타나므로 속도는 A가 B보다 2배 빠르다.

따라서 B의 전도 속도는 1cm/ms이다.

ⓑ는 (3, 0)인 막전위 값이므로 ⓑ는 -70이다.

[정답]

∴ⓑ - ⓒ=10

대칭성

18.

그림은 민말이집 신경 A와 B의 d_1 지점으로부터 $d_2 \sim d_5$까지의 거리를 나타낸 것이고 표는 A와 B에서 $d_1 \sim d_5$ 중 동일한 지점에 역치 이상의 자극을 동시에 1회 주고 경과한 시간이 4ms일 때 $d_1 \sim d_5$에서 측정한 막전위를 나타낸 것이다. Ⅰ ~ Ⅴ 는 $d_1 \sim d_5$를 순서 없이 나타낸 것이다. A와 B에서의 흥분 전도 속도는 각각 1cm/ms와 2cm/ms이다.

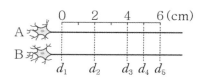

신경	4ms일 때 측정한 막전위(mV)				
	Ⅰ	Ⅱ	Ⅲ	Ⅳ	Ⅴ
A	?	-70	+10	-70	-80
B	-80	㉠	?	-70	?

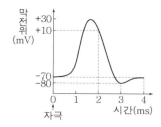

㉠의 막전위 값은?

흥분의 전도 추론형
Schema 13

대칭성

[해설]

총 경과 시간이 4ms로 주어져 있으므로 자극 지점은 1) –70mV / 2) A와 B의 막전위 값 동일 / 3) 막전위 그래프 상 가장 오른쪽을 만족시켜야 한다. 즉, IV가 자극 지점이다.

신경	속도	4ms일 때 측정한 막전위(mV)				
		I	II	III	IV	V
A	1cm/ms	?	–70	+10	–70	–80
B	2cm/ms	–80	㉠	?	–70	?

V는 자극 지점으로부터 1cm 떨어진 지점임을 알 수 있다.
그에 따라 자극 지점의 후보는 d_3, d_4, d_5로 추려진다.

신경	속도	4ms일 때 측정한 막전위(mV)				
		I	II	III	IV	V
A	1cm/ms	?	–70	+10	–70	–80
B	2cm/ms	–80	㉠	?	–70	?

I 은 자극 지점으로부터 2cm 떨어진 지점임을 알 수 있다.
그에 따라 자극 지점의 후보는 d_3, d_5로 추려진다.

신경	속도	4ms일 때 측정한 막전위(mV)				
		I	II	III	IV	V
A	1cm/ms	?	–70	+10	–70	–80
B	2cm/ms	–80	㉠	?	–70	?

III 은 막전위 그래프 상 자극 지점으로부터 2cm 떨어진 지점이거나 2.xxcm 떨어진 지점이다. 그림에서 2.xxcm 떨어진 지점은 존재하지 않으므로 자극 지점으로부터 2cm 떨어진 지점이고 I 과 III 은 자극 지점으로부터 대칭인 지점임을 알 수 있고, 자극 지점은 d_3이며, 일부 막전위 값들이 다음으로 결정된다.

신경	속도	4ms일 때 측정한 막전위(mV)				
		I	II	III	IV	V
A	1cm/ms	+10	–70	+10	–70	–80
B	2cm/ms	–80	㉠	–80	–70	?

V는 자극 지점 IV로부터 1cm 떨어진 지점이므로 d_4이고 남은 II 는 d_1으로 결정된다.

자극 지점 d_3과 d_1은 4cm 차이나고 신경의 흥분 전도 속도는 2cm/ms이므로 ㉠은 (2, 2)이다. 따라서 ㉠은 +10mV이다.

[정답]

㉠은 +10mV이다.

[중요도 ★★★]

– 한 지점에서 측정한 막전위 값을 제시한 후
  경과한 시간 간 선후 관계를 대응하거나 여러 시점을 변수로 제시할 수 있다.

  특정 지점이 상수이고 경과된 시간이 변수인 문항의 경우
  (a, b) 중 자극 지점에서 특정 지점으로 이동하는 시간인 a가 상수가 되며
  b의 변화량에 따라 경과된 시간 선후 관계가 결정된다.

  즉, 막전위 값의 선후 관계와 경과된 시간 간 선후 관계는 서로 상관관계에 있다.
  막전위 값의 단독 해석과 비교 해석 그리고 변화량과 같은 요소를 적절히 활용하여
  시점 간 선후 관계를 판단하도록 하자.

예 2024학년도 수능

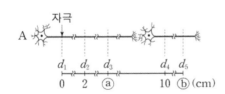

시간	막전위(mV)				
	d_1	d_2	d_3	d_4	d_5
I	?	- 70	?	+ 30	0
II	+ 30	?	- 70	?	?
III	?	- 80	+ 30	?	?

(단, I ~ III은 2ms, 4ms, 8ms를 순서 없이 나타낸 것이다.)

+ 30의 뒷 시간이 2ms이고 자극 지점에서 (0, 2)가 나타나는 II가 2ms
I과 III 중 자극 지점에서 더 먼 지점에 + 30ms가 나타나는 I이 8ms, 나머지 III이 4ms이다.

19.

그림은 민말이집 신경 A의 지점 d_1로부터 네 지점 $d_2 \sim d_5$까지의 거리를, 표는 d_1과 d_5 중 한 지점에 역치 이상의 자극을 1회 주고 경과된 시간이 4ms, 5ms, 6ms일 때 Ⅰ과 Ⅱ에서의 막전위를 나타낸 것이다. Ⅰ과 Ⅱ는 각각 d_2와 d_4 중 하나이다.

시간	막전위(mV)	
	Ⅰ	Ⅱ
3ms	-60	?
4ms	?	-80
5ms	-80	-70

A의 흥분 전도 속도는?

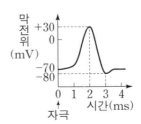

(단, A에서 흥분의 전도는 1회 일어났고, 휴지 전위는 -70mV이다.)

선후 판단

[해설]

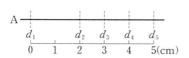

시간	막전위(mV)	
	I	II
3ms	-60	?
4ms	?	-80
5ms	-80	-70

동일한 지점에서 경과된 시간 변화는 뒷 시간 변화와 동일하므로
3ms일 때 II에서 막전위는 +30이다.

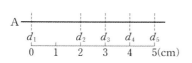

시간	막전위(mV)	
	I	II
3ms	-60	?
4ms	?	-80
5ms	-80	-70

5ms일 때 I에서 막전위 -80은 (2, 3)이므로
3ms일 때 I에서 막전위 -60은 (2, 1)이다.

∴ -60은 탈분극(↗)의 막전위이다.

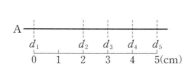

시간	막전위(mV)	
	I	II
3ms	-60 (↗)	+30
4ms	?	-80
5ms	-80	-70

+30mV가 -60mV보다 많이 진행되었으므로 자극 지점과 가까운 지점의 막전위이다.
따라서 II가 d_2, I이 d_4이다.

흥분 전도 속도는 지점 간 거리/앞 시간 이므로
d_2를 기준으로 하면 지점 간 거리는 2cm, 4ms일 때 -80은 (1, 3)이므로 a=1이다.

따라서 A의 흥분 전도 속도는 2cm/ms이다.

[정답]
A의 흥분 전도 속도는 2cm/ms이다.

뉴런

자연수론

[중요도 ★★]

- 경과된 시간(S) a + b 값과 (a, b) 중 두 가지 값이 자연수이면 나머지 값도 자연수로 막전위 변화 그래프에서 특정 자연수 시간에 해당하는 값들로 결정된다.

- 각 막전위의 앞 시간 비는 자극 지점으로부터 특정 지점까지의 정수배이다.

- 속도 1cm/ms가 문제에서 존재한다면 거리가 보통 1cm 이상의 간격으로 주어지므로 자연수론을 적극 활용할 수 있는 문항이 된다.

  즉, 뒷 시간이 1ms 간격으로 나타나서 나타날 수 있는 막전위 값이 한정적이게 된다.
  이를 통해 문제에서 주어진 막전위 값 분포를 통해 흥분 전도 속도를 역추론할 수 있다.

- 속도 2cm/ms가 문제에서 존재한다면 거리가 보통 1cm 이상의 간격으로 주어지므로 자연수론을 적극 활용할 수 있는 문항이 된다.

  즉, 뒷 시간이 0.5ms 간격으로 나타나서 나타날 수 있는 막전위 값이 한정적이게 된다.

앞서 전도 속도는 다음과 같았다.

$$전도\ 속도 = \frac{자극\ 지점으로부터\ 특정\ 지점까지의\ 거리}{앞\ 시간(A)}$$

그에 따라 앞 시간이 정수이고 전도 속도가 정수로 나타나면
지점 간 거리는 앞 시간의 배수(정수) 형태로 나타나야 한다.

이를 앞 시간에 대한 식으로 정리하면 다음과 같다.

$$앞\ 시간 = \frac{자극\ 지점으로부터\ 특정\ 지점까지의\ 거리}{전도\ 속도}$$

$$앞\ 시간의\ 변화량 = \frac{특정\ 지점으로부터\ 특정\ 지점까지의\ 거리}{전도\ 속도}$$

전도 속도는 대체로 정수로 주어지거나 조건에서 주어지지 않는다.

그에 따라 전도 속도가 정수 범위에서 주어진다면
각 막전위의 앞 시간 비는 자극 지점으로부터 특정 지점까지의 정수배이고
앞 시간의 변화량을 통해 특정 지점으로부터 또 다른 특정 지점까지의 거리를 도출할 수 있다.

20.
그림은 민말이집 신경 A와 B의 지점 $d_1 \sim d_4$의 위치를, 표는 ㉠A와 B의 지점 X에 역치 이상의 자극을 동시에 1회 주고 경과한 시간이 2ms, 3ms, 5ms, 7ms일 때 d_2에서 측정한 막전위를 나타낸 것이다. X는 d_1과 d_4 중 하나이고, Ⅰ~Ⅳ는 2ms, 3ms, 5ms, 7ms를 순서 없이 나타낸 것이다. A와 B의 흥분 전도 속도는 각각 1cm/ms와 2cm/ms 중 하나이다.

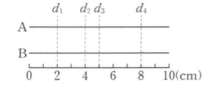

신경	d_2일 때 측정한 막전위(mV)			
	Ⅰ	Ⅱ	Ⅲ	Ⅳ
A	?	-60	?	-80
B	-60	-80	?	-70

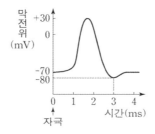

Ⅰ~Ⅳ와 2ms, 3ms, 5ms, 7ms를 각각 대응하시오.

흥분의 전도 추론형
Schema 15
자연수론

[해설]

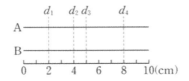

신경	d_2일 때 측정한 막전위(mV)			
	I	II	III	IV
A	?	-60	?	-80
B	-60	-80	?	-70

-80mV의 시간 분포는 (?, 3)와 같으며 d_2는 자극 지점이 아니므로
II와 IV는 각각 5ms, 7ms 중 하나이고 I과 III은 각각 2ms와 3ms 중 하나이다.

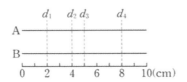

신경	d_2일 때 측정한 막전위(mV)			
	I	II	III	IV
A	?	-60	?	-80
B	-60	-80	?	-70

 - 80mV은 -60mV보다 오른쪽에 나타나는 막전위 값이고 경과된 시간이 II로 동일하므로 -80 mV는 (a, b)에서 b 값이 더 크다. 따라서 a 값은 더 작고 흥분의 전도 속도는 B가 A보다 빠르다.

∴ A의 흥분 전도 속도는 1cm/ms이고 B의 흥분 전도 속도는 2cm/ms이다.

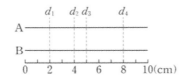

신경	d_2일 때 측정한 막전위(mV)			
	I	II	III	IV
A	?	-60	?	-80
B	-60	-80	?	-70

같은 신경 내에서 -80mV는 -60mV보다 오른쪽에 오는 막전위 값이고
도달 지점이 같으므로 막전위 변화 시간은 총 경과 시간과 동일한 변화 양상을 나타낸다.

따라서 II는 5ms, IV는 7ms이다. A에서 7ms일 때 d_2일 때 측정한 막전위(mV)은 (4, 3)의 시간 양상을 나타내고 A의 흥분 전도 속도는 1cm/ms이므로 자극 지점과 d_2 간 거리는 4cm이다.

∴ 자극 지점은 d_4이다.

같은 신경 B 내에서 I의 막전위 -60mV과 -80mV은
2ms 차이가 나야하는 막전위 값이어야 하므로 I은 3ms이다. ∴ III은 2ms이다.

[정답]

 I은 3ms, II는 5ms, III은 2ms, IV는 7ms이다.

[중요도 ★★★★]

- 일반적으로 전도 속도는 전달 속도보다 빠르다. 그에 따라 시냅스 유무에 따라 문항 논리가 달라질 수 있다.

- 일반적으로 전달 속도가 전도 속도와 다르다는 논리가 직접 사용되어 시냅스가 없다면 모순되는 곳을 찾아 여기에 시냅스가 있을 것이다라는 논리가 많이 활용되나 시냅스의 특성을 활용하여 시냅스의 위치를 직접 추론하는 문항이 출제되기도 한다.

- 출제된 평가원 시냅스 위치 추론 문항의 경우 '시냅스가 없는 위치'를 통해 여사건으로 시냅스 위치가 결정되기도 하고, '시냅스가 있는 위치'를 통해 나머지 시냅스가 없는 위치가 여사건으로 결정되기도 한다.

  특이 Point(정상적으로 나타나지 않는 시간 상황)을 찾을지, 시냅스가 없는 정상적 상태인 조건을 찾을지는 자료마다 다르나 '여사건' 논리가 가능하다는 것을 기억하자.

- 한 신경 내에서 시냅스를 구성하는 두 개의 뉴런의 속도가 동일하게 주어질 경우 시냅스가 없는 상황과 비교하여 간격 차($+\alpha$)를 알아낼 수 있다.

- 시냅스의 특징은 시간 지연($+\alpha$) 그리고 방향 결정이다.

- [미출제] 가지 돌기와 축삭 돌기의 위치를 숨겨 주어진 다른 정보를 토대로 흥분 전도 방향을 질문하는 문항이 출제될 수 있다.

[가지 돌기 vs 축삭 돌기 추론형]

- [미출제] (가)~(다) 중 시냅스의 개수를 조건에 제시하지 않아
  모든 위치에 대해 시냅스 유무를 판별해야 하거나
  흥분 전도 방향을 질문하는 문항이 출제될 수 있다.

[시냅스 직접 추론형]

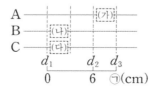

흥분의 전도 추론형
Schema 16

시냅스

21.

그림은 A와 C의 지점 d_1으로부터 세 지점 $d_2 \sim d_4$까지의 거리를, 표는 ⊙ A와 C의 d_1에 역치 이상의 자극을 동시에 1회 주고 경과된 시간이 6ms일 때 $d_2 \sim d_4$에서 측정한 막전위를 나타낸 것이다. B와 C의 흥분 전도 속도는 각각 1cm/ms, 2cm/ms 중 하나이다

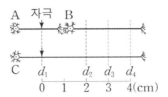

신경	6ms일 때 측정한 막전위(mV)		
	d_2	d_3	d_4
B	-80	?	+10
C	?	-80	?

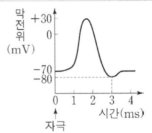

B와 C의 흥분 전도 속도를 결정하시오.

[해설]

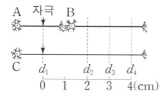

신경	6ms일 때 측정한 막전위(mV)		
	d_2	d_3	d_4
B	-80	?	+10
C	?	-80	?

B의 d_3에서 -80mV 값의 시간 양상은 (3, 3)이고
자극 지점으로부터 d_3까지의 거리는 3cm이므로 C의 흥분 전도 속도는 1cm/ms이다.

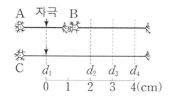

신경	6ms일 때 측정한 막전위(mV)		
	d_2	d_3	d_4
B	-80	?	+10
C	?	-80	?

d_2에서 d_4까지 2cm 이동하는 동안 막전위 값이 +10에서 -80으로 변했으므로
+10은 (4, 2)에 대응되고 B의 흥분 전도 속도는 2cm/ms이다.

[정답]
B의 흥분 전도 속도는 2cm/ms, C의 흥분 전도 속도는 1cm/ms이다.

22.

그림은 민말이집 신경 A와 B의 지점 $d_1 \sim d_4$의 위치를 나타낸 것이다. B는 2개의 뉴런으로 구성되어 있고, ㉠~㉢ 중 한 곳에만 시냅스가 있다. 표는 A와 B의 d_3에 역치 이상의 자극을 동시에 1회 주고 경과된 시간이 t_1일 때 $d_1 \sim d_4$에서의 막전위를 나타낸 것이다. Ⅰ~Ⅳ는 $d_1 \sim d_4$를 순서 없이 나타낸 것이다. B를 구성하는 두 뉴런의 흥분 전도 속도는 1cm/ms로 같다.

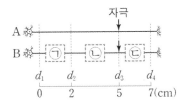

신경	t_1일 때 측정한 막전위(mV)			
	Ⅰ	Ⅱ	Ⅲ	Ⅳ
A	-80	0	?	0
B	0	-60	?	?

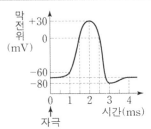

㉠~㉢ 중 시냅스의 위치를 결정하시오.

[해설]

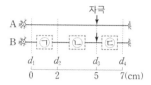

신경	t₁일 때 측정한 막전위(mV)			
	Ⅰ	Ⅱ	Ⅲ	Ⅳ
A	-80	0	?	0
B	0	-60	?	?

Ⅰ에 -80mV가 있으므로 Ⅱ와 Ⅳ는 Ⅰ보다 자극 지점과 멀리 떨어져 있다. 자극 지점에서의 막전위 변화가 가장 많이 진행되므로 두 신경 간 막전위 값이 동일한 자극 지점의 후보는 Ⅲ 뿐이다.

또한 자극 지점 d_3과 가장 가까운 지점은 d_4이므로
A의 Ⅰ, Ⅱ, Ⅳ 중 가장 막전위 변화가 많이 일어난 d_4가 Ⅰ이다.

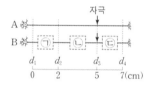

신경	t₁일 때 측정한 막전위(mV)			
	d_4	Ⅱ	d_3	Ⅳ
A	-80	0	?	0
B	0	-60	?	?

A에서 2cm 이동하는 동안 막전위 변화는 0mV에서 0mV까지 1ms 일어났으므로
A의 흥분 전도 속도는 2ms이다.

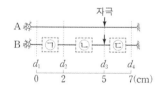

신경	t₁일 때 측정한 막전위(mV)			
	d_4	Ⅱ	d_3	Ⅳ
A	-80	0	?	0
B	0	-60	?	?

A의 d_4의 시간 양상은 (1, 3)으로 결정되고 t_1은 4ms로 결정된다.

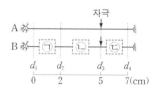

신경	t₁일 때 측정한 막전위(mV)			
	d_4	Ⅱ	d_3	Ⅳ
A	-80	0	?	0
B	0	-60	?	?

B를 구성하는 두 뉴런의 흥분 전도 속도는 1cm/ms로 같으므로
만약 ©에 시냅스가 없다면 2cm를 2ms 동안 이동하므로 B의 d_4에 대응되는
막전위 값이 +30mV가 나와야 한다. 이는 주어진 자료에 모순이므로 시냅스는 ©에 있다.

[답]
시냅스는 ©에 있다.

23.

그림은 A와 B의 지점 d_1 ~ d_4의 위치를, 표는 A와 B의 지점 X에 역치 이상의 자극을 동시에 1회 주고 경과된 시간이 3ms일 때 d_1 ~ d_4에서의 막전위를 나타낸 것이다. X는 d_1 ~ d_4 중 하나이고, Ⅰ ~ Ⅳ는 d_1 ~ d_4를 순서 없이 나타낸 것이다. A를 구성하는 두 뉴런의 흥분 전도 속도는 ⓐ로 같고, B를 구성하는 두 뉴런의 흥분 전도 속도는 ⓑ로 같다. ⓐ와 ⓑ는 1cm/ms와 2cm/ms를 순서 없이 나타낸 것이다.

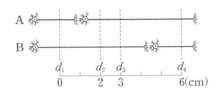

신경	3ms일 때 측정한 막전위(mV)			
	Ⅰ	Ⅱ	Ⅲ	Ⅳ
A	+30	?	-70	㉠
B	?	-80	?	+30

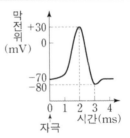

㉠은?

시냅스

[해설]

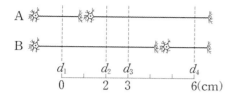

신경	3ms일 때 측정한 막전위(mV)			
	I	II	III	IV
A	+30	?	-70	㉠
B	?	-80	?	+30

총 경과 시간이 3ms인데 -80mV가 존재하므로 II 가 자극 지점이다.

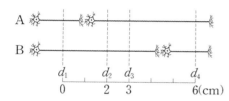

신경	3ms일 때 측정한 막전위(mV)			
	I	II	III	IV
A	+30	?	-70	㉠
B	?	-80	?	+30

+30mV가 서로 다른 두 신경에서 나타나므로 자극 지점으로부터 거리비=속도비인 두 지점이 존재해야 한다.

속도는 1 또는 2이므로 자극 지점과 각 지점의 위치를 고려하면 II 는 d_2, I 은 d_3, III은 d_1이다.

따라서 d_4가 IV임과 A와 B의 속도비가 1:2임이 결정된다.

A의 흥분 전도 속도가 1cm/ms이므로 3ms에는 d_4까지 자극을 전달하지 못한다.

따라서 ㉠은 -70이다.

[정답]
㉠은 -70

근육

근육

1. 골격근
힘줄에 의해서 뼈에 붙어 있으며, 몸의 움직임에 관여하는 근육
운동 뉴런의 명령을 받아 수축한다.

[골격근의 길항 작용]
골격근은 힘줄에 의해 서로 다른 뼈에 붙어 있으며, 두 뼈는 관절과 인대에 의해 서로 연결되어 있다.
한 쌍의 근육은 관절을 각각 반대 방향으로 움직이게 한다.

팔을 굽힐 때는 이두박근이 수축하고, 팔을 펼 때는 삼두박근이 수축한다.

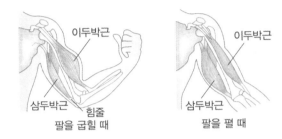

2. 골격근의 구조
골격근은 여러 개의 근육 섬유 다발로 구성되어 있고, 근육 섬유 다발은 여러 개의 근육 섬유로 구성되어 있다.

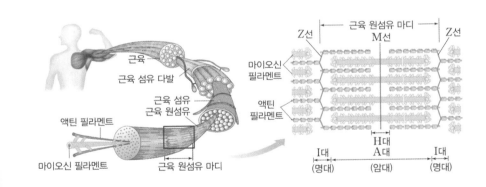

근육 섬유는 근육을 구성하는 근육 세포로 근육 세포에는 여러 개의 핵이 존재한다. 근육 섬유에는 미세한 근육 원섬유 다발이 들어 있으며, 이 근육 원섬유는 가는 액틴 필라멘트와 굵은 마이오신 필라멘트 등으로 구성되어 있다. 근육 원섬유를 관찰하면 밝은 부분인 명대(I대)와 어두운 부분인 암대(A대)가 반복되어 나타나며, 명대의 중앙에 Z선이 관찰된다. Z선과 Z선 사이를 근육 원섬유 마디라고 한다.

[Remark 1] 근육 원섬유 마디를 근절이라고 하며, 근육 수축의 기본 단위이다.

[Remark 2] 골격근은 혈액, 신경, 근육 조직이 모여 이루어진 기관이고,
근육 섬유 다발은 근육 세포인 근육 섬유들로 이루어진 조직이며,
근육 섬유는 여러 개의 핵을 가지고 있는 다핵성 세포이다.

길항 작용
어떤 현상에 관하여 상반되는 두 가지 요인이 동시에 작용했을 때, 서로 그 효과를 상쇄시키는 작용

필라멘트
가는 실 같은 것

액틴과 마이오신
근단백질의 주요 성분

시냅스의 어원
'함께'를 뜻하는 syn과 '결합하다'를 뜻하는 'haptein'의 합성어 (synapse)이다.

[Remark 3] 골격근은 수의근이며 체성 신경계에 의해 조절된다.

[Remark 4] 포함관계를 정리하면 다음과 같다.

골격근 ⊃ 근육 섬유 다발 ⊃ 근육 섬유 ⊃ 근육 원섬유 필라멘트,

3. 근육 원섬유 마디의 구조

마이오신 필라멘트가 존재하는 부분은 A대, 액틴 필라멘트만 존재하는 부분은 I대이다.
근육 원섬유 마디의 중앙에는 마이오신 필라멘트만 존재하는 H대가 있으며,
H대 양옆으로 마이오신 필라멘트와 액틴 필라멘트가 겹쳐진 부분이 존재한다.
이 부분 옆으로 액틴 필라멘트만 존재하는 I대가 있다.

A대(암대) : 마이오신 필라멘트가 있는 부분으로 어둡게 보인다.
I대(명대) : 액틴 필라멘트만 있는 부분으로 밝게 보인다.
H대 : 근육 원섬유 중심에 있는 마이오신 필라멘트만 있는 부분이다. 마이오신 필라멘트가 있는 A
대는 어둡게 보이고, 액틴 필라멘트만 있는 I대는 밝게 보이므로 근육 원섬유를 관찰하면 어
두운 부분과 밝은 부분이 교대로 반복된다.

교대로 반복되는 부분에서 A대(암대)와 I대(명대)가 반복되는 가로무늬가 나타난다.

4. 근육 수축의 원리(활주설)

액틴 필라멘트가 마이오신 필라멘트 사이로 미끄러져 들어가 근육 원섬유 마디의 길이가 짧아지면
근육의 길이가 짧아지는 근수축이 일어난다.

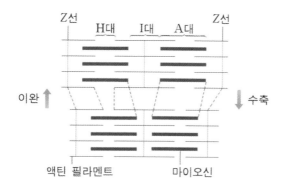

근육

5. 근수축의 에너지원

근육 원섬유가 수축하는 과정에 필요한 에너지는 ATP로부터 공급받는다.

ATP가 분해될 때 방출되는 에너지는 액틴 필라멘트가 마이오신 필라멘트 사이로 미끄러져 들어가는 데 사용된다.

[근육의 ATP 생성]

근육에서 ATP는 크레아틴 인산의 분해와 세포 호흡 과정 등으로 생성된다. 크레아틴 인산이 크레아틴으로 분해되면서 ATP가 빠르게 생성되지만 지속되는 시간이 짧다. 그러므로 근수축의 초기에는 크레아틴 인산의 분해로 생성되는 ATP를 이용하지만 이후에는 포도당 등을 이용한 세포 호흡을 통해 생성된 ATP가 근수축에 공급된다.

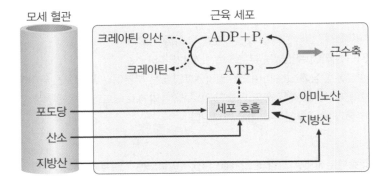

6. 근수축 단면 변화

골격근이 이완하면 마이오신 필라멘트 사이에 미끄러져 들어갔던 액틴 필라멘트가 나오게 되므로 마이오신 필라멘트와 액틴 필라멘트가 겹쳐진 부위의 단면의 모양이 마이오신 필라멘트만 있는 단면의 모양으로 바뀔 수 있다.

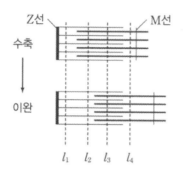

거리	단면의 모양	
	t_1	t_2
l_1	I대	I대
l_2	G대	I대
l_3	G대	G대
l_4	H대	H대

겹치는 부위

생각의 편의를 위해 G대라는 없는 용어를 정의하도록 하자.

근육

근수축 계산형 문항을 푸는 기본 뼈대는 다음과 같다.

1st 방향벡터(화살표) 대응

주어진 정보가 어떤 지점에 대응되는지 확인한다.

즉, ㉠, ㉡, ㉢의 정체성에 대해 확인하고 적절히 방향벡터를 대응한다.

보통은 다음과 같이 ㉠, ㉡, ㉢이 특정 구역에 대응된다.

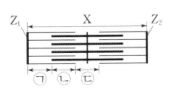

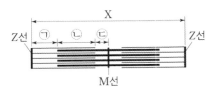

23학년도 수능 & 24학년도 수능　　　　22학년도 9평

㉠은 ↓, ㉡은 ↑, ㉢은 ↓↓　　　　　　㉠은 ↓, ㉡은 ↑, ㉢은 ↓

2nd 요소 정리

알고 있는 Schema들을 활용하여 적절히 요소 정리한다.

이때 활용할 수 있는 표는 다음과 같다.

	수축 방향성	길이			
		X	㉠	㉡	㉢

각각의 칸에는 각각 다음이 들어간다.

	수축 방향성	길이			
		X	㉠	㉡	㉢

t_1, t_2와 같은 시점이나 F_1, F_2와 같은 힘이 들어간다.

근육이 수축함에 따른 변화의 시점을 나타내는 칸이다.

	수축 방향성	길이			
		X	㉠	㉡	㉢
t_1					
t_2					

수축 방향이 t_1에서 t_2인지, t_2에서 t_1인지 표기한다.

	수축 방향성	길이			
		X	㉠	㉡	㉢
t_1					
t_2					

㉠, ㉡, ㉢에 각각 어떤 화살표(방향벡터)가 대응되는지 기입하거나 머리로 생각한다.

	수축 방향성	길이			
		X	㉠	㉡	㉢
		⇊	↓	↑	⇊
t_1	↓				
t_2					

X의 길이나 ㉠+㉡+㉢와 같이 문제에서 필요로 하는 전체 관점 미지수의 방향성을 적는다.

	수축 방향성	길이			
		X	㉠	㉡	㉢
		⇊	↓	↑	⇊
t_1	↓				
t_2					

방향벡터의 크기, 수축 방향에 맞게 적절히 문제에 주어진 조건을 정리한다.

[요소 정리 완료]

시점	수축	길이			
		㉠+㉡+㉢	㉠	㉡	㉢
		⇊	↓	↑	⇊
t_1	↓	ⓐ+13d	ⓐ	3d	10d
t_2		ⓐ+5d	3d	ⓐ	2d

21학년도 수능

시점	수축	길이			
		㉠+㉡+㉢	㉠	㉡	㉢
		⇊	↓	↑	⇊
t_1	↓	19d	8d	5d	6d
t_2		15d	6d	7d	2d

24학년도 수능

근육

근육의 수축 계산형
Schema 1
구조의 이해

[중요도 ★★★★]

- 문제에서 주어지는 근육의 여러 가지 구조에 대해 이해하는 게 계산형 문항을 푸는 기본이다.

- 각 구간의 길이는 존재하는 값들이므로 수축 이완에 관계없이 양수이다.
  그에 따라 음수인 경우가 등장하면 해당 경우가 아님을 알 수 있다.

[근육의 수축과 이완]

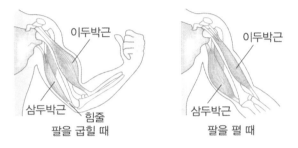

인체가 움직일 땐 근육이 수축 및 이완이 되어 움직인다.

팔을 굽힐 때 이두박근은 수축, 삼두박근은 이완되며
팔을 펼 때 이두박근은 이완, 삼두박근은 수축된다.

이와 같이 수축과 이완은 "변화"를 기준으로 일어나는 변화량임에 주목하여
수학적 계산 문제가 출제되곤 한다.

[근육 섬유와 근육 원섬유]

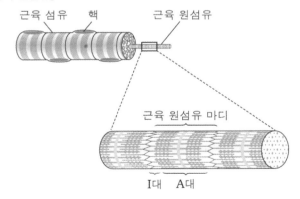

근육 섬유는 근육 원섬유로 구성되어 있고 여러 개의 핵을 가진다.

'근육 원섬유가 근육 섬유로 구성되어 있다'와 같이 <u>포함 관계가 역전된 경우</u>
틀린 선지로 출제될 수 있음에 주의하자.

구조의 이해

[근육 원섬유]

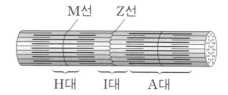

근육 원섬유는 가는 액틴 필라멘트 사이에 굵은 마이오신이 부분적으로 겹쳐 있는 구조이다. 팔을 구부리는 동안 액틴 필라멘트가 마이오신 사이로 미끄러져 들어가 근육 원섬유 마디(근절)가 짧아짐으로써 근수축이 일어난다.

[액틴 필라멘트와 마이오신 필라멘트]

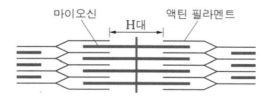

근육 원섬유는 두 종류의 필라멘트로 이루어지며
상대적으로 가느다란 것을 액틴 필라멘트, 두꺼운 것을 마이오신 필라멘트라고 한다.

[명대와 암대]

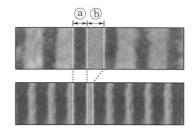

ⓐ와 ⓑ는 근육 원섬유에서 각각 어둡게 보이는 부분(암대)과 밝게 보이는 부분(명대)이며
근육 원섬유에서 어둡게 보이는 부분(암대)에는 A대가 있고, 밝게 보이는 부분(명대)에는 I대가
있다.

근육

근육의 수축 계산형
Schema 1

구조의 이해

[단면의 모양]

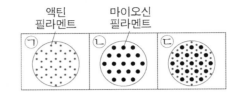

⊙은 액틴 필라멘트만 있는 부분의 단면

ⓒ은 마이오신 필라멘트만 있는 부분의 단면

ⓒ은 액틴 필라멘트와 마이오신 필라멘트가 함께 있는 부분의 단면이다.

[근육 원섬유 변화]

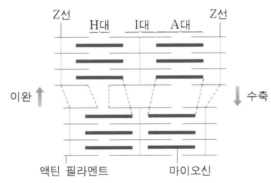

근육 원섬유의 변화 모식도

	수축	이완
Z선 간격	감소	증가
H대	감소	증가
I대	감소	증가
A대	일정	일정
액틴 필라멘트	일정	일정
마이오신	일정	일정
겹치는 부위	증가	감소

수축과 이완에 따른 길이 변화

팔을 구부렸을 때와 폈을 때 근 수축과 이완에 따라 A대(암대) 길이는 변화가 없지만,
I대(명대), H대, Z선과 Z선 사이(근육 원섬유 마디)의 길이는 변한다.

문제에서 수학적 계산으로 출제하는 원섬유 마디 모식도의 대표격 구조를
원 문자와 함께 표현하면 아래와 같다.

[근육 원섬유 마디 X]

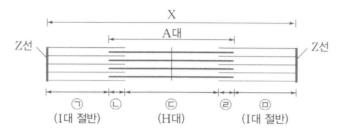

㉠은 I대의 절반
㉡은 액틴 필라멘트와 마이오신 필라멘트가 겹치는 부분의 절반이며
㉢은 H대(마이오신 필라멘트만 있는 부분)이다.

(X는 좌우 대칭 구조이므로 ㉣과 ㉤은 각각 ㉡과 ㉠으로 바꿔 생각할 수 있다.)

[구간의 대응]

	불변량	변화량
Z선 내 간격 (X의 길이)		2㉠+2㉡+㉢
H대		㉢
I대		2㉠
A대	㉢+2㉡ = X - 2㉠	
액틴 필라멘트	2㉠+2㉡ = X - ㉢	
마이오신	㉢+2㉡ = X - 2㉠	
겹치는 부위		2㉡

[Remark 1] 근육 원섬유 마디를 근절이라고 하며 근절의 길이는 A대 + I대, 액틴+H대 등으로
자유자재로 바꿔 생각할 수 있어야 한다.

[Remark 2] 각각의 합의 관점 외에 전체에서 여사건으로 바라보는 관점도 항상
생각해두도록 하자. 합이나 차로 관찰하는 관점이 Key가 되는 경우가 많다.

예 Algo 부분의 21학년도 수능, 24학년도 수능 길이 요소 정리

근육

방향벡터 대응

[중요도 ★★★★]
- 화살표(방향벡터)를 도입해서 각 길이의 변화를 적절히 도식화할 수 있다.
- 화살표는 '변화량'과 '변화 방향', '시점 간 수축 방향성'을 모두 내포할 수 있다.

[기본 형태]

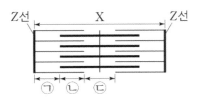

근육 원섬유 마디가 수축할 때
겹치는 부위(G대 = ㉡)는 골격근 마디의 길이가 증가하고
겹치지 않는 부위(㉠, ㉢)는 골격근 마디의 길이가 감소한다.

수축하는 과정을 기준으로
㉠을 ↓, ㉡을 ↑, ㉢을 ⇊, X의 길이를 ⇊와 같이 나타낼 수 있다.

이는 X의 길이가 2d만큼 감소할 때(수축 시)
㉠, ㉡, ㉢의 길이 변화가 각각 -d, +d, -2d이기 때문이다.

또한 그림이 다음과 같이 기본 형태에서 벗어나게 제시될 수 있다.

[변형된 형태 ①]

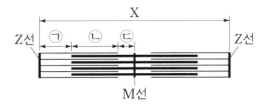

변화량의 비만 화살표로 나타낼 수 있으면 되고
㉠과 ㉡의 경우 기본 형태와 동일하므로
㉠을 ↓, ㉡을 ↑, ㉢을 ↓, X의 길이를 ⇊에 대응할 수 있다.

[Remark 1] 기본 형태에서 ㉠+㉡의 길이는 화살표가 상쇄되어 수축 이완과 관계없이 불변량
　　　　　　로 나타나는 것을 알 수 있다

[Remark 2] 변형된 형태 ①에서는 ㉠+㉡의 길이 뿐만 아니라 ㉡+㉢의 길이도 불변량으로 나
　　　　　　타나는 것을 알 수 있다.

변화량
Δ (delta)
표기의 편의상 d라 하자

방향벡터 대응

[변형된 형태 ②]

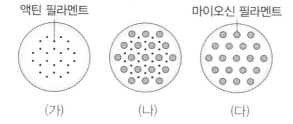

액틴 필라멘트   마이오신 필라멘트

(가)   (나)   (다)

(가)가 관찰되는 구간은 ㉠, (나)가 관찰되는 구간은 ㉡, (다)가 관찰되는 구간은 ㉢이다.

변화량의 비만 화살표로 나타낼 수 있으면 되고
㉢의 경우 기본 형태와 동일하므로
㉠을 ⇓, ㉡을 ⇑, ㉢을 ⇓, X의 길이를 ⇓에 대응할 수 있다.

[변형된 형태 ③]

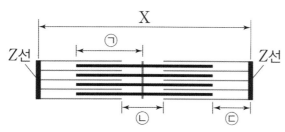

㉠의 경우 A대의 절반이므로 수축, 이완 시 길이 변화가 일어나지 않는다.
그에 따라 ㉠을 -, ㉡을 ⇓, ㉢을 ↓, X의 길이를 ⇓에 대응할 수 있다.

[Remark 3] 변형된 형태 ②에서는 ㉠+㉡의 길이 뿐만 아니라 ㉡+㉢의 길이도 불변량으로 나
타나는 것을 알 수 있다.

[Remark 4] 변형된 형태 ③에서 ㉡+㉢의 길이의 변화는 ↓↓↓와 같이 나타낼 수 있다.

근육

[중요도 ★★★★]
- 근육의 수축 계산형은 각 구간의 여러 길이에 대한 정보를 도출하는 유형으로
"길이"에 대한 수치적 특성을 이해하고 적절히 활용해야 한다.

- 대표적인 길이적 특성은 다음과 같다.

    1) 길이는 항상 0 이상의 유리수로 나타나야 한다.
    2) H대는 항상 A대보다 짧다.
    3) A대의 길이는 근수축과 관계없이 일정하다.
    4) I대의 길이는 A대의 길이의 여사건이다.

불변량

[중요도 ★★★★]

- A대의 길이와 액틴 필라멘트, 마이오신 필라멘트의 길이는 수축과 이완에 관계없이 길이가 일정하다.

- 수축, 이완에 무관하게 일정한 길이를 먼저 파악하는 게 문제의 실마리가 될 가능성이 높다.

  ⊙과 ⓒ의 길이가 일정한 것을 활용해서 여사건 ⓒ의 길이를 도출해낼 수 있다.

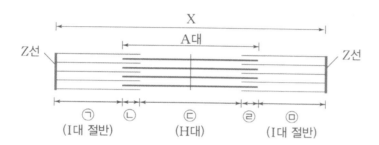

이를 수식으로 표현하면 다음과 같다.

액틴	2⊙+2ⓒ
마이오신	2ⓒ+ⓒ

수축 전

액틴	2(⊙-d)+2(ⓒ+d)
마이오신	2(ⓒ+d)+(ⓒ-2d)

수축 후

즉, 다음 길이 값들은 수축과 이완에 관계없이 일정한 값을 가진다.

	직접	여사건
A대	2ⓒ+ⓒ	X-2⊙
액틴	2⊙+2ⓒ	X-ⓒ

출제되는 구간의 길이는 불변량(일정한 길이)과 변화하는 값으로 분류되는 데
수축, 이완에 무관하게 일정한 길이를 먼저 파악하는 게 문제의 실마리가 될 가능성이 높다.

이때 수축, 이완에 따라 각각의 값은 변화하지만 합이나 차로 관찰할 때
불변량(일정한 길이)이 될 수도 있다라는 점에 유의해서 관찰하도록 하자.

근육의 수축 계산형
Schema 5

변화량

[중요도 ★★★]
- H대의 길이, 액틴 필라멘트와 마이오신 필라멘트가 겹쳐진 부분의 길이, I대의 길이는 이완, 수축에 따라 변한다.
- 여러 가지 변화량에 대해 화살표를 대응하여 해석할 수 있다.

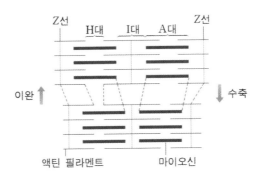

[수축 전]

H대	ⓒ
G대	2ⓛ
I대	2⊙

[수축 후]

H대	ⓒ-2d
G대	2(ⓛ+d)
I대	2(⊙-d)

A대의 길이는 H대와 액틴 필라멘트와 마이오신 필라멘트가 겹쳐진 부분을 합한 길이이므로 근수축이 일어날 때 H대가 줄어든 길이만큼 액틴 필라멘트와 마이오신 필라멘트가 겹쳐진 부분의 길이는 증가한다.

불변량을 제외한 길이들은 모두 이완과 수축에 따라 길이가 변한다.
즉, 다음과 같이 다양한 길이들이 등장할 수 있다.

1) X의 길이
2) ⊙+ⓒ
3) ⓛ+ⓒ
4) ⊙-ⓛ
5) ⊙-ⓒ
6) A대의 길이-ⓒ

변화량

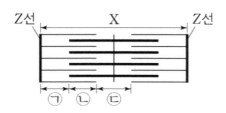

[화살표 대응]

X	⇓
㉠+㉢	↓↓↓
㉡+㉢	↓
㉠-㉡	⇓
㉠-㉢	↑
A대의 길이-㉢	⇑

근육

[중요도 ★★★]

- 문제에서 주어진 각각 요소들의 변화량을 판단하는 것도 중요하지만
  전체 요소의 합 또는 일부 요소들 간 합/차의 변화량을 보는 관점 또한 요구된다.

[전체 변화량 ① – 21학년도 수능]

○ 골격근 수축 과정의 시점 t_1일 때 ㉠~㉢의 길이는 순서 없이
ⓐ, $3d$, $10d$이고, 시점 t_2일 때 ㉠~㉢의 길이는 순서 없이
ⓐ, $2d$, $3d$이다. d는 0보다 크다.

ⓐ, $3d$, $10d$ 각각이 ㉠~㉢ 중 어느 원 문자에 대응되는지 바로 알 수는 없지만
t_1에서 ㉠ + ㉡ + ㉢이 ⓐ + 13d이며 ⇊에 대응되고,
t_2에서 ㉠ + ㉡ + ㉢이 ⓐ + 5d이며 ⇊에 대응되므로

⇊에는 8d가 대응되어 ↓에는 4d가 대응되고
t_1에서 t_2로 갈 때 수축인 것을 알 수 있다.

이와 같이 "각각 ⓐ와 ⓑ 중 하나이다"나 ⓐ와 ⓑ를 순서 없이 나타낸 것이다. 와 같은 표현이 사용된 경우, 각각을 관찰 & 대응할 수도 있으나 합이나 차로 관찰할 수 있다.

[전체 변화량 ② – 24학년도 수능]

○ t_1일 때 ⓐ~ⓒ의 길이는 순서 없이 $5d$, $6d$, $8d$이고, t_2일 때
ⓐ~ⓒ의 길이는 순서 없이 $2d$, $6d$, $7d$이다. d는 0보다 크다.

전체 변화량 ①에 대한 내용은 24학년도 수능 대비 디올에 수록되어 있었고
전체 변화량 ②의 자료는 24학년도 수능 조건이다.

t_1에서 ㉠ + ㉡ + ㉢이 $19d$이고 t_2에서 ㉠ + ㉡ + ㉢이 $15d$이므로
t_1에서 t_2로 갈 때 수축이 일어나고, ⇊에는 $4d$가 대응되며 ↓에는 $2d$가 대응된다.

['순서 없이'의 해석]
1) 존재성 (㉠, ㉡, ㉢이 각각에 1:1 대응된다.)
2) 여사건 (㉠과 ㉡의 합이 일정한 경우, 여사건 ㉢의 변화를 관찰할 수 있다.)
3) 합차변화 (㉠, ㉡, ㉢이 순서 없이 주어질 경우 전부 더해서 관찰할 수 있다.)

위 1)~3)은 수치 추론형 or 자료 해석형 문항에서 매우 자주 등장하는 논리들이다.

요소 정리

[중요도 ★★★★]

– 문제에서 제시하는 근육 원섬유 마디의 구조의 원 문자로 구성된 표를 새로 그려
정리 후 상황을 이해할 수 있다.

알고 있는 Schema들을 활용하여 적절히 요소 정리한다.
이때 활용할 수 있는 표는 다음과 같다.

	수축 방향성	길이			
		X	㉠	㉡	㉢

각각의 칸에는 다음이 들어간다.

	수축 방향성	X	㉠	㉡	㉢

t_1, t_2와 같은 시점이나 F_1, F_2와 같은 힘이 들어간다.
근육이 수축함에 따른 변화의 시점을 나타내는 칸이다.

	수축 방향성	길이			
		X	㉠	㉡	㉢
t_1					
t_2					

수축 방향이 t_1에서 t_2인지, t_2에서 t_1인지 표기한다.

	수축 방향성	길이			
		X	㉠	㉡	㉢
t_1					
t_2					

㉠, ㉡, ㉢에 각각 어떤 화살표(방향벡터)가 대응되는지 기입하거나 머리로 생각한다.

근육

요소 정리

	수축 방향성	길이			
		X	㉠	㉡	㉢
			↓	↑	⇓
t_1	↓				
t_2					

X의 길이나 ㉠+㉡+㉢와 같이 문제에서 필요로 하는 전체 관점 미지수의 방향성을 적는다.

	수축 방향성	길이			
		X	㉠	㉡	㉢
		⇓	↓	↑	⇓
t_1	↓				
t_2					

방향벡터의 크기, 수축 방향에 맞게 적절히 문제에 주어진 조건을 정리한다.

[요소 정리 완료]

시점	수축	길이			
		㉠+㉡+㉢	㉠	㉡	㉢
		⇓	↓	↑	⇓
t_1	↓	ⓐ+13d	ⓐ	3d	10d
t_2		ⓐ+5d	3d	ⓐ	2d

21학년도 수능

시점	수축	길이			
		㉠+㉡+㉢	㉠	㉡	㉢
		⇓	↓	↑	⇓
t_1	↓	19d	8d	5d	6d
t_2		15d	6d	7d	2d

24학년도 수능

[중요도 ★★★]

- 처음 값을 설정할 때 정확한 값으로 대응하지 않고 적절한 상수(비례상수)와 곱상수를 활용하여 상황을 조금 더 간명하게 이해할 수 있다. 이는 언제든지 적절한 상수에 미지수나 곱상수를 대응하여 해석할 수 있기 때문이다.

비례상수(비율)×곱상수=실제 값(길이)

[23학년도 9평] 그림 (가)는 근육 원섬유 마디 X의 구조를, 표는 ⓐ가 F_1일 때 ⓒ의 길이를 ㉠의 길이로 나눈 값과 X의 길이를 ⓒ의 길이로 나눈 값을 나타낸 것이다.

F_1일 때 A대의 길이는 1.6μm이다.

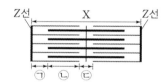

힘	$\dfrac{ⓒ}{㉠}$	$\dfrac{X}{ⓒ}$
F_1	1	4

F_1에서 ㉠의 길이와 ⓒ의 길이가 동일하고
X의 길이 : ⓒ의 길이 = 4 : 1인 것을 알 수 있다.
따라서 다음과 같이 표에 정리할 수 있다.

힘	X의 길이 ⇓	㉠ ↓	ⓒ ↑	ⓒ ⇓	곱상수
F_1	12	2	3	2	

A대에 해당하는 길이는 2ⓒ+ⓒ이므로 비례상수로는 2×3+2=8에 해당하고
A대에 해당하는 실제 길이는 1.6μm이므로 곱상수는 0.2이다.

힘	X의 길이 ⇓	㉠ ↓	ⓒ ↑	ⓒ ⇓	곱상수
F_1	12	2	3	2	0.2

근육

[중요도 ★★★]
- <u>필요한 경우</u> 적절한 미지수를 도입하여 마지막 계산을 행할 수 있다.
- 이때 미지수는 변화상수 d일 수도, 미지수 x일 수도 있다.

  첫 번째 상수 설정 또는 한 시점 내 길이를 결정한 후
  두 번째 설정 or 다른 시점 내 길이를 결정해야 할 때 주로 미지수를 도입한다.

[미지수 도입 예제]
그림은 근육 원섬유 마디 X의 구조를, 표는 골격근 수축 과정의 두 시점 t_1과 t_2일 때 X의 길이,
ⓛ의 길이와 ⓒ의 길이를 더한 값을 ㉠의 길이로 나눈 값을 나타낸 것이다. X는 좌우 대칭이다.
구간 ㉠은 액틴 필라멘트만 있는 부분이고, ⓛ은 액틴 필라멘트와 마이오신 필라멘트가 겹치는
부분이며, ⓒ은 마이오신 필라멘트만 있는 부분이다.

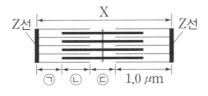

시점	X의 길이 (μm)	$\dfrac{ⓛ + ⓒ}{㉠}$
t_1	?	2
t_2	2.2	3

t_1일 때 X의 길이는?

[해설]

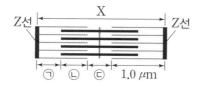

시점	X의 길이 (μm)	$\dfrac{\text{ⓛ}+\text{ⓒ}}{\text{⑦}}$
t_1	?	2
t_2	2.2	3

⑦+ⓛ=1.0이라고 문제에 제시되어 있으므로 t_2일 때 ⓒ은 0.2이다.

이때 ⑦ + ⓛ + ⓒ=1.2이고 $\dfrac{\text{ⓛ}+\text{ⓒ}}{\text{⑦}} = \dfrac{0.9}{0.3}$ 이므로 t_2일 때 ⑦, ⓛ, ⓒ이 모두 결정된다.

시점	X의 길이 (μm)	$\dfrac{\text{ⓛ}+\text{ⓒ}}{\text{⑦}}$	⑦	ⓛ	ⓒ
t_1	?	2			
t_2	2.2	3	0.3	0.7	0.2

t_1일 때 ⑦, ⓛ, ⓒ의 값을 구해야 한다.

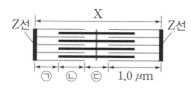

시점	X의 길이 (μm)	$\dfrac{\text{ⓛ}+\text{ⓒ}}{\text{⑦}}$
t_1	?	2
t_2	2.2	3

분자인 ⓛ+ⓒ의 변화는 ↓이고 분모인 ⑦의 변화도 ↓이다.
따라서 변화량을 d라고 할 때 다음과 같이 식을 세울 수 있다.

$$\frac{0.9-d}{0.3-d}=2$$

$$\therefore d = -0.3$$

따라서 다음과 같이 t_1일 때 ⑦, ⓛ, ⓒ이 결정된다.

시점	X의 길이 (μm)	수축 방향성	$\dfrac{\text{ⓛ}+\text{ⓒ}}{\text{⑦}}$	⑦ ↓	ⓛ ↑	ⓒ ⇓
t_1	?	↓	2	0.6	0.4	0.8
t_2	2.2		3	0.3	0.7	0.2

변화 방향성에 의해 t_1에서 t_2로 갈 때 수축함을 알 수 있고
변화량은 0.3μm이므로 t_1일 때 X의 길이는 2.8μm이다.

근육

단면 변화

[중요도 ★★★]

– 단면의 변화 양상에 대해 이해하고 있는지 출제된다. 이때 한 쪽 Z선을 기준으로 마이오신이 이동하므로 시점에 따른 단면 변화는 수축 기준 I대가 G대로 변할 때 나타난다.

[Z선 고정 - X/2보다 작을 때]

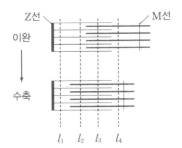

거리	이완	수축
l_1	I대	I대
l_2	I대	G대
l_3	G대	G대
l_4	H대	H대

[미출제 Point ①]

M선을 기준으로 단면이 변화하는 경우도 출제될 수 있다.

[M선 고정]

거리	이완	수축
l_1	H대	H대
l_2	H대	G대
l_3	G대	G대
l_4	I대	I대

시점 2 개

거리	수축 방향성 →		
	t_1	t_2	t_3
l_1	H대	H대	H대
l_2	H대	H대	G대
l_3	H대	G대	G대
l_4	G대	G대	G대
l_5	I대	I대	I대

시점 3 개

시점 개수와 무관하게 수축 기준 H대가 G대로 변할 때 단면 변화가 나타난다.

단면 변화

- X의 길이/2보다 길이가 짧은 경우 단면 변화는 다음을 기억하자.

　　1) 변하는 부분 1군데 (순서 없이의 해석)
　　　　예 ⓐ ~ ⓒ 중 변하는 부분이 ⓐ와 ⓑ라고 제시되면 여사건 ⓒ가 결정된다.

　　2) 변하지 않는 부분 3군데
　　　　⇒ Z선 기준, M선 기준 공통으로
　　　　　(이완, 수축) = (ⓐ, ⓐ) / (ⓑ, ⓑ) / (ⓒ, ⓒ)가 모두 나타날 수 있다.

　　3) 1)과 2)는 각각 A와 A^C의 관계 (합치면 전수 경우의 수 4줄)

　　4) 기준선에 가장 먼 변수는 구간 불변
　　　　예 Z선 기준 가장 먼 변수인 H대는 이완 or 수축 시 변하지 않는다.
　　　　예 M선 기준 가장 먼 변수인 I대는 이완 or 수축 시 변하지 않는다.

[미출제 Point ②]

$\dfrac{\text{X의 길이}}{2}$ 보다 길이가 긴 구간에서 단면 변화가 출제될 수 있다. 단, 수축된 시점의 X의 길이의 절반보다 L값이 작다.

[Z선 고정 - X/2보다 클 때]

거리	이완	수축
l_1	H대	H대
l_2	H대	G대
l_3	G대	G대
l_4	G대	I대
l_3	I대	I대

Case 1

거리	이완	수축
l_1	H대	H대
l_2	H대	G대
l_3	H대	I대
l_4	G대	I대
l_3	I대	I대

Case 2

[Case 1] vs [Case 2]를 판단해야하며, 이는 l_3의 차이로 판단 가능하다.

근육

단면 변화

[미출제 Point ③]
시점이 추가된(t_1, t_2, t_3) 단면 변화가 출제될 수 있다.

[Z선 고정]

거리	수축 방향성		
	→		
	t_1	t_2	t_3
l_1	I대	I대	I대
l_2	I대	I대	G대
l_3	I대	G대	G대
l_4	G대	G대	G대
l_5	H대	H대	H대

Case 1 - X/2 보다 작을 때

거리	수축 방향성		
	→		
	t_1	t_2	t_3
l_1	H대	H대	H대
l_2	H대	H대	G대
l_3	H대	G대	G대
l_4	H대	G대	I대
l_5	G대	G대	I대
l_6	G대	I대	I대
l_7	I대	I대	I대

Case 2 - X/2 보다 클 때

[Case 1]
X/2보다 작을 때에는 시점이 두 개일 때와 동일하게 수축 기준,
<u>I대가 G대</u>로 변할 때 단면 변화가 나타난다.

[Case 2]
X/2보다 클 때 시점이 세 개일 때에는
특정 거리일 때 G대, H대, I대가 모두 나타날 수 있다.

즉, 가로에 ⓐ~ⓒ가 순서 없이 나타나는 구간이 있으면 Case 2이다.

[단면 변화 예제]

그림 (가)는 팔을 구부리는 과정의 두 시점 t_1과 t_2일 때 팔의 위치와 이 과정에 관여하는 골격근 P와 Q를, (나)는 P와 Q 중 한 골격근의 근육 원섬유 마디 X의 구조를 나타낸 것이다. X는 좌우 대칭이고, Z_1과 Z_2는 X의 Z선이다.

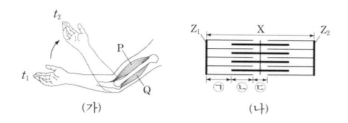

(가)   (나)

표는 t_1과 t_2일 때 각 시점의 Z_1로부터 Z_2 방향으로 거리가 각각 l_1, l_2, l_3인 세 지점이 ㉠~㉢ 중 어느 구간에 해당하는지를 나타낸 것이다. ⓐ~ⓒ는 ㉠~㉢을 순서 없이 나타낸 것이고, ㉢의 길이는 t_1일 때가 t_2일 때보다 짧다.

거리	지점이 해당하는 구간	
	t_1	t_2
l_1	ⓐ	?
l_2	ⓑ	ⓐ
l_3	ⓒ	㉢

t_2일 때 Z_1로부터 Z_2 방향으로 거리가 l_1인 지점을 ㉠~㉢ 중 결정하시오.
(단, t_1과 t_2일 때 각각 l_1~l_3은 모두 (X의 길이)/2보다 작다.)

근육

단면 변화

[해설]

거리	단면의 모양	
	t_1	t_2
l_1	ⓐ	?
l_2	ⓑ	ⓐ
l_3	ⓒ	ⓒ

l_2에서 ⓐ와 ⓑ가 순서 없이 제시되어 있으므로 ⓐ와 ⓑ는 각각 I대와 G대 중 하나이다.
따라서 여사건인 ⓒ는 H대이다.

이때 l_2에서 변화하는 구간이 나타났으므로 나머지 여사건 거리에서는 수축, 이완과 무관하게 불변으로 나타난다.

따라서 t_2일 때 Z_1로부터 Z_2 방향으로 거리가 l_1인 지점은 ⓐ이다.

조건에서 ⓒ의 길이는 t_1일 때가 t_2일 때보다 짧다고 제시되어 있으므로
H대의 길이는 t_1일 때가 t_2일 때보다 짧고, 수축 방향성이 다음과 같이 결정된다.

거리	수축 방향성	
	←	
	t_1	t_2
l_1	ⓐ	?
l_2	ⓑ	ⓐ
l_3	ⓒ	ⓒ

이완일 때 I대, 수축일 때 G대이므로 t_2일 때 Z_1로부터 Z_2 방향으로 거리가 l_1인 지점은 I대(㉠)이다.

[정답]
㉠

[중요도 ★★]

- 근육 원섬유 마디의 길이의 특정 구간에서 구간의 길이는 수축 강도와 상관관계를 갖는다.

- 특정 수축력에 따라 각 구간의 길이를 비교하는 문항이 출제될 수 있다. 이때 I대의 길이가 커질수록 수축 강도가 감소한다.

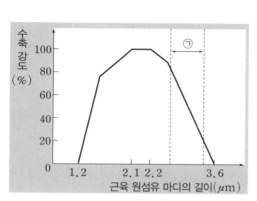

근육 원섬유 마디	
길이	모양
3.6㎛	액틴 필라멘트 / 마이오신 필라멘트
2.3㎛	
2.1㎛	
1.9㎛	
1.2㎛	

구간 ㉠에서 I대의 길이가 커질수록 수축 강도가 감소하고
겹치는 부분의 길이가 커질수록 수축 강도가 증가한다.

근육

수축 강도

[수축 강도 예제]

그림 (가)는 근육 원섬유 마디 X의 구조를, (나)는 구간 ⓛ의 길이에 따른 X가 생성할 수 있는 힘을 나타낸 것이다. X는 좌우 대칭이고, ⓐ(X가 생성할 수 있는 힘)가 F_1일 때 A대의 길이는 1.6㎛이다. 구간 ⊙은 액틴 필라멘트만 있는 부분이고, ⓛ은 액틴 필라멘트와 마이오신 필라멘트가 겹치는 부분이며, ⓒ은 마이오신 필라멘트만 있는 부분이다.

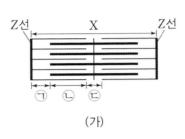

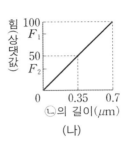

(가)   (나)

표는 ⓐ가 F_1과 F_2일 때 ⓒ의 길이를 ⊙의 길이로 나눈 값과 X의 길이를 ⓛ의 길이로 나눈 값을 나타낸 것이다.

F_2일 때 X의 길이는?

힘	$\dfrac{ⓒ}{⊙}$	$\dfrac{X}{ⓛ}$
F_1	1	4
F_2	$\dfrac{3}{2}$	?

수축 강도

[해설]

힘	ⓒ/㉠	X/ⓛ
F_1	1	4
F_2	3/2	?

㉠의 길이=ⓒ의 길이이고 X/ⓛ=4이므로 2㉠+ⓒ=2ⓛ이다.

따라서 F_1일 때 A대의 길이는 $\frac{8}{3}$ⓛ이다.

∴ F_1일 때 ㉠, ⓛ, ⓒ, X의 길이가 결정된다.

힘	ⓒ/㉠	X/ⓛ	㉠ ↓	ⓛ ↑	ⓒ ⇓	X
F_1	1	4	0.4	0.6	0.4	2.4
F_2	3/2	?				

F_2일 때 화살표 1개의 변화량을 d라고 설정하면 ㉠은 0.4+d, ⓒ은 0.4+2d라고 둘 수 있다. 이때 ⓒ/㉠=3/2이므로 다음과 같은 비례식을 세울 수 있다.

$0.4 + d : 0.4 + 2d = 2 : 3$

가비의 리에 의해 0.4+d가 2에 해당하면 d는 1에 해당한다.
따라서 d = 0.4이고 F_2일 때 모든 ㉠, ⓛ, ⓒ 값이 결정된다.

힘	ⓒ/㉠	X/ⓛ	㉠ ↓	ⓛ ↑	ⓒ ⇓	X
F_1	1	4	0.4	0.6	0.4	2.4
F_2	3/2	?	0.8	0.2	1.2	3.2

[정답]

∴ F_2일 때 X의 길이는 3.2μm이다.

근육

변화상수

[중요도 ★★]

- 한 시점의 길이 비 또는 길이를 결정한 후, 시점 간 변화를 활용해야 하는 문항에서 변화상수 c를 설정하여 풀이할 수 있다.

- 이때 분수 간 등식에서 합/차/변화의 관점을 활용할 수 있으면 적극 활용하자.

[변화상수 예제]

그림은 근육 원섬유 마디 X의 구조를, 표는 골격근 수축 과정의 두 시점 t_1과 t_2일 때 ㉠의 길이에서 ㉢의 길이를 뺀 값을 ㉡의 길이로 나눈 값과 X의 길이를 나타낸 것이다. X는 좌우 대칭이고, t_1일 때 A대의 길이는 1.6 μm이다.

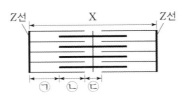

시점	$\dfrac{㉠ - ㉢}{㉡}$	X의 길이
t_1	$\dfrac{1}{4}$	?
t_2	$\dfrac{1}{2}$	3.0 μm

t_1일 때 X의 길이는?

[해설]

A대의 길이는 시점에 관계없이 일정하므로 x의 길이가 제시된 t_2일 때로 옮겨서 생각하면 X의 길이-A대의 길이 = 2⑤이므로 ⑤이 0.7㎛임을 알 수 있다.

시점	X의 길이	⑤	⑥	⑦
	⇓	↓	↑	⇓
t_1				
t_2	3.0	0.7		

⑤의 길이(0.7㎛)에서 ⑦의 길이를 뺀 값을 ⑥의 길이로 나눈 값이 t_2에서 1/2이고 ⑦은 1.6-2⑥이므로 ⑥은 0.6㎛, ⑦은 0.4㎛이다.

시점	X의 길이	⑤	⑥	⑦
	⇓	↓	↑	⇓
t_1				
t_2	3.0	0.7	0.6	0.4

수축할 때를 기준으로

⑤의 길이(0.7㎛)에서 ⑦의 길이를 뺀 값에 대응되는 화살표는 ↑

⑥의 길이에 대응되는 화살표도 ↑이므로

⑤의 길이에서 ⑦의 길이를 뺀 값을 ⑥의 길이로 나눈 값에서 분자와 분모의 변화량이 동일하다.

따라서 변화량을 d로 설정하면 다음과 같은 수식을 세울 수 있다.

$$\frac{0.3-d}{0.6-d} = \frac{1}{4}$$

$\therefore d = 0.2$

$\therefore$ ⑥은 0.4㎛이고 t_1에서 t_2로 갈 때 ⑥이 증가하므로 t_1에서 t_2로 갈 때 수축한다.
$\therefore$ 다른 길이들이 결정된다.

시점	수축	X의 길이	⑤	⑥	⑦
		⇓	↓	↑	⇓
t_1	↓	3.4	0.9	0.4	0.8
t_2		3.0	0.7	0.6	0.4

$\therefore$ t_1일 때 X의 길이는 3.4㎛이다.

[정답]

$\therefore$ t_1일 때 X의 길이는 3.4㎛이다.

근육

[중요도 ★★]

– 변화를 관찰하는 문항에서 간격을 통일하고 연산하면 마지막 계산이 간명해진다.

– 간격이 통일되면 분자(좌변) 또는 분모(우변)끼리 계산이 가능하다.

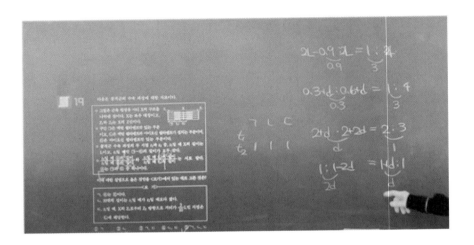

: Youtube에 간격 통일 후 연산 검색 (Hyunu)

[간격 통일 후 연산 예제]

그림은 근육 원섬유 마디 X의 구조를 나타낸 것이다. X는 좌우 대칭이고, Z_1과 Z_2는 X의 Z선이다.

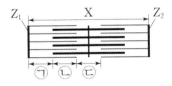

구간 ㉠은 액틴 필라멘트만 있는 부분이고, ㉡은 액틴 필라멘트와 마이오신 필라멘트가 겹치는 부분이며, ㉢은 마이오신 필라멘트만 있는 부분이다. 골격근 수축 과정의 두 시점 t_1과 t_2 중, t_1일 때 X의 길이는 L이고, t_2일 때만 ㉠~㉢의 길이가 모두 같다.

$\dfrac{t_2 일\ 때\ @의\ 길이}{t_1 일\ 때\ @의\ 길이}$ 와 $\dfrac{t_1 일\ 때\ ㉡의\ 길이}{t_2 일\ 때\ ㉡의\ 길이}$ 는 서로 같고, @는 ㉠과 ㉢ 중 하나이다.

t_1일 때, X의 Z_1로부터 Z_2 방향으로 거리가 $\dfrac{3}{10}$L인 지점을 ㉠~㉢ 중 고르시오.

[해설]

골격근 수축 과정의 두 시점 t_1과 t_2 중, t_2일 때 ㉠~㉢의 길이가 모두 같으므로
t_2일 때 ㉠~㉢의 길이를 1로 설정할 수 있다.

시점	수축	X의 길이	㉠	㉡	㉢	
		$\Downarrow$	$\downarrow$	$\uparrow$	$\Downarrow$	
t_1						
t_2			1	1	1	

$\dfrac{t_2\text{일 때 @의 길이}}{t_1\text{일 때 @의 길이}}$ 와 $\dfrac{t_1\text{일 때 ⓑ의 길이}}{t_2\text{일 때 ⓑ의 길이}}$ 는 서로 같다고 했고

t_2일 때 @의 길이와 t_2일 때 ⓑ의 길이는 1로 동일하며

t_1일 때 ⓑ의 길이와 t_2일 때 ⓑ의 길이의 차이는 d이다.

따라서 t_1일 때 @의 길이와 t_2일 때 @의 길이의 차는 d일 수 없다.

∴ @는 ㉢이다.

시점	수축	X의 길이	㉠	㉡	㉢	
		$\Downarrow$	$\downarrow$	$\uparrow$	$\Downarrow$	
t_1			1-d	1+d	1-2d	
t_2			1	1	1	

조건에서 $\dfrac{1}{1-2d}$ 와 $\dfrac{1+d}{1}$ 는 서로 같다고 제시되어 있다.

왼쪽 분수에서 분자와 분모의 차이는 $2d$, 오른쪽 분수에서 분자와 분모의 차이는 d이다.
따라서 오른쪽 분수의 분자와 분모에 2를 곱하면 어렵지 않게 위상을 통일할 수 있다.

$$\therefore \frac{1}{1-2d} = \frac{2+2d}{2}$$

$$\therefore 1 = 2 + 2d$$

$$\therefore d = -\frac{1}{2}$$

[요소 정리]

시점	수축	X의 길이	㉠	㉡	㉢	
		$\Downarrow$	$\downarrow$	$\uparrow$	$\Downarrow$	
t_1			3/2	1/2	2	
t_2			1	1	1	

$L=2㉠+2㉡+㉢$이므로 6이 할당된다. ($\because 3+1+2=6$)

$\dfrac{3}{10}L$은 1.8에 해당하므로 1.8인 지점은 ㉡이다.

근육의 수축 계산형
Schema 14

길이 그래프

[중요도 ★★]

- 평가원이나 수능에서 길이 그래프를 판단해야 하는 문항이 출제될 수 있다.
  이때 기울기는 변화량을 의미한다.

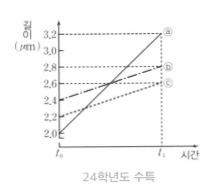

24학년도 수특

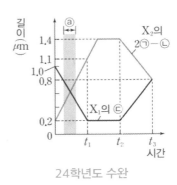

24학년도 수완

- 길이 변화 그래프 축 요소가 Basic한 근수축 형태 기준
  ⓛ과 ⓒ을 준 경우 A대의 길이를 암시하는 조건이다.

  문제 조건에서 A대의 길이가 나와있지 않더라도 기반 조건으로
  구하고 들어가도록 하자.

[길이 그래프 예제]

그림은 근육 원섬유 마디 X의 구조를 나타낸 것이다. X는 좌우 대칭이다.

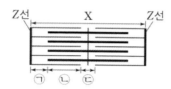

구간 ㉠은 액틴 필라멘트만 있는 부분이고, ㉡은 액틴 필라멘트와 마이오신 필라멘트가 겹치는 부분이며, ㉢은 마이오신 필라멘트만 있는 부분이다.

그림은 X에서 ⓐ의 길이와 ⓑ의 길이 사이의 관계를 나타낸 것이고, 표는 골격근 수축 과정의 시점 t_1일 때 ㉢의 길이에서 ㉠의 길이를 뺀 값을 ㉡의 길이로 나눈 값($\frac{㉢-㉠}{㉡}$)과 X의 길이를 나타낸 것이다. ⓐ와 ⓑ는 각각 ㉠~㉢ 중 하나이다.

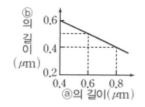

시점	$\frac{㉢-㉠}{㉡}$	X의 길이
t_1	2	2.4 μm

t_1일 때 ㉠의 길이를 구하시오.

근육

[해설]

ⓐ와 ⓑ의 변화 비가 2 : ‒ 1이므로 ⓐ는 ©, ⓑ는 Ⓛ이다.

또한 길이 변화 그래프를 활용하면 A대의 길이가 1.6㎛임을 알 수 있다.

따라서 표의 정보를 활용하여 t_1에서의 각 길이를 구할 수 있다.

시점	㉠	㉡	㉢	X의 길이
t_1	0.4㎛	0.3㎛	1.0㎛	2.4

이때 위 요소 정리는 다음과 같이 연산할 수 있다.

$\dfrac{㉢ - ㉠}{2㉡} = \dfrac{1}{1}$ 이고 왼쪽의 분자 분모 합은 1.2 / 오른쪽의 분자 분모 합은 2이다.

따라서 곱상수는 × 0.6이고 ㉡은 0.3㎛임을 알 수 있고,

㉢은 ㉡의 여사건 논리, ㉠은 ㉡과 ㉢의 여사건 논리로 암산할 수 있다.

여러 개의 원섬유 마디

[중요도 ★★]

- 평가원이나 수능에서 여러 개의 근육 원섬유 마디에 대해 질문하는 문항이 출제될 수 있다.

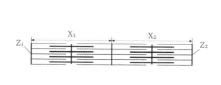

미출제 Point - 붙어 있는 원섬유 마디

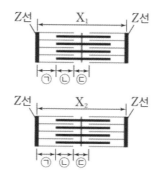

24학년도 수능완성

떨어져 있는 경우 서로 다른 시점이라고 생각하고 풀이하면 되고
붙어 있는 경우에는 대칭성을 고려하여 해석하도록 하자.

근육

여러 개의 원섬유 마디

[길이 그래프 예제]

그림은 연속된 두 근육 원섬유 마디 X의 구조를 나타낸 것이다. X를 구성하는 X_1과 X_2는 각각 좌우 대칭이고, 길이가 같으며, 골격근 수축 과정에서 각 구간의 길이 변화량이 서로 같다.

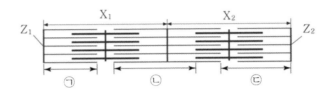

구간 ㉠은 X_1에서 액틴 필라멘트가 있는 한쪽 부분이고, ㉡은 X_1에서 액틴 필라멘트가 있는 한쪽 부분과 X_2에서 액틴 필라멘트만 있는 한쪽 부분을 더한 부분이며, ㉢은 X_2에서 마이오신만 있는 부분과 액틴 필라멘트가 있는 한쪽 부분을 더한 부분이다.

골격근 수축 과정의 시점 t_1일 때 ㉠~㉢의 길이의 비는 순서 없이 5 : 6 : 4이고, 시점 t_2일 때 ㉠~㉢의 길이의 비는 순서 없이 8 : 9 : 10이다. t_1일 때 X_1과 X_2에서 A대의 길이는 각각 1.6 μm로 같다.

t_2일 때 ㉡의 길이를 구하시오.

[해설]

㉠에는 − , ㉡에는 ↓, ㉢에는 ⇓가 대응된다.

㉠은 시점 변화에 관계 없이 불변이므로 비례상수 중 하나가 통일되면
시점 간 비율의 관계를 도출해낼 수 있다.

5 : 6 : 4를 10 : 12 : 8로 생각하면 다음과 같이 비례상수로 나타낼 수 있다.

시점	수축 방향성	㉠	㉡	㉢
		−	↓	⇓
t_1	↓	8	10	12
t_2		8	9	10

Basic한 형태의 근수축 구간을 각각 ⓐ, ⓑ, ⓒ라고 정의하면
t_1에서 X_1과 X_2의 A대의 길이는 2ⓑ + ⓒ 이다.

㉠ = ⓐ + ⓑ
㉡ = 2ⓐ + ⓑ
㉢ = ⓐ + ⓑ + ⓒ

t_1에서 ⓐ : ⓑ : ⓒ = 2 : 6 : 4 이고 t_1에서 A대의 길이가 1.6 μm이므로 곱상수는 × 0.1이다.

시점	수축 방향성	㉠	㉡	㉢
		−	↓	⇓
t_1	↓	0.8μm	1.0μm	1.2μm
t_2		0.8μm	0.9μm	1.0μm

∴ t_2일 때 ㉡의 길이는 0.9μm이다.

8
Theme

신경계

신경계

뇌의 구성
사람의 뇌는 약 1000억 개의 뉴런으로 이루어져 있다. 뇌는 무게가 몸무게의 2% 정도밖에 안 되지만, 전체 산소 소비량의 20%를 차지하고, 전체 혈액의 20%가 흐른다.

뇌와 척수
뇌와 척수는 외부 충격에 손상되기 쉬운 조직으로 이루어져 있어 단단한 뼈로 둘러싸여 보호된다. 뇌는 두개골에 둘러싸여 있고, 척수는 척추에 둘러싸여 있으며, 두개골과 척추 안쪽에는 뇌척수액이 뇌와 척수를 둘러싸며 흐른다.

연합 뉴런
중추 신경계에서 서로 다른 뉴런 간의 흥분 전도를 중개 및 조절하는 뉴런

1. 신경계

사람의 신경계는 크게 몸 밖과 안의 정보를 받아들여 통합하고 처리하는 중추 신경계와 정보를 중추 신경계에 전달하고 중추 신경계의 명령을 반응 기관으로 전달하는 말초 신경계로 구분된다.

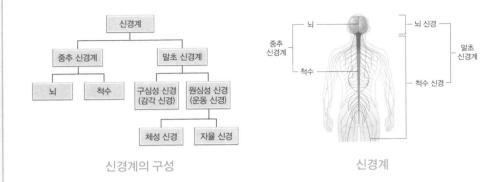

신경계의 구성   신경계

1) 중추 신경계

중추 신경계는 뇌와 척수로 구분된다.

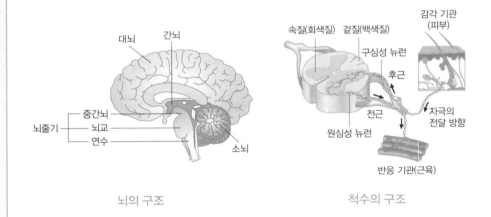

뇌의 구조   척수의 구조

중추 신경계는 감각 신경을 통해 들어온 감각 정보를 통합하여 반응 명령을 내리며 연합 뉴런으로 구성되어 있다.

뇌와 척수를 제외한 나머지 모든 신경은 말초 신경계로 분류되고 말초 신경계는 감각 뉴런과 운동 뉴런으로 분류된다.

2) 말초 신경계

말초 신경계는 해부학적으로 뇌와 연결된 뇌 신경과 척수와 연결된 척수 신경으로 구분되며, 기능적으로 구심성 신경(감각 신경)과 원심성 신경(운동 신경)으로 구분된다.

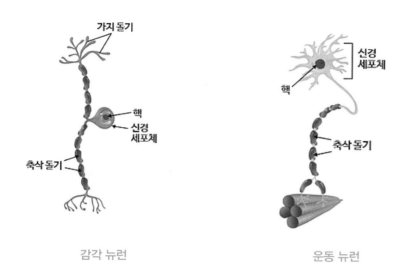

감각 뉴런   운동 뉴런

말초 신경계는 감각기에서 받아들인 자극을 중추 신경계에 전달하고, 중추 신경계의 반응 명령을 근육이나 분비샘 등의 반응기에 전달한다.

말초 신경계는 뇌에 연결된 뇌 신경 12쌍과 척수에 연결된 척수 신경 31쌍으로 이루어진다.

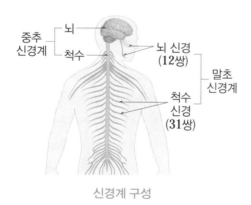

신경계 구성

뇌 신경은 대부분 머리와 목 부분에 있는 기관에 분포하며, 척수 신경은 머리 아래의 신체 부위에 광범위하게 분포한다.

신경계

뇌줄기
중간뇌, 뇌교, 연수를 합하여 뇌줄기(뇌간)라고 한다. 뇌줄기는 생명 유지에 중요한 역할을 하므로 뇌줄기를 다치면 생명을 잃을 수 있다.

2. 중추 신경계의 구조

중추 신경계는 수많은 뉴런이 밀집되어 정보 전달의 중심이 되는 곳이고, 수용한 자극을 통합하여 온몸의 자극을 조절한다.

중추 신경계는 뇌와 척수로 구성되며, 모두 연합 뉴런으로 이루어져 있다. 뇌는 대뇌, 간뇌, 뇌줄기(중간뇌, 뇌교, 연수), 소뇌 등으로 구성되며, 척수는 척추에 이어져 있다.

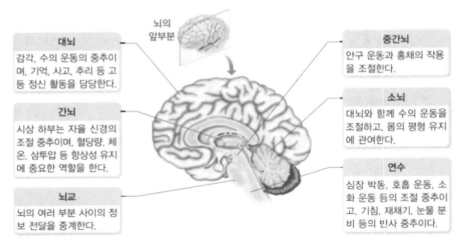

대뇌
감각, 수의 운동의 중추이며, 기억, 사고, 추리 등 고등 정신 활동을 담당한다.

간뇌
시상 하부는 자율 신경의 조절 중추이며, 혈당량, 체온, 삼투압 등 항상성 유지에 중요한 역할을 한다.

뇌교
뇌의 여러 부분 사이의 정보 전달을 중계한다.

중간뇌
안구 운동과 홍채의 작용을 조절한다.

소뇌
대뇌와 함께 수의 운동을 조절하고, 몸의 평형 유지에 관여한다.

연수
심장 박동, 호흡 운동, 소화 운동 등의 조절 중추이고, 기침, 재채기, 눈물 분비 등의 반사 중추이다.

뇌의 앞부분

중추 신경계 구조

수의 운동
팔다리를 움직이는 골격근의 운동처럼 사람의 의지대로 이루어지는 운동

3. 대뇌

뇌 질량의 약 80%를 차지하고 좌우 2개의 반구로 나누어지며 표면에 주름이 많아 표면적이 넓으며 기억, 분석, 판단, 감정 등 고등 정신 활동과 감각, 수의(의식적) 운동의 중추이다.

대뇌 겉질은 뉴런의 신경 세포체가 모인 회색질이며,
안쪽의 속질은 축삭 돌기가 모여 있어 백색질이다.

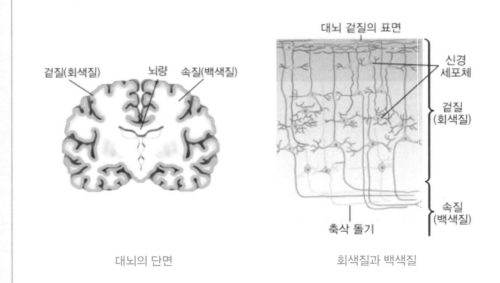

겉질(회색질)   뇌량   속질(백색질)

대뇌 겉질의 표면

신경 세포체

겉질(회색질)

속질(백색질)

축삭 돌기

대뇌의 단면   회색질과 백색질

좌우 반구의 겉질은 각각 몸의 반대쪽을 담당하므로 정보를 받아들이는 경로와 명령이 전달되는 경로가 좌우 교차된다.

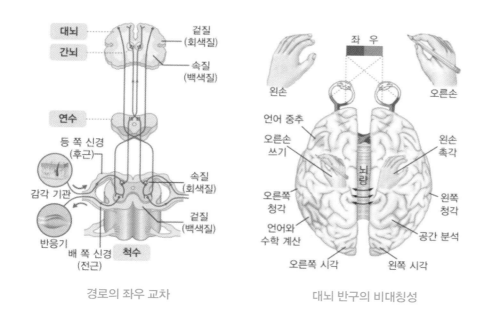

경로의 좌우 교차 　　　　　　　 대뇌 반구의 비대칭성

그림과 같이 좌반구는 몸의 오른쪽 감각과 운동을 담당하고, 우반구는 몸의 왼쪽 감각과 운동을 담당한다.

➡ 대뇌로 들어오고 나가는 신경의 대부분이 연수에서 좌우 교차되기 때문이다.

[Remark 1] 그림과 같이 문제 자료에서 회색질과 백색질의 구분을 직접적으로 요구하기도 한다.

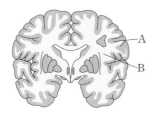

중추 신경계에서 회색질은 신경 세포체, 가지 돌기, 말이집이 없는 축삭 돌기 등이 모여 있어 회색으로 보이는 부분이고 백색질은 말이집으로 둘러싸인 축삭 돌기가 모여 있어 흰색으로 보이는 부분이다.

따라서 단위 부피당 신경 세포체의 수는 A(대뇌 겉질)에서가 B(대뇌 속질)에서보다 많다.

신경계

기능에 따라 감각령, 연합령, 운동령으로, 위치에 따라 전두엽, 두정엽, 측두엽, 후두엽으로 구분된다.

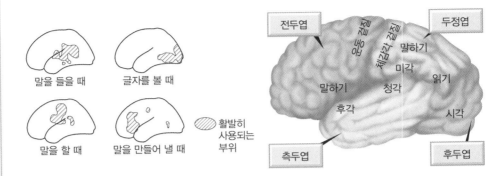

대뇌 기능의 분업화	대뇌 겉질의 위치에 따른 분류

감각령 : 감각기에서 오는 정보를 받아들여 감지한다.
연합령 : 감각령의 정보를 받아 통합하여 운동령에 반응 명령을 내리고, 정신 활동을 담당한다.
운동령 : 연합령의 명령을 받아 수의 운동을 조절한다.

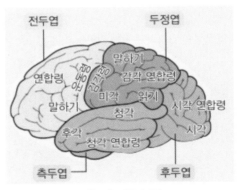

기능에 따른 분류

[Remark 2] 두정엽의 앞쪽은 감각령이고, 전두엽의 뒤쪽은 운동령이며
나머지는 모두 연합령이다.

연합령 중 시각은 후두엽에 있고, 청각과 후각은 측두엽에 있으며, 미각과 읽기는 두정
엽에 있고, 말하기는 전두엽과 두정엽에 있다.

[Remark 3] 그림과 같이 문제 자료에서 대뇌 겉질의 위치에 따른 기능을 직접적으로 질문하기도
한다.

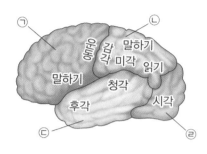

골격근의 운동 조절을 담당하는 ㉠은 전두엽이고, ㉡은 두정엽, ㉢은 측두엽, ㉣은 후
두엽이다.

[Remark 4] 자극을 받았을 때 반응이 일어나는 경로를 나타내면 다음과 같다.

자극 → 감각 기관 → 말초 신경계 → 감각령 → 연합령 → 운동령 → 말초 신경계 → 운동
기관 → 반응

신경계

4. 뇌사와 식물인간
대뇌의 기능만 정지된 상태를 식물인간, 대뇌와 뇌줄기의 기능이 모두 정지된 상태를 뇌사라고 한다.

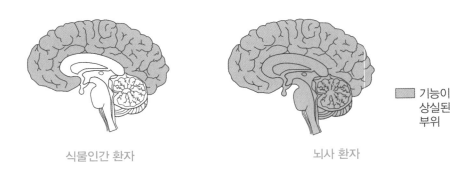

식물인간 환자   뇌사 환자   기능이 상실된 부위

뇌사 환자와 식물인간 환자는 모두 수의 운동의 중추인 대뇌의 기능을 상실하였으므로 수의 운동을 할 수 없다.

1) 식물인간
대뇌 겉질이 손상되어 의식이 없고 운동 기능이 정지되었지만, 뇌줄기가 담당하는 동공 반사, 심장 박동, 호흡 운동, 소화 운동 등은 일어나는 상태이다.

그에 따라 인공호흡기가 필요없고 영양 공급에 의해 생명을 유지할 수 있으며, 대뇌의 손상 정도에 따라 의식이 회복되기도 한다.

2) 뇌사 환자
정신 활동의 중추인 대뇌 겉질의 기능과 생명 유지의 중추인 뇌줄기의 기능이 함께 상실된 경우를 의미한다. 스스로 소화 운동은 물론 심장 박동과 호흡 운동까지 불가능하다. 그에 따라 뇌사 판정을 받은 사람은 생명 유지 장치의 도움을 받아 생명을 유지할 수는 있으나 일반적으로 2주 이내에 심장과 폐의 기능이 정지되게 된다.

5. 대뇌 기능의 이해

대뇌의 기능과 연합령, 운동령, 감각령을 통합적으로 이해하고 있는지 질문하는 문항이 출제될 수 있다.

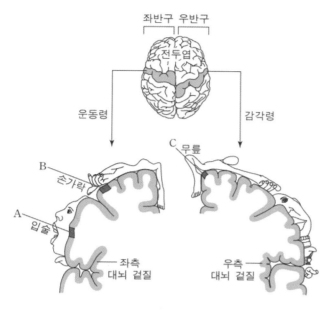

대뇌의 작용

A는 좌반구에 있는 입과 관련된 운동령이므로 A가 손상되면 오른쪽 입술을 움직일 수 없게 되지만 감각령이 손상된 것은 아니므로 오른쪽 입술의 감각은 느낄 수 있다.

B는 좌반구에 있는 손가락과 관련된 운동령이므로 B에 역치 이상의 자극을 주면 오른손의 손가락이 움직인다.

C는 우반구에 있는 무릎과 관련된 감각령이므로 C에 역치 이상의 자극을 주면 왼쪽 무릎에 자극을 받은 것으로 느낀다. 감각령은 감각 신호를 받아들이는데 관여하는 대뇌 겉질 부위이기 때문이다.

6. 소뇌
대뇌 뒤쪽 아래에 있으며, 대뇌 다음으로 크다. 대뇌와 유사하게 좌우 2개의 반구로 이루어져 있다.
내이의 평형 감각 기관인 전정 기관과 반고리관에서 오는 감각 정보를 받아 대뇌와 함께 수의 운동을
조절하고 몸의 평형을 유지한다.

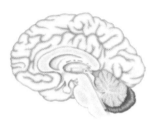

소뇌의 위치

1) 전정 기관
귀의 가장 안쪽 부분인 내이에 위치한 기관으로 중력 자극에 따른 이석의 움직임으로 몸의 위치와 자
세를 감지한다. ➡ 위치 감각

2) 반고리관
귀의 가장 안쪽 부분인 내이에 위치한 기관으로 관성에 의한 림프의 움직임으로 몸의 이동과 회전을
감지한다. ➡ 회전 감각

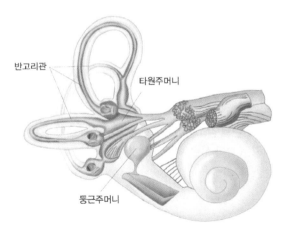

전정 기관과 반고리관

[Remark 1] 대뇌와 구분하도록 하자.

소뇌는 '직접' 수의 운동을 일으키지는 못하지만
대뇌를 보조하여 수의 운동이 정확하고 원활하게 일어날 수 있게 조절한다.

7. 간뇌

대뇌와 중간뇌 사이에 있으며 시상과 시상 하부로 구분한다.

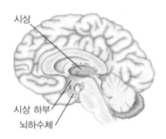

간뇌의 위치

1) 시상

척수나 연수에서 오는 감각 신호를 대뇌 겉질에 전달하는 통로 역할을 한다.

2) 시상 하부

자율 신경과 내분비계의 조절 중추로, 혈당량, 혈장 삼투압, 체온 조절과 같은 체내의 항상성 유지에 관여하며, 시상 하부는 뇌하수체 후엽에서 분비되는 호르몬을 조절하고 뇌하수체 전엽의 호르몬 분비를 촉진하는 호르몬을 분비한다. 항상성 조절의 중추이다.

3) 뇌하수체

시상 하부 끝에 있는 기관으로 여러 가지 호르몬을 분비하여 다른 내분비샘의 기능을 조절하고, 뇌하수체의 기능은 시상 하부가 조절한다.

[Remark 1] 뇌하수체 전엽과 후엽의 위치를 구분시키는 문항이 출제되기도 한다.

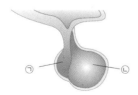

㉠은 뇌하수체 후엽, ㉡은 뇌하수체 전엽이다.

8. 중간뇌

간뇌 아래에 있는 뇌 중에 크기가 가장 작은 뇌로, 감각 정보의 전달 통로이다.

소뇌와 함께 몸의 평형을 조절하고, 안구 운동과 홍채 운동을 조절하는 동공 반사의 중추이다.

뇌교, 연수와 함께 뇌줄기를 구성한다.

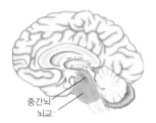

중간뇌의 위치

1) 동공 반사

중간뇌는 빛의 양에 따라 홍채를 축소 또는 확장시켜 동공의 크기를 조절한다. 밝은 곳에서는 홍채가 확장하여 동공이 축소되고, 어두운 곳에서는 홍채가 축소하여 동공이 확대된다.

밝은 곳   어두운 곳

2) 청각 반사

갑자기 큰 소리가 날 때 소리가 나는 쪽으로 목을 돌리거나 눈을 감는 등의 반사 작용에 관여하며 음원의 위치를 파악하는 역할도 한다.

9. 뇌교

중간뇌의 아래쪽과 연수의 위쪽 사이에 위치한다. 소뇌의 좌우 반구를 다리처럼 연결하고 있다. 소뇌와 대뇌 사이의 정보 전달을 중계하며, 연수와 함께 호흡 운동의 조절에 관여한다.

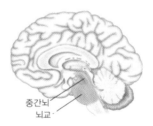

뇌교의 위치

10. 연수

뇌교의 아래쪽과 척수의 위쪽 사이에 위치하며, 대뇌와 연결되는 대부분의 신경이 교차되는 장소이다. 심장 박동, 호흡 운동, 소화 운동, 소화액 분비 등을 조절하는 중추이며, 기침, 재채기, 하품, 침 분비 등에도 관여한다.

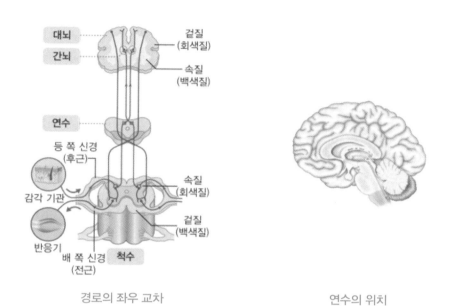

경로의 좌우 교차   연수의 위치

1) 조절 중추
심장 박동, 호흡 운동, 소화 운동, 소화액 분비 등의 중추이다.

2) 반사 중추
기침, 재채기, 하품, 눈물 분비 등과 같은 반사의 중추이다.

신경계

11. 척수

연수에 이어져 척추 속으로 뻗어 있으며, 뇌와 말초 신경계를 연결하는 역할을 한다.
대뇌와 반대로 겉질은 백색질, 속질은 회색질이다.

회피 반사, 무릎 반사, 배뇨, 배변 등의 중추로 작용한다.

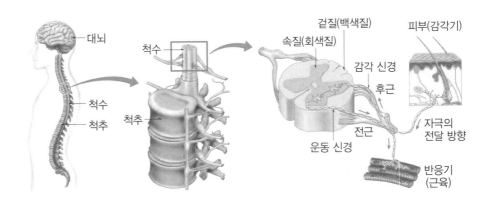

척수의 구조

척수에서는 척추 마디마다 좌우로 한 쌍씩 총 31쌍의 신경 다발이 나와 온몸의 말단부까지 분포한다. 척수의 배 쪽으로는 운동 신경 다발이 좌우로 1개씩 나와 전근을 이루고, 등 쪽으로는 감각 신경 다발이 좌우로 1개씩 나와 후근을 이룬다.

1) 전근
척수의 배 쪽에 배열된 운동 신경 다발로, 뇌에서 내린 명령을 반응기로 전달한다.

2) 후근
척수의 등 쪽에 배열된 감각 신경 다발로, 감각기에서 받아들인 감각 정보를 뇌로 전달한다.

[Remark 1] 대뇌의 겉질에는 뉴런의 신경 세포체가 많고 속질에는 뉴런의 축삭이 많으며 척수의 겉질에는 뉴런의 축삭이 많고, 속질에는 뉴런의 신경 세포체가 많다.

그에 따라 대뇌와 척수의 겉질과 속질의 구성이 다르게 나타난다.

12. 의식적인 반응과 무조건 반사
반응은 의식적인 반응과 무조건 반사로 분류할 수 있다.

1) 의식적인 반응
대뇌의 판단과 명령에 따라 일어나는 반응

2) 무조건 반사
의지와 관계없이 일어나는 무의식적인 반응. 의식적인 반응에 비해 반응 속도가 빠르다.
자극이 대뇌로 전달되기 전에 반응이 빠르게 일어나므로 위험으로부터 우리 몸을 보호할 수 있다.

① 회피 반사
자극을 피하기 위해 하는 반사 행동으로 뜨거운 냄비에 손이 닿았을 때 무의식적으로 빠르게 손을 떼는 반응

[반응 경로]
자극(뜨거운 냄비) → 감각기(피부) → 감각 신경(후근) → 중추 신경(척수) → 운동 신경(전근) → 반응기(근육) → 반응(급히 손을 뗌)

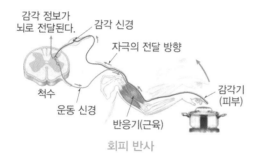

회피 반사

② 무릎 반사
다리에 힘을 뺀 상태에서 무릎뼈 바로 아래를 고무망치로 가볍게 쳤을 때 다리가 살짝 올라가는 반응

[반응 경로]
자극(고무망치로 살짝 침) → 감각기(피부) → 감각 신경(후근) → 중추 신경(척수) → 운동 신경(전근) → 반응기(근육) → 반응(다리가 살짝 올라감)

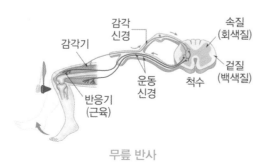

무릎 반사

13. 무조건 반사의 중추
무조건 반사의 중추는 척수와 연수, 중간뇌 등이 있다.

1) 척수 반사
무릎 반사, 회피 반사, 젖분비 반사, 배뇨 반사 등

2) 연수 반사
기침, 재채기, 하품, 눈물 분비, 딸꾹질 등

3) 중간뇌 반사
동공 반사

[Remark 1] 무조건 반사의 중추가 대뇌가 아니므로 감각이 대뇌로 전달되지 않는다고 생각하는 경우가 많다.

그러나 무조건 반사가 일어날 때 감각 신경이 대뇌로 연결되는 뉴런과도 시냅스를 이루고 있어 자극이 대뇌로 전달되어 뜨겁거나 아픈 감각을 느끼게 된다. 다만 자극 전달 경로가 길어서 무조건 반사가 일어난 후에 감각을 느끼게 된다.

[Remark 2] 얼굴에 분포한 감각기로 들어온 자극은 척수를 거치지 않고 대뇌로 전달되며, 대뇌의 명령이 얼굴에 분포한 반응기에 전달될 때에도 척수를 거치지 않는다.

[Remark 3] 의식적인 반응과 척수 반사의 경로는 다음과 같이 다르다.

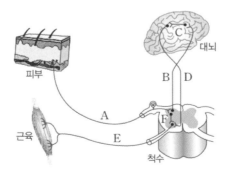

의식적인 반응의 경로는 A→B→C→D→E인 반면
척수 반사의 경로는 A→F→E로 짧아 의식적인 반응에 비해 반응 속도가 빠르다.

14. 말초 신경계

중추 신경계와 몸의 각 부분을 연결하는 신경계로, 구심성 뉴런(구심성 신경)과 원심성 뉴런(원심성 신경)으로 구성된다.

1) 해부학적 구조에 따른 구분

뇌에서 뻗어나온 뇌 신경과 척수에서 뻗어나온 척수 신경으로 구분한다.
뇌 신경은 12쌍, 척수 신경은 31쌍이다.

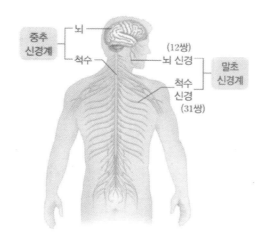

2) 기능에 따른 구분

감각 기관에서 중추 신경계로 흥분을 전달하는 구심성 뉴런과 중추 신경계의 명령을 근육이나 분비샘과 같은 반응기로 전달하는 원심성 뉴런으로 구분한다.

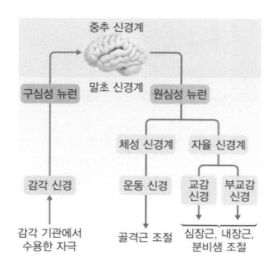

① 구심성 뉴런

감각 기관에서 수용한 자극을 중추 신경계로 전달한다.

② 원심성 뉴런

중추 신경계의 명령을 반응 기관으로 전달하며 원심성 뉴런은 골격근의 운동을 담당하는 체성 신경계와 내장 기관의 조절에 관여하는 자율 신경계를 구성한다.

신경계

15. 체성 신경계

아세틸콜린을 분비하여 중추 신경계의 명령을 골격근에 전달한다.
일반적인 기능을 담당한다.

주로 대뇌의 지배를 받으며, 중추 신경계와 반응 기관 사이에서
하나의 신경(1개의 운동 뉴런)이 명령을 전달하며 신경절이 없다.

체성 신경

16. 자율 신경계

대뇌의 조절을 직접 받지 않고 주로 간뇌, 중간뇌, 연수의 조절을 받아 몸의 기능을 조절한다.
원심성 뉴런으로만 구성되어 있으며, 주로 내장 기관, 혈관, 분비샘에 분포한다.

소화, 순환, 호흡, 호르몬 분비 등 생명 유지에 필수적인 기능을 조절한다.
중추와 반응기가 2개의 운동 뉴런으로 연결되며, 2개의 뉴런은 신경절에서 시냅스를 형성한다.

교감 신경과 부교감 신경으로 구성된다. 교감 신경과 부교감 신경은 심장근, 내장근, 분비샘 등의 반응
기관에 연결되며, 일반적으로 길항 작용을 하면서 반응 기관을 조절한다.

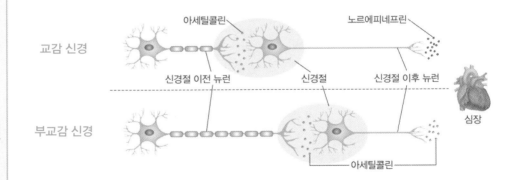

1) 교감 신경

척수와 연결되어 있으며, 신경절 이전 뉴런의 축삭 돌기 말단에서는 아세틸콜린이, 신경절 이후 뉴런
의 축삭 돌기 말단에서는 노르에피네프린이 분비된다. 일반적으로 신경절 이전 뉴런이 신경절 이후
뉴런보다 짧다.

2) 부교감 신경

중간뇌, 연수, 척수와 연결되어 있으며, 신경절 이전 뉴런과 신경절 이후 뉴런의 축삭 돌기 말단에서
모두 아세틸콜린이 분비된다. 신경절 이전 뉴런이 신경절 이후 뉴런보다 길다.

교감 신경의 명명
교감 신경이 자극을 받으면 심장 박동이 빨라지고 소화액 분비가 억제되는 등 몸의 여러 기관에서 동시에 반응이 나타난다.

이것이 마치 우리 몸의 여러 기관이 감정을 교류하는 것처럼 보인다하여 교감 신경이라고 명명되었다.

신경절
말초 신경계에서 신경 세포체가 모여있는 곳

길항 작용
한 대상에 대해 서로 반대되는 작용을 하여 서로의 효과를 줄이는 조절 작용이다.

예를 들어 교감 신경은 심장 박동을 촉진하고, 부교감 신경은 심장 박동을 억제한다.

17. 중추 정리 (1)

원심성 뉴런(운동 뉴런)은 체성 신경과 자율 신경으로 분류되고 각각의 중추를 정리하면 다음과 같다.

중추	체성 vs 자율	의식 vs 무의식
대뇌	체성	의식적
척수	체성 / 자율	무의식적
간뇌, 중간뇌, 연수	자율	무의식적

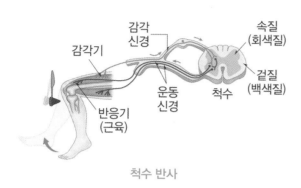

척수 반사

18. 중추 정리 (2)

자율 신경계는 여러 가지 몸의 작용을 조절한다. 각각의 중추와 작용을 정리하면 다음과 같다.

자율 신경계	혈당량	동공	소화	심박, 호흡	방광
중추	간뇌	중간뇌	연수	연수	척수
교감 신경	증가	확대	억제	촉진	확장
부교감 신경	감소	축소	촉진	억제	수축

신경계

19. 교감 신경과 부교감 신경의 분포

교감 신경은 척수의 중간 부분에서 나와 각 내장 기관에 분포하고, 부교감 신경은 중간뇌, 연수, 척수의 꼬리 부분에서 나와 각 내장 기관에 분포한다.

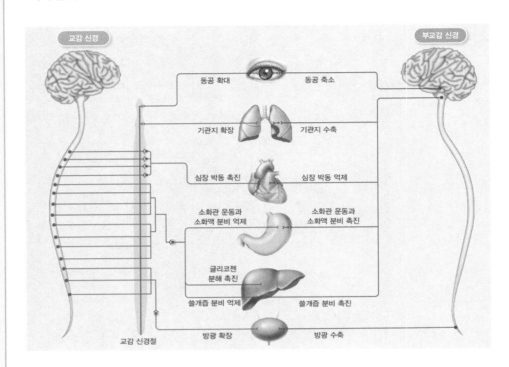

1) 교감 신경의 분포

척수에서 나온 짧은 여러 개의 신경절 이전 뉴런이 교감 신경절에서 한꺼번에 여러 개의 신경절 이후 뉴런과 시냅스를 형성한 후 각 내장 기관으로 뻗어 분포한다. 그에 따라 교감 신경이 자극을 받으면 여러 기관에서 동시에 반응이 나타난다.

2) 부교감 신경의 분포

신경절 이전 뉴런이 1개의 신경절 이후 뉴런하고만 시냅스를 형성하여 하나의 내장 기관에 분포한다. 그에 따라 부교감 신경이 자극을 받으면 해당 기관에서만 반응이 나타난다.

20. 교감 신경과 부교감 신경의 기능

교감 신경과 부교감 신경은 같은 내장 기관에 분포하지만 말단에서 분비되는 신경 전달 물질이 다르다. 따라서 한쪽이 작용을 촉진하면 다른 쪽은 작용을 억제하는 길항 작용을 하여 내장 기관의 작용을 조절한다.

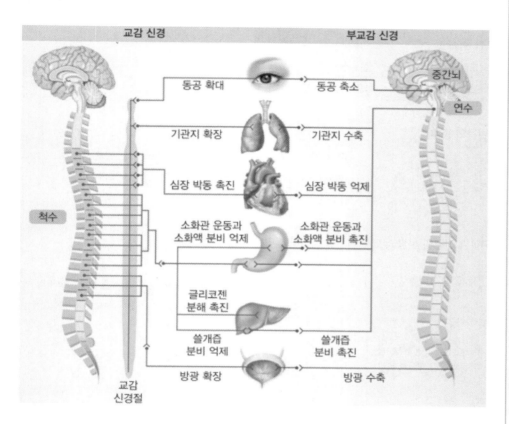

1) 교감 신경
몸을 긴장 상태로 만들어 갑작스러운 위기 상황에 대처하도록 조절한다

2) 부교감 신경
긴장 상태에 있던 몸을 평상시 상태로 회복하도록 조절한다.

	동공	기관지	심장 박동	소화관 운동	쓸개즙 분비	방광
교감 신경	확장	확장(이완)	촉진	억제	억제	확장(이완)
부교감 신경	축소	수축	억제	촉진	촉진	수축

신경계

21. 신경 세포체 위치

교감 신경은 척수에 신경절 이전 뉴런의 신경 세포체가 있지만
부교감 신경은 다소 복잡하게 위치하고 있어 종종 질문된다.

	신경 세포체 위치
척수 신경	척수
교감 신경	전부 척수
부교감 신경	반응의 중추

[반응의 중추]

	혈당량	동공	소화	심박, 호흡	방광
중추	간뇌	중간뇌	연수	연수	척수
	뇌				척수

부교감 신경의 신경 세포체 위치를 정리하면 다음과 같다.

	동공	기관지	심장 박동	소화관 운동	쓸개즙 분비	방광
교감 신경	확장	확장(이완)	촉진	억제	억제	확장(이완)
부교감 신경	축소	수축	억제	촉진	촉진	수축
부교감 신경의 신경절 이전 뉴런의 신경 세포체 위치	중간뇌	연수	연수	연수	연수	척수

심박수는 교감 부 및 부교감 부로 이루어져 있는 자율 신경계에 의해 자동으로 조절된다.

[실험 과정]

① 자율 신경 A와 B가 연결된 2개의 개구리 심장을 준비한다.

② 심장을 생리식염수가 담긴 비커에 넣는다.

③ A에 전기 자극을 준 후 심장 세포에서 활동 전위가 발생하는 빈도를 측정한다.

④ B에 전기 자극을 준 후 심장 세포에서 활동 전위가 발생하는 빈도를 측정한다.

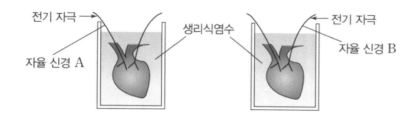

[실험 결과]

A를 자극하였을 때보다 B를 자극하였을 때 심장 세포에서 활동 전위의 발생 빈도가 낮게 나타났다.

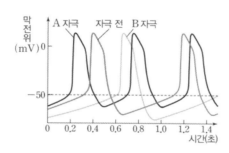

∴ A는 심장 박동을 촉진하는 데 관여하는 교감 신경이다.

∴ B는 심장 박동을 억제하는 데 관여하는 부교감 신경이다.

신경계

23. 신경계의 이상과 질환

신경계에 이상이 생기면 몸에 심각한 질환이 발생할 수 있다.

		발병 원인	증상
중추 신경계 질환	알츠하이머병	대뇌의 뉴런이 파괴되어 뇌 조직이 오므라들면서 지적 기능이 쇠퇴된다.	초기에는 기억력이 상실되며, 질환이 진행되면서 감정 변화가 심해지고, 방향 감각 장애, 우울증, 인지 장애 등이 나타난다.
	파킨슨병	뇌에서 도파민을 분비하는 뉴런이 파괴되어 도파민이 부족해져 나타난다.	초기에는 쉽게 피로하고 팔다리가 떨린다. 질환이 진행되면서 온몸이 굳으며 통증이 나타나고 운동 장애가 나타난다.
	우울증	뇌에서 신경 전달 물질인 세로토닌이 적게 분비되어 나타난다.	감정을 조절하는 뇌의 기능에 변화가 생겨 생각, 의욕, 수면, 신체 활동 등 전반적인 정신 기능이 저하된다.
말초 신경계 질환	근위축성 측삭 경화증	운동 신경이 선택적으로 파괴되면서 나타난다.	초기에는 손의 사용이 서툴고 다리가 약해지며, 질환이 진행되면서 기침, 호흡 곤란, 근육 약화, 근육 강직 등이 나타난다.
	길랭·바레 증후군	몸의 면역계가 말초 신경계를 잘못 공격하여 말이집을 손상시킴으로써 발생한다.	급격하게 손과 발의 근육이 약해지며, 호흡 근육이 약화되어 호흡 곤란이 나타난다.

9
Theme

내분비계

내분비계

1. 호르몬의 특성

호르몬은 혈관으로 분비된 후 멀리 떨어져 있는 표적 세포에 신호를 전달하여 특정 조직이나 기관의 생리 작용을 조절한다. 또한 여러 표적 세포에 광범위하게 영향을 미치므로 항상성, 생식, 발생, 생장 과정 등에 중요한 역할을 한다.

이러한 호르몬의 특성을 정리하면 다음과 같다.

[호르몬의 특성]
① 내분비샘에서 생성되어 혈액이나 조직액으로 분비된다.
② 혈액을 따라(순환계) 이동하다가 특정 호르몬 수용체를 가진 표적 세포(기관)에 작용한다.
③ 지속적이고 광범위하게 작용한다.
④ 미량으로 생리 작용을 조절하며 부족하면 결핍증이, 많으면 과다증이 나타난다.
⑤ 항상성, 생식, 발생, 생장 과정 등에 중요한 역할을 한다.
⑥ 척추동물 사이에서 종 특이성이 나타나지 않는다.

[표적 세포의 작용]

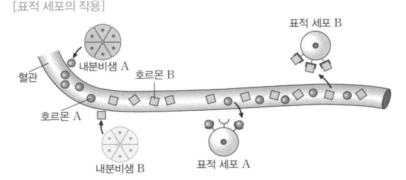

내분비샘 A에서 분비되는 호르몬 A는 혈액을 따라 이동하다가 표적 세포 A에만 작용하고, 내분비샘 B에서 분비되는 호르몬 B는 표적 세포 B에만 작용한다. 이는 A에 대한 수용체가 표적 세포 A에 있고, B에 대한 수용체가 표적 세포 B에 있기 때문이다.

표적 세포
특정 호르몬의 작용 대상이 되는 세포

내분비샘(호르몬샘)
호르몬을 생산하고 분비하는 조직이나 기관

분비관 없이 혈관으로 이동하여 분비물(호르몬)을 혈액이나 조직액으로 내보낸다.

예 뇌하수체, 갑상샘, 이자

외분비샘
침이나 소화액 등을 몸 표면이나 소화관으로 분비하는 조직이나 기관

분비관을 통해 분비물(소화액 등)을 체외로 내보낸다.

예 소화샘, 침샘, 땀샘, 이자 등

2. 호르몬과 신경의 작용

호르몬은 신경보다 작용 속도가 느리지만, 지속해서 작용한다.

이를 비교해서 정리하면 다음과 같다.

① 호르몬의 작용

혈액을 통해 온몸 구석구석 퍼져 멀리 떨어진 표적 세포(기관)에 신호를 전달 하므로 신경의 작용보다 전달 속도가 느리고, 효과가 지속적이다.

② 신경의 작용

신경이나 시냅스를 통해 특정 세포(기관)로 신호를 전달하므로 호르몬의 작용보다 전달 속도가 빠르고, 효과가 일시적이다.

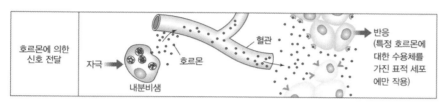

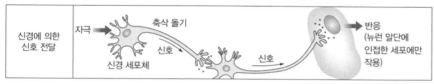

[호르몬과 신경의 작용 비교]

	전달 속도	작용 범위	전달 매체	지속성	특징
호르몬	느리다	넓다	혈액(체액)	지속적	표적 세포에 작용
신경	빠르다	좁다	뉴런	단기적	특정 방향으로 전달

[Remark 1] 호르몬은 신호 전달 속도가 느리고 효과가 지속적이기 때문에 광범위한 조절에 관여하고, 신경은 신호 전달 속도가 빠르고 효과가 즉각적으로 나타나기 때문에 즉각적이고 신속한 조절에 관여한다.

[Remark 2] 호르몬은 수용체가 있는 모든 표적 세포에 작용하므로 상대적으로 넓은 범위에 신호를 전달할 수 있고, 신경은 뉴런이 연결되는 범위, 즉 축삭 돌기 말단에서만 신호를 전달하므로 상대적으로 좁은 범위에서 신호를 전달한다.

내분비계

3. 내분비샘과 호르몬

내분비샘마다 서로 다른 종류의 호르몬을 분비하여 특정 조직이나 기관의 기능을 조절한다.

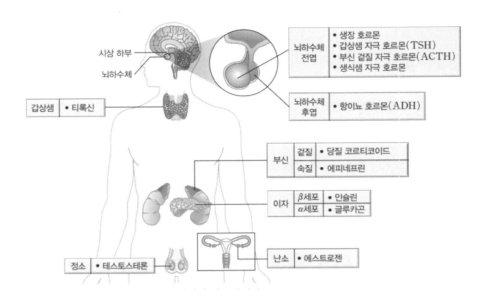

1) 뇌하수체

간뇌의 시상 하부에 붙어 있으며 전엽과 후엽으로 구분된다.

		호르몬의 종류	특징
뇌하수체	전엽	• 생장 호르몬(GH) • 갑상샘 자극 호르몬(TSH) • 부신 겉질 자극 호르몬(ACTH) • 생식샘 자극 호르몬(FSH, LH)	생장 촉진 갑상샘에서 티록신 분비 촉진 부신 겉질에서 코르티코이드 분비 촉진 성호르몬 분비 촉진
	후엽	• 항이뇨 호르몬(ADH) • 자궁 수축 호르몬(옥시토신)	콩팥에서 물의 재흡수 촉진 분만 시 자궁 수축

[Remark 1] 뇌하수체 전엽은 다른 내분비샘을 조절하는 역할을 하고
전엽의 대표적인 조절샘은 갑상샘과 부신 겉질이 있다.

[Remark 2] 항이뇨 호르몬은 수분 재흡수를 촉진하여
혈액 삼투압(농도)을 감소시키고 혈액량을 증가시킨다.
혈류량이 많아짐에 따라 혈압도 같이 높아진다.

2) 간뇌

대뇌와 중뇌 사이(間)에 위치하며 여러 기관의 호르몬 분비를 유도한다.

	호르몬의 종류	특징
간뇌	• TSH 유도 호르몬(TRH) • ACTH 유도 호르몬(CRH)	TSH의 분비 촉진 ACTH의 분비 촉진

3) 갑상샘

목 앞 중앙에 위치한 내분비관으로 성대 아래쪽 기관 연골에 나비 모양으로 붙어 있다.

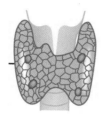

	호르몬의 종류	특징
갑상샘	• 티록신 • 칼시토닌	(세포 호흡) 물질대사 촉진, 열 방출 혈중 Ca^+ 농도 증가

4) 부신

좌우 신장(콩팥) 위에 한 쌍 있는 내분비관으로 겉질과 속질로 이루어져 있다.

내분비샘		호르몬의 종류	특징
부신	겉질	• 당질 코르티코이드 • 무기질 코르티코이드	혈당량 증가(지방이나 단백질을 포도당으로 전환) 콩팥에서 나트륨 이온 재흡수, 칼륨 이온 배출을 촉진한다.
	속질	• 에피네프린	혈당량 증가(글리코젠이 포도당으로 전환되는 과정 촉진) 혈압 상승 및 심장 박동 촉진

[Remark 3] 에피네프린은 교감 신경 말단과 부신 속질에서 나오며
　　　　　　적절히 긴장 상태를 유지시킨다.

5) 이자

소화 기관인 위의 뒤쪽에 있는 가늘고 긴 장기로 글루카곤을 분비하는 α 세포와 인슐린을 분비하는 β 세포를 갖는다.

내분비샘		호르몬의 종류	특징
이자	β 세포	• 인슐린	혈당량 감소 간 : 포도당이 글리코젠으로 전환되는 과정 촉진 근육 : 조직 세포로 포도당 흡수 촉진 (포도당 공급) ⇒ 표적 세포의 세포막에 있는 수용체와 결합하여 포도당을 세포 안으로 흡수시키며, 뇌세포를 제외한 인체의 모든 세포를 자극해 혈액으로부터 포도당을 흡수하게 하여 혈중 포도당 농도를 낮춘다.
	α 세포	• 글루카곤	혈당량 증가 : 글리코젠이 포도당으로 전환되는 과정 촉진 : 포도당의 혈중 농도가 정상 수준보다 낮아지기 전부터 작용을 시작하여 혈중 포도당 농도를 높인다.

[Remark 4] 이자와 부신 속질은 자율 신경에 의해 조절되는 내분비샘이다.

[Remark 5] 간에는 인슐린 수용체와 티록신 수용체가 모두 있어
인슐린의 표적 기관이자 티록신의 표적 기관이다.

4. 내분비계 질환

호르몬은 항상성 유지에 중요한 역할을 한다. 그에 따라 호르몬을 분비하는 내분비샘에 이상이 생기면 다양한 질환이 발생할 수 있다.

1) 이자 질환

포도당은 체내의 주요 에너지원이므로 혈당량이 과다하거나 부족하면 세포의 정상적인 기능에 문제가 생긴다. 혈당량이 정상적으로 조절되지 않으면 당뇨병이 발생할 수 있다.

[당뇨병]

혈당량이 높아 오줌으로 다량의 포도당이 빠져나간다.

갈증을 느껴 물을 자주 마시고, 오줌이 자주 마려우며, 식욕이 왕성해지는 등의 증상이 나타난다.

		원인	치료
당뇨병	제 1형	이자의 β 세포가 파괴되어 인슐린을 생성하지 못함	인슐린의 주기적 처방, 혈당량을 증가시키는 음식물 섭취 조절
	제 2형	인슐린의 표적 세포가 인슐린에 정상적으로 반응하지 못함	약물 치료, 음식물 섭취 조절, 운동

당뇨병의 발병 빈도
당뇨병 중 서구화된 식습관, 생활 습관 변화가 원인이 되는 제 2형 당뇨병이 전체 당뇨병의 90% 이상을 차지한다.

[음식 섭취에 따른 혈당량]

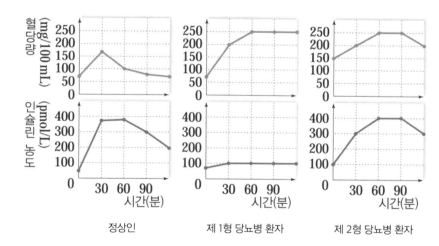

정상인   제 1형 당뇨병 환자   제 2형 당뇨병 환자

⇒ 당뇨병 환자는 시간이 지나도 혈당량이 정상 혈당량보다 높은 상태가 유지된다.

⇒ 제1형 당뇨병은 인슐린의 분비량이 부족하고, 제2형 당뇨병은 인슐린은 정상적으로 분비되나 인슐린이 혈당량 조절에 관여하지 못하고 있다는 것을 그래프를 통해 알 수 있다.

내분비계

2) 갑상샘 질환

갑상샘에서 분비되는 티록신 분비량이 너무 많으면 갑상샘 기능 항진증이 나타나고, 티록신 분비량이 너무 적으면 갑상샘 기능 저하증이 나타난다.

[갑상샘 기능 항진증과 저하증]

		증상	치료
갑상샘 기능	항진증	대사량 증가: 체온이 상승하고, 땀을 많이 흘리고, 체중이 감소하고, 심박수와 심장 박출량이 증가함. 성격이 과민해지고, 눈이 돌출되는 경우도 있음	갑상샘 기능 억제제 복용, 방사성 아이오딘 치료
	저하증	대사량 감소: 동작이 느려지고, 추위를 많이 타고, 체중이 증가하고, 심박수와 심장 박출량이 감소함	아이오딘제 복용

3) 뇌하수체 질환

뇌하수체 전엽에서 분비되는 생장 호르몬이 성장기에 너무 많이 분비되면 거인증이 나타나고, 성장이 끝난 뒤에도 생장 호르몬이 너무 많이 분비되면 말단 비대증이, 생장 호르몬이 너무 적게 분비되면 소인증이 나타난다.

[뇌하수체 질환]

			증상
전엽	성장기	거인증	키가 비정상적으로 많이 자란다.
		소인증	뼈와 근육의 발달이 미흡하여 키가 잘 자라지 않는다.
	성장기 끝난 후	말단 비대증	생장이 끝난 후 얼굴, 손, 발 등 몸의 말단부가 커진다.
후엽		요붕증	항이뇨 호르몬이 제대로 생성되지 않거나, 분비된 항이뇨 호르몬이 소변을 만드는 신장에서 제대로 작동하지 못해서 비정상적으로 많은 양의 소변이 생성되고 과도한 갈증이 동반되는 질환이다.

10
Theme

항상성

항상성

1. 항상성

항상성이란 체내·외의 환경 변화에 대해 혈당량, 체온, 혈장 삼투압 등의 체내 환경을 정상 범위로 유지하는 성질이며, 주로 내분비계와 신경계의 작용에 의해 조절된다.

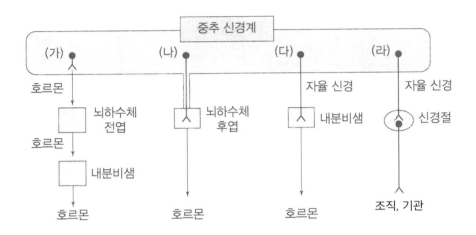

(가)의 내분비샘 : 갑상샘, 부신 겉질
(나)의 호르몬 : 항이뇨 호르몬(ADH)
(다)의 내분비샘 : 이자, 부신 속질
(라) : 혈관, 근육

내분비샘
호르몬을 생산하고 분비하는 조직이나 기관

분비관 없이 분비물(호르몬)을 혈액이나 조직액으로 내보낸다.

예 뇌하수체, 갑상샘

분비샘
침이나 소화액 등을 몸 표면이나 소화관으로 분비하는 조직이나 기관

분비관을 통해 분비물(소화액 등)을 체외로 내보낸다.

예 소화샘, 침샘, 땀샘, 눈물샘 등

[시상 하부의 작용]

시상 하부						
[Case 1]		**[Case 2]**		**[Case 3]**		**[Case 4]**
↓	by 자율 신경계	↓	by 호르몬	↓	by 연합 뉴런	↓	by 자율 신경계
내분비샘		내분비샘		내분비샘		표적 기관
↓	by 호르몬	↓	by 호르몬	↓	by 호르몬	
표적 기관		내분비샘		표적 기관		
		↓	by 호르몬			
		표적 기관				

2. 항상성 유지의 원리

음성 피드백과 길항 작용에 의해 항상성이 유지된다.

① 음성 피드백

어떤 일이 원인으로 작용하여 나타난 결과가 원인을 다시 억제하는 조절 원리
대부분의 호르몬 분비는 음성 피드백으로 조절된다.

[온도 조절기]

여름에 방 안을 시원하게 해 주는 냉방기의 자동 온도 조절기는 설정해 놓은 온도에 맞추어 실내 온도를 일정하게 유지한다. 그림과 같이 실내 온도가 설정 온도보다 높아지거나 낮아지면 변화된 온도가 냉방기의 온도 조절기에 영향을 주고, 온도 조절기는 냉방기의 작동을 조절하여 실내 온도를 설정 온도로 맞춘다.

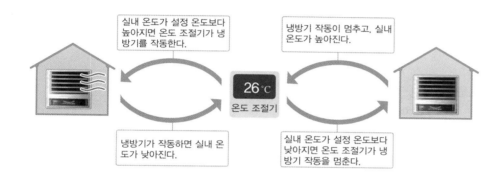

피드백
어떤 일이 원인으로 작용하여 나타난 결과가 그 원인에 영향을 미치는 현상

양성 피드백
결과가 원인을 촉진하는 조절 원리이다.

예를 들어 옥시토신에 의해 자궁이 수축하면 진통이 오고, 자궁 수축이 촉진될수록 옥시토신의 분비가 촉진되어 분만이 일어난다.

항상성

[티록신의 분비 조절]

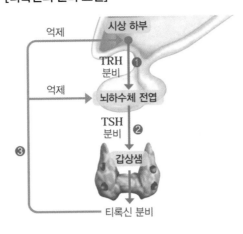

① 시상 하부에서 분비된 갑상샘 자극 호르몬 방출 호르몬(TRH)은 뇌하수체 전엽을 자극 하여 갑상 샘 자극 호르몬(TSH)의 분비를 촉진한다.

② 갑상샘 자극 호르몬(TSH)은 갑상샘을 자극 하여 티록신의 분비를 촉진한다.

③ 혈액 속 티록신의 농도가 높아지면 음성 피드백 으로 시상 하부에서 갑상샘 자극 호르몬 방출 호 르몬 (TRH)의 분비가, 뇌하수체 전엽에서 갑상 샘 자극 호르몬(TSH)의 분비가 억제된다.

1) 갑상샘 손상

티록신 부족 ⇒ TRH & TSH 증가

2) 뇌하수체 전엽 손상

TSH 부족 ⇒ 티록신 감소 ⇒ TRH 증가

3) 아이오딘 부족

티록신 부족 ⇒ TRH & TSH 증가 ⇒ 감상샘 자극 ⇒ 피드백 ⇒ 갑상샘 비대증

4) 갑상샘 항진증

비정상 자극 ⇒ 갑상샘 항진 ⇒ 티록신 과다 ⇒ TRH & TSH 감소

5) 티록신 주입

티록신 과다 ⇒ 피드백 ⇒ TRH & TSH 감소 ⇒ 갑상샘 축소

6) 호르몬 간 관계

		TRH ↑		TSH ↑		티록신 ↑		
	간뇌	→	뇌하수체 전엽	→	갑상샘	→	간	
체온 ↓	↑						↓	체온 ↑
	간	←	갑상샘	←	뇌하수체 전엽	←	간뇌	
		티록신 ↓		TSH ↓		TRH ↓		

② 길항 작용

한 기관에 2개의 요인이 함께 작용할 때 한 요인이 기관의 기능을 촉진하면, 나머지 한 요인은 기관의 기능을 억제하는 작용

일부 신경계와 일부 호르몬이 길항 작용으로 항상성을 유지한다.

[길항 작용의 예]

교감 신경과 부교감 신경에 의한
심장 박동 속도 조절

인슐린과 글루카곤의 길항 작용

ⓩ

[Remark 1] 피드백은 원인과 결과의 관계를 나타내고
길항 작용은 서로 반대로 작용하는 두 가지 요인을 나타낸다.

3. 티록신의 분비 조절

티록신 분비와 관련된 음성 피드백을 질문하는 문항이 출제되곤 한다.

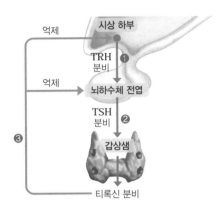

① 시상 하부에서 분비된 갑상샘 자극 호르몬 방출 호르몬(TRH)은 뇌하수체 전엽을 자극하여 갑상샘 자극 호르몬(TSH)의 분비를 촉진한다.

② 갑상샘 자극 호르몬(TSH)은 갑상샘을 자극 하여 티록신의 분비를 촉진한다.

③ 혈액 속 티록신의 농도가 높아지면 음성 피드백으로 시상 하부에서 갑상샘 자극 호르몬 방출 호르몬 (TRH)의 분비가, 뇌하수체 전엽에서 갑상샘 자극 호르몬(TSH)의 분비가 억제된다.

[예시 자료]

사람	원인
A	뇌하수체 전엽에 이상이 생겨 TSH 분비량이 정상보다 적음
B	갑상샘에 이상이 생겨 티록신 분비량이 정상보다 많음
C	갑상샘에 이상이 생겨 티록신 분비량이 정상보다 적음

사람	혈중 농도	
	티록신	TSH
㉠	−	+
㉡	+	ⓐ
㉢	−	−

(+: 정상보다 높음, −: 정상보다 낮음)

갑상샘에서 티록신의 분비를 촉진하는 TSH의 분비량이 정상보다 적은 A와 티록신 분비량이 적은 C의 혈중 티록신 농도는 정상보다 낮으므로 갑상샘에 이상이 생겨 티록신 분비량이 정상보다 많은 B는 ㉡이다. 티록신이 정상보다 많으므로 음성 피드백 작용에 의해 B의 뇌하수체에서 TSH의 분비량은 정상보다 낮다. 그에 따라 ⓐ는 '−'이다.

사람	원인
A	TSH가 분비되지 않음
B	TSH의 표적 세포가 TSH에 반응하지 못함

사람	티록신 농도	
	TSH 투여 전	TSH 투여 후
㉠	정상보다 낮음	정상
㉡	정상보다 낮음	정상보다 낮음

A는 TSH가 분비되지 않는 사람으로 TSH를 투여하면 TSH가 혈액을 통해 온몸으로 이동하며, 수용체가 있는 갑상샘에서 티록신의 분비를 촉진한다. TSH 투여 후 혈중 티록신 농도가 정상으로 나타난 ㉠은 TSH가 분비되지 않는 A이고, ㉡은 TSH의 표적 세포가 TSH에 반응하지 못하는 B이다.

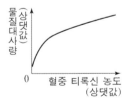

사람	티록신 농도	물질대사량	증상
A	㉠	정상보다 증가함	심장 박동 수가 증가하고 더위에 약함
B	㉡	정상보다 감소함	체중이 증가하고 추위를 많이 탐

그래프에서 혈중 티록신 농도가 증가할수록 체내 물질대사량이 증가하는 것을 통해 티록신이 물질대사를 촉진함을 알 수 있다. A는 물질대사량이 정상보다 증가하였으므로 ㉠은 '정상보다 높음'이고, B는 물질대사량이 정상보다 감소하였으므로 ㉡은 '정상보다 낮음'이다.

○ ㉠과 ㉡은 각각 티록신과 TSH 중 하나이다.

〔실험 과정 및 결과〕
(가) 유전적으로 동일한 생쥐 A, B, C를 준비한다.
(나) B와 C의 갑상샘을 각각 제거한 후, A~C에서 혈중 ㉠의
　　농도를 측정한다.
(다) (나)의 B와 C 중 한 생쥐에만 ㉠을 주사한 후, A~C에서
　　혈중 ㉡의 농도를 측정한다.
(라) (나)와 (다)에서 측정한 결과는 그림과 같다.

갑상샘을 제거한 쥐에서는 티록신의 농도는 낮으며, 낮은 티록신 농도로 인해 TRH와 TSH의 농도는 높게 유지된다. 따라서 ㉠은 티록신이고, ㉡은 TSH이다. 갑상샘은 갑상샘 자극 호르몬(TSH)의 표적 기관이다.

티록신의 분비가 과다하면 시상 하부에서 TRH의 분비와 뇌하수체 전엽에서 TSH의 분비가 억제되고, 티록신의 분비가 부족하면 반대로 시상 하부에서 TRH의 분비와 뇌하수체 전엽에서 TSH의 분비가 촉진된다. 이와 같이 최종 결과물인 티록신이 초기 단계를 억제하는 조절이 일어난다.

㉠을 주사하면 음성 피드백 작용에 의해 TSH의 농도가 감소하므로 ㉠을 주사한 생쥐는 C이다.

항상성

항상성
혈액 속 포도당 농도

4. 혈당량 조절

사람은 혈액 속 포도당 농도가 너무 높으면 혈액 순환이 원활하지 않고, 너무 낮으면 세포에 영양소가 충분히 공급되지 않기 때문에 혈액 속 포도당 농도가 일정하게 유지되는 것이 매우 중요하다.

건강한 사람도 밥을 먹고 나면 혈액 속 포도당 농도가 높아지고, 밥을 굶거나 운동을 하면 혈액 속 포도당 농도가 낮아지지만, 어느 정도 시간이 지나면 혈액 속 포도당 농도는 0.1 % 정도로 일정하게 유지된다.

[혈당량 조절 과정 - 모식도]

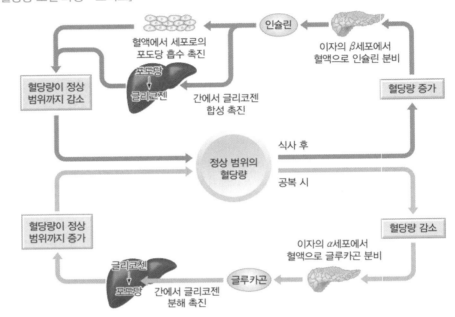

[혈당량 조절 과정 - 표]

		과정
혈당량	높을 때	① 혈당량 증가 ② 이자의 β 세포에서 인슐린의 분비가 증가 ③ 간에서 포도당을 글리코젠으로 합성하는 과정 촉진 & 혈액에서 조직 세포로의 포도당 흡수가 촉진 ④ 혈당량 감소 ⑤ 음성 피드백에 따라 인슐린 분비량 감소
	낮을 때	① 혈당량 감소 ② 이자의 α세포에서 글루카곤의 분비가 증가 ③ 간에 저장되어 있는 글리코젠을 포도당으로 분해하는 과정 촉진, 그에 따라 포도당을 혈액으로 방출 ④ 혈당량 증가 ⑤ 음성 피드백에 따라 글루카곤의 분비량 감소

[신경계에 의한 혈당량 조절]

		과정
혈당량	높을 때	[인슐린] ① 혈당량 증가 ② 간뇌의 시상 하부가 부교감 신경을 자극 ③ β 세포에서 인슐린의 분비 촉진 ④ 포도당을 글리코젠으로 합성하는 과정 촉진 & 혈액에서 조직 세포로의 포도당 흡수가 촉진 ⑤ 혈당량 감소 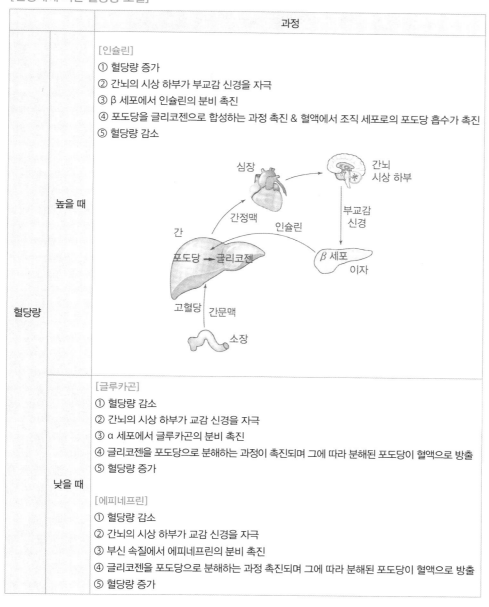
	낮을 때	[글루카곤] ① 혈당량 감소 ② 간뇌의 시상 하부가 교감 신경을 자극 ③ α 세포에서 글루카곤의 분비 촉진 ④ 글리코젠을 포도당으로 분해하는 과정이 촉진되며 그에 따라 분해된 포도당이 혈액으로 방출 ⑤ 혈당량 증가 [에피네프린] ① 혈당량 감소 ② 간뇌의 시상 하부가 교감 신경을 자극 ③ 부신 속질에서 에피네프린의 분비 촉진 ④ 글리코젠을 포도당으로 분해하는 과정 촉진되며 그에 따라 분해된 포도당이 혈액으로 방출 ⑤ 혈당량 증가

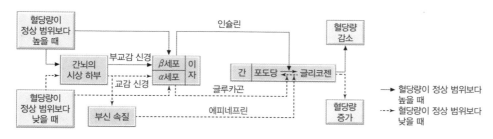

항상성

[Remark 1] 글루카곤뿐만 아니라 에피네프린, 당질 코르티코이드도 혈당량 증가에 관여하는 호르몬이며 세 호르몬의 표적 기관은 모두 간이다.

$$\text{글리코젠} \xrightleftharpoons[B]{A} \text{혈당} \xrightarrow{C} \text{에너지}$$

$$\text{혈당} \xuparrow{D}$$

단백질 · 지방

A : 인슐린
B : 글루카곤, 에피네프린
C : 인슐린
D : 당질 코르티코이드

[Remark 2] 인슐린과 글루카곤이 각각 간에 작용하여
서로의 효과를 줄이는 길항 작용을 거치면서 혈당량이 조절된다.

[호르몬 투여 후 변화]

1. [인슐린 투여]
인슐린 농도 증가 → 혈당량 감소 → 글루카곤 농도 증가 → 정상 혈당량

2. [글루카곤 투여]
글루카곤 농도 증가 → 혈당량 증가 → 인슐린 농도 증가 → 정상 혈당량

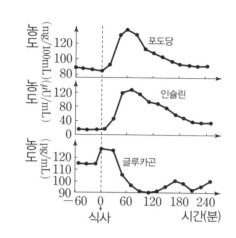

1. [식사 후 혈당량 증가]

탄수화물이 소화 과정을 거쳐 포도당으로 분해된 후 소장으로 흡수되어
혈액으로 이동하였기 때문에 혈중 포도당 농도가 증가하였다.

2. [인슐린과 글루카곤의 혈중 농도 변화]

식사 후 혈당량이 증가하면 인슐린의 농도는 증가하고, 글루카곤의 농도는 감소하여 혈당량이 점
차 낮아진다.
⇒ 인슐린은 혈당량을 감소시키고, 글루카곤은 혈당량을 증가시킨다.

3. [혈당량과 인슐린의 상관관계]

식사 후 1시간이 지나 혈당량이 감소되면 인슐린의 농도도 감소한다.
⇒ 혈당량이 높아지면 인슐린의 분비를 촉진하여 혈당량을 낮춘다.

[운동 후 혈당량 조절]

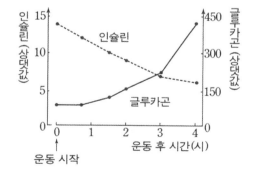

운동을 시작하면 평소에 비해 많은 양의 포도당이 필요하여 혈당량이 빠르게 감소한다.
또한 운동으로 부족해진 혈당을 보충하기 위해 글루카곤의 분비량이 증가한다.

항상성

5. 혈당량 조절 그래프

혈당량 조절에서는 다음과 같은 그래프가 출제되곤 한다.

① 혈당량에 따른 호르몬 농도

서로 다른 혈당량에 따른 호르몬 농도에 대한 문항이 출제되곤 한다.

이때 x축이 시간, y축이 농도인 그래프의 경우 x축을 원인, y축을 결과처럼 해석하도록 하자.

[예시 그래프]

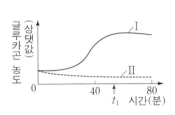

[정상인이 I 과 II일 때 혈중 글루카곤 농도의 변화 그래프]
I 에서 혈중 글루카곤 농도가 증가하는 구간이 있으므로,
I 은 '혈중 포도당 농도가 낮은 상태'이고, II 는 '혈중 포도당 농도가 높은 상태'이다.

혈당량이 정상 범위보다 낮을 때 글루카곤의 분비가 촉진되며, 글루카곤은 간에서 글리코젠이 포도당으로 전환되는 과정을 촉진하여 혈당량을 증가시킨다.

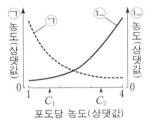

혈당량이 높을수록 혈중 농도가 감소하는 ㉠은 글루카곤
혈당량이 높을수록 혈중 농도가 증가하는 ㉡은 인슐린이다.

② 식사 후 변화

식사 후 호르몬 농도가 변화하여 항상성이 유지된다.

식사(탄수화물 섭취) ⇒ 혈당량 증가 ⇒ 인슐린 농도 증가 / 글루카곤 농도 감소 ⇒ 정상 혈당량

[예시 그래프]

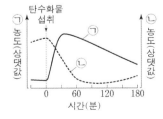

정상인이 탄수화물을 섭취하여 혈당량이 높을 때 혈중 농도가 높은 ㉠은 혈당량을 감소시키는 기능을 하는 인슐린이고, 혈중 농도가 낮은 ㉡은 혈당량을 증가시키는 기능을 하는 글루카곤이다

③ 운동 후 변화

운동 후 호르몬 농도가 변화하여 항상성이 유지된다.

운동 ⇒ 혈당량 감소 ⇒ 인슐린 농도 감소 / 글루카곤 농도 증가 ⇒ 정상 혈당량

[예시 자료]

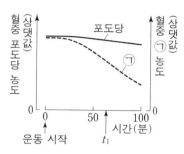

운동 시작 후, 세포 호흡이 활발해져 혈중 포도당 소비가 증가하므로 혈중 포도당 농도를 증가시키는 글루카곤의 혈중 농도는 증가하고, 혈중 포도당 농도를 감소시키는 인슐린의 혈중 농도는 낮아져야 한다. 그에 따라 ㉠은 인슐린이고, 인슐린은 세포로의 포도당 흡수를 촉진하여 혈당량을 감소시키는 데 관여한다.

④ 호르몬 투여

글루카곤이나 인슐린을 투여하게 되면 혈당량이 변화한다.

인슐린 투여 ⇒ 혈당량 감소 ⇒ 글루카곤 농도 증가 ⇒ 정상 혈당량

글루카곤 투여 ⇒ 혈당량 증가 ⇒ 인슐린 농도 증가 ⇒ 정상 혈당량

[예시 자료]

그림 (가)와 (나)는 정상인 Ⅰ과 Ⅱ에서 ㉠과 ㉡의 변화를 각각 나타낸 것이다. t_1일 때 Ⅰ과 Ⅱ 중 한 사람에게만 인슐린을 투여하였다. ㉠과 ㉡은 각각 혈중 글루카곤 농도와 혈중 포도당 농도 중 하나이다.

인슐린 투여 후 혈중 포도당 농도는 감소하고, 혈중 글루카곤 농도는 증가할 것이다.
(가)에서 t_2 이후 Ⅱ에서 ㉠이 감소했으므로 ㉠은 혈중 포도당 농도이고,
(나)에서 t_1 이후 Ⅱ에서 ㉡이 증가했으므로 ㉡은 혈중 글루카곤 농도이다.
Ⅰ은 t_1 이후 ㉠(혈중 포도당 농도)과 ㉡(혈중 글루카곤 농도)의 변화가 없고,
Ⅱ는 t_1 이후 ㉠과 ㉡의 변화가 있으므로 인슐린을 투여받은 사람은 Ⅱ이다.

6. 혈당량 조절과 당뇨병

당뇨병은 혈당량이 높아 오줌으로 다량의 포도당이 빠져나가는 병이다. 갈증을 느껴 물을 자주 마시고, 오줌이 자주 마려우며, 식욕이 왕성해지는 등의 증상이 나타난다.

		원인	치료
당뇨병	제 1형	이자의 β 세포가 파괴되어 인슐린을 생성하지 못함	인슐린의 주기적 처방, 혈당량을 증가시키는 음식물 섭취 조절
	제 2형	인슐린의 표적 세포가 인슐린에 정상적으로 반응하지 못함	약물 치료, 음식물 섭취 조절, 운동

[음식 섭취에 따른 혈당량]

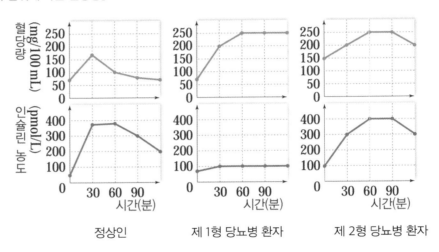

정상인   제 1형 당뇨병 환자   제 2형 당뇨병 환자

① 당뇨병 환자에 인슐린 주사

제 1형 당뇨병 환자는 인슐린을 주기적으로 처방하면 정상적으로 혈당량을 돌릴 수 있지만
제 2형 당뇨병 환자는 인슐린 처방으로는 치료할 수 없다.

[예시 그래프]

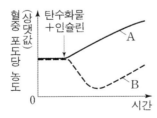

A : 인슐린의 표적 세포가 인슐린에 반응하지 못함 (제 2형)
B : 이자의 β 세포가 파괴되어 인슐린이 생성되지 못함 (제 1형)

A는 인슐린 주사 효과가 없으므로 제 2형
B는 인슐린 주사 효과가 있으므로 제 1형이다.

② 당뇨병 환자의 탄수화물 섭취
제 1형 당뇨병 환자는 탄수화물을 섭취해도 인슐린 자체가 분비되지 않고
제 2형 당뇨병 환자는 탄수화물을 섭취하면 인슐린은 분비되지만 인슐린이 작용하지 못한다.

[예시 그래프]

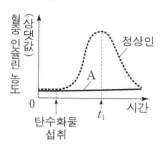

탄수화물을 섭취하였을 때 A의 혈중 인슐린 농도가 정상인과 비교하여 거의 증가하지 않으므로 A의 당뇨병은 인슐린이 정상적으로 생성되지 못하는 이자의 β 세포가 파괴되어 인슐린이 생성되지 못하는 당뇨병이다.

t_1일 때 혈중 인슐린의 농도는 정상인이 A보다 높으므로 혈중 포도당의 농도는 정상인이 A보다 낮다.

③ 정상인과의 비교
탄수화물 섭취 후 정상인은 혈당량이 상대적으로 낮고, 당뇨병 환자는 혈당량이 상대적으로 높다.

[예시 그래프]

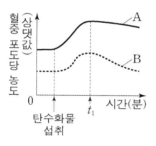

당뇨병 환자는 혈중 포도당 농도를 낮추는 호르몬의 분비나 작용에 이상이 생겨 탄수화물 섭취 후 혈중 포도당 농도가 정상보다 높게 유지된다. 그러므로 A가 당뇨병 환자이고, B는 정상인이다.

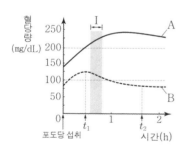

당뇨병 환자는 혈중 포도당 농도를 낮추는 호르몬의 분비나 작용에 이상이 생겨 탄수화물 섭취 후 혈중 포도당 농도가 정상보다 높게 유지된다. 그러므로 A가 당뇨병 환자이고, B는 정상인이다

B에서 혈중 인슐린 농도는 t_1일 때가 t_2일 때보다 더 많이 분비된다.

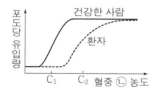

(ⓛ은 인슐린)

항상성

체온
신체 내부의 온도
외부 온도와 무관하게
36.5*C 내외로 일정하게
유지한다.

7. 체온 조절

우리 몸에서 일어나는 다양한 물질대사에는 효소가 관여하는데, 단백질이 주성분인 효소는 체온이 너무 낮거나 높으면 제 기능을 할 수 없다. 따라서 체온을 일정하게 유지하는 일은 생명 유지에 매우 중요하다.

[체온 유지 원리]

체온 변화를 감지하고 조절하는 중추는 간뇌의 시상 하부이며, 시상 하부는 자율 신경과 호르몬의 작용을 통해 체내의 열 발생량과 피부 표면을 통한 열 발산량을 조절함으로써 체온을 조절한다.

[체온 조절 과정]

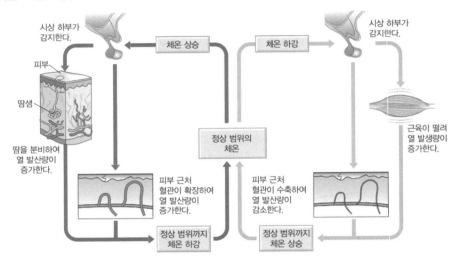

1) 체온이 정상 범위보다 낮아졌을 때

시상 하부가 저체온을 감지하면 골격근이 빠르게 수축·이완되어 몸이 떨리고, 열 발생량이 증가한다. 또한 피부 근처 혈관이 수축됨으로써 피부 근처를 흐르는 혈액의 양이 감소하여 열 발산량이 감소한다. ∴ 체온이 증가한다.

2) 체온이 정상 범위보다 높아졌을 때

시상 하부가 고체온을 감지하면 피부 근처 혈관이 확장되어 피부 근처를 흐르는 혈액의 양이 증가하고, 땀 분비가 촉진됨으로써 열 발산량이 증가한다. ∴ 체온이 감소한다.

[신경계와 내분비계의 조절 작용을 통한 체온 조절]

과정

[열 발생량]
① 체온이 정상 범위보다 낮음
② 신경계와 내분비계의 조절
  ⇒ (부신 속질) 에피네프린 분비량 증가
  ⇒ (갑상샘) 티록신 분비량 증가
 	
③ 간과 근육에서 물질대사가 촉진됨
④ 몸 떨림과 같은 근육 운동이 일어남
⑤ 열 발생량 증가
 	
[열 발산량]
① 체온이 정상 범위보다 낮음
② 교감 신경의 작용이 강화
③ 피부 근처 혈관이 수축
④ 피부 근처로 흐르는 혈액량이 감소
⑤ 열 발산량 감소

체온이 낮을 때

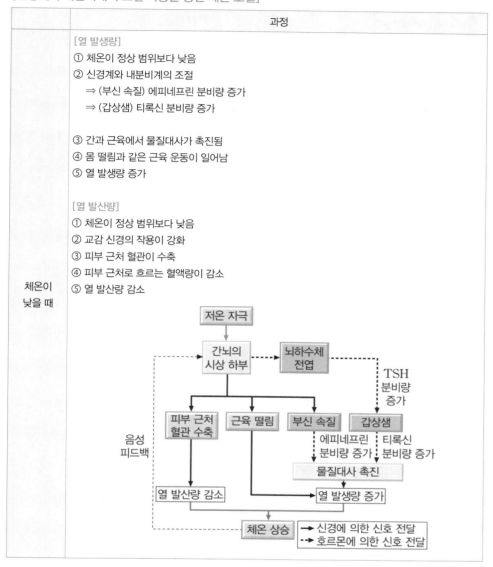

항상성

	과정
체온이 높을 때	[열 발생량] ① 체온이 정상 범위보다 높음 ② 신경계와 내분비계의 조절 ⇒ (갑상샘) 티록신 분비량 감소 ③ 간과 근육에서 물질대사가 억제됨 ④ 열 발생량 감소 [열 발산량] ① 체온이 정상 범위보다 높음 ② 교감 신경의 작용이 완화 ② 피부 근처 혈관이 확장 ③ 피부 근처로 흐르는 혈액량이 증가 & 땀 분비가 촉진 ④ 열 발산량 증가 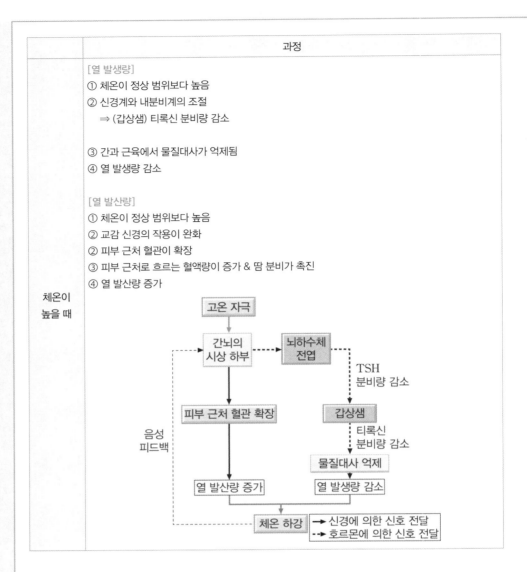

8. 체온 조절 그래프

체온 조절에서는 다음과 같은 그래프가 출제되곤 한다.

① 체온이 먼저 변함

시상 하부 온도 = 체온이고, 시상 하부 설정 온도는 일정
목욕탕(냉탕 or 온탕)에 들어가는 경우
어느 부위에 자극을 줬는지 명시되지 않은 경우

저온 자극(냉탕) ⇒ 시상 하부 온도(체온) 감소 ⇒ 춥다고 인식
고온 자극(찜질방) ⇒ 시상 하부 온도(체온) 증가 ⇒ 덥다고 인식

[예시 그래프]

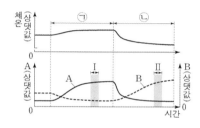

㉠ : 체온보다 높은 온도의 물에 들어갔을 때
㉡ : 체온보다 낮은 온도의 물에 들어갔을 때

A : 땀 분비량 / B : 열 발생량

정상인에게 저온 자극과 고온 자극을 주었을 때 ㉠의 변화
(어느 부위에 자극을 줬는지 명시되지 않음)

㉠은 피부 근처 모세 혈관을 흐르는 단위 시간당 혈액량

② 시상 하부 온도가 먼저 변함

시상 하부 온도≠체온이고, 시상 하부 설정 온도는 일정
'체온 조절 중추'에 자극(고온 or 저온)을 줬다고 명시한 경우

머리에 저온 자극 ⇒ 시상 하부 온도 감소 / 체온 일정 ⇒ 춥다고 인식 ⇒ 체온 증가

머리에 고온 자극 ⇒ 시상 하부 온도 증가 / 체온 일정 ⇒ 덥다고 인식 ⇒ 체온 감소

[예시 자료]

그림은 어떤 동물의 체온 조절 중추에 ㉠ 자극과 ㉡ 자극을 주었을 때 시간에 따른 체온을 나타낸 것이다. ㉠과 ㉡은 고온과 저온을 순서 없이 나타낸 것이다.

(가) 티록신은 음성 피드백으로 ㉠에서의 TSH 분비를 조절한다.
(나) ㉡ 체온 조절 중추에 ⓐ를 주면 피부 근처 혈관이 수축된다.
ⓐ는 고온 자극과 저온 자극 중 하나이다.

체온 조절 중추에 저온 자극이 주어지면 체온을 일정하게 유지하기 위해 체온이 상승하므로 ㉠은 저온, ㉡은 고온이다.

시상하부에 직접 저온자극(ⓐ)를 주면 피부 근처를 흐르는 혈액의 양을 감소시키기 위해 피부 근처 혈관이 수축된다. TSH 분비를 조절하는 곳은 뇌하수체이므로 ㉠은 뇌하수체이고, 체온을 조절하는 중추는 시상하부이므로 ㉡은 시상하부이다.

③ 시상 하부 설정 온도가 변함

해열제나 발열 물질과 같이 임의적으로 시상 하부에 설정된 온도를 변화시키는 물질을 투여

체온 = 설정 온도 $\xrightarrow[\Rightarrow]{\text{발열 물질 투여}}$ 체온 < 설정 온도 $\Rightarrow$ 춥다고 인식 $\Rightarrow$ 체온 증가

체온 = 설정 온도 $\xrightarrow[\Rightarrow]{\text{해열제 투여}}$ 체온 > 설정 온도 $\Rightarrow$ 덥다고 인식 $\Rightarrow$ 체온 감소

[예시 자료]

그림은 사람의 시상 하부에 설정된 온도가 변화함에 따른 체온 변화를 나타낸 것이다. 시상 하부에 설정된 온도는 열 발산량(열 방출량)과 열 발생량(열 생산량)을 변화시켜 체온을 조절하는 데 기준이 되는 온도이다.

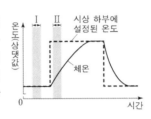

⇒ 시상 하부에 설정된 온도가 체온보다 높아지면 체온이 올라가고, 시상 하부에 설정된 온도가 체온보다 낮아지면 체온이 낮아진다.

⇒ 열 발생량은 Ⅱ에서가 Ⅰ에서보다 많고, 열 발산량은 구간 Ⅱ에서가 구간 Ⅰ에서보다 적다.

9. 삼투압 조절

우리 몸을 구성하는 세포는 항상 체액과 접촉하고 있다. 그에 따라 체액의 농도가 변하면 세포와 체액 사이에 삼투압 차이가 발생하여 세포가 수축하거나 부풀어 올라 정상적인 기능을 할 수 없게 된다.

즉, 혈장 삼투압은 세포의 모양과 기능을 유지하는 데 중요하므로 혈장 삼투압을 일정하게 유지해야 한다.

[삼투압 유지 원리]

간뇌의 시상 하부는 삼투압 조절 중추로 혈장 삼투압을 감지하여 항이뇨 호르몬(ADH)의 분비량을 조절함으로써 정상 범위의 혈장 삼투압을 유지할 수 있도록 조절한다.

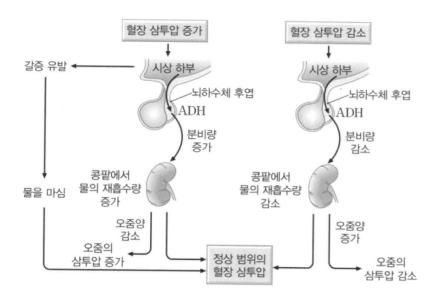

[삼투압 조절]

		과정
삼투압	높을 때	① 항이뇨 호르몬(ADH)의 분비량 증가 ② 콩팥에서 물의 재흡수량 증가 ③ 혈액 내 물의 양 증가, 오줌 내 물의 양 감소 ④ 혈장 삼투압 감소, 오줌의 삼투압 증가
	낮을 때	① 항이뇨 호르몬(ADH)의 분비량 감소 ② 콩팥에서 물의 재흡수량 감소 ③ 혈액 내 물의 양 감소, 오줌 내 물의 양 증가 ④ 혈장 삼투압 증가, 오줌의 삼투압 감소

[Remark 1] 항이뇨 호르몬(ADH)은 콩팥에서 물의 재흡수를 촉진하여 혈장 삼투압을 감소시키며, ADH의 분비량에 의해 혈장 삼투압이 조절된다.

항상성

10. 삼투압 그래프 해석

삼투압 조절에서는 다음과 같은 그래프가 출제되곤 한다.

① 혈중 삼투압(혈압)에 따른 ADH 농도

혈중 삼투압에 따른 ADH 농도에 대한 문항이 출제되곤 한다.

[예시 그래프]

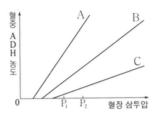

동일한 혈장 삼투압에서 B보다 C일 때 혈중 ADH의 농도가 낮으므로 C는 B보다 혈액량이 많은 경우이다. P_2일 때 혈중 ADH의 농도는 B보다 A가 높으므로 오줌량은 B보다 A가 적다. B에서 혈중 ADH의 농도는 P_1보다 P_2일 때 높으므로 오줌의 삼투압은 P_1보다 P_2일 때 높다

② 결과가 ADH인 그래프

결과가 ADH이고 x축이 미지수인 문항이 출제되곤 한다.

[예시 그래프]

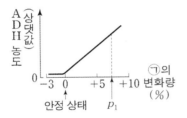

혈장 삼투압(㉠)이 증가함에 따라 혈중 항이뇨 호르몬(ADH)의 농도가 증가한다.

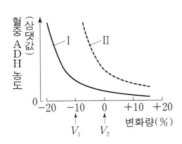

전체 혈액량 변화에 대해 혈중 ADH 농도가 높은 Ⅱ는 'ADH가 과다하게 분비되는 사람'이고, Ⅰ은 'ADH가 정상적으로 분비되는 사람'이다.

ADH는 콩팥에서 수분 재흡수를 촉진하여 오줌 생성량을 감소시킨다. 그에 따라 Ⅰ에서 단위 시간당 오줌 생성량은 ADH 농도가 높은 V_1에서가 ADH 농도가 낮은 V_2에서보다 적다.

③ 원인이 ADH인 그래프

원인이 ADH이고 y축이 미지수인 문항이 출제되곤 한다.

[예시 그래프]

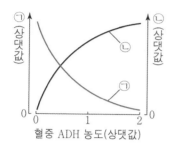

ⓐ : 단위 시간당 오줌 생성량

ⓑ : 오줌 삼투압

ⓐ은 혈중 ADH가 증가할수록 감소하므로 단위 시간
당 오줌 생성량이고, 혈중 ADH 농도가 높을수록 오줌
의 삼투압은 증가하고 단위 시간 당 오줌 생성량은 감
소한다,

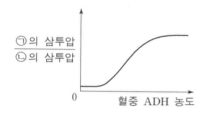

혈중 ADH 농도가 높아지면 오줌으로 빠져나갈 수분
이 혈장으로 재흡수된다. 그러므로 오줌의 삼투압은
높아지고, 혈장의 삼투압은 낮아진다. ⓐ은 오줌, ⓑ
은 혈장이다.

항상성

④ 물과 소금물 섭취 그래프

물과 소금물을 각각 섭취하였을 때, 그래프 해석 문항이 출제되곤 한다.

이때 일반적으로 소금물은 혈장 삼투압을 높이나, 체내 농도보다 농도가 낮은 소금물이 출제될 수도 있다.

물 섭취 $\Rightarrow$ 물 양 증가 $\Rightarrow$ 혈장 삼투압↓ $\Rightarrow$ ADH↓ $\Rightarrow$ 오줌 생성량↑

소금물 섭취 $\Rightarrow$ 농도 증가 $\Rightarrow$ 혈장 삼투압↑ $\Rightarrow$ ADH↑ $\Rightarrow$ 오줌 생성량↓

[예시 그래프]

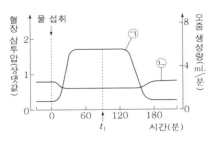

물을 섭취하면 체내 수분량이 증가해 혈장 삼투압(ⓛ)이 감소하고 오줌 생성량(㉠)이 증가한다. 물 섭취 시점보다 t_1일 때 혈중 항이뇨 호르몬의 농도가 낮으므로 콩팥에서 단위 시간당 수분 재흡수량은 적고, 오줌의 삼투압은 낮다.

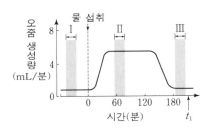

항이뇨 호르몬 농도가 높을수록 오줌 생성량이 감소하므로 혈중 항이뇨 호르몬 농도는 Ⅰ에서가 Ⅱ에서보다 높고

혈중 삼투압이 높을수록 오줌 생성량이 적으므로 혈장 삼투압은 Ⅱ에서가 Ⅲ에서보다 낮으며

t_1일 때 땀을 많이 흘리면, 혈장 삼투압이 증가하여 항이뇨 호르몬의 분비량이 늘어나고 이로 인해 물의 재흡수가 촉진되며 오줌의 삼투압이 증가한다.

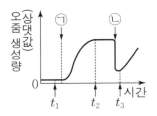

물(㉠)을 섭취하면 체내 수분량이 증가해 단위 시간당 오줌 생성량이 증가하고 소금물(ⓛ)을 섭취하면 체내 농도가 증가해 단위 시간당 오줌 생성량이 감소한다.

생성되는 오줌의 삼투압은 t_2에서가 t_3에서보다 작다.

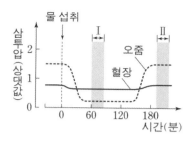

오줌 생성량은 구간 Ⅰ보다 구간 Ⅱ에서 적고, 혈중 A
DH 농도는 구간 Ⅰ보다 구간 Ⅱ에서 높다.

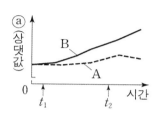

A ; [물 공급]
B ; [소금물 공급]

혈장 삼투압(ⓐ)이 증가하면 갈증 정도가 커지므로 t_2
일 때 갈증을 느끼는 정도는 혈장 삼투압(ⓐ)이 높은 B
에서가 혈장 삼투압(ⓐ)이 낮은 A에서보다 크다.

혈장 삼투압(ⓐ)이 높을수록 항이뇨 호르몬(ADH)의
분비가 증가하므로, B의 혈중 항이뇨 호르몬(ADH) 농
도는 t_1일 때가 t_2일 때보다 낮다.

⑤ 정상과 다른 개체

특정 환경에서 정상적인 개체와 다른 개체에 대해 질문하는 문항이 출제된다.

[예시 그래프]

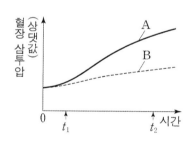

A ; 항이뇨 호르몬(ADH)이 정상보다 적게 분비되는 개체
B ; 항이뇨 호르몬(ADH)이 정상적으로 분비되는 개체

고온 환경에서 같은 양의 땀을 흘렸을 때 시간에 따라
혈장 삼투압 증가가 더 크게 나타나는 A는 '항이뇨 호르
몬(ADH)이 정상보다 적게 분비되는 개체'이고, 혈장
삼투압 증가가 더 적게 나타나는 B는 '항이뇨 호르몬(A
DH)이 정상적으로 분비되는 개체'이다.

⑥ 물 공급 중단 그래프

물 공급 중단 후 변화를 질문하는 그래프가 출제되곤 한다.

물 섭취 ⇒ 물 양 증가 ⇒ 혈장 삼투압↓ ⇒ ADH↓ ⇒ 오줌 생성량 ↑
　　　　　　　　　　　　　　　　　　　　　　　　　　　　오줌 삼투압↓

물 섭취 중단 ⇒ 물 양 감소 ⇒ 혈장 삼투압↑ ⇒ ADH↑ ⇒ 오줌 생성량↓
　　　　　　　　　　　　　　　　　　　　　　　　　　　　오줌 삼투압↑

[예시 그래프]

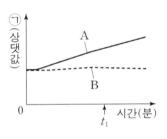

A : 수분 공급이 중단된 사람
B : 정상인

A와 B 중 수분 공급이 중단된 사람에게서는 혈장 삼투압이 증가하므로 ADH 분비량이 증가하여 콩팥에서 물의 재흡수가 촉진되고, 오줌 삼투압(㉠)이 증가할 것이다.

t_1일 때 A의 혈중 ADH 농도는 B의 혈중 ADH 농도보다 높다.

⑦ 오줌 생성량 그래프

오줌 생성량이 종속 변인인 문항이 출제되곤 한다.

물 섭취 ⇒ 물 양 증가 ⇒ 혈장 삼투압↓ ⇒ ADH↓ ⇒ 오줌 생성량↑

소금물 섭취 ⇒ 농도 증가 ⇒ 혈장 삼투압↑ ⇒ ADH↑ ⇒ 오줌 생성량↓

[예시 그래프]

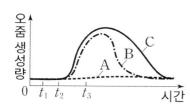

A : 아무것도 마시지 않은 사람

B : 물 1L 마신 사람

C : ADH의 분비를 억제하는 ㉠을 물에 녹인 용액 1L을 마신 사람

ADH 분비를 억제하는 ㉠을 섭취하면 오줌 생성량이 늘어나므로 ㉠을 녹인 용액을 마신 사람은 C이다.

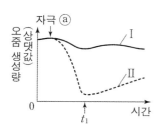

Ⅰ : ㉠이 제거된 개체

Ⅱ : 정상 개체

정상 개체 Ⅱ는 호르몬 X의 분비를 촉진하는 자극 ⓐ에 의해 오줌 생성량이 감소했으므로 X는 항이뇨 호르몬(ADH)이고, ㉠이 제거된 개체 Ⅰ은 자극 ⓐ에 의해 오줌 생성량이 크게 감소하지 않았으므로 ㉠은 항이뇨 호르몬(ADH)이 분비되는 뇌하수체 후엽이다.

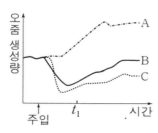

A는 증류수, B는 소금물,
C는 ADH가 포함된 액체를 주입한 것

증류수를 주입하면 혈장 삼투압이 낮아지면서 ADH 분비량이 감소한다. t_1일 때 혈장 삼투압은 B에서가 A에서보다 높다.

11

Theme

병원체

병원체

1. 질병의 구분

질병은 비감염성 질환과 감염성 질환으로 구분할 수 있다.

1) 감염성 질환

병원체에 의해 나타나는 질병으로 전염성이 있다.

병원체가 숙주로 침입하는 경로에는 호흡기, 소화기, 매개 곤충, 신체적 접촉 등이 있다.

예 독감, 감기, 천연두, 콜레라, 결핵 등

2) 비감염성 질환

병원체에 감염되지 않아도 나타나는 질병으로 전염이 되지 않으며

환경, 유전, 생활 방식 등의 여러 가지 원인이 복합적으로 작용하여 발병한다.

대사성 질환, 신경계 질환, 내분비계 질환, 면역계 질환, 유전병 등이 있다.

예 고혈압, 당뇨병, 혈우병 등

2. 병원체

병원체의 특성과 감염 경로를 이해하면 감염성 질환의 예방과 치료에 도움이 된다.

	특성 및 치료
세균	- 분열법으로 번식하고 핵이 없는 단세포 원핵생물이다. - 모양에 따라 구균, 간균, 나선균 등으로 분류된다. - 대부분 사람 몸에 무해하지만 일부 세균은 감염된 생물의 조직을 파괴하거나 독소를 분비하여 질병을 일으킨다. - 세균에 의한 질병은 항생제를 이용하여 치료한다. - 핵과 막성 소기관이 없으며, DNA가 세포질에 분포한다. 예 결핵, 세균성 식중독, 세균성 폐렴, 위궤양 등
바이러스	- 세포로 이루어져 있지 않으며 일반적으로 세균보다 작다. - 살아 있는 숙주 세포 내에서 증식한 후 방출될 때 숙주 세포를 파괴한다. - 바이러스에 의한 질병은 항바이러스제를 이용하여 치료한다. 예 감기, 독감, 홍역, 소아마비, 후천성 면역 결핍증(AIDS) 등
원생생물	- 핵을 가지고 있는 진핵생물이다. - 대부분 열대 지역에서 매개 곤충을 통하여 사람 몸 안으로 들어와 질병을 일으킨다. 예 말라리아, 수면병 등
균류	- 핵을 가지고 있는 진핵생물이다. - 균류가 몸에 직접 증식하거나 균류가 생산한 독성 물질에 의해 증상이 나타날 수 있다. - 균류에 의한 질병은 항진균제를 이용하여 치료한다. 예 무좀 등
변형된 프라이온	- 단백질성 감염 입자이며 신경계의 퇴행성 질병을 유발한다. - 정상적인 프라이온 단백질은 변형된 프라이온 단백질과 접촉하면 변형된 프라이온 단백질로 구조가 변하며, 변형된 프라이온 단백질이 축적되면 신경 세포가 파괴된다. 예 크로이츠펠트·야코프병(사람), 광우병(소) 등

3. 병원체 정리

병원체에 대한 내용을 표로 정리하면 다음과 같다.

병원체	질병	세포 구조	핵	핵산	단백질
세균	결핵, 탄저병, 콜레라	○	×	○	○
바이러스	독감, 홍역, AIDS	×	×	○	○
원생생물	말라리아	○	○	○	○
곰팡이	무좀	○	○	○	○
변형 프라이온	광우병	×	×	×	○

(○: 있음 ×: 없음)

12
Theme

방어 작용

방어 작용

1. 방어 작용

병원체는 우리가 생활하는 곳 어디에나 존재하며, 언제라도 우리 몸에 침입할 수 있다.

이와 같이 우리는 병원체에 일상적으로 노출되어 있지만 질병에 걸리지 않는 까닭은 우리 몸이 병원체와 같은 이물질의 침입에 대항하는 방어 체계를 갖추고 있기 때문이다.

우리 몸의 방어 작용은 비특이적 방어 작용과 특이적 방어 작용으로 구분할 수 있다.

1) 비특이적 방어 작용

물리적, 화학적 장벽과 염증을 통해 병원체의 침입을 억제하는 작용

병원체에 감염된 즉시 일어나며, 병원체의 종류를 구별하지 않는다.

[비특이적 방어 작용의 구분]

		특성
외부 방어	피부	- 병원체가 침투하지 못하게 하는 물리적인 방어벽 역할을 한다. - 피부에서 분비되는 지방과 땀의 산성 성분은 세균의 증식을 억제한다.
	점막	- 점막은 기관, 소화관 등의 내벽을 덮는 세포층으로 점액으로 덮여 있다. - 점막에서 분비된 점액은 미생물의 이동을 방해하고, 라이소자임이 들어 있어 세균의 침입을 막는다. - 위의 안쪽 표면은 점막으로 덮여 있으며, 강한 산성을 띠는 위산이 분비되어 음식물 속의 병원체를 제거한다. - 기관과 기관지에서 먼지와 병원체는 점막 주변의 섬모 운동으로 점액 물질과 함께 바깥으로 내보내진다.
	분비액	- 땀, 눈물, 침, 호흡기 통로의 점액에는 라이소자임이 있어 세균의 세포벽을 파괴한다. 코 안쪽에 점막과 코털이 있어서 미생물을 걸러낸다. 눈물은 이물질을 씻어 내는 세척 작용을 하며, 눈물에 포함된 라이소자임은 세균을 분해한다. 침 속에는 라이소자임이 들어 있어 세균을 분해한다. 피부는 외부 병원체가 침입하지 못하도록 방어하는 역할을 한다. 위 안쪽 표면은 점막으로 덮여 있고 위산을 분비하여 대부분의 세균을 죽인다.
내부 방어	식균 작용	- 대식세포와 같은 백혈구는 체내로 침투한 병원체를 자신의 세포 안으로 끌어들여 분해하는 식세포 작용(식균 작용)을 한다.
	염증 반응	- 피부나 점막이 손상되어 병원체가 체내로 침입하면 열, 부어오름, 붉어짐, 통증이 나타나는 염증 반응이 일어난다.

염증
자극에 대한 생체 조직의 방어 작용 중 하나

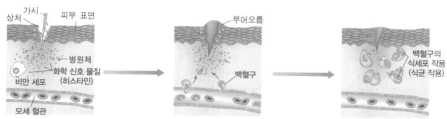

피부가 손상되어 병원체가 체내로 들어오면 손상된 부위의 비만세포에서 화학 신호 물질(히스타민)을 분비한다.

화학 신호 물질(히스타민)이 모세 혈관을 확장시켜 혈관벽의 투과성이 증가되면 상처 부위는 붉게 부어오르고 백혈구는 손상된 조직으로 유입된다.

상처 부위에 모인 백혈구가 식세포 작용(식균 작용)으로 병원체를 제거한다.

2) 특이적 방어 작용
특정 항원을 인식하여 제거하는 방어 작용

병원체가 침입하여 비특이적 방어 작용이 지속해서 일어나면
림프구에 의한 특이적 방어 작용이 촉진된다.

[항원 항체 반응]

	특성
항원	- 외부에서 체내로 침입한 이물질 - 체내에서 면역 반응을 일으키는 원인 물질 　예 병원체(세균, 바이러스, 곰팡이 등), 먼지, 꽃가루 등
항체	- 항원을 제거하기 위해 체내에서 만들어진 단백질 - 항원과 결합하여 항원의 기능을 무력화하고, 백혈구의 식균 작용이 쉽게 일어나도록 한다.
특징	**[항원-항체 반응의 특이성]** 항체는 항원 결합 부위에 맞는 입체 구조를 가진 특정 항원하고만 결합한다. 항원 결합 부위 항체 A 항체 B　항체 C 항체와 결합하는 항원의 부위

[Remark 1] 항체는 형질 세포가 분비한 단백질로 열을 가하거나 급격한 pH 변화를 일으키면 변성될 수 있음에 유의하자.

항원
체내에서 면역 반응을 일으키는 원인 물질

림프구
골수에 있는 조혈 모세포로부터 만들어지는 면역 기능에 관여하는 세포, 백혈구의 일종

	생성	성숙
B 림프구	골수	골수
T 림프구	골수	가슴샘

방어 작용

2. 특이적 방어 작용의 구분

특이적 방어 작용은 세포성 면역과 체액성 면역으로 구분된다.

1) 세포성 면역

세포독성 T림프구가 병원체에 감염된 세포를 직접 제거하는 과정

[과정]

→ 대식세포가 제시한 항원에 반응하는 보조 T 림프구가 세포독성 T림프구를 활성화시킨다.

→ 활성화된 세포독성 T림프구가 병원체에 감염된 세포와 암세포를 파괴한다.

2) 체액성 면역

형질 세포에서 생성·분비된 항체에 의해 항원을 제거하는 과정

[과정]

→ 항원에 반응하여 활성화된 보조 T 림프구가 B 림프구를 자극한다.

→ B 림프구가 활발하게 증식하여 형질 세포와 기억 세포로 분화한다.

→ 형질 세포는 항체를 생성·분비하고, 기억 세포는 항원의 특성을 기억한다.

→ 항체가 항원과 결합하여 병원체를 제거한다.

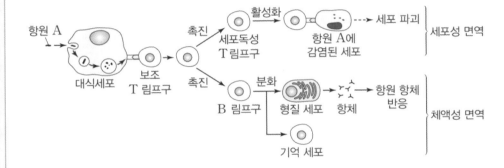

3. 체액성 면역의 구분

항원이 처음 침입하면 1차 면역 반응이 일어나고, 같은 항원이 재침입하면 2차 면역 반응이 일어난다

1) 1차 면역 반응

항원이 처음 침입하면 보조 T 림프구의 도움으로 B 림프구가 항원의 종류를 인식하고 형질 세포로 분화하여 항체를 생성하며, 일부는 기억 세포가 된다. 항체 생성까지 약 5일~7일의 시간이 걸린다

2) 2차 면역 반응

같은 항원이 재침입하면 1차 면역 반응에서 생성된 기억 세포가 빠르게 증식하고 형질 세포로 분화하여 항체를 생성한다. 항체 생성까지 걸리는 시간이 짧고, 생성되는 항체의 양도 많으며, 비교적 오래 유지된다.

형질 세포와 기억 세포
형질 세포는 항체를 생성하고 기억 세포는 항원을 기억한다.

[일반적인 항체 농도]

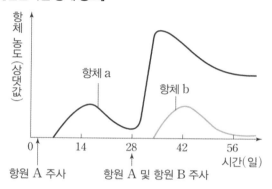

[항원 A에 대한 항체 농도 변화]

→ 첫 번째 주사(1차 면역 반응): 항체가 생성되기까지 소요되는 시간이 길고 항체 생성 속도가 느리며, 생성되는 항체의 농도가 낮다

→ 두 번째 주사(2차 면역 반응): 기억 세포가 형성되어 있어 항체가 생성되기까지 소요되는 시간이 짧고 항체 생성 속도가 빠르며, 생성되는 항체의 농도가 높다.

[항원 B에 대한 항체 농도 변화]

→ 항원 B는 처음 주사하는 것이므로 항원 B에 대한 1차 면역 반응이 나타난다. 항체가 생성되기까지 소요되는 시간이 길고 항체 생성 속도가 느리며, 생성되는 항체의 농도가 낮다.

[특수한 항체 농도 변화]

→ 외부에서 항원 X에 대한 기억 세포를 받은 경우에는 항원 X가 체내에 처음 침입해도 2차 면역이 일어날 수 있다.

→ 항원 X가 처음 침입했을 때 기억 세포가 생기지 않은 경우에는 항원 X가 체내에 두 번째로 침입해도 1차 면역이 일어날 수 있다.

방어 작용

4. 백신

질병을 일으키는 병원체의 독성을 약화하거나 비활성 상태로 만든 인공 항원

기억 세포를 생성시켜 나중에 침입할 병원체에 의한 질병을 예방한다.

[백신의 작용]

백신을 주사하면 주입한 항원에 대한 기억 세포가 형성되어 동일한 항원이 다시 침입하였을 때 2차
면역 반응으로 보다 신속하게 다량의 항체가 생산되어 항원을 무력화시키기 때문에 질병을 예방할
수 있다.

[기억 세포의 형성을 유도하는 물질, 백신]

유전적으로 동일한 토끼 ㉠~㉣에 실험 Ⅰ~Ⅳ과 같이 항원을 주사한 후 A에 대한 항체의 농도(상댓
값)을 조사한 결과는 다음과 같다.

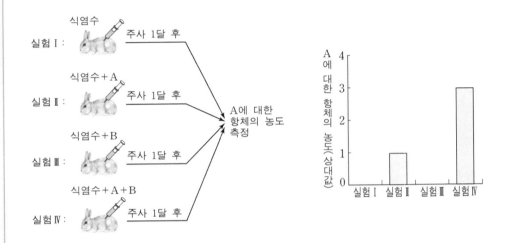

⇒ 실험 Ⅱ에서 A에 대한 항체의 농도가 증가한 것으로 보아 A는 항원으로 작용하여 면역 반응을 일으
켰음을 알 수 있다.

⇒ Ⅱ와 Ⅳ의 경우 A에 대한 항체의 양에 변화가 생겼으므로, 항체를 생산하는 형질 세포가 형성됨을
알 수 있다.

⇒ 실험 Ⅱ와 실험 Ⅳ에서 사용한 A의 양이 같았는데도 실험 Ⅳ에서 A에 대한 항체량이 더 많았으므
로, B가 A에 대한 항체의 생성량을 증가시키는 효과가 있다.

[Remark 1] 백신은 병원체를 비활성화시켜 만든 물질로
체내에서 기억 세포의 형성을 유도하는 물질이지
백신 자체가 항원에 대한 기억 세포가 아님에 유의하자.

그림 (가)는 생쥐 A에게 항원 X를 1차 주사하고 4개월 후 항원 X를 2차 주사하였을 때, 생쥐 A의 혈중 항체 농도 변화를 나타낸 것이고, 그림 (나)는 생쥐 A의 항체 농도가 높을 때, 혈청을 분리하여 생쥐 B에게 주사하고 4개월 후 항원 X를 주사한 실험을 나타낸 것이다.

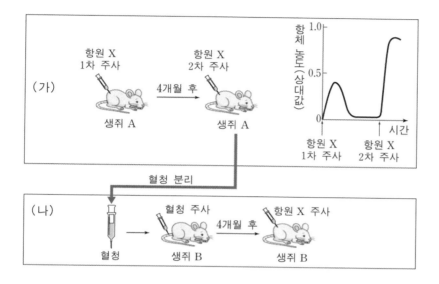

[B의 혈중 항체 농도 변화]

⇒ 생쥐 A의 혈청 속에는 항원 X에 대한 항체가 들어 있다. 항체는 시간이 경과함에 따라 점차 감소하게 되며, 항체는 백신으로써의 역할을 할 수 없으므로 기억세포 형성을 유도하지 못한다. 따라서 생쥐 B에게 항원 X를 주사하면 생쥐 A에게 1차 주사했을 때와 같은 효과가 나타난다.

⇒ 기억 세포의 형성을 유도하는 것은 항체가 아닌 항원이다.

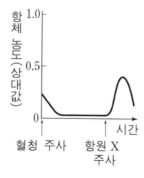

방어 작용

병원체 ㉠으로부터 두 종류의 백신 후보 물질 A와 B를 얻는다. 물질 A를 실험 동물 X에, 물질 B를 실험 동물 Y에 1차 주사하고 일정 시간 뒤 A를 X에, B를 Y에 2차 주사하였다. 그림은 X에서 A에 대한 혈중 항체 농도의 변화와 Y에서 B에 대한 혈중 항체 농도의 변화를 나타낸 것이다.

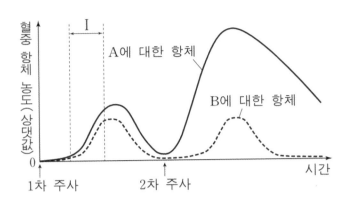

⇒ A의 경우 1차 주사 후 X에서 A에 대한 형질 세포와 기억 세포가 생성되어 A의 2차 주사 후에도 기억 세포에 의한 2차 면역 반응이 일어났다. 그에 따라 백신 후보 물질로 적합하다.

⇒ B의 경우 1차 주사 후 형질 세포는 생성되었지만 기억 세포는 생성되지 않아 B의 2차 주사 후에도 기억 세포에 의한 2차 면역 반응은 일어나지 않는다. 백신 후보 물질로 적합하지 않다.

[Remark 2] 면역 과정에서 반드시 기억 세포가 형성되는 것은 아니기에 제시된 자료 해석 (혈중 항체 농도 변화, 기억 세포 생성 여부)이 중요하게 여겨지는 소단원이기도 하다.

5. 방어 작용 그래프

방어 작용에 대한 그래프 해석 문항이 출제되곤 한다.

① 면역 반응 그래프

1차 면역 반응과 2차 면역 반응에 대한 그래프가 출제되곤 한다.

[예시 그래프]

1) A 1차 주사 후 [1차 면역]

- 잠복기에 비특이적 면역 반응이 일
  어난다.

- Ⅰ 시기(항체 농도 증가)에서 체액
  성 면역이 일어나고 있다. 또한 B림
  프구가 형질 세포와 기억 세포로 분
  화되므로 A에 대한 기억 세포도 존
  재한다.

  = 더 큰 범위인 특이적 면역 반응도
    일어난다.

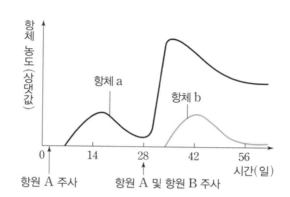

- Ⅰ 시기 이후 항체는 단백질이므로 수명이 짧다.
  그에 따라 항체 농도가 감소하고 있고, 더 이상 항체가 분비되지 않는다는 것을 알 수 있다.

  그렇지만 체액성 면역 여부는 애매하기에
  감소되는 구간에서는 체액성 면역 여부를 알기는 어렵다.
  A에 대한 기억 세포는 존재한다.

2) A 2차 주사 후 [2차 면역]

- 1차 주사 후 만들어진 기억 세포가 형
  질 세포로 분화해서 항체를 더더욱 많
  이 생산한다.

  기울기가 더 급격하다 = 항체 생산 속
  도가 빠르다

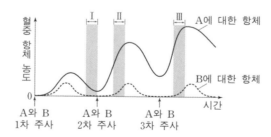

- 체액성 면역은 특이적 면역 반응이다.
  항원이 다르면 방어 작용은 독립적으로 일어난다.
  B에 대한 1차 면역 반응이 일어난다.

  ⇒ 시기 Ⅰ에서 특이적 방어 작용이 일어났다.

방어 작용

② 기억 세포와 혈청 주사 그래프

1차 면역 반응과 2차 면역 반응에 대한 그래프가 출제되곤 한다.

[예시 그래프]

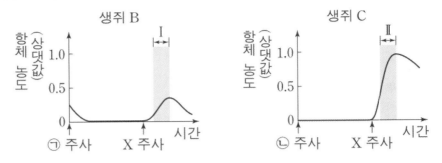

생쥐 A에서 ⊙과 ⓒ을 각각 분리한다. ⊙과 ⓒ은 각각 혈청과 X에 대한 기억 세포 중 하나이다
⊙은 생쥐 B에게, ⓒ은 생쥐 C에게 각각 주사한다.

- 혈액을 원심 분리하면 혈장(혈청) 부분과 세포 부분으로 분류된다.
  세포는 다시 적혈구와 백혈구로 분류되며 백혈구는 대식 세포와 기억 세포로 분류된다.

- 생명과학1 방어 작용에서 혈청은 혈장과 유사하게 생각해도 되며,
  혈장 내에는 항체가 들어있다. ⊙은 혈청이다.

  ⊙을 주사한 이후 항체 농도가 감소하는 이유는 수명이 다해서이며
  X를 주사하기 전까지는 체액성 면역 반응이 일어나지 않는다.

- 그래프의 기울기를 비교 해석했을 때 C에 X를 주사했을 때 2차 면역 반응이 일어났으므로
  ⓒ은 X에 대한 기억 세포이다.

방어 작용에서 항원 항체 반응을 응용한 문항이 출제되기도 한다.

① 특정 항원을 갖는 병원체

여러 가지 항원을 갖는 병원체와 면역 반응이 엮여 출제된다.

[예시 자료]

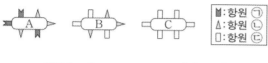

- A를 약화시켜 만든 백신 X

[결과]

- ⓟ는 2차 면역 반응이 일어났으므로 A에 있는 항원이 존재하는 B가 ⓟ이고, C가 ⓡ이다.

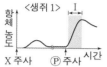 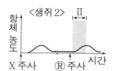

② 검사 키트

검사 키트와 항원-항체 반응의 원리가 엮여 출제된다.

[예시 자료]

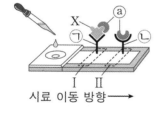

시료 이동 방향 ⟶

특정 항체는 항원의 특정 부위에 결합하여 작용하므로, 'X에 대한 항체'는 X에 특이적으로 결합한다. ⓐ와 결합한 X가 ⊙에 결합하면 ⓐ에 의해 Ⅰ에서 발색 반응(띠)이 나타나고, X와 결합하지 않은 ⓐ가 ⓛ에 결합하면 Ⅱ에서 발색 반응(띠)이 나타난다.

[자료 해석]

- ⊙은 X(ⓐ와 결합한 상태)와 결합하고 있고, ⓛ은 ⓐ와 결합하고 있다. 따라서 ⊙은 'X에 대한 항체'이고, ⓛ은 'ⓐ에 대한 항체'이다.

- X에 감염된 사람은 X(ⓐ와 결합한 상태)가 'X에 대한 항체(⊙)'에 결합하여 Ⅰ에서 띠가 나타난다. 검사 결과 A는 Ⅰ과 Ⅱ 중 Ⅱ에만 띠가 나타났고, B는 Ⅰ과 Ⅱ에 모두 띠가 나타났으므로 A와 B 중 X에 감염된 사람은 B이다.

- 'X에 대한 항체'와 'ⓐ에 대한 항체'를 이용하여 검사 키트를 제작하였으므로, 검사 키트에는 항원 항체 반응의 원리가 이용된다.

방어 작용

7. 혈액형

혈액형에는 ABO식 혈액형과 Rh식 혈액형이 있으며
ABO식 혈액형은 적혈구 세포막에 있는 응집원의 종류에 따라 A형, B형, AB형, O형으로
Rh식 혈액형은 Rh 응집원의 유무에 따라 Rh^+형과 Rh^-형으로 구분한다.

1) ABO식 혈액형

응집원(항원)은 적혈구 막 표면에, 응집소(항체)는 혈장에 있다.
응집원은 A와 B 두 종류이고, 응집소는 α와 β 두 종류이다.

[ABO 혈액형의 구분]

	A형	B형	AB형	O형
응집원	응집원 A / 적혈구	응집원 B	응집원 B / 응집원 A	없음
응집소	응집소 β	응집소 α	없음	응집소 α / 응집소 β

[ABO 혈액형의 판정]

혈청＼혈액형	A형	B형	AB형	O형
항 A 혈청 (응집소 α 함유)	응집됨	응집 안 됨	응집됨	응집 안 됨
항 B 혈청 (응집소 β 함유)	응집 안 됨	응집됨	응집됨	응집 안 됨

[Remark 1] 응집소 α는 항 A혈청이고 B형 표준혈청 (B형에게서 뽑은 혈청) 이다.
응집소 β는 항 B혈청이고 A형 표준혈청 (A형에게서 뽑은 혈청) 이다.

기본적으로 수혈은 같은 혈액형인 경우에 하며, 혈액을 주는 쪽의 응집원과 받는 쪽의 응집소 사이에 응집 반응이 나타나지 않으면 서로 다른 혈액형이라도 소량 수혈은 가능하다.

받는 쪽 \ 주는 쪽	A형	B형	AB형	O형
A형	○	×	×	○
B형	×	○	×	○
AB형	○	○	○	○
O형	×	×	×	○

(○ : 수혈 가능, × : 수혈 불가능)

[응집 반응]

	A형 응집원	B형 응집원	AB형 응집원	O형 응집원
A형 응집소	-	+	+	-
B형 응집소	+	-	+	-
AB형 응집소	-	-	-	-
O형 응집소	+	+	+	-

(+ : 응집됨, - : 응집 안됨)

[Remark 1] 응집소 α는 항 A혈청이고 B형 표준혈청 (B형에게서 뽑은 혈청) 이다. 마찬가지로 응집소 β는 항 B혈청이고 A형 표준혈청 (A형에게서 뽑은 혈청) 이다.

방어 작용

2) Rh식 혈액형

Rh 응집원(항원)은 적혈구 막 표면에 있으며 Rh 응집소(항체)는 혈장에 존재한다.
Rh⁻형인 사람이 Rh 응집원에 노출되면 Rh 응집소를 생성한다.

[Rh 혈액형의 구분]

	Rh⁺형	Rh⁻형
응집원	있음	없음
응집소	없음	노출되면 생성됨

[Rh 혈액형의 판정]

Rh식 혈액형은 붉은털원숭이의 적혈구를 토끼의 혈액에 주사하여 응집소가 생긴 토끼의 혈청을 표준 혈청(항 Rh 혈청)으로 이용하여 판정한다. 항 Rh 혈청에 응집하면 Rh⁺형, 응집하지 않으면 Rh⁻형 이다.

혈청 \ 혈액형	Rh⁺	Rh⁻
항 Rh 혈청 (Rh 응집소 함유)	응집됨	응집 안 됨

[중요도 ★★★]

- 기본적으로 수혈은 같은 혈액형인 경우에 하며, 혈액을 주는 쪽의 응집원과 받는 쪽의 응집소 사이에 응집 반응이 나타나지 않으면 서로 다른 혈액형이라도 소량 수혈은 가능하다.

주는 쪽 / 받는 쪽	A형	B형	AB형	O형
A형	○	×	×	○
B형	×	○	×	○
AB형	○	○	○	○
O형	×	×	×	○

(○ : 수혈 가능, × : 수혈 불가능)

- 즉, 수혈 관계와 응집 반응 표는 서로 배반사건 관계에 있다.
  수혈 관계에서 '○'는 응집 반응 표에서 ' − '이고
  수혈 관계에서 '×'는 응집 반응 표에서 ' + '이다.

혈장 / 적혈구	A형 응집원	B형 응집원	AB형 응집원	O형 응집원
A형 응집소	−	+	+	−
B형 응집소	+	−	+	−
AB형 응집소	−	−	−	−
O형 응집소	+	+	+	−

(+ : 응집됨, − : 응집 안됨)

- 위 응집 반응 표에서 다음을 알 수 있다.

  1) AB형의 응집소는 모든 응집원과 응집하지 않는다.
  2) O형의 응집원은 모든 응집소와 응집하지 않는다.

방어 작용

[중요도 ★★★]

– 혈액형 응집 반응 표는 다음과 같다.

혈장 \ 적혈구	A형 응집원	B형 응집원	AB형 응집원	O형 응집원
A형 응집소	-	+	+	-
B형 응집소	+		+	-
AB형 응집소	-	-		-
O형 응집소	+	+	+	

(+ : 응집됨, - : 응집 안됨)

– 응집원 줄에 하나라도 ' + '가 있으면 O형이 아니고
   응집소 줄에 하나라도 ' + '가 있으면 AB형이 아니다.

– 적혈구 기준 줄이 모두 ' + '이고, 혈장 기준 줄이 모두 ' – '이면 AB형이고
   적혈구 기준 줄이 모두 ' – '이고, 혈장 기준 줄이 모두 ' + '이면 O형이다.

– 같은 혈액형인 사람은 응집 여부가 정확하게 동일하다.
   그에 따라 한 가지 응집 여부라도 다르면 두 사람은 서로 다른 혈액형이다.

	?형 응집원	?형 응집원
?형 응집소	-	+
?형 응집소	+	-

이와 같은 형태가 나타나면

즉, ' – ' 대칭선 기준 대칭점에서 모두 ' + '가 관찰되면 각각 A형과 B형 중 하나이다.

	?형 응집원	?형 응집원
?형 응집소	-	-
?형 응집소	-	-

이와 같은 형태가 나타나면

즉, ' – ' 대칭선 기준 대칭점에서 모두 ' – '가 관찰되면 서로 같은 혈액형이다.

	?형 응집원	?형 응집원
?형 응집소	-	+
?형 응집소	-	-

이와 같은 형태가 나타나면

대칭 표와 다른 <u>여사건 케이스</u>이다. 이는 추가 조건 및 발문 해석이 필요하다.

- 서로 다른 혈액형 3-4명의 응집 반응이 주어진 경우

	A형 응집원	B형 응집원	AB형 응집원	O형 응집원
A형 응집소	-	+	+	-
B형 응집소	+	-	+	-
AB형 응집소	-	-	-	-
O형 응집소	+	+	+	-

(+ : 응집됨, - : 응집 안됨)

- 응집 반응의 수는 응집원 기준으로 AB형>A형 = B형>O형이다.

[응집 반응 표 예제]

표는 사람 Ⅰ ~ Ⅲ 사이의 ABO식 혈액형에 대한 응집 반응 결과를 나타낸 것이다. ㉠~㉢은 Ⅰ ~ Ⅲ의 혈장을 순서 없이 나타낸 것이다. Ⅰ ~ Ⅲ의 ABO식 혈액형은 각각 서로 다르며, A형, AB형, O형 중 하나이다.

Ⅰ의 혈액형은?

혈장 적혈구	㉠	㉡	㉢
Ⅰ의 적혈구	?	-	+
Ⅱ의 적혈구	-	?	-
Ⅲ의 적혈구	?	+	?

(+: 응집됨, -: 응집 안 됨)

[응집 반응 표 예제 해설]

O형은 응집 반응이 일어나면 안되므로 Ⅱ의 적혈구 가로는 모두 ' - '이어야 하고, Ⅱ는 O형이다.
AB형의 응집소는 모든 응집원과 응집하지 않으므로 ㉠은 AB형의 혈장이다.
O형의 응집소는 A형과 AB형의 응집원에 모두 응집하므로 가장 오른쪽 아래 ?는 + 이고
' + ' 개수에 의해 Ⅲ은 AB형, Ⅰ은 A형임을 알 수 있다.

방어 작용

응집원과 응집소의 관계

[중요도 ★★★]
- 각각의 혈액형이 갖는 응집원과 응집소의 관계는 다음과 같다.

	응집원 A	응집원 B	응집소 α	응집소 β
A형	○	×	×	○
B형	×	○	○	×
AB형	○	○	×	×
O형	×	×	○	○

(○ : 있음, × : 없음)

- 위 응집 반응 표에서 다음을 알 수 있다.

1) 가로가 네 가지의 서로 다른 요소일 때, 가로의 '○' 합은 반드시 2가지이다.
   : 사람은 네 가지 요소 중 2개를 갖는다.

2) 네 명의 혈액형이 모두 다를 때, 세로의 '○' 합은 반드시 2가지이다.

3) A형과 B형은 서로 배반사건의 관계이고, AB형과 O형도 배반사건의 관계이다.

	응집원 A	응집원 B	응집소 α	응집소 β
A형	○	×	×	○
B형	×	○	○	×

(○ : 있음, × : 없음)

A형과 B형

	응집원 A	응집원 B	응집소 α	응집소 β
AB형	○	○	×	×
O형	×	×	○	○

(○ : 있음, × : 없음)

AB형과 O형

4) 응집원 A와 응집소 α는 서로 배반사건의 관계이다.
   : 하나가 '○'이면 나머지 하나는 '×'이다.

5) 응집원 B와 응집소 β도 서로 배반사건의 관계이다.
   : 하나가 '○'이면 나머지 하나는 '×'이다.

	응집원 A	응집소 α
A형	○	×
B형	×	○
AB형	○	×
O형	×	○

(○ : 있음, × : 없음)

응집원 A와 응집소 α

	응집원 B	응집소 β
A형	×	○
B형	○	×
AB형	○	×
O형	×	○

(○ : 있음, × : 없음)

응집원 B와 응집소 β

[중요도 ★★★]

- 혈액형 응집 반응 표는 다음과 같다.

	A형 응집원	B형 응집원	AB형 응집원	O형 응집원
A형 응집소	-	+	+	-
B형 응집소	+	-	+	-
AB형 응집소	-	-	-	-
O형 응집소	+	+	+	-

(+ : 응집됨, - : 응집 안됨)

이때 A형과 B형은 정확하게 <u>일반성을 잃지 않는 상태</u>임을 알 수 있다.

그에 따라 혈액형 인원 수 문제에 응집원이 주어졌을 때 <u>첫 번째 설정을 행할 수 있다.</u>
즉, 주어진 미지 응집원은 A 또는 B 중 하나로 놓고 해석할 수 있다.

- 응집원과 응집소의 유무 합으로 상황을 관찰할 수 있다.

  예를 들어 응집원 ㉠은 있으나 응집소 ㉡이 없는 사람은
  ㉠을 A로 뒀을 때 A형 또는 AB형이고

  예를 들어 응집원 ㉠은 없으나 응집소 ㉡이 있는 사람은
  ㉠을 A로 뒀을 때 O형 또는 B형이다

- 결국 합의 관찰이고 2차원(가로×세로) 해석이므로 적절히 ┼자 표를 그려서 해석할 수 있다.

	응집원 ㉠	응집소 ㉢	S(부분 합)
응집원 ㉡	AB형		
응집소 ㉣		O형	
S(부분 합)			총 인원

+자 표의 장점은 우하향 대각선의 정보가 결정되어 있다는 점이며
AB형과 O형은 서로 대각선에 있고, A형과 B형도 서로 대각선에 있다는 점
총 인원(S)을 활용하여 부분 합 분할(A vs A^c)이 가능하다는 점에 있다.

방어 작용

- 원 문자에 매칭이 되지 않은 상태에서 주어진 조건 인원 수를 활용해
  적절히 ┼자 표를 세팅한 후 주어진 조건 인원 수를 활용해 적절히 표 내 문자를
  매칭할 수 있다.

	㉠	㉢	S(부분 합)
㉡	AB형		
㉣		O형	
S(부분 합)			총 인원

이때 AB형과 O형은 서로 대각선에 있고, A형과 B형도 서로 대각선에 있다는 점
총 인원(S)을 활용하여 부분 합 분할(A vs A^C)이 가능하다는 점은 여전히 유효하다.

- Rh식 혈액형을 도출해야 할 경우에는 1st ┼자 표를 활용하여 ABO식 혈액형 조성을 관찰한
  후, 필요한(구한 것) 것 위주로 연역적으로 도출하거나 필요한 부분만 ┼자 표를 활용하여 구
  하도록 하자.

[혈액형 예제]

표는 200명의 학생 집단을 대상으로 ABO식 혈액형에 대한 응집원 ㉠, ㉡과 응집소 ㉢, ㉣의 유무와 Rh식 혈액형에 대한 응집원의 유무를 조사한 것이다. 이 집단에는 A형, B형, AB형, O형이 모두 있고, A형인 학생 수가 O형인 학생 수보다 많다. Rh—형인 학생들 중 A형인 학생과 AB형인 학생은 각각 1명이다.

구분	학생 수
응집원 ㉠을 가진 학생	74
응집소 ㉢을 가진 학생	110
응집원 ㉡과 응집소 ㉣을 모두 가진 학생	70
Rh 응집원을 가진 학생	198

Rh⁻형인 학생들 중 AB형인 학생 수는?

혈액형
Schema 4

인원 수 계산

[혈액형 예제 해설]
주어진 상황에 맞게 ＋자 표를 채우면 다음과 같다.

	응집원 ⊙	응집소 ⓔ	S(부분 합)
응집원 ⓛ	AB형(20)	70	90
응집소 ⓒ	54	O형(56)	110
S(부분 합)	74	126	200

자료에서 A형인 학생 수가 O형인 학생 수보다 많다고 제시되어 있으므로
미결정 정보인 A형인 학생 수는 결정 정보인 O형인 학생 수 56명보다 많아야 한다.

그에 따라 70명이 있는 부분이 A형이고, 응집원 ⓛ = A가 된다.
그에 따라 나머지가 자동 결정되고, AB형이면서 Rh^+인 사람은 19명이다,

13
Theme

생태계

생태계

1. 생태계의 구성

생태계는 생물이 주위 환경 및 다른 생물과 서로 관계를 맺으며 조화를 이루고 있는 체계로
여러 군집, 개체군, 개체를 포함한다.

1) 개체

생존에 필요한 구조적, 기능적 특징을 갖춘 독립된 하나의 생물체

2) 개체군

일정한 지역에서 같은 종의 개체들이 무리를 이루어 생활하는 집단

3) 군집

일정한 지역에 모여 생활하는 여러 개체군들의 집합

4) 생태계

생물이 주위 환경 및 다른 생물과 서로 관계를 맺으며 조화를 이루고 있는 체계

개체

개체군
같은 종의 개체가 모여
개체군을 이룬다.

군집
여러 개체군이 모여 군집을 이룬다.

생태계
군집과 이를 둘러싼 비생물 환경이 서로 영향을 주고받으며
하나의 통합된 생태계를 이룬다.

2. 생태계의 구성 요소

생태계는 생물적 요인과 비생물적 요인으로 구성된다.

1) 생물적 요인

생태계의 모든 생물로 역할에 따라 생산자, 소비자, 분해자로 구분

생산자 : 광합성을 하는 식물과 같이 스스로 무기물로부터 유기물을 합성하는 생물
예 식물, 조류

소비자 : 다른 생물을 먹어 유기물을 얻는 생물
예 초식 동물, 육식 동물

분해자 : 생물의 사체나 배설물에 들어 있는 유기물을 무기물로 분해하여 에너지를 얻는 생물
예 세균, 곰팡이, 버섯

2) 비생물적 요인

생물을 둘러싼 환경으로 생물의 생존에 영향을 미침
예 빛, 온도, 물, 토양, 공기, 자갈, 영양 염류

조류
광합성을 하는 원생생물
수중 생태계의 생산자이다.

소비자의 구분
식물을 먹는 초식 동물은 1
차 소비자, 1차 소비자인 초
식 동물을 먹는 동물은 2차
소비자, 2차 소비자를 먹는
육식 동물을 3차 소비자라
고 한다.

생태계 내의 모든 생물이며, 생산자, 소비자, 분해자로 구분된다.

생물을 둘러싼 물, 공기, 햇빛, 온도, 토양 등의 무기 환경이다.

생태계

3. 생태계 구성 요소 사이의 상호 관계

생태계 구성 요소들은 서로 간에 상호 관계를 갖고 영향을 준다.

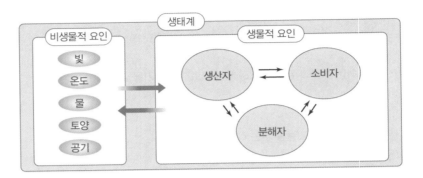

1) 비생물적 요인이 생물적 요인에 주는 영향

	예시
빛과 생물	① 일조량의 감소로 벼의 광합성량이 감소함 ② 한 식물에서도 빛을 많이 받는 양엽은 빛을 적게 받는 음엽보다 울타리 조직이 발달해 잎의 두께가 두꺼움 ③ 수심에 따라 투과되는 빛의 파장이 달라 해조류의 분포가 다름 ④ 국화와 같은 식물은 하루 중 밤의 길이가 길어지는 계절에 꽃이 핌 ⑤ 닭이나 꾀꼬리는 빛을 쐬는 일조 시간이 길어지면 산란을 함

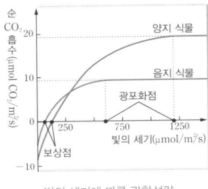

빛의 세기에 따른 광합성량

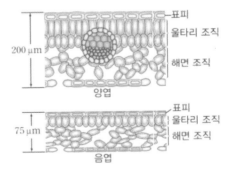

양엽과 음엽

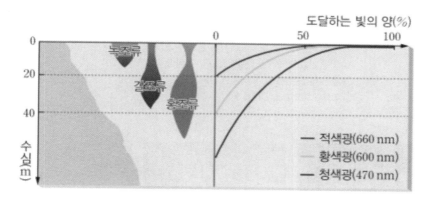

빛의 파장에 따른 해조류의 분포

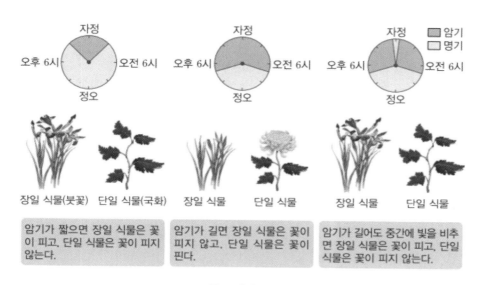

| 암기가 짧으면 장일 식물은 꽃이 피고, 단일 식물은 꽃이 피지 않는다. | 암기가 길면 장일 식물은 꽃이 피지 않고, 단일 식물은 꽃이 핀다. | 암기가 길어도 중간에 빛을 비추면 장일 식물은 꽃이 피고, 단일 식물은 꽃이 피지 않는다. |

일조 시간과 개화

생태계

온도와 생물	① 양서류, 파충류와 같이 외부 온도에 따라 체온이 변하는 동물은 겨울이 되어 온도가 낮아지면 겨울잠을 잠 ② 추운 지방에 서식하는 포유류는 몸집이 크고, 몸의 말단부가 작은 경향이 있음. 이는 열의 손실을 줄여 체온을 유지하는 데 유리함 ③ 일부 식물은 온도가 낮아지면 단풍이 들고 낙엽을 만듦 ④ 가을에 토끼가 털갈이를 함

포유류의 적응

물과 생물	① 물이 부족한 곳에 사는 건생 식물은 뿌리와 저수 조직이 발달함 ② 물 속이나 물 위에 떠서 사는 수생 식물은 줄기나 잎에 통기 조직이 발달해 있음
공기와 생물	① 고산 지대처럼 산소가 희박한 곳에 사는 사람은 적혈구 수가 평지에 사는 사람보다 많다.
토양과 생물	① 토양은 생물의 서식처가 되고 양분을 제공하기 때문에 상태에 따라 생존할 수 있는 생물 종이 달라짐

2) 생물적 요인이 비생물적 요인에 영향을 준다.

	예시
공기와 생물	① 식물의 광합성과 동식물의 호흡은 대기 중의 산소와 이산화 탄소 농도를 변화시킴
토양과 생물	① 세균과 버섯에 의해 토양 속 무기물의 양이 증가하고, 지렁이나 두더지는 토양의 통기성을 높여줌 버섯　　두더지

3) 생물적 요인 사이에 서로 영향을 주고받는다.

예 스라소니의 개체 수가 증가하자 토끼의 개체 수가 감소함, 뿌리혹박테리아가 공기 중의 질소를 고정시켜 콩과식물에 공급함

14
Theme

개체군

개체군

이입
외부에서 특정 개체군이나 서식 장소로 개체가 들어오는 현상

이출
특정 개체군이나 서식 장소에서 개체가 떠나가는 현상

1. 개체군 밀도
개체군이 서식하는 공간의 단위 면적 당 개체 수를 의미

출생이나 이입이 일어나면 개체군의 밀도가 증가하고
사망이나 이출이 일어나면 개체군의 밀도가 감소한다.

[개체군의 밀도]

$$개체군 \; 밀도 = \frac{개체군을 \; 구성하는 \; 개체 \; 수}{개체군이 \; 서식하는 \; 공간의 \; 면적}$$

개체의 출생과 이입은 개체군 밀도를 증가시킨다.

개체의 사망과 이출은 개체군 밀도를 감소시킨다.

2. 개체군의 생장 곡선

개체군의 개체 수가 시간에 따라 증가하는 것을 개체군의 생장이라 하고,
개체군의 생장을 그래프로 나타낸 것을 생장 곡선이라 한다.

1) 이론적 생장 곡선

자원(먹이, 서식 공간 등)의 제한이 없는 이상적인 환경에서 나타나며, 개체 수가 기하급수적으로 늘어나 J자형의 생장 곡선을 나타낸다.

⇒ 이론적 생장 곡선은 사망 요인을 고려하지 않는다.

2) 실제 생장 곡선

자원의 제한이 있는 실제 환경에서 나타난다. 개체 수가 증가하면 먹이와 서식 공간이 부족해지고 개체 간의 경쟁이 심해진다. 또, 노폐물이 축적되어 개체군의 생장이 억제된다.

그에 따라 개체 수가 증가하면 개체군의 생장 속도가 느려지고 나중에는 개체 수가 더 이상 증가하지 않고 일정하게 유지되는 S자형의 생장 곡선을 나타낸다.

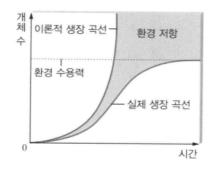

[개체군의 생장 곡선]

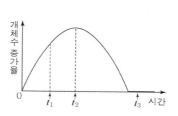

[개체 수 증가율 그래프]

<u>개체 수 증가율</u>은 <u>접선의 기울기</u>이다.

출생률이 사망률보다 크면 생장률이 0보다 커서 밀도가 증가하고
출생률이 사망률과 같으면 생장률이 0이어서 밀도가 일정하고
출생률이 사망률보다 작으면 생장률이 0보다 작아서 밀도가 감소한다.

3) 환경 저항

개체군의 생장을 억제하는 요인
실제 생장 곡선에서는 환경 저항이 <u>항상 존재</u>한다.

예 먹이 부족, 서식 공간 부족, 노폐물 축적, 질병 등

4) 환경 수용력

주어진 환경 조건에서 서식할 수 있는 개체군의 최대 크기
(= 실제 생장 곡선의 접선 기울기가 0이 되는 지점)

환경 저항과 개체군의
상관 관계
환경 저항이 커질수록 개체군의 출생률은 낮아지고, 사망률은 높아지므로 개체군의 생장이 점차 둔화되며, 출생률과 사망률이 같아지면 개체군의 생장이 멈춰 개체 수가 일정해진다.

개체군

3. 개체군의 생존 곡선
동시에 출생한 개체들 중 생존한 개체 수를 상대 수명에 따라 나타낸 그래프
종에 따라 연령별 사망률이 다르며, 이러한 차이는 서로 다른 유형의 생존 곡선으로 나타남

[개체군의 생존 곡선]

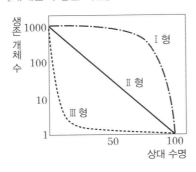

I 형: 출생 수는 적지만 부모의 보호를 받아 초기 사망률이 낮고, 대부분의 개체가 생리적 수명을 다하고 죽어 후기 사망률이 높다.

　📙 사람, 대형 포유류 등

II 형: 시간에 따른 사망률이 비교적 일정하다. 이때 II 형의 생존 곡선을 나타내는 종에서 A 시기 동안 사망한 개체 수는 B 시기 동안 사망한 개체 수와 <u>같지 않다.</u>

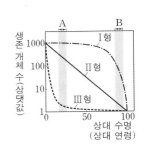

　by 로그 스케일

　📙 다람쥐, 조류 등

III 형: 출생 수는 많지만 초기 사망률이 높아 성체로 생장하는 수가 적다.

　📙 굴, 어류 등

[개체군의 사망률 곡선]

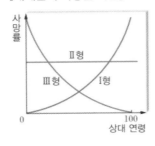

사망률은 생존 곡선에서 접선 기울기의 절댓값이다.

로그 스케일
광범위한 범위의 수치 데이터를 로그를 이용하여 간결하게 표시하는 눈금의 일종

y축 눈금에 로그를 입혔을 때 같은 길이 간격이 된다.

4. 개체군의 연령 분포

연령 분포는 한 개체군 내에서 전체 개체 수에 대한 각 연령별 개체 수의 비율을 나타낸 것이다. 이를
낮은 연령층부터 차례대로 쌓아 올린 그림을 연령 피라미드라고 한다.

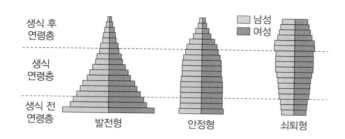

발전형 : 생식 전 연령층의 비율이 상대적으로 높아 개체 수가 증가할 것으로 예상되는 유형
　　　　　(개체군 밀도 증가)

안정형 : 생식 전 연령층과 생식 연령층의 각 연령별 비율이 상대적으로 비슷하여 개체 수에 큰 변화가
　　　　　없을 것으로 예상되는 유형
　　　　　(개체군 밀도 일정)

쇠퇴형 : 생식 전 연령층의 비율이 상대적으로 낮아 개체 수가 감소할 것으로 예상되는 유형
　　　　　(개체군 밀도 감소)

개체군

5. 개체군의 주기적 변동
자연 상태에서 개체군의 크기는 계절에 따른 환경 요인의 변화, 먹이나 포식자 등의 변화에 따라 주기적으로 변하는 경우가 많다.

1) 계절적 변동
환경 요인이 계절에 따라 주기적으로 변하면, 개체군의 크기도 계절에 따라 주기적으로 변동

예 돌말 개체군의 계절적 변동
초봄에 개체 수 증가(∵ 많은 영양 염류, 빛의 세기와 수온 증가) →
늦봄에 개체 수 감소(∵ 영양염류 고갈) →
늦여름에 개체 수 증가(∵ 영양염류 증가) →
초가을에 개체 수 감소(∵ 빛의 세기와 수온 감소)

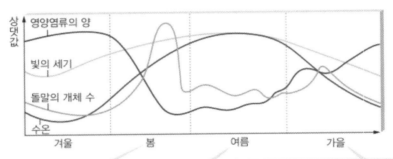

영양염류가 충분한 상태에서 빛의 세기가 강해지고 수온이 높아져 돌말의 개체군 밀도가 크게 증가한다.

영양염류의 감소로 돌말의 개체군 밀도가 크게 감소한다.

영양염류의 증가로 돌말의 개체군 밀도가 약간 증가하지만, 이후 빛의 세기가 약해지고 수온이 낮아져 개체군 밀도가 감소한다.

2) 포식과 피식 관계에 따른 변동
포식과 피식에 의해 두 개체군의 크기가 주기적으로 변동

예 눈신토끼와 스라소니의 개체 수 변동
눈신토끼의 개체 수 증가 → 스라소니의 개체 수 증가 (∵ 먹이 증가) →
눈신토끼의 개체 수 감소 → 스라소니의 개체 수 감소 (∵ 먹이 부족) →
눈신토끼의 개체 수 증가

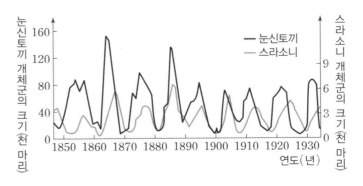

3) 포식과 피식 그래프

포식과 피식에 대한 그래프는 다음과 같다.

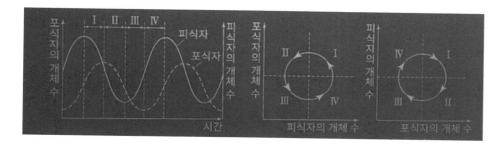

피식자 증가 ⇒ 포식자 증가 ⇒ 피식자 감소 ⇒ 포식자 감소 순서로 해석하면 되며

접선의 기울기를 방향벡터처럼 생각해서 벡터 분해한다고 생각하고 그래프를 해석하도록 하자.

① 피식자 증가, 포식자 증가
② 포식자 증가, 피식자 감소
③ 피식자 감소, 포식자 감소
④ 포식자 감소, 피식자 증가

①~④ 사이클의 반복이고 문제에서 시작점인 ①이 어디 있는지부터 관찰하도록 하자.

개체군

6. 개체군 내의 상호 작용

개체군 내의 개체들 사이에 먹이, 서식 공간, 배우자 등을 차지하기 위해 경쟁이 일어난다. 이런 종내 경쟁이 심해지면 개체군의 유지가 어려워지고 다른 개체군과의 경쟁에서도 불리해진다. 따라서 개체군 내의 경쟁을 피하고 질서를 유지하기 위해 다양한 상호 작용이 일어난다.

1) 텃세

먹이나 서식 공간 확보, 배우자 독점 등을 목적으로 일정한 공간을 점유하고 다른 개체의 침입을 적극적으로 막는 것

이렇게 확보한 공간을 세력권이라고 한다.

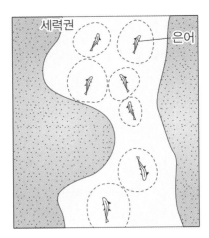

예 은어, 까치 등

2) 순위제

개체들 사이에서 힘의 서열에 따라 순위를 정하여 먹이나 배우자를 차지하는 것

예 고릴라는 암컷을 차지하기 위해 싸워서 순위를 정한다. 닭을 한 닭장에 넣고 모이를 주면 서로 쪼며 싸우다가 곧 순위가 정해져 모이 먹는 순서가 정해진다. 큰뿔양은 수컷의 뿔 크기나 뿔치기를 통해 순위를 정한다.

3) 리더제
한 개체가 전체 개체군의 행동을 이끄는 것

예 코끼리 개체군은 먹이를 찾아 이동할 때 경험이 많은 개체가 리더가 되어 이동 방향을 정한다. 우두머리 늑대는 무리의 사냥 시기나 사냥감 등을 정한다. 기러기가 집단으로 이동할 때 리더를 따라 이동한다.

4) 사회생활
각 개체가 먹이 수집, 방어, 생식 등의 일을 분담하고 협력하여 조화를 이루며 살아가는 것

예 여왕개미는 생식, 병정개미는 방어, 일개미는 먹이 획득을 담당한다. 꿀벌은 여왕벌을 중심으로 업무가 분업화되어 있다.

5) 가족생활
혈연관계의 개체들이 모여 생활하는 것

예 사자, 코끼리, 침팬지 등

개체군

경쟁 배타 원리
두 개체군이 경쟁한 결과 경쟁에서 이긴 개체군은 살아남고, 경쟁에서 진 개체군은 경쟁 지역에서 사라지는 현상

생태적 지위
먹이 지위 + 서식지 지위

7. 개체군 간 상호 작용
군집을 이루는 개체군 간에는 종간 경쟁, 분서 등 다양한 상호 관계를 갖고 영향을 준다.

1) 종간 경쟁
생태적 지위가 유사한 두 개체군이 같은 장소에 서식하게 되면 한정된 먹이와 서식 공간 등의 자원을 차지하기 위한 종간 경쟁이 일어나며, 두 개체군의 생태적 지위가 중복될수록 경쟁의 정도가 심해진다.

예 짚신벌레(카우다툼)와 애기짚신벌레(아우렐리아)의 경쟁

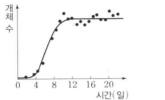 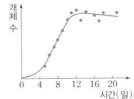 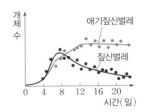

예 수심에 따른 생물량 : 단독 배양 vs 혼합 배양

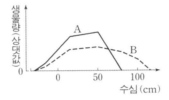 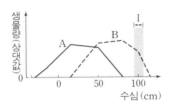

A를 단독으로 심었을 때도 A는 구간 Ⅰ에서 생존하지 못하므로 Ⅰ에서 A가 생존하지 못한 것은 경쟁 배타의 결과가 아니다. 경쟁 배타는 <u>단독 배양 시 존재하던 종이 종간 경쟁 결과 사라져야</u> 한다.

2) 분서(생태 지위 분화)
생태적 지위가 비슷한 개체군들이 경쟁을 피하기 위해 서식지, 먹이, 활동 시기 등을 달리하여 생태적 지위를 다르게 하는 현상

예 한 그루의 나무에 서식하는 여러 종의 솔새가 경쟁을 피하기 위해 서로 다른 공간에서 살아간다.

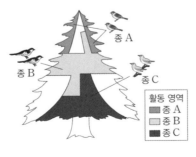 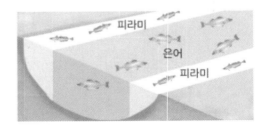

솔새의 분서　　　　　　　　　　피라미와 은어의 분서

3) 포식과 피식

두 개체군 사이의 먹고 먹히는 관계

예 스라소니(포식자)와 눈신토끼(피식자)

다른 생물을 잡아먹는 생물을 포식자라고 하고, 먹이가 되는 생물을 피식자라고 하며, 포식자를 피식자의 천적이라고 한다. 포식과 피식 관계로 먹이 사슬이 형성되고, 포식과 피식 관계의 개체군은 서로 영향을 미쳐 개체군의 크기에 주기적 변동을 가져오기도 한다.

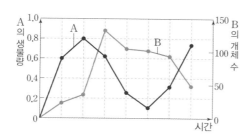

A의 생물량이 먼저 증가한 다음 B의 개체 수가 증가하고, A의 생물량이 먼저 감소한 다음 B의 개체 수가 감소한다. 따라서 A는 피식자, B는 포식자이다.

4) 공생

두 개체군이 서로 밀접하게 관계를 맺고 함께 살아가는 것

상리 공생 : 두 개체군이 서로 이익을 얻는 경우
예 흰동가리와 말미잘, 콩과식물과 뿌리혹박테리아, 복어와 청소놀래기

편리 공생 : 한 개체군은 이익을 얻지만, 다른 개체군은 이익도 손해도 없는 경우
예 빨판상어와 거북, 황로와 물소, 혹등고래와 따개비

5) 기생

한 개체군이 다른 개체군에 피해를 주면서 생활하는 것
기생 관계에서 이익을 얻는 생물을 기생 생물, 손해를 입는 생물을 숙주라고 한다.

개체군

6) 개체군 사이의 상호 작용에 따른 개체 수 변화

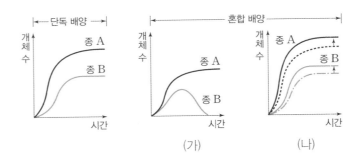

(가)는 종 B가 사라지므로 경쟁 배타가 일어났고
(나)는 단독 배양할 때보다 두 종 모두 개체 수가 늘어났으므로 상리 공생이 일어났다.

7) 개체군 사이의 상호 작용에 따른 이익과 손해

먹이와 서식 공간 등의 자원을 두고 두 개체군이 상호 작용을 하면 이익과 손해가 생긴다.

상호 작용	상리 공생	기생	종간 경쟁	편리공생	포식과 피식
개체군 A	+	-	-	+	+
개체군 B	+	+	-	0	-

15
Theme

군집

군집

1. 군집의 특성

군집을 이루고 있는 여러 종류의 개체군들은 먹고 먹히는 관계를 맺고 있다.

1) 먹이 사슬

군집을 구성하는 개체군 사이의 먹고 먹히는 관계를 사슬 모양으로 나타낸 것

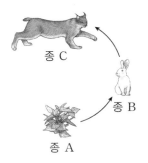

2) 먹이 그물

군집 내에서 먹이 사슬 여러 개가 서로 얽혀 마치 그물처럼 복잡하게 나타나는 것

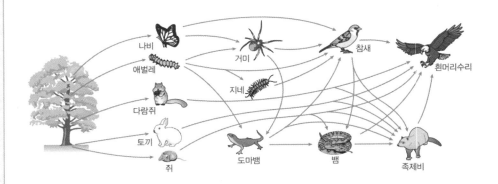

3) 생태적 지위

개체군이 차지하는 먹이 그물에서의 위치, 서식 공간, 생물적·비생물적 요인과의 관계 등 군집 내에서 개체군이 갖는 위치와 역할

개체군이 먹이 그물에서 차지하는 위치인 먹이 지위와
개체군이 차지하는 서식 공간인 공간 지위 등이 있다.

2. 군집의 구조
군집을 구성하는 개체군의 종류와 개체군의 개체 수는 군집의 구조와 특징을 좌우한다.

1) 우점종
군집에서 개체 수가 많거나 넓은 면적을 차지하여 군집을 대표하는 종
다른 종의 생육과 비생물적 요인에 영향을 주어 군집의 구조에 큰 영향을 미친다.

① 군집은 한두 종의 우점종과 다수의 희소종으로 구성된다.
② 대부분의 군집에서 우점종은 식물이며, 동물은 그 속에서 생활한다.
③ 우점종은 군집의 겉모습을 결정하는 경우가 많다.
④ 식물 군집에서는 중요치가 가장 큰 종이, 동물 군집에서는 밀도가 가장 큰 종이 우점종이다.

희소종
군집을 구성하는 개체군 중 개체 수가 매우 적은 개체군

2) 핵심종
군집 안에서 우점종은 아니지만 군집의 구조에 중요한 역할을 하는 종

예 바닷가 바위 생태계에서 조개와 따개비의 생존을 결정하는 불가사리
습지 생태계에서 다른 동물의 분포에 영향을 미치는 수달

3) 층상 구조
삼림처럼 많은 개체군으로 이루어진 군집이 수직적인 몇 개의 층으로 구성되는 것

- 삼림의 층상 구조는 교목층, 아교목층, 관목층, 초본층, 지표층 등으로 이루어진다.
- 층상 구조의 발달로 높이에 따라 도달하는 빛의 세기가 다르다.
- 층상 구조는 다양한 동물에게 서식지를 제공한다.

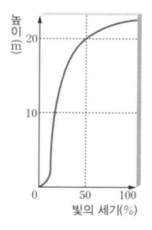
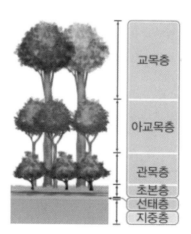

군집

방형구
군집 조사에 활용하는 사각
형의 틀

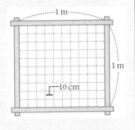

3. 군집 조사
군집의 구조와 특성을 알기 위해 종 구성과 분포를 조사한다
이때 방형구법을 주로 이용한다.

1) 방형구법
조사할 곳에 방형구를 여러 개 설치하고, 방형구에 나타난 식물 종, 식물 종의 개체 수(밀도), 종이 출현한 방형구 수(빈도), 지표를 덮고 있는 정도(피도)를 조사하여 중요도와 우점종을 알아내는 방법

- 밀도 $= \dfrac{\text{특정 종의 개체 수}}{\text{전체 방형구의 면적(m}^2\text{)}}$

- 빈도 $= \dfrac{\text{특정 종이 출현한 방형구 수}}{\text{전체 방형구의 수}}$

- 피도 $= \dfrac{\text{특정 종의 점유 면적(m}^2\text{)}}{\text{전체 방형구의 면적(m}^2\text{)}}$

- 상대 밀도(%) $= \dfrac{\text{특정 종의 밀도}}{\text{조사한 모든 종의 밀도의 합}} \times 100$

- 상대 빈도(%) $= \dfrac{\text{특정 종의 빈도}}{\text{조사한 모든 종의 빈도의 합}} \times 100$

- 상대 피도(%) $= \dfrac{\text{특정 종의 피도}}{\text{조사한 모든 종의 피도의 합}} \times 100$

- 중요치 = 상대 밀도 + 상대 빈도 + 상대 피도

예 식물 군집 조사

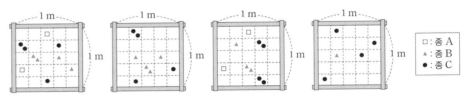

□ : 종 A
▲ : 종 B
● : 종 C

식물 종	밀도	빈도	피도	상대 밀도	상대 빈도	상대 피도	중요치
A	1/m²	0.5	0.04	12.5	20	16	48.5
B	3/m²	1	0.09	37.5	40	36	113.5
C	4/m²	1	0.12	50	40	48	138

4. 군집의 종류

군집은 생물의 서식 환경에 따라 크게 육상 군집과 수생 군집으로 구분할 수 있다.

1) 육상 군집

기온과 강수량의 차이로 삼림, 초원, 사막으로 구분

삼림 : 많은 종류의 목본 식물과 초본 식물로 이루어진 육상의 대표적인 군집
　　　강수량이 많은 지역에 형성됨

예 열대 지방의 상록 활엽수로 구성된 열대 우림, 온대 지방의 낙엽 활엽수로 구성된 온대림, 아한대
　　지방의 북부 침엽수림 등

초원 : 주로 초본 식물로 이루어진 군집으로, 삼림보다 강수량이 적은 지역에 형성됨
예 열대 지방의 건조 지역에서 발달하는 열대 초원, 온대 지방의 온대 초원 등

사막 : 강수량이 매우 적고 건조하여 식물이 자라기 어려운 지역에 형성됨
예 저위도 지방의 열대 사막, 온대 내륙 지방의 온대 사막, 한대와 극지방 부근에 형성되는 툰드라

삼림

초원

사막

2) 수생 군집

하천, 호수, 강에 형성되는 담수 군집과 바다에 형성되는 해수 군집이 있다.

5. 군집의 생태 분포

기온이나 강수량 등 환경 요인의 영향을 받아 형성된 군집의 분포이다.

1) 수평 분포

위도에 따라 나타나는 분포로, 기온과 강수량의 차이에 의해 나타난다.

저위도에서 고위도로 갈수록 열대 우림 → 낙엽수림 → 침엽수림 → 툰드라 순으로 분포한다.

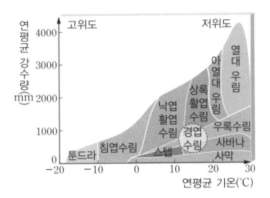

2) 수직 분포

특정 지역에서 고도에 따라 나타나는 분포로, 주로 기온의 차이에 의해 나타난다.

고도가 낮은 곳에서 높은 곳으로 갈수록 상록 활엽수림 → 낙엽 활엽수림 → 침엽수림 → 관목대 순으로 분포한다..

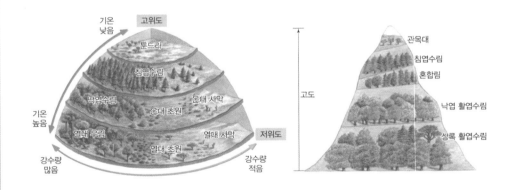

6. 군집의 천이

군집의 종 구성과 특성이 시간이 지남에 따라 변하는 과정

1) 1차 천이

생물이 없고 토양이 형성되지 않은 곳에서 토양의 형성 과정부터 시작하는 천이

[건성 천이]

① 건조한 지역(용암 대지와 같은 불모지)에서 시작되며, 지의류가 개척자로 들어온다.

② 지의류에 의해 바위의 풍화가 촉진되어 토양이 형성되고,

③ 토양의 수분과 양분 함량이 증가하여 초원이 형성된 후 관목이 우점하는 군집이 된다.

④ 이후 강한 빛에서 빠르게 자라는 소나무와 같은 양수가 우점하는 양수림이 형성된다.

⑤ 양수림이 형성되면 숲의 상층에서 많은 빛이 흡수되어 하층에 도달하는 빛의 세기가 약해진다.

⑥ 약한 빛에서도 잘 자라는 참나무와 같은 음수의 묘목이 자라면서 양수와 음수의 혼합림이 형성된다.

⑦ 음수가 번성하여 혼합림이 점차 음수림으로 전환된다. [음수림에서 극상을 이룬다.]

[습성 천이]

습한 곳(호수, 연못 등)에서 시작되며, 빈영양호에 유기물과 퇴적물이 쌓여 습원(습지)이 형성되고 초원을 거쳐 건성 천이와 같은 과정을 거친다. [음수림에서 극상을 이룬다.]

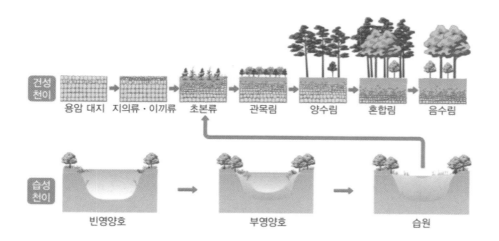

건성 천이: 용암 대지 → 지의류·이끼류 → 초본류 → 관목림 → 양수림 → 혼합림 → 음수림

습성 천이: 빈영양호 → 부영양호 → 습원

2) 2차 천이

기존의 식물 군집이 있었던 곳에 산불, 산사태, 벌목 등이 일어나 군집이 파괴된 후, 기존에 남아 있던 토양에서 다시 시작되는 천이

토양이 이미 형성되어 있는 곳에 종자나 식물의 뿌리 등이 남아 있어 보통 <u>1차 천이보다 빠른 속도로</u> 진행된다. 주로 초본(풀)이 개척자로 들어오며, 초원이 형성된 후 1차 천이와 같은 과정으로 일어난다. (양수림 → 혼합림 → 음수림)

용암 대지
화산의 용암이 대량으로 유출되어 형성된 평탄한 대지

지의류의 역할
용암 대지나 바위 표면에 부착해 살면서 여러 종류의 산성 물질을 분비하여 바위 표면을 부식시켜 미세한 틈을 만든다. 이 틈을 통해 풍화 작용이 촉진되어 토양이 형성되고 수분 함량이 증가한다.

양수
어릴 때 햇빛이 비치는 곳에서 잘 자라고 그늘에서는 잘 자라지 못하는 나무

예 소나무

음수
어릴 때 비교적 빛이 약한 곳에서도 잘 자라는 나무

예 떡갈나무

빈영양호
영양염류의 양과 퇴적량이 적어서 생물의 생산력이 낮은 호수

부영양호
영양염류의 양과 퇴적량이 많아서 생물의 생산력이 높은 호수

군집

3) 극상
천이의 마지막 단계로 안정된 상태

[예시 그래프]

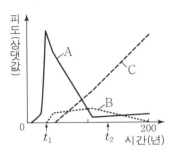

A : 초본(풀)
B : 관목(키가 작은 나무 / 줄기가 있는 나무)
C : 교목(큰 나무)

t_1일 때 극상을 이루지 않고
t_2일 때가 t_1일 때보다 식물 군집의 평균 높이가 높다.

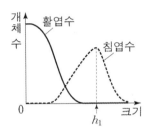

조사한 침엽수(양수)의 크기(높이)가 활엽수(음수)보다 크므로
이 식물 군집은 양수림이다.
크기가 h_1보다 작은 활엽수의 개체 수는 0보다 크다.

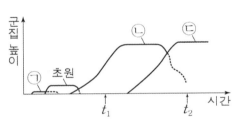

㉠은 지의류, ㉡은 양수림, ㉢은 음수림이다.
지표면에 도달하는 빛의 세기는 t_2일 때가 t_1일 때보다 약하다.

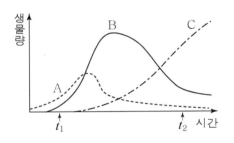

A는 초원의 우점종, B는 양수림의 우점종, C는 음수림의 우점종이다.

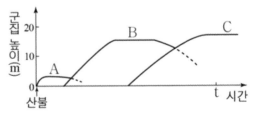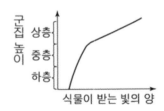

A는 초원, B는 양수림, C는 음수림이다. t에서 C의 잎 평균 두께는 C의 식물이 받는 빛의 양은 하층보다 상층이 많기 때문에 하층보다 상층의 잎이 광합성 조직이 활발하게 발달해서 더 두껍다.

7. 천이 진행에 따른 변화

천이 진행에 따라 토양, 빛의 양, 군집 내 종 다양성이 변화한다.

1) 토양 변화

식물 군집 발달 → 낙엽의 분해 → 토양 속 무기염류의 양 증가 → 토양의 수분 함량과 깊이 증가

극상을 이룬 후에는 토양으로 돌아가는 무기염류보다 식물체 내로 흡수되어 저장되는 무기염류가 많아 토양 속 무기염류의 양이 감소한다.

2) 빛의 양

양수림이 발달하면서 위쪽에서 많은 빛이 흡수되어 아래쪽에 도달하는 빛의 양이 줄어든다.

3) 종 다양성 변화

천이가 진행됨에 따라 식물에 의존하여 사는 동물과 미생물의 수가 함께 변해 종 다양성이 변한다.

① 식물 군집에 작은 동물이 서식하면 먹이 사슬로 연결된 다른 동물도 서식하기 시작하여 천이가 진행되면서 군집 내 종 다양성이 증가한다.

② 식물 군집이 극상에 이르면 동물 군집도 안정된 상태로 유지된다.

군집

[중요도 ★★★]
- 각각의 정의는 다음과 같다.

- 밀도 $= \dfrac{\text{특정 종의 개체 수}}{\text{전체 방형구의 면적}(\text{m}^2)}$

- 빈도 $= \dfrac{\text{특정 종이 출현한 방형구 수}}{\text{전체 방형구의 수}}$

- 피도 $= \dfrac{\text{특정 종의 점유 면적}(\text{m}^2)}{\text{전체 방형구의 면적}(\text{m}^2)}$

- 상대 밀도(%) $= \dfrac{\text{특정 종의 밀도}}{\text{조사한 모든 종의 밀도의 합}} \times 100$

- 상대 빈도(%) $= \dfrac{\text{특정 종의 빈도}}{\text{조사한 모든 종의 빈도의 합}} \times 100$

- 상대 피도(%) $= \dfrac{\text{특정 종의 피도}}{\text{조사한 모든 종의 피도의 합}} \times 100$

- 중요치 $=$ 상대 밀도 $+$ 상대 빈도 $+$ 상대 피도

- 우점종은 중요치가 가장 높은 종이다.
- 핵심종은 우점종은 아니지만 군집의 구조에 중요한 역할을 하는 종이다.
- 희소종은 군집을 구성하는 개체군 중 개체 수가 매우 적은 종이다.

[예시 - 방형구 그림 해석]

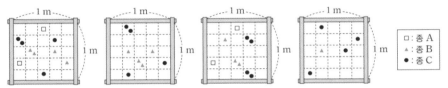

(단, 피도를 구할 때, 어떤 종이 방형구의 어떤 한 칸에 출현하면 그 종이 그 칸의 면적(0.04m^2)을 모두 점유하는 것으로 간주한다.)

종	실젯값			상댓값(%)			
	밀도	빈도	피도	상대 밀도	상대 빈도	상대 피도	중요치
A	$1/\text{m}^2$	0.5	0.04	12.5	20	16	48.5
B	$3/\text{m}^2$	1	0.09	37.5	40	36	113.5
C	$4/\text{m}^2$	1	0.12	50	40	48	138

우점종은 C이다.

[중요도 ★★★★]

- 개체 수는 상대 밀도에, 출현한 방형구 수는 상대 빈도에 비례한다.

- 자료에는 부분 비례가 주어진다. 4 中 4 요소를 통해 요소 대응을 할 수 있다거나
  대응이 완료된 상황에서 삼각형을 알면 여사건을 알 수 있다는 마인드가 부분 비례에서 중요
  하다.

[예시 - 24학년도 9평]

> (가) 이 지역에 방형구를 설치하여 식물 종 A~E의 분포를 조사
> 했다. 표는 조사한 자료 중 A~E의 개체 수와 A~E가
> 출현한 방형구 수를 나타낸 것이다.
>
> | 구분 | A | B | C | D | E |
> |---|---|---|---|---|---|
> | 개체 수 | 96 | 48 | 18 | 48 | 30 |
> | 출현한 방형구 수 | 22 | 20 | 10 | 16 | 12 |
>
> (나) 표는 A~E의 분포를 조사한 자료를 바탕으로 각 식물 종의
> ㉠~㉢을 구한 결과를 나타낸 것이다. ㉠~㉢은 상대 밀도,
> 상대 빈도, 상대 피도를 순서 없이 나타낸 것이다.
>
> | 구분 | A | B | C | D | E |
> |---|---|---|---|---|---|
> | ㉠ (%) | 27.5 | ? | ⓐ | 20 | 15 |
> | ㉡ (%) | 40 | ? | 7.5 | 20 | 12.5 |
> | ㉢ (%) | 36 | 17 | 13 | ? | 10 |

개체 수는 부분 비례를 관찰하면 ㉡과 비례하는 것을 알 수 있다.
따라서 ㉡은 상대 밀도이다.

출현한 방형구 수는 부분 비례를 관찰하면 ㉠과 비례하는 것을 알 수 있다.
따라서 ㉠은 상대 빈도이다.

군집

[중요도 ★★★]

- 상대 피도(A^C)는 [상대 빈도와 상대 밀도(A)]의 여사건이다.

- 부분 비례를 활용한 후 여사건 논리로 상대 피도를 결정하는 방향으로
  문항의 논리가 주로 흘러간다.

[예시 - 24학년도 9평]

(가) 이 지역에 방형구를 설치하여 식물 종 A~E의 분포를 조사
했다. 표는 조사한 자료 중 A~E의 개체 수와 A~E가
출현한 방형구 수를 나타낸 것이다.

구분	A	B	C	D	E
개체 수	96	48	18	48	30
출현한 방형구 수	22	20	10	16	12

(나) 표는 A~E의 분포를 조사한 자료를 바탕으로 각 식물 종의
㉠~㉢을 구한 결과를 나타낸 것이다. ㉠~㉢은 상대 밀도,
상대 빈도, 상대 피도를 순서 없이 나타낸 것이다.

구분	A	B	C	D	E
㉠ (%)	27.5	?	ⓐ	20	15
㉡ (%)	40	?	7.5	20	12.5
㉢ (%)	36	17	13	?	10

개체 수는 부분 비례를 관찰하면 ㉡과 비례하는 것을 알 수 있다.
따라서 ㉡은 상대 밀도이다.

출현한 방형구 수는 부분 비례를 관찰하면 ㉠과 비례하는 것을 알 수 있다.
따라서 ㉠은 상대 빈도이다.

∴ ㉢은 상대 피도이다.

[중요도 ★★★]

- 상대 밀도, 상대 빈도, 상대 피도의 합은 언제나 100(%)이다.

- 개체 수의 합이나 출현한 방형구 수의 합을 관찰해두면
  비례 관계를 매개하는 곱상수를 파악할 수 있다.

[예시 - 24학년도 9평]

(가) 이 지역에 방형구를 설치하여 식물 종 A~E의 분포를 조사
     했다. 표는 조사한 자료 중 A~E의 개체 수와 A~E가
     출현한 방형구 수를 나타낸 것이다.

구분	A	B	C	D	E
개체 수	96	48	18	48	30
출현한 방형구 수	22	20	10	16	12

(나) 표는 A~E의 분포를 조사한 자료를 바탕으로 각 식물 종의
     ㉠~㉢을 구한 결과를 나타낸 것이다. ㉠~㉢은 상대 밀도,
     상대 빈도, 상대 피도를 순서 없이 나타낸 것이다.

구분	A	B	C	D	E
㉠(%)	27.5	?	ⓐ	20	15
㉡(%)	40	?	7.5	20	12.5
㉢(%)	36	17	13	?	10

출현한 방형구 수의 합은 80이다.
상대 빈도의 합은 100이므로

비례상수와 실젯값을 매개하는 둘 간 곱상수는 ×(5/4)이다.

군집

[중요도 ★★★]
- 중요치의 합은 종 수와 무관하게 언제나 300이다.
  이는 중요치의 합이 상대 밀도 + 상대 빈도 + 상대 피도이기 때문이다.

- 중요치는 대체로 구하는 대상이긴 하나
  4 中 3의 중요치를 알면 나머지 중요치는 여사건 논리로 자동 귀결된다.

- ㉠ + ㉡(%)과 같이 문제에서 주어졌을 때
  자유롭게 합의 관점으로 해석할 수 있어야 한다.

[예시 – 24학년도 9평 대비 모의고사]

종	개체 수	빈도	㉠+㉡	㉡+㉢	중요치(중요도)
A	?	?	35	?	55
B	ⓐ	0.8	65	75	ⓑ
C	18	0.2	ⓒ	25	65
D	?	?	50	60	80

모든 종의 중요치를 더한 값은 항상 300이다. ∴ ⓑ는 100이다
모든 종의 ㉠+㉡과 ㉡+㉢은 각각 200이어야 한다 (순서 없이의 해석)

∴ 4 中 3의 여사건 요소를 필요하면 구할 수 있다.

[중요도 ★★]

- 개체 수와 출현한 방형구 수는 자연수 요소이다.

- 그에 따라 부분 비례를 관찰했을 때
  개체 수나 출현한 방형구 수가 분수로 나타난다면 해당 Case는 모순이다.

[예시 - 24학년도 9평 대비 모의고사]

종	개체 수	빈도	㉠+㉡	㉡+㉢	중요치(중요도)
A	?	?	35	?	55
B	ⓐ	0.8	65	75	ⓑ
C	18	0.2	㉢	25	65
D	?	?	50	60	80

빈도 비는 상대 빈도 비와 같으므로 ㉡이 상대 빈도이다.
이때 ㉠이 상대 밀도일 경우, ⓐ가 소수점이 되어 모순이 발생한다.

∴ ㉢이 상대 밀도, ㉠이 상대 피도이다.

군집

[중요도 ★★★]

- 개체 수와 출현한 방형구 수는 자연수 요소이다.

- 그에 따라 부분 비례를 관찰했을 때
  개체 수나 출현한 방형구 수가 분수로 나타난다면 해당 Case는 모순이다.

[예시 - 24학년도 7월 교육청]

표는 방형구법을 이용하여 어떤 지역의 식물 군집을 조사한 결과를 나타낸 것이다. A~C의 개체 수의 합은 100이고, 순위 1, 2, 3은 값이 큰 것부터 순서대로 나타낸 것이다.

종	상대 밀도(%)		상대 빈도(%)		상대 피도(%)		중요치(중요도)	
	값	순위	값	순위	값	순위	값	순위
A	32	2	38	1	?	?	?	?
B	㉠	1	?	3	?	?	97	?
C	?	3	㉠	2	26	?	?	?

C의 상대 밀도 값은 100-(32+㉠), 순위는 3이므로 ㉠은 36보다 크다.
C의 상대 빈도 값은 ㉠, 순위는 2이므로 ㉠은 38보다 작다.

이때 개체 수 합이 100이므로 곱상수는 ×1이고
개체 수 = 상대 밀도이다.

따라서 자연수론이 성립하고, ㉠은 37이어야 한다.

[중요도 ★★★]

- 자료에서 3 中 2만 제시하거나 4 中 3만 제시되는 경우가 많다.

- 적절히 여사건 요소를 표에 연장해서 작성할 수 있어야 한다.

[예시 - 23학년도 수능]

시점	종	개체 수	상대 빈도(%)	상대 피도(%)	중요치(중요도)
t_1	A	9	?	30	68
	B	19	20	20	?
	C	?	20	15	49
	D	15	40	?	?
t_2	A	0	?	?	?
	B	33	?	39	?
	C	?	20	24	?
	D	21	40	?	112

상대 빈도의 합은 100%이므로 t_1에서 A의 상대 빈도는 20%이다.
따라서 t_1에서 A의 상대 밀도는 18%이고 곱상수는 ×2임을 알 수 있다.

∴ t_1에서 개체 수 합은 50이어야 한다.
∴ t_1에서 C의 개체 수는 7이다.

상대 밀도 비를 적절히 연장해서 작성하여 관찰하거나 곱상수를 매개해서
관찰할 수 있다.

군집

[중요도 ★★]

- 여러 가지 요소가 방형구법과 함께 등장할 수 있다.

- 알고 있는 5단원 기반 지식과 방형구 Schema를 바탕으로
  적절히 해석하도록 하자.

- 방형구 그림을 직접 해석하는 문항이 출제될 수 있다.

[예시 - 24학년도 6월 평가원]

그림은 어떤 지역의 식물 군집에서 산불이 난 후의 천이 과정 일부를, 표는 이 과정 중 ㉠에서 방형구법을 이용하여 식물 군집을 조사한 결과를 나타낸 것이다. ㉠은 A와 B 중 하나이고, A와 B는 양수림과 음수림을 순서 없이 나타낸 것이다. 종 Ⅰ과 Ⅱ는 침엽수 (양수)에 속하고, 종 Ⅲ과 Ⅳ는 활엽수(음수)에 속한다.

구분	침엽수		활엽수	
	Ⅰ	Ⅱ	Ⅲ	Ⅳ
상대 밀도(%)	30	42	12	16
상대 빈도(%)	32	38	16	14
상대 피도(%)	34	38	17	11

이에 대한 설명으로 옳은 것만을 <보기>에서 있는 대로 고른 것은? (단, Ⅰ~Ⅳ 이외의 종은 고려하지 않는다.) [3점]

<보 기>
ㄱ. ㉠은 B이다.
ㄴ. 이 지역에서 일어난 천이는 2차 천이이다.
ㄷ. 이 식물 군집은 혼합림에서 극상을 이룬다.

기존 식물 군집이 있던 곳에 산불이 일어나 군집이 파괴된 후,
기존에 남아 있던 토양에서 시작하는 천이는 2차 천이이고,
A는 양수림, B는 음수림이다.

㉠에서 침엽수(양수)에 속하는 Ⅰ, Ⅱ가 활엽수(음수)에 속하는 Ⅲ, Ⅳ보다 상대 밀도, 상대 빈도,
상대 피도가 모두 높게 나타나므로 ㉠은 양수가 우점종인 양수림(A)이다.

16
Theme

에너지 순환과
물질의 순환
그리고 생물 다양성

에너지 순환과 물질의 순환 그리고 생물 다양성

1. 물질의 생산과 소비

생태계는 에너지 흐름과 물질 순환을 통해 생물적 요인과 비생물적 요인이 연결된 역동적인 시스템으로, 물질 생산과 물질 소비가 균형을 이루고 있다

1) 총생산량

생산자가 일정 기간 동안 광합성을 통해 합성한 유기물의 총량

2) 호흡량

생물이 자신의 생활에 필요한 에너지를 얻기 위해 호흡에 소비한 유기물의 양

3) 순생산량

총생산량에서 호흡량을 제외한 유기물의 양(총생산량-호흡량)

즉, 총생산량=호흡량+순생산량(피식량 + 고사·낙엽량 + 생장량)이다.

4) 생장량

생물의 생장에 이용된 유기물의 총량

생장량 = 순생산량 - 피식량 - 고사·낙엽량 이다.

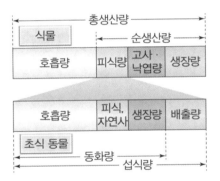

피식량
동물에게 먹히는 유기물의 양

고사·낙엽량
말라죽거나 잎이나 줄기가 식물체에서 떨어져나가 식물이 잃어버리는 유기물의 양

동화량
동물의 섭식량에서 소화되지 않고 체외로 배출된 양(배출량)을 제외한 양으로, 동물체에 저장된 유기물의 양

생물량(생체량)
현재 가지고 잇는 유기물의 총량

$$\int (생장량)\, dt = 생물량$$

5) 섭식량과 동화량

식물(생산자)의 피식량은 초식 동물(1차 소비자)의 섭식량과 같으며

초식 동물의 동화량은 섭식량에서 배출량을 제외한 유기물의 양이다.

총생산량＝호흡량＋순생산량
순생산량＝고사·낙엽량＋피식량＋생장량

섭식량＝동화량＋배출량

2. 유기물량 그래프

물질의 생산과 소비에 관련된 그래프 해석 문항이 출제된다.

[예시 그래프]

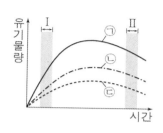

⊙은 총생산량, ⓛ은 순생산량, ⓒ은 생장량이다.

고사량은 ⓛ에 포함되고 ⓒ과는 다른 유기물량이다.
피식량은 ⓛ에 포함되고 ⓒ과는 다른 유기물량이다.

Ⅰ에서 시간에 따라 호흡량(⊙ - ⓛ)이 증가하고 있고
Ⅱ에서 생장량이 0보다 크므로
시간에 따라 생물량(생체량)은 증가한다.

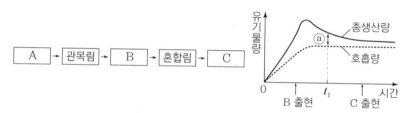

A는 초원, B는 양수림, C는 음수림이다.
ⓐ는 순생산량이다.

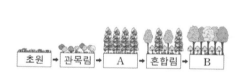 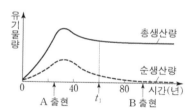

A는 양수림, B는 음수림이다.
(총생산량 - 순생산량)의 간격은 호흡량이다.
이 군집은 B에서 극상을 이루고
생장량은 순생산량의 일부이므로 순생산량보다 클 수 없다.

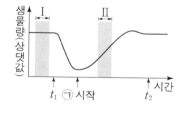

Ⅰ 시기에 단위 면적당 생물량(생체량)이 일정하므로 순생산량과 호흡량은 같고 호흡량은 0이 아니다.

총생산량은 순생산량과 호흡량의 합이므로 Ⅱ 시기에 생산자의 총생산량은 순생산량보다 크다.

에너지 순환과 물질의 순환 그리고 생물 다양성

3. 에너지 흐름

생태계 내에서 에너지는 순환하지 않고, 한 방향으로만 흐른다.

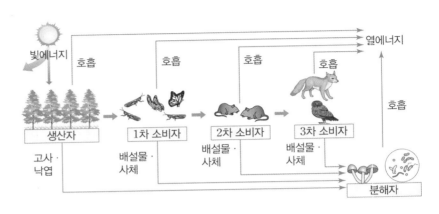

1) 에너지의 전환

생태계에 공급되는 주요 에너지원은 태양의 빛에너지이며, 빛에너지는 생산자의 광합성에 의해 유기물의 화학 에너지로 전환된다.

2) 에너지양의 감소

유기물에 저장된 화학 에너지 중 일부는 세포 호흡을 통해 생명 활동을 유지하는 데 사용되고 열에너지로 전환되어 생태계 밖으로 방출된다. 결국 각 영양 단계가 가지는 화학 에너지의 일부만 유기물 형태로 먹이 사슬을 따라 상위 영양 단계로 이동하고, 상위 영양 단계로 갈수록 각 영양 단계의 생물이 사용할 수 있는 에너지양은 감소한다.

3) 화학 에너지의 방출

생물의 사체나 배설물 등에 저장된 화학 에너지는 분해자의 세포 호흡에 의해 생명 활동에 사용되고 열에너지로 전환되어 생태계 밖으로 방출된다.

4) 에너지의 유입

생태계 내에서 에너지는 순환하지 않고 한 방향으로만 흐르기 때문에 생태계가 유지되려면 생태계로 에너지가 계속 유입되어야 한다.

4. 생태 피라미드

먹이 사슬에서 각 영양 단계에 속하는 생물의 개체 수, 생물량(생체량), 에너지양 등을 하위 영양 단계에서부터 쌓아 올리면 일반적으로 피라미드 형태가 되는데, 이를 생태 피라미드라고 한다.

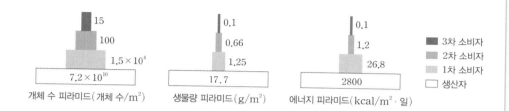

개체 수 피라미드(개체 수/m²)　　생물량 피라미드(g/m²)　　에너지 피라미드(kcal/m²·일)

일반적으로 상위 영양 단계로 갈수록 개체 수, 생물량, 에너지양이 감소하는 피라미드 형태를 나타내나, 에너지 효율, 개체의 크기, 생물 농축 정도 등은 오히려 상위 영양 단계로 갈수록 증가하는 역피라미드 형태를 나타낸다.

5. 에너지 효율

에너지 효율은 생태계의 한 영양 단계에서 다음 영양 단계로 이동하는 에너지의 비율로 일반적으로 상위 영양 단계로 갈수록 증가하는 경향이 있는데, 이는 생태계에 따라 다르게 나타난다.

$$에너지\ 효율(\%) = \frac{현\ 영양\ 단계가\ 보유한\ 에너지양}{전\ 영양\ 단계가\ 보유한\ 에너지양} \times 100$$

에너지 순환과 물질의 순환 그리고 생물 다양성

6. 탄소의 순환
생태계 내에서 탄소는 끊임없이 순환한다.

1) 생태계 내에서 탄소의 존재
탄소는 생명체를 구성하는 유기물의 기본 골격을 이루며, 대기에서는 주로 이산화 탄소로, 물속에서는 주로 탄산수소 이온으로 존재한다.

2) 유기물로 합성
생산자(식물, 조류 등)의 광합성을 통해 대기 중의 이산화 탄소(물 속의 탄산수소 이온)는 유기물로 합성된다.

3) 탄소의 이동
유기물 중 일부는 먹이 사슬을 따라 생산자에서 소비자로 이동하고, 사체나 배설물의 형태로 분해자에게로 이동한다. 생산자, 소비자, 분해자의 유기물 중 일부는 호흡을 통해 이산화 탄소로 분해되어 대기로 돌아가며, 사체나 배설물의 나머지 유기물은 오랜 기간을 거쳐 화석 연료(석탄, 석유 등)가 되고, 이것은 인간의 활동 등으로 연소될 때 이산화 탄소로 분해되어 대기로 돌아간다.

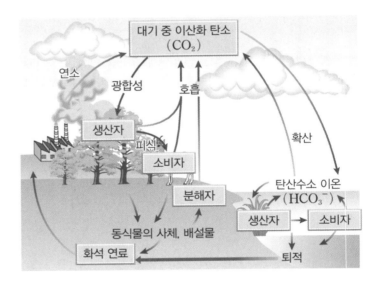

7. 질소의 순환

생태계 내에서 질소는 끊임없이 순환한다.

질소는 단백질과 핵산을 구성하며, 질소 기체는 대기 중의 약 78% 정도를 차지한다.

1) 질소 고정

대부분의 생물이 직접 이용할 수 없는 대기 중의 질소 기체는 질소 고정 세균(뿌리혹박테리아, 아조토박터 등)에 의해 암모늄 이온이 되거나, 공중 방전에 의해 질산 이온으로 고정되어 생물에 이용된다.

2) 질산화 작용

토양 속의 암모늄 이온은 질산화 세균(아질산균, 질산균)에 의해 질산 이온으로 전환된다

3) 질소 동화 작용

암모늄 이온이나 질산 이온은 생산자에 의해 흡수되어 질소 화합물(단백질, 핵산)로 합성된 후, 먹이 사슬을 따라 소비자에게로 이동된다.

4) 질소 화합물의 분해

생물의 사체나 배설물 속의 질소 화합물은 분해자에 의해 암모늄 이온으로 분해되어 토양으로 돌아간다.

5) 탈질산화 작용

토양 속 질산 이온은 탈질산화 세균에 의해 질소 기체로 전환되어 대기로 돌아간다.

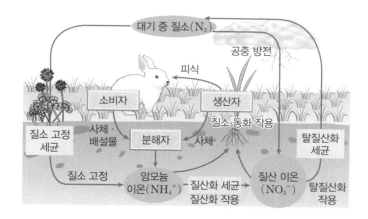

[예시 자료]

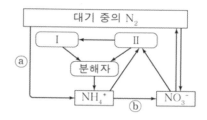

Ⅰ은 소비자, Ⅱ는 생산자이다.

ⓐ에는 질소 고정 세균
ⓑ에는 질산화 세균이 관여한다.

에너지 순환과 물질의 순환 그리고 생물 다양성

8. 에너지 흐름과 물질 순환 비교

생태계 내에서 에너지는 순환하지 않고, 한 방향으로만 이동하여 생태계 밖으로 빠져나간다. 반면, 물질은 생산자에 의해서 무기물이 유기물로, 분해자에 의해서 유기물이 무기물로 전환되면서 생물과 환경 사이를 순환한다.

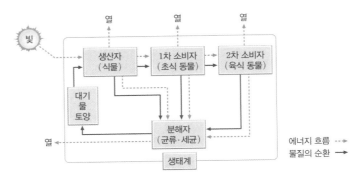

9. 생태계의 평형

생태계의 평형은 일반적으로 그 안에서 생활하고 있는 생물 군집의 구성, 개체 수, 물질의 양, 에너지의 흐름이 일정하게 유지되는 안정된 상태를 말한다.

1) 먹이 사슬에 의한 평형 유지

생태계 평형은 주로 먹이 사슬에 의해 유지되는데, 먹이 사슬이 복잡할수록 평형을 유지하기 쉬우며 안정된 생태계는 먹이 사슬의 어느 단계에서 일시적으로 변동이 나타나도 시간이 지나면 평형이 회복된다.

2) 물질 순환과 에너지 흐름의 안정

생태계는 물질 순환과 에너지 흐름이 원활해야 평형을 유지할 수 있다. 안정된 생태계에서는 생산자의 물질 생산과 소비자, 분해자의 물질 소비가 균형을 이루어 물질 순환이 안정적으로 이루어지고, 먹이 사슬에 따른 에너지 흐름도 원활하게 이루어진다.

3) 평형 유지 과정

'1차 소비자 증가 → 2차 소비자 증가, 생산자 감소 → 1차 소비자 감소 → 2차 소비자 감소, 생산자 증가 → 회복된 상태'의 순서로 일어난다.

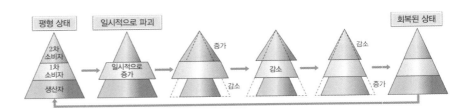

4) 생태계 평형이 파괴되는 원인

안정된 생태계는 다양한 변화에도 평형을 회복할 수 있지만 조절 능력에는 한계가 있고, 이 한계를 넘어선 외부 요인이 작용하면 생태계 평형은 깨지고 결국 생태계 전체가 파괴될 수 있다.

예 천재 지변(지진, 홍수, 화산 폭발, 태풍 등), 인간의 활동(과도한 사냥, 도로와 댐 건설과 같은 인위적인 개발, 화석 연료의 과다 사용, 환경 오염 등) 등

10. 생물 다양성

생물 다양성이란 지구의 다양한 환경에 다양한 생물이 살고 있는 것을 의미하며, 생물종의 다양함뿐만 아니라, 각각의 생물종이 가지는 유전 정보의 다양함, 생물과 환경이 상호 작용하는 생태계의 다양함까지 모두 포함한다.

유전적 다양성	종 다양성	생태계 다양성

들쥐 개체군의 유전적 다양성	숲 생태계의 종 다양성	넓은 지역에서 환경에 따라 분포하는 생태계 다양성

1) 유전적 다양성

같은 종이라도 개체군 내의 개체들이 유전자의 변이로 인해 다양한 형질이 나타나는 것

종 내에 다양한 대립유전자가 있으면 유전적 다양성이 높으며 유전적 다양성이 높은 종은 개체들의 형질이 다양하다.

⇒ 환경이 급격히 변하거나 전염병이 발생했을 때 살아남을 수 있는 유리한 형질을 가진 개체가 존재할 확률이 높다.
⇒ 멸종될 확률이 낮다.

유전적 다양성이 높으면 농작물의 품종 개량에도 도움이 된다. 유용한 유전자를 지닌 야생 식물 종으로부터 얻은 유전자를 이용해 생산성이 높고 질병에 강한 농작물을 개발하기도 한다.

예 아시아무당벌레의 다양한 색과 반점 무늬, 기린의 다양한 털 무늬 등

에너지 순환과 물질의 순환 그리고 생물 다양성

2) 종 다양성

한 지역에서 종의 다양한 정도

종의 수가 많을수록, 종의 비율(전체 개체 수에서 각 종이 차지하는 비율)이 고를수록
종 다양성이 높으며, 종 다양성이 높을수록 생태계가 안정적으로 유지된다.

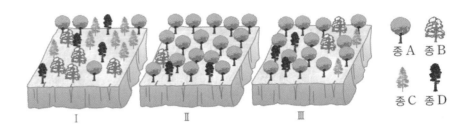

군집	개체 수				전체 개체 수	종 수
	종 A	종 B	종 C	종 D		
I	4	5	7	4	20	4
II	17	1	0	2	20	3
III	13	2	2	3	20	4

⇒ Ⅰ > Ⅲ > Ⅱ 순으로 종 다양성이 높다.

3) 생태계 다양성

어떤 지역에 사막, 초원, 삼림, 습지, 산, 호수, 강, 바다 등 다양한 생태계가 존재함

생태계를 구성하는 생물과 환경 사이의 관계에 관한 다양성을 포함하며
생태계 다양성이 높은 지역에서는 다양한 환경 조건이 존재하므로 서로 다른 환경에 적응하여 다양한
종이 나타날 수 있다. 그 결과 유전적 다양성과 종 다양성이 높아진다.

생물 다양성은 생태계의 기능 및 안정성 유지에도 중요하다.

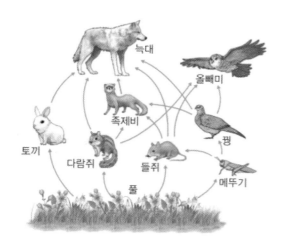 

생태계 안정성 유지 :

생물 다양성은 생태계의 기능 및 안정성 유지에 중요하다.

생물 다양성이 높은 생태계는 교란이 있어도 생태계 평형이 유지될 가능성이 크다. 생태계 평형이 깨지면 물질의 순환과 에너지 흐름에 이상을 초래하여 생물의 생존이 위협을 받게 되고 쉽게 회복되지 않거나 회복 시간이 오래 걸린다.

생물 자원 :

다양한 생태계의 생태적·문화적 가치는 인간에게 사회적·심미적 가치를 제공한다

다양한 생물 자원의 효율적 이용과 개발 :

과학이 발달함에 따라 생물 자원은 더욱 다양하고 새로운 형태로 개발·이용된다.

에너지 순환과 물질의 순환 그리고 생물 다양성

11. 생물 다양성의 보전
생물 다양성은 생태계 평형을 유지하는 데 필수적인 요소로 보전이 필요하다.

1) 생물 다양성의 위기와 감소 원인
생태계에서 생물 다양성이 감소되는 주요 원인은 인간의 활동과 관련이 있다.

① 서식지 파괴 및 단편화
숲의 벌채나 습지의 매립 등으로 서식지 면적이 감소되면 그 서식지에서 살아가는 생물의 종 수가 감소하여 생물 다양성이 감소한다. 또한 대규모의 서식지가 소규모로 분할되는 서식지 단편화는 서식지 면적을 줄이고, 생물 이동을 제한하여 고립시키기 때문에 그 지역에 서식하는 개체군의 크기가 작아진다. 이는 멸종으로 이어질 수 있다.

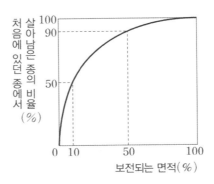

② 불법 포획과 남획 :
개체 수 보전을 위해 포획이 금지된 종을 포획하는 것을 불법 포획이라고 하고, 어떤 개체군을 회복할 수 없을 정도로 과도하게 포획하는 것을 남획이라고 한다. 불법 포획과 남획으로 일부 종은 멸종 위기에 처해 있다.

③ 환경 오염과 기후 변화 :
산업 발달에 따른 대기·수질·토양의 오염과 지구 온난화를 비롯한 여러 기후 변화는 생물 다양성을 감소시키는 요인이다.

④ 외래종의 도입 :
외래종이 고유종의 서식지를 차지하고 먹이 사슬에 변화를 일으켜 생물 다양성을 감소시킨다.

예 블루길, 가시박, 뉴트리아, 돼지풀 등

2) 생물 다양성의 보전 방안

생물 다양성의 보전을 위해 멸종을 방지하고 생물 다양성의 감소 요인을 줄여야 한다.

① 개인적 수준의 실천 방안

에너지 절약, 자원 재활용, 친환경(저탄소) 제품 사용 등

② 사회적 수준의 실천 방안

대정부 감시 기능과 홍보를 위한 비정부 기구(NGO) 활동 등

③ 국가적 수준의 실천 방안

야생 생물 보호 및 관리에 관한 법률 제정, 국립 공원 지정 및 관리, 멸종 위기종 복원 사업, 종자 은행을 통한 생물의 유전자 관리 등

④ 국제적 수준의 실천 방안

다양한 국제 협약을 통해 생물 다양성 보전 활동을 펼치고 인간도 생태계의 구성원이며 인간과 다른 생물체들이 공동체임을 인식해야 한다.

예 생물 다양성 협약, 람사르 협약, 바젤 협약, 런던 협약 등

에너지 순환과 물질의 순환 그리고 생물 다양성

[검수 도와주신 분]

허성혁 [DIVE]

권희승 [DIVE]

김윤아

김동범

김형운

시현우

김민규

박정언

김찬우

정현도

장은성

박진서

박예린

허유리

김세영

[서평 - 권희승 [주간 DIVE 공저자]]

생명과학 I 의 개념을 학습하기 위한 방법으로는 여러 가지가 있습니다. 그 중 가장 널리 알려진 방법으로는 인터넷 강의가 있습니다. 그러나 분명 자신과 맞지 않는 강의밖에 없거나, 강의로 배운 내용들을 개념서로 다시 복습해보고 싶거나, 강의 자체가 본인의 학습 방향과 맞지 않은 경우도 존재합니다. 그러나 이러한 학생들의 니즈를 충족시켜 줄 수 있는 교재는 시중에 찾기 어려웠습니다. 디올 개념서는 해당 니즈들을 모두 충족시킬 수 있다고 생각합니다. 생명과학 I 은 기본 교과 개념만으로는 문제를 풀어내기 어려운 과목입니다. 교과 개념이 어떻게 문제로 응용되는지, 실전에서는 어떤 지식이 필요한지는 디올에 모두 수록되어 있습니다.

디올 개념서를 꼼꼼히 학습하는 과정에서 무의식적으로 지식은 축적될 것이고, 그러한 지식은 문제를 풀기 위한 기본적인 툴로 자리잡을 것입니다. 나만의 툴을 갖게 된다면, 향후 흔들림 없이 일관되게 문제를 풀어낼 수 있게 됩니다. 공부의 근간이 되는 개념을 소홀히 하지 않으며, 항상 초심을 잃지 않고 꾸준히 앞으로 나아가시길 기원하겠습니다.

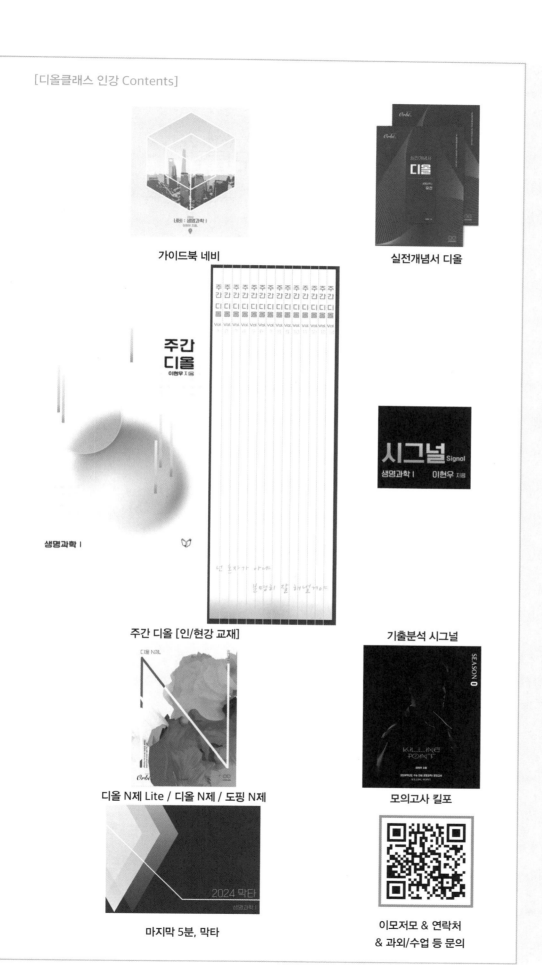

가이드북 네비

실전개념서 디올

생명과학 I

주간 디올 [인/현강 교재]

기출분석 시그널

디올 N제 Lite / 디올 N제 / 도핑 N제

모의고사 킬포

마지막 5분, 막타

이모저모 & 연락처
& 과외/수업 등 문의

에너지 순환과 물질의 순환 그리고 생물 다양성

[비유전편 Farewell]

지금까지 공부하신 [비유전편]에서 교육과정 상 생명과학Ⅰ의 '1, 2, 3, 5'단원이 다뤄졌고
[유전편]에서 '4단원에 대한 기반 내용부터 심화 내용까지'가 다뤄집니다.

비유전 편 꼼꼼히 공부해주세요. 유전편도 너무 중요하지만 결국 유전을 풀어내기 위한 전제는 비유
전에서 시간 확보이기에...

더불어 2024학년도 대수능에서 출제된 근육의 수축은 2024학년도 수능 대비로 전해드린 2개의 문
항의 합집합인 문항이었습니다. 해당 두 문항은 [유전편]의 뒷부분에 수록해뒀으니 참고해주시고...
그리고 2024학년도 평가원 그리고 대수능의 모든 미출제 Point와 출제 Point들이 2024학년도 수
능 대비 디올에서 출제되었기에 올해 또한 비유전 편을 온전히 습득하신다면 수능 1등급을 위한 실전
개념은 필수적으로 갖추신겁니다. 디올로 공부하셨음에 자부심과 긍지를 가져주시고... 아무쪼록 완
독하시느라 너무너무 고생 많으셨습니다 :)

유전편에서 뵈어요!

- 본 교재로 공부하다 궁금하신 점 혹은 학습 질문이 생기실 경우 QR 코드 내 디올클래스 1:1 문의 or
QR 코드 내 연락처에 남겨주세요!